Yale Language Series

• IDENTITÉ, MODERNITÉ, TEXTE •

Matthew W. Morris • *Oxford College, Emory University*

Carol Herron • *Emory University*

Colette-Rebecca Estin • *Agrégée des lettres classiques*

Yale University Press   New Haven and London

Publisher: Mary Jane Peluso
Editorial Assistant: Gretchen Rings
Manuscript Editor: Noreen O'Connor-Abel
Production Editors: Laura Jones Dooley and Jenya Weinreb
Design: Chris Crochetière, B. Williams & Associates
Production Controller: Maureen Noonan
Marketing Manager: Timothy Shea

Set in Minion, Cochin, and Quaint Gothic type by B. Williams & Associates
Printed in the United States of America by Hamilton Printing Co.

Library of Congress Cataloging-in-Publication Data
Morris, Matthew W.
  Identité, modernité, texte / Matthew W. Morris, Carol Herron, Colette-Rebecca Estin.
    p. cm. — (Yale language series)
  Includes bibliographical references and indexes.
  ISBN 0-300-09804-9
    1. French language—Readers—French literature. 2. French literature. 3. French language—Textbooks for foreign speakers—English.
    I. Herron, Carol A. II. Estin, Colette-Rebecca. III. Title. IV. Series.
  PC2117.M672 2003
  448.6'421—dc21   2003053546

A catalogue record for this book is available from the British Library.

The paper in this book meets the guidelines for permanence and durability of the Committee on Production Guidelines for Book Longevity of the Council on Library Resources.

10 9 8 7 6 5 4 3 2 1

Je ne trempe pas ma plume dans un encrier mais dans la vie.
BLAISE CENDRARS (1887–1961)

Rien n'est donné. Tout est à prendre – à apprendre.
EDMOND JABÈS (1912–1991)

Science sans conscience n'est que ruine de l'âme.
FRANÇOIS RABELAIS (1494–1553)

TABLE DES MATIÈRES

Table des Illustrations

Preface

As a teacher of French on the university level, I had looked in vain for a very long time for what I would consider a challenging intermediate-level textbook for introducing students to major Francophone authors. What I was looking for was a textbook that would: (1) present literary texts with a serious, in-depth approach, but at the same time would engage the students in an intriguing and playful way—a work that would allow the students to develop an analytical and critical approach to literature, but also provide them with activities that would be fun and interesting, and (2) present Francophone authors' texts in a true cultural context in order to help our American students to see—to the greatest extent possible—the French language texts in the same way that the French and other Francophones see them.

The answer came from speaking to Carol Herron, of Emory University, and Colette-Rebecca Estin, a professor from the French university system—my colleagues in earlier pedagogical work. We came upon the idea of expanding upon some work that Professor Herron had already done in an intermediate-level French reader entitled *Vignettes* (Harper and Row, 1984). To accomplish the goal of "enculturating" American students and giving them the above-mentioned "shared experience" would require, we concluded, an approach that would be a true melding of French and American pedagogies. To that end, we decided to construct a textbook that would combine American and French approaches to the teaching of French language, literature, and culture.

As had been the case with Professor Herron's *Vignettes,* we draw from twentieth-century Francophone texts, in order to present our students with literary works dealing with issues of their own world and their own time. One of our chief goals, from the beginning, was to provide students with a method for understanding and interacting with today's world with its great technological resources, its challenges, and its global character that become more and more pronounced each day. We hoped to provide them with a means of exploring such questions as (1) how identity can be defined, especially in a time of rapid transformations brought on by scientific advances such as genetic engineering, and (2) how human and humanistic values may be retained in the modern world.

The final result of our efforts is *Identité, Modernité, Texte.* We believe that this textbook contains the particular qualities we had always hoped for and that we have managed to achieve all of the goals we set for ourselves at the beginning of our project. The experience of putting together the textbook was a truly enriching one for all of us. Part of the process involved sharing points of view related to sensitivities inherent in the two cultures (what might shock or be offensive). Even the title of our work presented a problem for Dr. Estin. It took some convincing on our part to overcome her analytic doubt of a term like "Identité." We often had to amend each other's assumptions when venturing too far into territories unknown. This was also one of the most enlightening and fascinating aspects of our intercultural collaboration.

Constructing the grammatical component of the textbook was one of the most challenging aspects. Here we believe that we achieved a true meeting of the minds. We spent many hours coming up with just the right grammar presentation that would satisfy both French and American grammarians. Our work on this aspect of the textbook gave us a great deal of satisfaction as a genuinely international experience. One delightful aspect of our work together was sharing certain helpful hints for mastery of French grammar. Dr. Estin encountered for the first time the mnemonic MRS. DR. VANDERTRAMPP (to recall which verbs are conjugated with *être*), and we were equally delighted to learn that the French rely on similar phrases: "Où est donc Ornicar?" We share these with the students in our grammar presentations in *Identité, Modernité, Texte*.

To test our methods and materials, we conducted a pilot study in my intermediate-level French class in the fall semester of 1999 at Oxford College of Emory University. I was very pleased with the results of this trial run. The interaction of all aspects of the materials—linguistic, textual, and cultural—exceeded my expectations. Dr. Estin was able to participate directly by e-mail, fax, and phone conference. We even managed to set up a video-teleconferencing session between my students in Georgia and Dr. Estin at UNESCO headquarters in Paris.

The melding of the varying national teaching traditions gives us hope of filling a genuine need for new approaches to French studies in American universities. We believe we have accomplished something quite unique that will make a true contribution in the area of French studies and serve as an example of international cooperation. We continue to consider our work as an ongoing project, and have been and remain open to suggestions regarding presentations and layout of our materials as well as methodology. We invite those who use our work to give us the benefit of their opinions on *Identité, Modernité, Texte*.

In the formulation of *Identité, Modernité, Texte*, each of the authors contributed different insights gained respectively from our many combined years of foreign language teaching. Dr. Herron's original work, as mentioned above, served as a springboard for our undertaking. My own contribution derived from my experience in teaching twentieth-century French literature and civilization for the past twenty-odd years. Dr. Estin brought to the table of our joint endeavor not only her years of teaching French as a foreign language on the university level, but also many years of experience in new theories of playful learning that she has put into practice over the years in schools in France. From our perspective, our collaboration was a very good mix: Dr. Herron is more "modern" in her pedagogical approach. I am more of a traditionalist, whereas Dr. Estin uses experimental pedagogy (although she is an *agrégée des lettres classiques*, a mark of great distinction in the French educational system, one of the most rigorous in the world).

As a further comment on our collaboration, in creating *Identité, Modernité, Texte*, we have invested of ourselves. As academics, we concentrate on objectivity in our approach to teaching, but it was Dr. Estin (who has the most objective formal training among us) who insisted on the importance of subjectivity in drawing out the best in students as they learn to negotiate their way through their studies—as well as in their world. Her role in this project is best expressed in her own words. "*Identité, Modernité, Texte* représente pour moi la synthèse de capacités et d'aspirations que j'ai développées successivement au cours de ma vie" ("*Identité, Modernité, Texte* represents for me the synthesis of knowledge, experience, and aspirations that I have developed successively throughout the course of my life").

MATTHEW W. MORRIS

ACKNOWLEDGMENTS

The authors wish to express heartfelt gratitude to the following people for their assistance in bringing *Identité, Modernité, Texte* to realization.

The late Grant Kaiser contributed significantly to *Vignettes,* the forerunner of this book. The publication of *Identité, Modernité, Texte* will guarantee that his intellectual contributions to French instruction will be remembered by future generations.

Artist and graphic designer Robert Bardavid provided us with illustrations to our exact specifications and encouraged us throughout the formulation of our textbook. He then reread the entire manuscript with devotion and perspicacity, gave us sound advice on the layout of the book, and generously allowed us to reproduce his own drawings and photographs.

Librarian Susan Morris (wife of Matthew Morris) gave unselfishly of her time and energy to provide invaluable aid in researching bibliographical sources and Internet sites related to French and Francophone literature and culture. Professor Dalia Judovitz furnished us with much sound advice and valuable support for our textbook project.

Madeline Pampel and Sébastien Dubreil provided invaluable assistance in the preparation of the manuscript, Cathleen Corrie and Heather Allen provided editorial assistance, and Susana Lebrun, Jim Brown, Christopher Smith, and Melissa Shrader furnished us with greatly appreciated technical assistance.

Ollivier Mercier Gouin, in a spirit of generosity toward the educational process, allowed us to reproduce gratis his poem and its accompanying music partition.

NYC and Company Convention and Visitors Bureau and its agent, Maria Herzog, in that same spirit of generosity allowed us to reproduce their photograph of New York City for free.

The French 201 students of Oxford College of Emory University, fall semester 1999, worked with us in the pilot study of the text.

We thank Connie Knop of the University of Wisconsin, Madison, Judith Barban of Winthrop University, and Virginia Scott of Vanderbilt University for reviewing the manuscript. In addition, we thank the editorial staff of Yale University Press, in particular Publisher Mary Jane Peluso, for her generous cooperation and oversight of every phase of the editing of *Identité, Modernité, Texte;* she has constantly demonstrated her confidence in the underlying premise of our methodology: that high-level instruction built on the interaction of language, literature, and analysis can be instructional and well as enjoyable. We wish to express our heartfelt appreciation, as well, to Noreen O'Connor-Abel, whose superb editing skills, great insight, and constant attention to detail, while examining the manuscript in form and content, have been such valuable contributions to the completion of our work. In our expression of thanks, we also wish to include Laura Jones Dooley, Jenya Weinreb, and Gretchen Rings for the care, time, and attention they have devoted to the book in preparing it for the presses.

INTRODUCTION

Identité, Modernité, Texte was conceived with the overall aim of creating bridges: between Francophone and American cultures; between the study of language and that of literature; between in-depth analysis and "playful learning"; between personal experience and cultural encounter; between objectivity and subjectivity.

In this Introduction, we first outline our detailed methodological objectives. Next we suggest ways to accomplish these objectives as they relate to the concepts of *Identité, Modernité, Texte*. And finally we explain how the various components of the textbook (principal chapter sections, appendices, illustrations, Internet site) may be best put to use in attaining these objectives.

METHODOLOGICAL OBJECTIVES

We are concerned not only with students' linguistic and literary skills, but also with their intellectual growth. Our approach will allow them to better understand the authors of the texts studied, and the cultural and societal values and personal experiences that formed them. We invite students to relate their own experiences, cultural references, and values to those of the authors studied. To this end, we have outlined the following aims, divided into (1) pedagogical objectives and (2) wider objectives that relate to the textbook title's themes of identity, modernity, and text.

Pedagogical Objectives

There are four pedagogical objectives: strengthen the students' knowledge of the French language; expose students to literature; broaden their cultural knowledge; and develop research skills.

1. Strengthening the students' knowledge of the French language
   - to facilitate mastery of *reading* skills;
   - to facilitate mastery of *spoken French* (on the conversational themes set forth and, at the same time, on the texts studied);
   - to develop ease in *written expression* in French (be it analytical exposition or creative writing);
   - to consolidate knowledge of the language in a general way by systematic *review of grammatical concepts* (structure, syntax) throughout the textbook as a whole.
2. Exposing students to literature
   - to present chosen texts from *twentieth-century Francophone literature* according to their literary genres;
   - to teach skills of *literary analysis* so that students learn to distinguish an opinion supported by objective observation and analysis from an emotional reaction to a work read (a reaction based on personal taste).

3. Broadening their cultural knowledge to develop the habit of situating a text in the life and mind of its *author* in the *historical and cultural climate* in which it was created.
4. Developing research skills
    • to find literary and general cultural information with ease and speed;
    • to teach students to think critically about literature as well as about themselves.

Wider objectives

5. Personal involvement of the students
    • to make the connection between the texts studied and personal experience in order to create a give and take between culture and our own lives (based on the premise that reflection, in advance, upon personal experience will render the reading more relevant to real life and that the content of what has been read will ultimately enrich one's view of life).
6. Reflection on the theme of identity
    • to understand one's sense of identity: how identity is formed, who we are;
    • to analyze the values that sustain us and, at the same time, develop the capacity to empathize with those of different backgrounds than our own and who were formed by different environments;
    • to increase sensitivity as well to the uniqueness of every individual.
7. Formation of an objective opinion on current societal issues
    • to make the connection between the themes presented in the textbook and the way in which they are expressed in our present era;
    • to form a reasoned personal view supported by evidence of observation and research.

IDENTITÉ, MODERNITÉ, TEXTE

We have, more or less, synthesized these different objectives in the book's title, *Identité, Modernité, Texte:*

Identité

We have sought to show students that literary works are not just volumes to be placed on bookshelves, but living creations which speak to us about subjects important to all human beings.

In the overall scheme of the textbook, the students approach the literary texts only after they have asked themselves questions on the work's essential theme. For example, in Chapter 1, for which the keyword is *voyage*, before reading the excerpt from Albert Camus's *Journaux de voyage*, students are invited, by means of a short questionnaire, to examine their own conception of travel. When the students subsequently read Camus's excerpt, they will be asked to compare spontaneously the author's attitude toward travel with their own.

The manner in which we have chosen to present the materials in this textbook invites two parallel levels of reading, *cultural reading* and *personal reading*.

Cultural reading offers the possibility of appreciating the distinctly literary value of the texts, in order to deepen and strengthen knowledge of the period during which the work was created. Also, because a foreign language is involved, students may gain a better understanding of another culture. This type of reading demands simultaneously a careful, analytical examination of the works, and an *esprit* of synthesis which will provide adequate background information related to the historical perspective influencing the works' creation. Such reading also requires a critical sense for gauging the true value of each text, recognizing the merits of certain works that may not conform to the personal tastes of the reader.

Personal reading, in contrast, addresses the reader individually and directly. One of the heroes personifies his or her aspirations, an author's reflection reinforces his or her opinions, the presentation enriches his or her personal vision, the qualities of the work are going to resonate with his or her personal sense of beauty.

As we encourage personal involvement throughout the book, certain questions confront the issue of identity: What do these literary texts reveal to us about the identity of the characters and of their creators? What do they have to teach us about our own identity?

Modernité

Although we have retained a traditional approach everywhere that it appeared to us to be a gauge of solidity—for example, in the presentation of grammar and, more generally, in the intellectual rigor of the exercises—on several planes we intend this textbook to be resolutely modern. We rely on recent pedagogical approaches such as *strategies of reading* (for a tactical approach to mastery of the texts) and *enseignement ludique* ("learning through play," to show that learning can, after all, be fun).

Internet research exercises and *a web site corresponding to the book* facilitate access to modern technologies. Such a site allows for regular updating of the materials presented.

The texts studied date, for the most part, from the second half of the twentieth century. Our aim is to guide students in discovering through these texts the literary and philosophical currents that contributed to the forging of modernity. These intellectual movements and developments include surrealism, the *Nouveau Roman,* existentialism, and structuralism.

We have also included an ensemble of *quotations* dating from *all* periods, in order not only to demonstrate continuous connections to previous centuries, but also to give students glimpses of the most recent creations of Francophone literature.

We have sought to stimulate discussion on the great social debates of the modern world (the promises and threats coming out of scientific developments, ecological issues, the evolution of social relationships, etc.). Above all, there was a desire to encourage reflection and analysis by which students might formulate their own method of dealing with the rapidly evolving world of modernity, and a desire that their exploration might be a shared experience.

Texte

1. The *grouping of the texts by literary genres* encourages the development of literary analysis.
2. In the choice of texts, we progressed from the simplest to the most complex. Conscious of

the subjectivity of any choice and without any pretension of being exhaustive, we selected texts that combined accessibility with resonance to the theme of *identity*.

3. We conceive of the word *text* in its linguistic as well as its literary sense. In other words, for the students, a door is opened to *the oral as well as the written text.* On the one hand, students have ample opportunity to engage in conversations and debates and give oral presentations; on the other hand, they are stimulated and encouraged to develop their skills in formal composition as well as creative writing.

4. The language used in the introductory material, notes, and exercises is appropriate to an intermediate level of study, with a regular progression in the textbook from beginning to end: as part of the systematic linguistic study of the textbook, points of grammar are analyzed in the linguistic sections of the chapters and subsequently reemployed throughout later chapters.

5. This textbook was principally conceived for students at the intermediate level of French proficiency, and we presumed that students would have acquired a certain basic vocabulary. A *glossary* of terms contains the words appearing in the texts studied as well as in the chapters' literary quotations; it was included as an aid to students in order to furnish them with a reference for vocabulary words corresponding to the intermediate level of French. Words considered nonbasic or rare are translated in the margins of the literary texts, or elsewhere in parentheses, except in the footnotes to literary quotations, where linguistic remarks appear within brackets. Cognates, of course, are not translated or listed in the glossary; "les faux amis," i.e., similar words of different meaning in French and English, to the contrary, are. Sentences and phrases of colloquial usage are indicated by (°).

   • We also suggest that students use a good French-English dictionary such as the *New College French and English Dictionary* (National Textbook Company). Other aids, such as the *Dictionary of Faux Amis* by this same publisher, should be made available to students, as well.

6. In order to orient students toward the best French usage, this textbook includes an introduction to the use of *Le Petit Robert,* a standard French reference dictionary that was conceived in part as an aid to foreign learners of French. We designed specific research exercises for teaching methodological techniques in using *Le Petit Robert.* (A new edition of *Le Petit Robert* published in 2000 contains, for certain entries, structures differing slightly from those of the previous edition. Students who might want to acquire a French dictionary would do well to become familiar with this new edition containing entries of the most up-to-date French usage.)

7. We have followed *the rules of French punctuation* when dealing with French language text: there are, for example, spaces preceding colons, semicolons, question marks, and exclamation points. (Only the English-language preface and introduction follow the rules of American English punctuation.)

8. In conformity with general usage in Francophone texts of some length, and for purposes of simplification, we employ the masculine forms "enseignant" and "étudiant" in this textbook, rather than "enseignant(e)" and "étudiant(e)." By no means is any exclusion or bias intended by such usage.

MAIN FEATURES OF CHAPTERS

This textbook contains a wealth of materials, and we realize that such an abundance of exercises and activities might seem intimidating. The book was designed, above all, to give the instructor many possible choices of materials in order to guide the students through the course of study according to the instructor's chosen methodology and objectives.

I. Pour mieux lire le texte : les piliers de la langue (For a better understanding of the text: the pillars of language)

Content: linguistic elements associated with the text studied
Symbol: columns of Greek temple to suggest support for structure

Stratégies de lecture (Strategies for reading)

Work proposed: reading and integration of explanations
Content: remarks on expressions and sentences (see the list of themes for each Stratégies de lecture in the textbook's table of contents)
Objective: to facilitate and clarify reading
Symbol: highway with billboard to suggest rapid reading and comprehension.

Un brin de causette (A little bit of talk)

Work proposed: oral use of active vocabulary
Content: elements of vocabulary taken from the text of the chapter or associated with grammatical structures studied
Objective: to set forth a basis for in-class conversations in small groups
Symbol: comic strip bubbles to symbolize comments of several speakers.

Éléments de grammaire (Points of grammar)

Work proposed: grammatical integration
Content: see the list in the textbook's table of contents
Objective: to increase significantly the mastery of grammar previously acquired (at the beginning level) and form a solid foundation for a more advanced study of the language
Symbol: hammer and wrench to convey the idea of tools of learning

Mise en pratique (Practical usage)

Work proposed: oral exercises (in class) or written exercises (outside class)
Content: exercises related to points of grammar presented in the chapter
Objectives: to facilitate reading by making knowledge of the language structure more active; strengthen correct usage of the spoken and written language; encourage analysis of the language
Symbol: person with barbell to indicate strength, exercise

⛷ II. Points de départ pour la lecture (Starting points for reading)

Content: background information on the text and preparation for reading
Symbol: skier in descent to convey the idea of starting out

⛉ / ⛉ *Biographie (Biography)*

Work proposed: reading
Content: biographical outline of the author being studied, with particular attention to aspects related to the text chosen for study
Objective: to facilitate a thorough understanding of the text to broaden cultural knowledge
Symbol: man or woman to symbolize author

📖 *Le contexte de l'œuvre (Context of the work)*

Work proposed: reading
Content: information on the complete work from which the excerpted text is drawn; eventually, the precise placement of the text in the work as a whole
Objective: to facilitate a contextual understanding of the text
Symbol: book to symbolize the entire work

⏰ *Perspective historique et climat culturel (Historical perspective and cultural climate)*

Work proposed: reading
Content: a brief survey of famous artistic works as well as historical events and important social movements from the period of the work's creation
Objectives:
  • to deepen the level of understanding of the work
  • to widen the student's cultural knowledge
Symbol: clock to allude to passage of time

☺☻☹ *Votre préparation personelle (Personal preparation)*

Work proposed: mental, oral, or written responses to questions
Content: questions stimulating students' personal reflection on themes in the text
Objectives:
  • to help students anticipate a text's relevance to them
  • to create a give-and-take between culture and personal experience
Symbol: three facial expressions to signify a variety of opinions

III. Texte (Text)

Work proposed: reading and integral comprehension
Content: various texts of Francophone literature of the twentieth century (especially from the second half) grouped according to literary genres (see complete list in the table of contents)

Objectives:
- to give insight and understanding of modern francophone literature
- to facilitate analysis and understanding of literary genres

Symbol: pages to signify an excerpt

IV. Vivre le texte (Experiencing the text)

Work proposed: questions on the text

Symbol: circled text to indicate study of a particular passage or theme

In the work proposed for this section, students prepare either written or oral answers, according to the instructor's preference.

Parlons-en ! (Let's talk about it!)

Work proposed: oral debate in the class as a whole

Content: questions derived from the text

Objectives:
- to clarify the general idea of the text
- to stimulate exchange of ideas and opinions in the class as a whole

Symbol: megaphone to suggest widespread communication

Comprendre (Understanding)

Content: questions on the literal meaning of the text

Objective: to reassure the students that they have completely understood the literal meaning of the text

Symbol: candle to hint at the light of comprehension

Analyser (Analyzing)

Content: questions on the text as a literary creation

Objective: to offer the students approaches and techniques in literary analysis so that they might ultimately have a better appreciation for literature

Symbol: framed painting with grid to indicate specific study of particular facets

Réfléchir sur l'identité (Reflecting on identity)

Content: questions derived from the identity of the characters and their confrontation with particular situations in the text, or sometimes suggested by the identity of the author

Objectives:
- to deepen the understanding of oneself and of others
- to develop empathy

Symbol: mysterious face to allude to complexities of identity

Élargir la discussion (Expanding the discussion)

Work proposed: short written essays or oral debates
Content: choice of subjects for reflection, as varied as possible (psychological, sociological, or literary), suggested by the themes of the text; most often, these subjects stress contemporary issues
Objectives:
   • to enrich the students' perspective on the texts studied
   • to draw parallels between study and personal experience
   • to facilitate formulation of personal views on current issues
Symbol: God of the Winds to suggest expansion of subject

V. Aux alentours (Related subjects)

Content: readings and exercises suggested by literary and linguistic elements of the chapter
Symbol: succession of varied landscapes to signify the diversity of horizons offered

 Découvertes (Discoveries)

Work proposed: reading and personal reflection
Content: sayings in which figure either linguistic elements studied in the chapter or a theme similar to the theme of the text, or quotations by the author of this text
Objectives:
   • to diversify reading habits
   • to open "cultural windows" and to demonstrate continuity in historical perspective (the quotations are taken from all periods and *not* just from the twentieth century)
Symbol: treasure chest to allude to new and valuable encounters

 Le Détective (The Detective)

Work proposed: research for specific information (beyond that furnished by this textbook)
Content: questions on concrete details concerning the work or author studied or on elements of the language (research in dictionaries)
Objectives:
   • to learn how to find information efficiently
   • to increase factual knowledge
Symbol: detective's silhouette to indicate investigation

 Aller ailleurs (Going elsewhere)

Work proposed: research for information (more extensive than in Le Détective), and eventually, short oral presentations
Content: questions originating from the texts studied but pertaining to works by other authors of varying periods
Objectives:
   • to develop interest and intellectual curiosity about diverse aspects of literature in general

• to extend the scope of research

Symbol: railroad tracks to allude to travel through time and space

 Approfondir (More in-depth investigation)

Work proposed: reading, research and literary analysis, or presentation

Content: encounters with other texts by the chapter author or quotations related to the author's works

Objectives:

   • to encourage research of a literary nature

   • to challenge the more advanced students and give them the opportunity to share their more extensive knowledge of the language and culture with others in the class

Symbol: pile of books to indicate additional research

 C'est à vous ! (It's your turn!)

Work proposed: creative writing

Content: beginning with a linguistic structure occurring in the chapter, the students develop their personal expression, which can be expanded upon as the semester progresses

Objective: to integrate linguistic elements, in a playful way, into the students' French usage so that they might enter into the thought processes of the author

Symbol: pencil to allude to composition

 Devinettes (Riddles, word games)

Work proposed: to find the answer!

Content: riddles related to the chapter by vocabulary, syntax, or theme; most of these games were created by celebrated authors or belong to popular tradition

Objectives:

   • to develop a playful approach to the French language

   • to awaken interest in various aspects of Francophone culture in a stimulating and playful way

Symbol: a hand making an enigmatic sign

 VI. Recherches sur Internet (Internet research)

Symbol: computer screen to indicate use of web resources

The theme of this research is analogous to that of the Aux alentours section. The rubrics of Le Détective, Aller ailleurs, and sometimes Approfondir are again taken up here.

The methodology for research exercises on the Internet is based on that developed in Aux alentours. The research also includes specific aspects that we intend to treat more and more systematically as time goes by (see below). In the meantime, the questions are found in this textbook, whereas the sites suggested for researching them are found on the *Identité, Modernité, Texte* site.

One new rubric appears as well:

Actualité (Current events)

Work proposed: research and oral presentation
Content: questions concerning current events connected with the theme of the chapter
Objectives:
  • to learn how to find daily and weekly information
  • to relate the theme of the chapter to contemporary events
Symbol: satellite dish symbolizing speed of news transmission

RESSOURCES ANNEXES (ADDITIONAL RESOURCES)

Appendice grammatical (Grammatical appendix)

The grammar sections in the main body of the chapters present only fundamental explanations for an understanding of basic grammatical concepts related to the chapter texts. This appendix furnishes details on special situations, leading to a deeper understanding of the grammar.

Lexique (Glossary)

This glossary contains a list of the vocabulary we consider appropriate to the intermediate level of French language study (see above).

Repères chronologiques (Chronological references)

The chronological references comprise two lists: the texts studied, arranged in chronological order; the authors cited in the book (excerpts for study and literary quotations), arranged by century (with a distinction between France and other Francophone areas).

Sources documentaires (Reference works)

Bibliographie (Bibliography)

This listing includes high-quality French-English dictionaries, literary dictionaries, encyclopedias, and works dealing with general Francophone culture (French and English).

Audio-visual documents (Discographie, Filmographie)

This list, which also appears on the textbook web site and is periodically updated, offers information on films and recordings for possible course enrichment.

Web sites

This list also appears on the textbook web site and is periodically updated.

Indices

Index thématique (Thematic index)

This index will facilitate an exploration of the various themes (literary and otherwise) treated in the textbook. It will also allow easy access to the principal French geographical, historical, and institutional references mentioned. Although it is very detailed, it is by no means exhaustive.

Index des auteurs (Index of authors)

This index can be consulted in order to find all the references to the author quoted in the book. (The first quotation by an author is accompanied by a brief biographical sketch in the footnotes.)

Index des œuvres littéraires (Index of literary works)

This index lists all literary works cited in the biographical information or in the footnotes.

Index didactique (Pedagogical index)

This index lists the elements of grammar treated in Éléments de grammaire (Points of grammar) and Stratégies de lecture (Reading strategies): it is designed as an aid for grammar review. It also lists the titles of different chapter rubrics: this will facilitate a rapid overview of the textbook.

Illustrations

We have selected the illustrations for this book in collaboration with Robert Bardavid, graphic designer, painter, and photographer; several of his original artistic creations appear on its pages (see the Crédits). The photographs have been chosen to illuminate some aspect of the texts studied, in order to evoke contemporary realities as well as the mood and flavor of the environment in which these texts were written. The illustrations also offer opportunities to reflect on the work of literary creation by presenting events, character types, and objects which perhaps formed for the author a fertile soil of creation. They encourage an interplay between the text and images, inviting readers to take cultural excursions that go beyond the purely academic use of the textbook. In addition, links to iconographically rich Internet sites (see below) will supplement the illustrations in the printed book.

Internet site

The Internet site for *Identité, Modernité, Texte* (yalebooks.com/identite) will include the recommended sites for the proposed exploratory exercises (Recherches sur Internet) and the most up-to-date information on the authors studied in detail or mentioned in the quotations. The site will evolve and expand over time and will be regularly updated. Future possibilities include opportunities for broad-based student interaction, virtual museum visits, and other activities amenable to multimedia resources. Students and instructors are invited to contact the textbook authors to share their comments and suggestions for future enhancements.

In conclusion, throughout this book we have sought in our methodology to combine "fun learning" with in-depth analysis, a solid construction with activities of a playful nature, and a logical chain of exercises with a lively momentum, permitting students to learn a great deal almost without realizing it. We hope that both teachers and students will find the work inspiring, and enjoyable as well.

SECTION I • L'AUTOBIOGRAPHIE

Chaque section de ce livre commence par une introduction où vous allez trouver quelques lignes directrices sur le genre littéraire qu'elle présente et des questions à vous poser là-dessus. À l'intérieur de la section, chaque texte illustre une facette de ce genre.

♦ L'autobiographie est un récit. Dans tout récit, l'*auteur* est celui (celle) qui a écrit l'histoire et l'histoire comporte des *personnages*. Dans le récit imaginaire (section III), l'auteur invente ses personnages, qui sont les acteurs de l'histoire qu'il crée. Il peut aussi y avoir dans certains récits un narrateur, qui raconte l'histoire de son point de vue ; ce *narrateur* est presque toujours l'un des personnages que l'auteur a inventés. L'auteur crée alors l'illusion que c'est « je » qui a écrit l'histoire. Mais bien entendu, c'est toujours l'auteur qui en réalité a écrit.

Dans l'autobiographie (de *auto-*, soi-même, *bio-*, vie et *-graphie,* écriture), l'auteur raconte sa propre vie. Les personnages qu'il présente ont réellement existé. *L'auteur est le personnage principal, et en même temps le narrateur, celui qui dit « je » dans le récit.*

Et le lecteur ? Même s'il est difficile pour lui, et parfois impossible, de le savoir, il a le droit, et même le devoir, de se poser une question toute simple : le récit de l'auteur est-il fidèle à la réalité ? Les personnages dont il parle sont-ils réellement comme il les décrit ?

♦ Il existe des formes différentes de récit autobiographique : le *journal* et les *souvenirs.* Le journal est écrit au fil du temps (*over time*). Il est plus ou moins élaboré. Parfois l'auteur se contente de notes rapides, parfois il développe davantage ses remarques. Albert Camus dans ses *Journaux de voyage* pratique ces deux formules (chapitre 1). Les souvenirs racontent des événements passés depuis un temps variable, souvent plusieurs années déjà. Parfois l'auteur choisit un épisode particulier de sa vie, comme Antoine de Saint-Exupéry dans *Terre des hommes* (chapitre 2), parfois il écrit ses « mémoires », l'ensemble de sa vie.

Le lecteur doit donc d'abord comparer la date des événements racontés, et celle de l'écriture du texte. Si l'auteur a écrit sur le moment, le lecteur va observer comment celui-ci a réagi « à chaud » aux événements. Y a-t-il, dans ce qui est raconté, un écho sensible d'autres événements de la vie de l'auteur à la même époque, ou une influence visible des circonstances historiques, culturelles ? Si le récit est nettement ultérieur aux événements, qu'est-ce que l'auteur a choisi de mettre en valeur ? A-t-il voulu, de toute évidence, démontrer quelque chose par son récit ? Qu'est-ce que ce choix nous apprend sur l'auteur lui-même ?

♦ Pourquoi raconte-t-on sa propre vie ? Les motivations des auteurs sont souvent complexes et mêlées. L'auteur peut vivre l'autobiographie comme une auto-analyse, qui lui permet d'affronter certaines difficultés psychologiques. Il peut aussi utiliser l'écriture comme un outil qui l'aide à affiner (*improve*) sa réflexion personnelle au jour le jour. Les auteurs de « mémoires » pensent aussi qu'il ont vécu des événements dignes d'être connus, rencontré des personnalités intéressantes.

Si le lecteur n'a pas de certitude non plus sur les motivations de l'auteur, il peut au moins essayer une évaluation personnelle :

Si l'écriture apparaît plutôt comme une recherche personnelle, quelle valeur pour lui-même le lecteur va-t-il pouvoir en tirer, par empathie avec l'auteur ?

Si l'auteur a l'air de prendre l'écriture plutôt comme une aide à sa réflexion, le lecteur va chercher en quoi le texte le stimule lui, lecteur, dans l'élargissement de sa pensée.

Si le texte, en plus de la vie de l'auteur, nous renseigne sur une époque, un milieu, un événement, le lecteur va soupeser (*weigh*) la valeur culturelle de ce récit. Il ne faut pas oublier, cependant, que le récit de l'auteur est subjectif : il présente la vision de l'auteur sur cette période historique, ces circonstances.

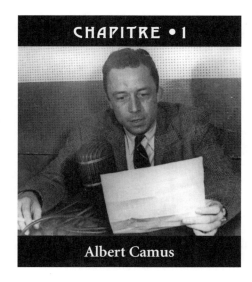

CHAPITRE • 1

Albert Camus

Journaux de voyage

🔑 Mot-clé : *voyage*

« Ce sont des détails qui me frappent. »
(Albert Camus)

🏛 I. POUR MIEUX LIRE LE TEXTE : LES PILIERS DE LA LANGUE

🎴 Stratégies de lecture : le contexte

Les remarques de cette rubrique ont pour but de vous aider à lire plus vite, plus efficacement. Vous allez lire et intégrer les explications, puis les appliquer dans la Mise en pratique.

Parfois vous pouvez comprendre le sens d'un mot en examinant *le contexte de la phrase* dans lequel il se trouve. Pour cela, vous n'allez pas simplement « deviner » le sens des mots, mais faire dessus des hypothèses intelligentes, qui s'appuient sur vos connaissances et votre compréhension du reste de la phrase (*educated guesses*). Pour mieux vous habituer à ce travail de détective, nous allons prendre quelques exemples avec des mots qui apparaissent dans ce chapitre.

1. Ce qui vient *avant le mot inconnu* vous donne peut-être des indices (*clues*) :

   • Je ne peux pas me servir de cette machine : je ne connais pas son **fonctionnement**.

   La ponctuation (:) présente une explication. Pourquoi est-ce que « je ne peux pas me servir de cette machine » ? L'explication est : parce que « je ne connais pas son. . . » Que signifie donc le mot *fonctionnement* ? Cherchez avant de regarder la note au bas de la page !¹

2. Si vous n'avez pas eu d'indice par ce qui a précédé, vous regardez les mots *les plus proches du mot inconnu* :

   • Il a eu plusieurs **rechutes** de cette maladie dans sa vie.

   Plusieurs est un mot vague, mais *rechutes* est lié au mot « maladie » par *de*. Ouvrez dans votre

---

1. Fonctionnement = *functioning*. Vous pouviez aussi deviner le sens de ce mot parce qu'il est proche de l'anglais (voir ch. 6, p. 119).

esprit le « tiroir » (*drawer*) « maladie ». Que peut signifier un mot qui vient dans l'expression « . . . de cette maladie » ? Un indice (*clue*) : il y a eu plusieurs rechutes durant la vie de cette personne. Que signifie donc *rechute* ?[2]

3. Parfois, c'est seulement *après le mot inconnu* que l'on trouvera des indices :

- À notre grande **honte**, nous pouvions t'aider alors que tu étais dans une situation si difficile, mais nous ne l'avons pas fait.

C'est l'ensemble de la phrase « nous pouvions . . . mais nous ne l'avons pas fait » qui permet de deviner la nature de notre sentiment.[3]

ᵞ Mise en pratique : les touristes

Utilisez cette stratégie pour déterminer le sens des mots en italiques dans les phrases suivantes. Tous ces mots vont réapparaître dans le texte de Camus. Si vous voulez, travaillez par équipes de deux ou trois et mettez les réponses en commun dans l'ensemble du groupe.

1. Une des premières choses qu'un touriste apprend à faire dans un pays étranger, c'est de *compter* la monnaie.
2. Les Français qui font le tour des États-Unis remarquent que les *pelouses* autour des maisons sont très vertes.
3. À votre *avis*, que pensent les Français des villes américaines ?
4. Avant de prendre le train pour de longues distances en France, il vaut mieux *retenir* sa place. C'est même obligatoire dans les trains TGV (« à très grande vitesse »).
5. En France, sur la Côte d'Azur, il y a des plages publiques et d'autres qui sont *privées*.
6. Au dernier moment, Paul a dû abandonner ses projets pour les vacances parce qu'il avait la *grippe*. Le médecin lui a dit de rester au lit, de boire beaucoup d'eau et de prendre de l'aspirine.

🗫 Un brin de causette (1) : les Martiens sont parmi nous !

Vocabulaire actif : la ville

Examinez le dessin qui évoque la vie en ville.

1. un ramasseur d'ordures (ou encore « éboueur », du mot « boue », *mud*)
2. la circulation
3. un carrefour
4. un agent (de police)
5. des lumières
6. une affiche

---

2. [rechute = *relapse*]
3. [honte = *shame*]

7. des murs

8. un remorqueur

Mettez-vous par deux. Choisissez ensemble des expressions de la liste ci-dessus (*above*) pour compléter la conversation entre un habitant d'une ville française et un visiteur de la planète Mars.

1. Le Martien : Qui sont ces hommes aux mains gantées, ceux qui portent de grandes poubelles qui sentent mauvais ?

   Le Français : Eux ? Ce sont des _____.

2. Le Martien : Regardez toutes les voitures dans la rue !

   Le Français : Oui, il est 5 heures de l'après-midi et la _____ est toujours dense à cette heure-là.

3. Le Martien : Et ce monsieur-là, le bâton à la main, qui dirige la circulation, qui est-ce ?

   Le Français : C'est un _____ de police. Il se trouve toujours à ce _____ entre 5 heures et 6 heures du soir. C'est son travail.

4. Le Martien : Et quand il fait nuit, comment peut-on voir ?

    Le Français : Mais facilement : il y a des _____ partout dans nos grandes villes. Paris s'appelle même la Ville _____ !

5. Le Martien : Et cette énorme photo d'un cow-boy ? Est-ce un acteur ?

    Le Français : Non, pas exactement. C'est une _____ publicitaire pour les blue-jeans américains.

6. Le Martien : Et voilà la rivière ! Ce sont des bateaux de plaisance pour traverser l'Atlantique ?

    Le Français : Si vous voulez passer deux mois à le faire, allez-y ! Non, ce sont des bateaux qui servent à tirer d'autres bateaux : ce sont des _____.

    Le Martien : Eh bien, la vie en ville est très animée. Elle me plaît beaucoup !

🗩 Un brin de causette (2) : le voyage

Mettez-vous par petits groupes. Vous avez cinq minutes pour rassembler le plus grand nombre de mots que vous connaissez entre vous sur le thème du voyage. Choisissez un de vous qui va être le « secrétaire » de l'équipe. Ensuite, comparez vos résultats avec ceux des autres équipes.

✖ Éléments de grammaire (1) : les pronoms relatifs

Dans le texte, vous rencontrerez les *pronoms relatifs* : **qui**, **que**, **dont**, **où**. Le pronom relatif sert à relier deux propositions (*clauses*). Il remplace un mot (pro-nom = « à la place d'un nom ») dans une des deux propositions, qui devient subordonnée à l'autre. Ainsi, au lieu de dire :

• Albert Camus est un écrivain ; il est connu notamment pour son roman *L'Étranger*.

on dira :

• Albert Camus est un écrivain **qui** est connu pour son roman *L'Étranger*.

Dans les exemples suivants, la proposition relative (qui contient le pronom relatif) est délimitée ainsi : [ ]

1. **qui** est sujet

• *L'Étranger* est un roman [**qui** montre l'absurdité du monde].

Et voici des exemples tirés d'auteurs francophones.[4]

---

4. Les encadrés (*framed material*) qui suivent contiennent une ou plusieurs citations littéraires (voir Introduction). Tous les auteurs sont d'expression française. Dans le cadre, il y a seulement le texte et le nom de l'auteur. En notes, il y a tous les autres renseignements sur l'auteur et sur le texte. Sur *l'auteur* on a son prénom, ses dates, quelques indications sur son œuvre et, éventuellement, son rôle historique. Si l'auteur n'est pas français ou s'il appartient à la France d'Outre-mer (*overseas*) : les Antilles, l'île de la Réunion), son origine est indiquée ; s'il n'y a pas de précision, c'est que l'auteur a vécu ou vit dans la France métropolitaine. Sur *le texte* on a la traduction des mots moins fréquents que ceux du Lexique et l'explication des constructions grammaticales difficiles. (Les mots qui sont dans le Lexique figurent dans les notes avec le signe *.)

1. « Il y a des livres comme des films, qui vous embarquent. » (TRUFFAUT)[5]
2. « Il n'y a pas que le bonheur qui rend heureux. » (ERNAUX)[6]

2. **que** est objet
   - Le texte **que** vous allez lire parle du voyage de Camus aux États-Unis.
   - Les Américains **qu'**il a rencontrés l'ont beaucoup intéressé.

3. « Ce misérable m'a rappelé une histoire que je vais te dire. » (MAUPASSANT)[7]
4. « D'être content sans vouloir davantage, / C'est un trésor qu'on ne peut estimer. » (MAROT)[8]

3. **dont** remplace **de qui** ou **de quoi**
   - Il raconte souvent les aventures de son voyage, **dont** *les souvenirs* sont restés très vivants.
   (Au lieu de : il raconte souvent les aventures de son voyage ; *les souvenirs de son voyage* sont restés très vivants.)
   - Albert Camus a souffert de la tuberculose, **dont** il a eu plusieurs rechutes (*relapses*) dans sa vie.

5. « C'était un vieillard dont la barbe blanche couvrait la poitrine. » (FRANCE)[9]
6. « Il a une application dont je suis content. » (LA BRUYÈRE)[10]

4. **où** exprime le lieu, le temps
   - Nous ne pouvons pas vivre dans un monde **où** on ne connaît pas l'amour.
   - Nous vivons à une époque **où** nous manquons de repères (*references*).

7. « De tous les pays du monde, la France est peut-être celui où il est le plus simple d'avoir une vie compliquée et le plus compliqué d'avoir une vie simple. » (DANINOS)[11]

---

5. François TRUFFAUT (1932–1984), cinéaste (voir ch. 4).

6. Annie ERNAUX (née en 1940) écrit des récits imaginaires à partir de sa propre vie. Cette citation est extraite d'une interview donnée en 2001. [bonheur*, heureux*]

7. Guy de MAUPASSANT (1850–1893) a excellé dans l'art de la nouvelle (*short story*). [Ce misérable = *This wretch* ; histoire*]

8. Clément MAROT (1496–1544), poète. [d'être = être ; davantage = plus ; on ne peut (pas)]

9. Anatole FRANCE (1844–1924), écrivain, a reçu le prix Nobel de littérature en 1921. [vieillard = vieil homme ; poitrine*]

10. Jean de LA BRUYÈRE (1645–1696), écrivain et moraliste, fut précepteur (*tutor*) de Louis de Bourbon, dont il parle ici. [application = *conscientiousness*]

11. Pierre DANINOS (né en 1913), écrivain humoriste, a créé le personnage du Major Thompson, qui regarde la France avec ses yeux d'Anglais. [de tous = parmi* tous]

À noter

Le mot que remplace le pronom relatif est **son antécédent** (anté-cédent = « qui marche avant »). Quels sont les antécédents des relatifs dans les exemples ci-dessus ? L'antécédent du pronom relatif est généralement un nom (c'est le cas de tous les exemples ci-dessus). Il peut être aussi un pronom, le plus souvent démonstratif : **celui**, **celle**, **ceux**, **ce**.

8. « Le monde se divise en deux catégories de gens : ceux qui lisent des livres et ceux qui écoutent ceux qui ont lu des livres. » (WERBER)[12]
9. « Le sage ne sait pas ce qu'il sait, le sot ne sait pas ce qu'il dit. » (proverbe)[13]
10. « La raison n'est pas ce qui règle l'amour. » (MOLIÈRE)[14]

Dans les proverbes, on emploie **qui** sans antécédent, dans le sens de **celui qui**.

11. « Heureux qui, comme Ulysse, a fait un beau voyage. . . » (DU BELLAY)[15]
12. « Qui veut voyager loin ménage sa monture. » (RACINE)[16]

¥ Mise en pratique

Complétez ces phrases avec **qui, que, dont, où**.

New York est une ville _____ l'ambiance est unique. C'est la ville américaine _____ tous les extrêmes se rencontrent. New York est la ville célèbre _____ les gens aiment visiter, une ville _____ ils se souviennent très bien, ceux _____ l'aiment comme ceux _____ l'aiment moins. Ils aiment en tout cas tout ce _____ ils peuvent raconter dessus! _____ n'a pas vu New York a manqué quelque chose d'important.

✗ Éléments de grammaire (2) : les pronoms *y, en*

1. **Y** remplace un mot ou une expression
   a. marquant *le lieu où l'on est, où l'on va* :

---

12. Bernard WERBER (né en 1961) excelle dans un nouveau genre de littérature, intermédiaire entre la saga d'aventure, le roman fantastique et le conte philosophique. On a publié l'un de ses livres en anglais sous le titre *Empire of the Ants* (1994). [se divise = est divisé]

13. [sage* ; sot = *fool*]

14. MOLIÈRE (pseudonyme de Jean-Baptiste Poquelin, 1622–1673) est le grand génie de la comédie classique française.

15. Sur le poète Joachim DU BELLAY, voir dans ce chapitre Recherches sur Internet, Aller ailleurs, n° 1.

16. Ce vers, maintenant considéré comme un proverbe, est de Jean RACINE (1639–1699), voir p. 276, n. 13 [loin* ; ménager = *to spare* ; monture = cheval]

- Il est dans sa chambre. ⇨ Il **y** est.
- Il va *à Paris.* ⇨ Il **y** va.

13. « J'**y** suis, j'**y** reste. » (MAC-MAHON)[17]

14. « Tous les jours vont à la mort, le dernier **y** arrive. » (MONTAIGNE)[18]

    b. précédés de la préposition **à** (pour les choses uniquement, pas des personnes) :
- Penses-tu *à ton travail* ?
  - Oui, j'**y** pense.
  (Mais on dit: Penses-tu *à tes amis* ?
  - Oui, je pense *à eux.*)

15. « Je monte fort bien à cheval, mais je n'**y** trouve aucun plaisir. » (STENDHAL)[19]

  2. **En** remplace souvent une expression qui suit **de, du, de la, des.** Selon les cas :
    a. **En** exprime *une quantité*
      (1) indéfinie (*on ne dit pas combien*)
- Je veux *du pain.* ⇨ J'**en** veux.
      (2) précisée par des adverbes de quantité (**beaucoup, assez, peu, trop**. . .)
- Il mange *trop de viande.* ⇨ Il **en** mange *trop.*
      (3) précisée par un nombre (dans ces cas, il n'y a pas **de, du,** etc.)
- Elle a lu *trois livres.* ⇨ Elle **en** a lu *trois.*

Quand **en** précise une quantité déterminée, il faut répéter le mot qui précise (**beaucoup, peu,** etc., ou le nombre).

16. « Et s'il n'**en** reste qu'un, je serai celui-là ! » (HUGO)[20]

    b. **En** dit *l'endroit d'où l'on vient*
- Je reviens *de New York.* ⇨ J'**en** reviens.

---

17. Edme de MAC-MAHON (1808–1893), chef d'État français, a prononcé cette phrase pendant la guerre de Crimée (1854–1855) à propos de la tour de Malakoff. L'expression est devenue proverbiale.

18. Michel Eyquem de MONTAIGNE (1533–1592), écrivain et philosophe, est l'une des grandes personnalités du XVIᵉ siècle français.

19. STENDHAL (Henri Beyle, dit) (1783–1842) est l'un des très grands romanciers du XIXᵉ siècle français avec Balzac (n. 37). [fort = très]

20. [S'il n'en reste qu'un = S'il ne reste qu'un seul homme exilé ; celui-là = *that (very) one*]. Victor HUGO (1802–1885), le chef* de file de l'école romantique française, s'est engagé politiquement contre Napoléon III, que par mépris (*contempt*) il appelait « Napoléon le Petit. » En 1853, quand l'empereur amnistie ses opposants exilés et leur propose de revenir en France, Victor Hugo refuse.

17. « Je ne suis jamais entré dans un bureau sans me demander comment m'en échapper. » (STERNBERG)[21]

   c. **En** est *le complément d'un verbe*[22] (**se servir de, se souvenir de, douter de, se moquer de**, etc.)
     • Je me sers *du répondeur téléphonique.* ⇨ Je m'**en** sers.

18. « Toutes les grandes personnes ont d'abord été des enfants, mais peu d'entre elles s'en souviennent. » (SAINT-EXUPÉRY)[23]

Mise en pratique

Répondez aux questions suivantes en utilisant **en** ou **y**.

   Exemple : Tu as acheté une nouvelle robe ?
     – Oui, j'**en** ai acheté une belle !

1. Y a-t-il ici des personnes qui veulent travailler dimanche prochain ?
2. Vous n'allez jamais à New York ?
3. Est-ce que vous buvez de la bière ?
4. Combien de livres avez-vous achetés ?
5. Penses-tu souvent à ton passé ?
6. Parle-t-elle encore de sa maladie ?

II. POINTS DE DÉPART POUR LA LECTURE

Biographie : Albert Camus (1913–1960)

Né en Algérie, Albert Camus a vécu là jusqu'en 1940. Il n'a pas connu son père, mort pendant la Première Guerre mondiale. Son enfance a été marquée par la pauvreté, mais aussi par le soleil méditerranéen. Adolescent, il a été victime de la tuberculose, dont il a eu plusieurs rechutes dans sa vie.

---

21. Jacques STERNBERG (né en 1923), journaliste et cinéaste belge, auteur plein d'humour, a écrit notamment *Si loin de nulle part* (1999). [bureau* ; s'échapper de = *escape*]
22. On distingue dans la grammaire française plusieurs sortes de compléments : *complément d'objet direct* (Il mange **un gâteau**) ou indirect (Il pense **à sa mère**) ; *compléments circonstanciels* (*prepositional phrases*) qui précisent les circonstances de l'action, comme le temps (Il est parti **à cinq heures**), le lieu (Il reste **à la maison**), et d'autres encore.
23. Sur Antoine de SAINT-EXUPÉRY (1900–1944), voir ch. 2, p. 30. [grandes personnes = adultes. À remarquer : dans cette phrase, « en » remplace « de cela ». La phrase signifie « se souviennent du fait qu'elles ont d'abord été des enfants ».]

Ses romans, dont *L'Étranger* (1942) et *La Peste* (1947) font partie, et ses pièces de théâtre – par exemple *Caligula* (1945) – ont une orientation philosophique.

Les deux grands thèmes que l'on retrouve dans toute son œuvre sont ceux de l'absurde et de la révolte. Camus était en effet un écrivain très engagé. De 1934 à 1937, il a adhéré au parti communiste, mais l'a quitté parce que celui-ci ne soutenait plus le nationalisme algérien. Pendant la Deuxième Guerre mondiale, il a participé activement à la Résistance en France. Il a écrit dans *Combat,* un journal clandestin pendant la guerre, dont la devise est devenue à la Libération « De la Résistance à la Révolution ».

Jusqu'à sa mort, Camus n'a jamais cessé d'être conscient des grands enjeux (*stakes*) politiques, sociaux et philosophiques de son temps. Il a reçu le prix Nobel de littérature en 1957.

📖 Le contexte de l'œuvre

Le texte qui va suivre fait partie d'un livre publié en 1978 sous le titre *Journaux de voyage*. En réalité, il est tiré des *Carnets* de Camus, une forme de journal personnel, qu'il a tenu de 1935 à sa mort. C'est seulement à partir de 1954 que Camus a donné son manuscrit à dactylographier.

Apparemment, il ne pensait donc pas à la publication quand il écrivait ce que vous allez lire. Ce sont des extraits des notes que Camus a prises de mars à mai 1946 durant un voyage aux États-Unis, où il venait donner des conférences.

Journaliste déjà renommé, jeune vedette du monde culturel français, il est envoyé officiellement par le ministère français de la Culture. Pourtant, un incident a lieu à son arrivée : les officiers de l'immigration demandent aux personnes de son groupe s'ils sont communistes ou s'ils ont des amis communistes. Camus refuse de répondre ; les services culturels français doivent intervenir pour éviter des complications.

⛰ Perspective historique et climat culturel

Il ne s'agit pas, bien sûr, de tracer ici un panorama complet de l'époque, mais simplement de mettre en relief (*emphasize*) quelques faits et aspects qui peuvent éclairer le texte que vous allez lire.

Au sortir de (= juste après) la guerre, l'Europe commence juste à se relever de ses ruines et à se remettre de (*overcome*) ses traumatismes. Le *Baby boom* a pour toile de fond (*backdrop*) le jugement des criminels nazis à Nuremberg. Aux États-Unis, c'est une période d'espoir et de prospérité, qui établit fermement les bases de la société de consommation. (Cependant, une grande grève paralyse la General Motors et la General Electric pendant près de quatre mois. Quand Camus arrive à New York, 400 000 personnes sont encore en grève.)

La seule ombre sérieuse au tableau est la menace d'« agression soviétique ». Quelques jours avant l'arrivée de Camus à New York, Winston Churchill, lui aussi aux États-Unis, a parlé du « rideau de fer » qui divise désormais l'Europe en deux camps.

Hô Chi Minh essaie – vainement – de négocier avec la France l'indépendance du Vietnam. La guerre s'engagera en novembre 1946 ; elle durera 8 ans. Les communistes français ne soutiennent pas l'indépendance du Vietnam.

La vie intellectuelle française, bouillonnante (*intense and thriving*), est encore très marquée par les suites de « l'épuration » sans pitié de ceux qui ont « collaboré » avec l'occupant allemand. Camus, malgré son passé de résistant, a finalement accepté de signer une pétition pour la grâce de l'écrivain Robert Brasillach, fusillé (*killed by firing squad*) en 1945 parce qu'il a fait de la propagande pronazie.

En Grèce, Nikos Kazantzakis (1885–1957) publie *Les Faits et gestes d'Alexis Zorba*, d'où vient le film *Zorba le Grec*. Au cinéma, Alfred Hitchcock dirige *Notorious*, John Ford *My Darling Clementine*, Jean Cocteau (voir Index des auteurs) *La Belle et la Bête*. En URSS, la deuxième partie d'*Ivan le terrible*, d'Eisenstein, est censurée par Staline. En France, 1946 est l'année du premier festival de Cannes. . . et aussi celle où l'on voit apparaître le premier bikini sur une plage !

☺☺☹ Votre préparation personnelle

Les questions suivantes sont en relation avec les thèmes abordés dans le texte. Vous pouvez y répondre mentalement ou prendre quelques notes pour vous-mêmes. Vous ne serez pas obligés d'y répondre publiquement si vous ne le souhaitez pas. Ce qui compte vraiment, c'est l'authenticité de vos réponses : plus vous serez sincères avec vous-mêmes, plus vous entrerez ensuite facilement en contact avec le texte, et plus il aura des chances de vous intéresser.

1. Est-ce que vous avez déjà beaucoup voyagé ? Y a-t-il un genre de voyages que vous aimez particulièrement ? Pourquoi ? Voyagez-vous le plus souvent seul, à deux, ou en groupe ? Si vous avez fait ces différentes expériences, comparez-les. Repensez à un voyage – ou à un moment dans un certain voyage – qui a fait sur vous une forte impression : dites laquelle. Est-ce que cela a eu des conséquences ultérieures dans votre vie ? On dit souvent que « les voyages forment la jeunesse » : pensez-vous que cela puisse (*might*) être le cas pour vous ?

2. Quel rôle joue dans votre vie l'endroit où vous habitez (son site, son climat, sa population, son histoire. . .) ?

3. Certains d'entre vous écrivent peut-être un journal. Quelle est votre motivation ? Cela vous aide-t-il à mieux vous connaître ?

Indications pour la lecture

Avec l'extrait des *Journaux de voyage* de Camus, vous allez trouver, dans la colonne de droite, la traduction des mots et expressions les plus difficiles. Vous pouvez chercher le vocabulaire plus courant dans le Lexique (p. 309). Les mots qui ne figurent pas dans ce lexique sont considérés comme très courants. Si vous en avez besoin, vous pouvez les chercher dans un dictionnaire français-anglais.

Lisez les extraits suivants et ensuite donnez-vous cinq minutes au maximum pour en trouver l'idée centrale. Que pense Camus de l'Amérique ? Pouvez-vous noter les différences qu'il remarque entre la France et les États-Unis ?

📄 III. TEXTE

Lundi.

Nous remontons le port de New York. Spectacle formidable malgré ou à cause de la **brume**. L'ordre, la puissance, la force économique est là. Le cœur tremble devant tant d'admirable inhumanité. *mist*

5   Je ne débarque qu'à 11 heures après de longues formalités où **seul de tous les passagers je suis traité en suspect**. L'officier d'immigration finit par s'excuser **de m'avoir tant retenu**. J'y étais obligé, mais **je ne puis vous dire pourquoi**. Mystère, mais après cinq ans d'occupation ! *I am the only passenger treated / with suspicion / for having detained me so long / I can't tell you why.*

Fatigué. Ma grippe revient. Et c'est **les jambes flageolantes** que je
10   **reçois le premier coup de New York**. Au premier regard, hideuse ville inhumaine. Mais je sais qu'on change d'**avis**. Ce sont des détails qui me frappent : que les ramasseurs d'ordures portent des gants, que la circulation est disciplinée, sans intervention d'agents aux carrefours, etc., que personne n'a jamais de monnaie dans ce pays et que tout le
15   monde a l'air de sortir d'un **film de série**. Le soir, traversant Broadway en taxi, fatigué et **fiévreux**, je suis littéralement **abasourdi par la foire lumineuse**. **Je sors de cinq ans de nuit** et cette orgie de lumières violentes me donne pour la première fois l'impression d'un nouveau continent (une énorme enseigne de 15 **m** pour les Camel : un G.I. bouche
20   grande ouverte laisse échapper d'énormes **bouffées de vraie fumée**). *with trembling legs / New York hits me for the first time / opinion / serial film / feverish / dumbfounded by the light show / I have just come out of five years of blackness / mètres / puffs of real smoke*

Mercredi.

Je lui fais remarquer les *Funeral Home*. Il m'en raconte le fonctionnement. **Une des façons** de connaître un pays, c'est de savoir comment on y meurt. Ici, tout est prévu. « You die and we do the rest », disent les
25   affiches publicitaires. Les cimetières sont des propriétés privées : « Dépêchez-vous de retenir votre place. » *I point out to him (= Chiaramonte, un ami de Camus) / One of the ways*

Jeudi.

La journée passée à dicter ma conférence. Le soir un peu de **trac**, mais j'y vais tout de suite et **le public a « collé »**. Mais pendant que je
30   parle on **barbote la caisse** dont le produit est destiné aux enfants français. O'Brien annonce la chose à la fin et un spectateur se lève pour proposer que chacun redonne à la sortie la même somme qu'il a donnée à l'entrée. À la sortie, tout le monde donne beaucoup plus et la **recette** est considérable. Typique de la générosité américaine. Leur *stage fright / the audience went for it / robs the cashbox / collection*

« à travers des centaines de milliers de hauts murs »

35 hospitalité, leur cordialité est du même **goût**, immédiate et **sans ap-** style / naturelle
prêt. Ce qu'il y a de meilleur en eux. *What is best about them.*[24]

Lundi.

Puis Alfred Stieglitz[25] **espèce de** vieux Socrate américain. « La vie *a kind of*
m'apparaît de plus en plus belle **à mesure que** je vieillis : mais vivre de en même temps que
40 plus en plus difficile. **N'espérez rien** de l'Amérique. Sommes-nous une *Don't expect anything from*
fin ou un commencement ? Je crois que nous sommes une fin. C'est un
pays où l'on ne connaît pas l'amour. »

Tucci : Que les rapports humains sont très faciles ici parce qu'il n'y
a pas de rapports humains. Ils restent **à l'écorce**. Par respect et par superficiels
45 paresse.

Le 19 avril.
De New York au Canada
Grande campagne **propre et aérée** avec les petites et grandes *clean and airy*
maisons à colonnes blanches et les grands arbres bien bâtis et les
50 pelouses qui ne sont jamais séparées par des barrières si bien que c'est
une seule pelouse qui appartient à tout le monde et où de beaux enfants et des adolescents souples rient à une vie remplie de bonnes
choses et de crèmes riches. La nature ici contribue au beau conte de
fées américain.

55 Manhattan. Quelquefois **par-dessus** les *skyscrapers,* **à travers** des *above / through the hundreds of*
centaines de milliers de hauts murs un cri de remorqueur vient *thousands*
retrouver votre insomnie **au cours de** la nuit et vous rappeler que ce pendant
désert de **fer** et de ciment est une île. *iron*
Le type de Holland Tunnel à New York, ou du Sumner Tunnel à
60 Boston. Toute la journée sur **une passerelle surélevée** il compte les au- *a raised footbridge*
tos qui passent **sans arrêt** et dans un **vacarme assourdissant** le long *nonstop / deafening uproar*
du tunnel violemment éclairé et trop long **pour qu'il aperçoive** au- *for him to perceive*
cune des **issues**. C'est un héros de roman moderne. *exits*

---

24. *Ce qu'il y a de meilleur en eux* : la phrase complète est « C'est ce qu'il y a de meilleur en eux. » Comme Camus
prend des notes rapides, certaines phrases peuvent être en « style télégraphique ».
25. Alfred STIEGLITZ (1874–1946), photographe et marchand d'art, époux de Georgia O'Keeffe, a contribué à
diffuser le modernisme au début du XXe siècle.

IV. VIVRE LE TEXTE

Parlons-en !

Voici l'occasion d'avoir un débat entre vous dans la classe, lié au thème du chapitre, que vous avez dans le mot-clé.

Qu'est-ce qui a fasciné Camus pendant son séjour aux États-Unis en 1946 ? Qu'est-ce qui l'a intrigué (*puzzled*) ? Qu'est-ce qui lui a plu (*pleased him*) et qu'est-ce qui lui a déplu ?

Comprendre

Il s'agit de comprendre chaque mot du texte de façon littérale, et en même temps la globalité de ce texte. Parfois aussi, vous devrez penser à ce que l'on appelle le « sous-texte », la signification qui est en-dessous de sa surface. Pour cela, vous aurez peut-être besoin de relire les rubriques Biographie, Le contexte de l'œuvre, Perspective historique et climat culturel.

1. Expliquez l'expression « malgré ou à cause de la brume » (ll. 2–3).
2. Que veut dire Camus par « admirable inhumanité »(l. 4) ?
3. Qui est « je » dans la phrase « J'y étais obligé. . . » (l. 7) ?
4. Quelles interprétations peut-on donner à « Mystère, mais après cinq ans d'occupation ! » (l. 8) ? Laquelle vous paraît la plus probable ?
5. Que voit Camus qui l'impressionne dès son arrivée ?
6. Quelle est « la nuit » dont sort Camus (l. 17) ?
7. Qu'apprend Camus sur la manière dont on meurt aux États-Unis ? Qu'est-ce qui est différent de ce qu'il peut connaître en France ou en Algérie ?
8. Qu'y a-t-il de meilleur chez les Américains, d'après Camus ?
9. Pour le grand photographe Stieglitz, que manque-t-il surtout en Amérique ?
10. À quoi le paysage entre New York et le Canada fait-il penser Camus ?
11. Comment Camus se souvient-il que Manhattan est une île ?

Analyser

À présent, vous allez examiner l'aspect spécifiquement littéraire du texte.

1. Dans le texte que vous avez lu, quel est le rapport entre l'auteur, le narrateur et le personnage central ? Quels autres personnages apparaissent dans le texte ? Que savons-nous de chacun d'eux ? (Pour répondre à cette question, lisez ou relisez l'introduction de la section « Autobiographie », p. 1).
2. Pourquoi, à votre avis, Camus ne donne-t-il pas ici de détails sur ce qui lui est arrivé exactement à l'immigration ? Qu'en concluez-vous sur ce qui, à ses yeux, vaut la peine d'être noté (*is worthy of notice*) dans ses *Carnets* ?
3. À votre avis, dans ces extraits, Camus est-il davantage centré sur lui-même ou sur ce qu'il observe ?

● Réfléchir sur l'identité

Quand vous avez examiné quel rôle les thèmes abordés dans ce chapitre jouent dans votre vie, cela vous a fait réfléchir indirectement à votre identité. À présent, vous allez avoir l'occasion de penser à celle du narrateur, puis de revenir à la vôtre, et, finalement de vous poser des questions générales sur ce sujet.

1. Trouvez les remarques de Camus qui vous paraissent influencées :
   a. par les événements qu'il a vécus récemment ;
   b. par son état physique passager ;
   c. par son caractère ;
   d. par le fait qu'il est écrivain ;
   e. par son système de valeurs ;
   f. par son éducation et sa culture.

2. D'après vous, y a-t-il dans ces quelques extraits des observations qui ont pu faire sur Camus une impression durable et l'influencer par la suite ?

🐾 Élargir la discussion

Choisissez l'un des thèmes suivants et écrivez dessus au moins une demi-page.

1. Pensez-vous que les Américains sont généreux ? Donnez des exemples.
2. D'après vous, les États-Unis sont-ils « un pays où l'on ne connaît pas l'amour » ? Dans quel sens ?
3. Pouvez-vous définir ce que l'on appelle le « rêve américain » ? Estimez-vous que ce rêve a évolué avec le temps ? Quelle est votre opinion là-dessus ?
4. Quand il est rentré en France, Camus a écrit à son ancien instituteur : « Mon voyage aux États-Unis m'a appris beaucoup de choses. . . C'est un grand pays fort et discipliné dans la liberté, mais qui ignore beaucoup de choses et d'abord l'Europe. » Que pensez-vous de ce jugement ?
5. Avez-vous eu l'occasion de rencontrer des visiteurs étrangers aux États-Unis ? Vous êtes-vous demandé quel rôle leur éducation et leur culture jouaient dans leur perception des choses ? Qu'avez-vous appris à leur contact ?

V. AUX ALENTOURS

Les promenades aux alentours ont essentiellement trois objectifs.

1. Vous faire développer votre potentiel de chercheur (Le Détective, Aller ailleurs), apprendre à (a) bien connaître le dictionnaire ; (b) vous repérer (*find your bearings*) dans un livre, dans une bibliothèque et aussi dans votre propre tête ; (c) trouver des informations ; (d) lire de manière critique.

2. Vous permettre d'enrichir votre culture générale :
   a. par un élargissement de vos perspectives (Découvertes, Le Détective, Aller ailleurs) ;
   b. par un contact plus intime avec l'auteur du chapitre (Approfondir).
3. Vous aider à cultiver votre créativité :
   a. par l'écriture (C'est à vous !) ;
   b. par des jeux de langage (Devinettes).

Découvertes

Nous avons vu plus haut des citations littéraires qui intégraient des éléments grammaticaux étudiés dans ce chapitre (pp. 7–10). Les numéros des citations de Découvertes suivent ceux des citations de la partie linguistique du chapitre. Les citations qui viennent du chapitre sont reliées par leur contenu au mot-clé du chapitre dont elles montrent plusieurs facettes. Lisez-les et réfléchissez-y !

Pourquoi voyager ?

19. « Les voyages forment la jeunesse. » (proverbe)[26]
20. « L'oiseau qui n'a jamais quitté son tronc d'arbre ne peut savoir qu'ailleurs il y a du millet. » (KOUROUMA)[27]
21. « Je vais en Chine pour mieux voir la France et ses problèmes. » (CHABAN-DELMAS)[28]
22. « Chaque voyage est le rêve d'une nouvelle naissance. » (ROYER)[29]

Comment voyager ?

23. « J'ai voyagé à pied, par simple amour du vent et de la terre. » (BOSCO)[30]
24. « Le véritable voyage de découverte ne consiste pas à chercher de nouveaux paysages, mais à avoir de nouveaux yeux. » (PROUST)[31]
25. « Comme tout ce qui compte dans la vie, un beau voyage est une œuvre d'art. » (SUARÈS)[32]
26. « Il vaut mieux ne pas faire le voyage que s'arrêter en chemin. » (POLAC)[33]

---

26. [forment la jeunesse = éduquent les jeunes]
27. Ahmadou KOUROUMA, écrivain africain né en Côte d'Ivoire en 1927, a quitté son pays pour le Cameroun. Cette citation est extraite d'un livre qui a été traduit en anglais sous le titre *Waiting for the Vote of the Wild Animals* (1999). [ailleurs*]
28. Jacques CHABAN-DELMAS (1915–2000) : homme politique.
29. Jean ROYER (né en 1938) : poète, romancier et essayiste canadien. [naissance*]
30. Henri BOSCO (1888–1976) : poète et romancier.
31. Marcel PROUST (1871–1922) : romancier à l'esprit raffiné, auteur du grand cycle *À la recherche du temps perdu*. [paysage = *landscape*]
32. André SUARÈS (1868–1948) : poète, essayiste et auteur de théâtre. [compte = est important]
33. Michel POLAC (né en 1931), animateur de télévision polémiste, a publié son journal en 2000. [(s')arrêter*]

Ce qui en résulte

27. « Ce que j'aime dans les voyages, c'est l'étonnement du retour. » (STENDHAL)[34]

28. « Il n'y a d'homme plus complet que celui qui a beaucoup voyagé, qui a changé vingt fois la forme de sa pensée et de sa vie. » (LAMARTINE)[35]

29. « Certains pensent qu'ils font un voyage, en fait, c'est le voyage qui vous fait ou vous défait. » (BOUVIER)[36]

Et ces autres formes de voyage. . .

30. « J'ai accompli de délicieux voyages, embarqué sur un mot. . . » (BALZAC)[37]

31. « L'enfance est un voyage oublié. » (LA VARENDE)[38]

32. « L'absolu est un voyage sans retour. » (BLOY)[39]

33. « La pensée voyage à la vitesse du désir. » (CHAZAL)[40]

Le Détective

Vous pouvez sûrement trouver les réponses aux questions que nous posons au détective. Ces réponses se trouvent tout d'abord dans ce livre où vous devez apprendre à vous repérer rapidement si vous voulez suivre toutes les pistes (*tracks*) qu'il vous propose !

Se familiariser avec le livre

1. Quelles rubriques symbolisent les vignettes suivantes ?

   A. ▤   B. ▦   C. ▰   D. ⚞   E. Ⴤ

2. Faites correspondre les vignettes des rubriques (a, b, c, d) avec les sections où elles se trouvent (A, B, C, D).

   A. ▤ Vivre le texte   a. ✿ Un brin de causette
   B. ▥ Pour mieux lire le texte   b. ⌂ Perspective historique et climat culturel

---

34. Stendhal a beaucoup voyagé en Italie. Cette phrase vient de *Mémoires d'un touriste : voyage en Bretagne et en Normandie.* [étonnement = *astonishment*]

35. Alphonse de LAMARTINE (1790–1869) : poète et homme politique. [Il n'y a = il n'y a pas]

36. Nicolas BOUVIER (1929–1998), écrivain et photographe suisse, grand voyageur, a écrit *L'Usage du monde* (1963), livre d'un lent* itinéraire des Balkans à l'Inde. Voir le site Internet : www.culturactif.ch/bouviernicolas). [défait = *undoes*]

37. Le romancier Honoré de BALZAC (1799–1850) est l'auteur de la monumentale *Comédie humaine.*

38. Jean de LA VARENDE (1887–1959) : romancier. [oublier*]

39. Léon BLOY (1846–1917) : journaliste et écrivain.

40. Malcolm de CHAZAL (1902–1981) : écrivain d'expression française de l'île Maurice, a écrit surtout des aphorismes. [à la vitesse de = aussi vite que]

C. ⚐ Points de départ   c. 📚 Approfondir
D. 🏙 Aux alentours   d. 👽 Réfléchir sur l'identité

3. Quel est l'ordre véritable des rubriques à l'intérieur de la section ⚐ ?

   A. ⚓ Perspective historique et climat culturel
   B. ⚲ / ⚲ Biographie
   C. ☺☹☹ Votre préparation personnelle
   D. 📖 Le contexte de l'œuvre

4. Quel est l'intrus (*intruder*) ? Dans ce jeu, il y a un point commun entre tous les éléments, sauf un. Il faut trouver cet élément isolé et dire le point commun entre les autres.

   A. 🏙   B. ⚲   C. 🏛   D. 🖼   E. ⚐

5. Quel est le nom de l'auteur du texte étudié dans le chapitre 7 ?
6. Quelle est la citation sous la photo de l'auteur dans le chapitre 8 ?
7. Quel est le ⌐ mot-clé du chapitre 10 ?
8. À quelle page se trouve 🏠 dans le chapitre 4 ?
9. À quelle page se trouve la première citation littéraire dans le chapitre 6 ?
10. À quelle page se trouve la première citation de 🡢 Découvertes dans le chapitre 9 ?

Se préparer à la recherche dans le dictionnaire

1. À quelle page se trouve le mot « débarquer » dans le Lexique ?
2. Cherchez l'intrus ! Les mots de la liste suivante sont tous liés au voyage, sauf un : lequel ? passager ; valise ; propriété ; débarquer ; autos.

Voici des extraits de deux notices du dictionnaire *Le Petit Robert*. (Ce dictionnaire français fait autorité actuellement et vous allez apprendre à vous en servir régulièrement.) Les principaux sens du mot sont marqués par le signe ♦. Les expressions *en italiques* sont des exemples de l'emploi des mots. Quand il y a des guillemets (« »), c'est qu'il s'agit de la citation d'un auteur, dont le nom est entre parenthèses (GAXOTTE).

3. Cherchez dans la notice suivante une allusion à un événement de la Seconde Guerre mondiale :

DÉBARQUEMENT
   ♦ 1° Action de débarquer, de mettre à terre des passagers ou des marchandises. *Formalités de débarquement.* ♦ 2° Action d'une personne qui débarque. *On l'a arrêté à son débarquement.*
   ♦ 3° Opération militaire consistant à mettre à terre un corps expéditionnaire embarqué et destiné à agir en territoire ennemi. *Troupes de débarquement.* « *Le débarquement américain en Afrique du Nord* » (GAXOTTE).

4. Trouvez dans la notice suivante une allusion à la cuisine :

RECETTE

I. ♦ 1° Total des sommes d'argent reçues. *Le montant de la recette. La recette journalière d'un théâtre.* (. . .) ♦ 2° Action de recevoir (de l'argent). (. . .) ♦ 3° Action de recevoir et de vérifier (des marchandises, constructions, fabrications). ♦ 4° Bureau d'un receveur des impôts (*tax collector*) . . .

III. ♦ 1° Procédé particulier pour réussir une opération domestique. – Indication détaillée de la manière de préparer un mets. « *Faire des biscuits selon la recette d'une tante* » (CHARDONNE). *Une bonne recette. Livre de recettes.* . .

5. À présent, vous allez chercher vous-mêmes un renseignement dans *Le Petit Robert*. Avez-vous déjà repéré où il se trouve dans la bibliothèque de votre université ? Sinon, c'est le moment ! La question posée au détective est la suivante : quelle période historique désigne le mot **Occupation** ?

6. Autre recherche dans *Le Petit Robert*. Quelle période désigne-t-on en France par « le siècle des Lumières » ? Cherchez au mot **lumière**, II – LES LUMIÈRES.

7. Cette fois-ci, la réponse n'est dans aucun livre. Mais vous pouvez formuler une « hypothèse intelligente » (*educated guess*), comme vous l'avez fait dans Stratégies de lecture. Actuellement, quand on dit « l'Occupation », on parle toujours de la période dont il s'agit dans la question n° 5. Pourtant, dans son texte (l. 8), Camus écrit « cinq ans d'occupation » (sans majuscule). Pourquoi, à votre avis ? Un indice : comparez la date du séjour de Camus aux États-Unis avec celle d'aujourd'hui. Préparez-vous aussi à exposer clairement votre hypothèse devant la classe.

Aller ailleurs

Dans cette rubrique, vous êtes invités non seulement à trouver des réponses précises à des questions, mais à ouvrir de nouveaux champs à votre curiosité et à en faire profiter les autres.

« L'Invitation au voyage » est un poème de Charles Baudelaire[41] qui figure dans *Les Fleurs du mal* (1857–1861). Cherchez ce livre à la bibliothèque. « L'Invitation au voyage » est le poème n° 53. Recopiez les cinq premiers vers du poème et préparez-vous à les lire en classe.

Approfondir

Si vous désirez mieux connaître l'auteur étudié dans ce chapitre, vous êtes invités ici à faire une véritable recherche littéraire.

Essayez d'imaginer qu'au lieu d'écrire ces notes, Camus ait écrit (*might have written*) des lettres à une personne intime. D'après vous, quels éléments pourraient (*could*) être communs aux deux

---

41. Dans l'Index des auteurs, vous trouverez toutes les pages de ce livre où cet auteur est cité. Le poème porte le numéro n° 49 dans l'édition de 1857.

formes d'écriture ? Dites où il pourrait y avoir (= être) des différences et à quoi ressemblerait (*what would be like*) la lettre en ces endroits.

✎ C'est à vous !

C'est le moment de faire appel à votre créativité. Laissez parler votre imagination. . . et votre plume écrire !

> Écrivez ce que vous inspire le thème :
> Heureux, celui qui (ou : ceux qui) . . .
> Heureuse, celle qui, celle que, celle dont. . .

🖥 VI. RECHERCHES SUR INTERNET

Cette section demande l'application de principes méthodiques semblables à ceux de Aux alentours et de quelques autres plus spécifiques. Nous ne mettons pas dans le livre les sites que nous vous suggérons de consulter : vous allez les trouver sur le site d'*Identité, Modernité, Texte*, avec quelques commentaires supplémentaires. Ainsi nous allons mettre à jour (*update*) ces renseignements plus rapidement. Les rubriques Le Détective, Aller ailleurs et Approfondir vous sont déjà connues. Cette section comprend aussi une rubrique Actualité, dont vous pouvez facilement comprendre le contenu par son nom.

♟ Le Détective

Trouvez au moins trois personnalités françaises qui ont vécu au « siècle des Lumières ».

🏛 Aller ailleurs

1. Le poète français Joachim du Bellay (1522–1560), qui séjournait alors en Italie, a écrit :

> Heureux qui, comme Ulysse, a fait un beau voyage
> Ou comme celui-là qui conquit la toison
> Et puis est retourné plein d'usage et raison
> Vivre entre ses parents le reste de son âge.[42]

De quel recueil (*collection*) de poèmes sont extraits les vers ci-dessus ? Quel autre livre de poésie a inspiré à Du Bellay son séjour à Rome ? Quel est le titre de l'autre poème de Du Bellay qui parle d'Ulysse ? Dans lequel des deux poèmes qui parlent d'Ulysse Du Bellay regrette-t-il la France et dans lequel regrette-t-il l'Italie ?

---

42. Cette citation est écrite ici avec l'orthographe moderne. [celui-là* ; conquit = *made away with* ; la toison = la Toison d'or, conquise par Jason dans la mythologie grecque ; usage et raison = expérience et sagesse ; son âge = sa vie]

2. Qui a écrit *Le Tour du monde en 80 jours*? Quand a vécu cet auteur? Combien de ses romans se passent aux États-Unis?

Approfondir

Lisez une notice biographique plus approfondie sur Camus. Dites en quoi le texte que vous venez d'étudier reflète certaines préoccupations qui ont été les siennes pendant toute sa vie.

À partir de cela, préparez un exposé de cinq minutes environ à présenter devant la classe.

Actualité

Allez sur un site consacré à la littérature qui a pour thème le voyage. Choisissez une information de ce mois-ci et préparez-vous à la présenter devant la classe de la manière la plus claire et la plus intéressante possible.

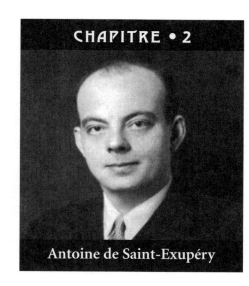

CHAPITRE • 2

Antoine de Saint-Exupéry

Terre des hommes

Mot-clé : *solidarité*

« d'invisibles richesses »
(Antoine de Saint-Exupéry)

I. POUR MIEUX LIRE LE TEXTE : LES PILIERS DE LA LANGUE

Stratégies de lecture : le contexte (suite)

Nous avons vu que le contexte de la phrase peut vous aider à deviner le sens de mots inconnus. Si vous avez sous les yeux un contexte plus large (un ou plusieurs paragraphes), cela peut vous donner des indications supplémentaires. Par exemple, si vous gardez à l'esprit le titre du texte de Mise en pratique, cela vous aidera à trouver le sens du mot *bougies* (l. 15).

Mise en pratique : un voyage d'anniversaire

Lisez ce paragraphe. Ensuite, d'après le contexte, discutez entre vous du sens de chaque mot en italiques. Tous ces mots se retrouvent dans le texte de Saint-Exupéry.

Je me rappelle un anniversaire très spécial. Pour célébrer cette *fête* importante, j'avais décidé d'aller sur la *Côte* d'Azur. Alors, j'ai sorti de la banque tout l'argent que j'avais mis de côté et j'ai pris l'avion de New York à Paris. Là, j'ai loué une voiture pour continuer ma route vers Cannes. Mais hélas ! ma petite Peugeot est *tombée en panne* sur l'autoroute. Le beau voyage dont j'avais tant rêvé commençait bien mal ! J'ai dû vider la voiture de tout ce que j'avais pris avec moi. Heureusement, mes bagages étaient *légers*. . . J'ai fait de l'auto-stop et je suis arrivé à Cannes à la tombée de la nuit, un moment où la *découverte* d'un hôtel paraissait une mission impossible. J'ai eu juste le temps de m'acheter un gâteau d'anniversaire ! Ensuite, j'ai décidé de passer la nuit sur la plage. Je pensais pouvoir m'y endormir sans problème, car le *sable* n'était pas *dur,* mais au contraire très doux. Mais j'ai senti mon *isolement* devant l'immensité de la mer et j'ai réfléchi là-dessus pendant toute la nuit. À l'aube, j'ai enfin réussi à m'endormir ; mais cela n'a pas duré longtemps, parce qu'à sept heures, la plage était déjà très animée. Alors, j'ai raconté à qui voulait m'entendre tout ce qui m'était arrivé et j'ai invité tout le monde à *partager* mon gâteau d'anniversaire. Nous avons pris une serviette comme *nappe* et nous avons placé sur le gâteau les 21 *bougies* que j'avais apportées des États-Unis. J'ai vécu ainsi, entouré d'étrangers, un anniversaire plus chaleureux que je n'en avais jamais eu de toute ma vie. Avez-vous, vous aussi, fêté un anniversaire inoubliable ?

🗣 Un brin de causette : entraidons-nous !

Pour « faire un brin de causette », c'est-à-dire bavarder (*chat*) entre vous, sur un thème en relation avec ceux du chapitre, nous vous proposons d'utiliser particulièrement certains mots et expressions, qui sont le « vocabulaire actif » de chaque chapitre.

Vocabulaire actif : la réciprocité

S'habiller, s'ennuyer, se perdre sont des verbes *pronominaux* ; cela signifie qu'ils ont pour complément un pronom. Certains verbes pronominaux peuvent avoir un *sens réciproque* – leur sujet et leur objet représentent des personnes qui font des actions l'une sur l'autre. Par exemple :

- John Lennon et Yoko Ono **s'aimaient** beaucoup.
  (*John Lennon and Yoko Ono loved each other very much.*)

Voici quelques verbes pronominaux au sens réciproque qui se trouvent dans le texte extrait de *Terre des hommes* : **se rencontrer, se regarder, s'épauler** (l'un l'autre); **se raconter** (l'un à l'autre), **se partager** (entre l'un et l'autre), **se plaisanter** (l'un sur l'autre). Les précisions données entre parenthèses dans cette liste vous montrent que parmi ces verbes, pour certains l'objet est direct comme dans **s'aimaient beaucoup**, pour d'autres il est indirect (elles **se parlent** = elles parlent l'une à l'autre). Pouvez-vous dire lesquels ont un objet direct et lesquels un objet indirect ?

À présent, voici le thème de votre « causette ». Imaginez que votre avion est forcé d'atterrir dans le désert du Sahara. Il n'y a que vous et deux autres passagers qui survivent. Mettez-vous par deux et racontez-vous ce qui se passe. Pour cela, utilisez au moins cinq des verbes pronominaux au sens réciproque énumérés (*listed*) ci-dessus pour décrire comment vous passeriez (*you would spend*) ensemble la longue nuit. Vous pouvez rajouter d'autres verbes : **s'écouter, se parler, se donner du courage**. . . Vous pouvez aussi employer des mots et expressions comme : **l'équipage, les bagages, les caisses de marchandises, faire du feu, jouer, chanter.**

1. « Il se faut entraider, c'est la loi de la nature. » (LA FONTAINE)[1]

⚒ Éléments de grammaire (1) : le plus-que-parfait

1. La forme

Dans ce texte, vous trouverez des verbes au plus-que-parfait. Leur forme comporte deux mots.

---

1. Jean de LA FONTAINE (1621–1695) est le plus grand fabuliste (= auteur de fables) français. [Il se faut entraider = Il faut s'entraider]

> imparfait de l'auxiliaire + participe passé du verbe
> **j'avais aimé**

À noter

Comme pour le passé composé, l'auxiliaire est **avoir** ou **être** (voir Appendice grammatical, p. 297). Nous allons revenir en détail dans le chapitre suivant sur le participe passé, dont vous connaissez déjà la forme.

2. Le sens

  a. Le verbe au plus-que parfait parle *d'un événement situé dans un passé plus lointain que celui d'un autre temps passé* (imparfait ou passé composé).

  • Saint-Exupéry a raconté des épisodes héroïques de l'aviation dont il **avait été** (*had been*) le témoin (*witness*).

  • Ses contemporains le trouvaient très courageux, parce qu'il **était parti** (*had left*) plusieurs fois pour l'Afrique en avion.

```
                                          (Présent)
__ X _____ X _____□ ____  ⇨ (Futur)
avait été témoin          a raconté
```

2. « J'ai cru que tes parents t'avaient mis à Bicêtre. » (MUSSET)[2]

3. « Les boulevards avaient pris leur paix du matin, les rentiers du voisinage se promenaient au soleil. » (ZOLA)[3]

4. « Maintenant que Tchen avait tué, il avait le droit d'avoir envie de n'importe quoi. » (MALRAUX)[4]

5. « Le roi [Louis XIV], qui aimait à bâtir, avait abattu le petit Trianon de porcelaine qu'il avait fait pour Mme de Montespan et le rebâtissait pour le mettre en l'état. » (SAINT-SIMON)[5]

---

2. Alfred de MUSSET (1810–1857) : poète et auteur de théâtre romantique. Bicêtre est un hospice créé au XVIIᵉ siècle pour les soldats estropiés (*maimed*).

3. Émile ZOLA (1840–1902) a écrit un grand cycle de romans (*Histoire naturelle et sociale d'une famille sous le Second Empire*), qui commence par *La Fortune des Rougon* (1871). [Leur paix = leur atmosphère de paix ; rentiers = *person who lives on his (unearned) income* ; voisinage = *neighborhood*]

4. L'écrivain André MALRAUX (1901–1976) a beaucoup marqué la France quand il a été le premier des ministres des Affaires culturelles—poste qu'il a créé (1958–1969). La crise des valeurs de l'Occident chrétien est à l'origine des nombreuses questions qu'il se pose sur l'homme. [avoir envie* de ; n'importe quoi = *anything, whatever*]

5. Louis de Rouvroy, duc de SAINT-SIMON (1675–1755) : auteur de célèbres *Mémoires* au style pittoresque et imagé. La citation parle des constructions du château de Versailles. [aimait à bâtir = aimait bâtir ; abattre = *raze, tear down* ; rebâtissait = bâtissait une deuxième fois ; en l'état = comme il était avant]

6. « Ces regards si différents de ceux de la veille firent perdre la tête à Madame de Rénal : elle avait été bonne pour lui, et il paraissait fâché. » (STENDHAL)[6]

b. Parfois, la phrase comporte *seulement un plus-que-parfait,* sans autre verbe au passé : c'est alors *le contexte* qui vous fera comprendre pourquoi il y a un plus-que-parfait.

- Avant de devenir célèbre comme écrivain, Saint-Exupéry **avait été** pilote. C'est pourquoi on l'a toujours considéré comme écrivain et pilote à la fois.
- Une année auparavant, un grave accident **avait eu** lieu à cet endroit. Aussi, tout le monde tremblait.

(Présent)

_____ *X* _____ *X* _____☐__ ⇨ (Futur)
l'accident **avait eu** lieu   moment X
(un an avant le moment X)

7. « La mort, qui avait éteint ses yeux, n'avait pu effacer toute sa beauté. » (FÉNELON)[7]
8. « Il y a tant de femmes qui, le lendemain de leur mariage, sont veuves du mari qu'elles avaient imaginé. » (DONNAY)[8]

⅄ Mise en pratique

A. Dans les phrases suivantes, mettez les verbes entre parenthèses au plus-que-parfait.

1. Nous nous sommes partagé ce que je _____ (préparer).
2. Elle ne possédait plus rien au monde ; elle _____ (perdre) toutes ses richesses.
3. Comme le président _____ (faire) beaucoup pour le peuple, on lui a pardonné ses erreurs.

B. Dans le texte ci-dessus, « Un voyage d'anniversaire, » relevez (= notez) tous les verbes au plus-que-parfait et expliquez pourquoi ils sont à ce temps.

C. Complétez les phrases suivantes par des verbes au plus-que-parfait. Puis ajoutez au moins une autre phrase à un autre temps du passé, selon l'exemple suivant.

---

6. Cette citation est tirée du roman *Le Rouge et le Noir* (1830) ; « lui » est le héros, Julien Sorel. [regard*, veille*, paraître*, fâché*]
7. François de Salignac de la Mothe FÉNELON (1651–1715), archevêque, a été le précepteur (*tutor*) du petit-fils du roi Louis XIV, pour qui il a écrit un récit pédagogique, *Télémaque,* inspiré par le fils du héros grec Ulysse. Cette citation en est extraite : elle parle d'un guerrier (*warrior*) que Télémaque a tué. [éteint ses yeux = *extinguished his eyes* ; n'avait pu = n'avait pas pu ; effacer = *erase*]
8. Maurice DONNAY (1859–1945) a écrit des monologues humoristiques pour le cabaret, puis des comédies pour le théâtre. [veuve* = le mari qu'elles avaient imaginé est mort]

Ex. : Avant de partir pour l'Amérique, j'**avais** déjà beaucoup **voyagé**.

C'est pourquoi, quand je suis arrivée à New-York pour la première fois, je n'ai pas été tellement étonnée.

1. Avant de visiter la France. . .
2. Avant d'être étudiant(e) dans cette université. . .
3. Avant de les connaître. . .
4. Avant de nous rencontrer. . .

✘ Éléments de grammaire (2) : le pronom *on*

On est un pronom personnel sujet, qui a pour origine le mot « homme ». *On* est presque toujours le sujet d'un verbe au singulier. Mais il peut avoir des sens différents :

1. Un sens indéfini (il n'est pas possible de dire qui il désigne)
   a. avec un sens particulier : **on** = une personne spécifique (dont on ne peut pas ou on ne veut pas dire le nom)
      • **On** a téléphoné chez moi par erreur.

9. « On m'a dérobé mon argent. » (MOLIÈRE)[9]

   b. Un sens général : **on** = plusieurs personnes, ou tout le monde
      • Quand **on** a peur des chiens, faut-il les éviter ?
      (**on** = les personnes qui ont peur des chiens)
      • « **On** a toujours besoin d'un plus petit que soi. » (LA FONTAINE)
      (**on** = tout le monde)

10. « On ne met rien dans son cœur ; on y prend ce qu'on y trouve. » (MARIVAUX)[10]
11. « Rien ne ressemble plus à la mort que la peur qu'on en a. » (MAILLET)[11]
12. « Rien n'est plus dangereux qu'une idée quand on n'en a qu'une. » (CLAUDEL)[12]

2. Un sens défini (on sait qui il désigne)
   On est aussi fréquemment employé avec *un sens défini* dans la langue orale, où il remplace très souvent **nous** : **on** = **nous**.

---

9. [dérober = voler*]
10. Pierre Carlet de Chamblain de MARIVAUX (1688–1763), auteur de théâtre, a analysé finement la psychologie amoureuse.
11. Antonine MAILLET est une romancière canadienne qui a beaucoup évoqué les traditions populaires de l'Acadie, où elle est née en 1929.
12. Paul CLAUDEL (1868–1955) : poète et auteur dramatique d'inspiration chrétienne.

• (°) **On** joue ? (Jouons-nous ?)
• (°) **On** est égaux. (Nous sommes égaux.)
(Les phrases où figure un emploi familier de la langue sont notées avec (°) au début.)

13. « Nous autres, artistes, on ne fait pas toujours ce qu'on veut. » (COLETTE)[13]

À noter

Pour **on** = **je**, voir Appendice grammatical, p. 298.

Y Mise en pratique

Dans les phrases suivantes, dites si **on** = plusieurs personnes, tout le monde, une personne particulière qui n'est pas nommée, ou **nous** :

1. Je sors avec Nathalie. Ne t'inquiète pas, on rentrera avant minuit !
2. On est venu chercher le paquet que tu avais laissé sur la table.
3. Quand on vieillit, on a parfois du mal à rester dynamique.
4. « On n'est jamais si heureux ni si malheureux qu'on s'imagine (= croit). » (François de LA ROCHEFOUCAULD, 1613–1680)

II. POINTS DE DÉPART POUR LA LECTURE

Biographie : Antoine de Saint-Exupéry (1900–1944)

Saint-Exupéry est né à Lyon, dans une famille de l'aristocratie. Très jeune, il a eu la passion de l'aviation, qui a été pour lui, bien plus qu'un sport dangereux, une aventure humaine symbolique. En 1939, il a publié *Terre des hommes,* un livre dédié au pilote Henri Guillaumet, qui l'avait initié aux « rites sacrés » du métier d'aviateur. L'avion n'est qu'un outil (*tool*), mais grâce à (*thanks to*) lui on découvre la terre, et l'on comprend qu'elle est la véritable demeure (*dwelling place*) des hommes.

Saint-Exupéry est surtout universellement connu pour *Le Petit Prince* (1943), un conte philosophique plein de profondeur, de poésie et de charme. Saint-Exupéry a disparu en mer Méditerranée, abattu (*shot down*) par un avion nazi, pendant qu'il faisait un vol de reconnaissance. Par-dessus tout, son nom évoque l'humanisme.

---

13. L'écrivain Sidonie Gabrielle COLETTE (1873–1954) a pris pour nom de plume son nom de famille. (Colette est aussi un prénom.) Dans sa jeunesse, elle a fait du music-hall pendant sept ans et elle en a gardé toute sa vie une solidarité avec le milieu des artistes.

En 1927, la compagnie aérienne pionnière Latécoère est devenue l'Aéropostale. En octobre, Saint-Exupéry est nommé chef d'escale à Cap Juby, en Afrique.

📖 Le contexte de l'œuvre

Saint-Exupéry a composé *Terre des hommes* à partir d'une série d'articles sur l'aviation qu'on lui avait commandés. Le livre comprend des informations, des souvenirs personnels et des réflexions de cet écrivain-penseur qui exprime ici sa vision du monde.

Dans le passage suivant, il raconte un épisode situé en 1927, dans le Sahara occidental (l'actuelle Mauritanie), alors sous domination espagnole ; parmi les Maures, cependant, se manifestait une résistance à cette colonisation. Saint-Exupéry travaillait depuis un an pour l'Aéropostale, une compagnie pionnière d'aviation qui avait pour ambition extrêmement audacieuse d'établir un courrier (*mail service*) régulier avec l'Amérique du Sud. Déjà, la ligne Toulouse-Casablanca-Dakar fonctionnait.

🪖 Perspective historique et climat culturel

En 1927, l'année de l'épisode que raconte Saint-Exupéry, Charles Lindbergh réussit la traversée de l'Atlantique, de New York à Paris, en 33 heures 29 minutes, seul à bord de son avion *Spirit of Saint Louis*. (Voir le site internet *www.saint-exupery.org/*> Pilote> « Petite histoire de l'aviation ».)

Le 10 novembre 1938, l'épisode de ce chapitre est publié pour la première fois dans le journal *Paris-Soir*. Le Front Populaire, gouvernement de gauche qui avait été constitué par Léon Blum (1936–1937), est en train de se défaire (*falter*). L'Allemagne nazie précise (*makes clear*) fortement sa menace. Pour éviter la guerre, la France et l'Angleterre ont accepté de céder à Hitler l'Autriche et les Sudètes (Tchécoslovaquie) par les accords de Munich, signés en septembre. Le 9 novembre, 191 synagogues sont incendiées en Allemagne, et à partir du 14, toutes les écoles du pays sont fermées aux enfants juifs. Le 10 novembre, des lois antisémites sont votées en Italie.

Sur le plan culturel, en 1938, une exposition internationale du surréalisme (voir p. 58) est organisée à Paris. Sartre publie *La Nausée* et Richard Wright *The Children of Uncle Tom.* Au cinéma, Jean Renoir dirige *La Marseillaise* et *La Bête humaine,* d'après Zola (voir note 3, p. 27), Eisenstein, en URSS, *Alexandre Nevski.*

☺☺☹ **Votre préparation personnelle**

1. Avez-vous déjà fait l'expérience d'une communion profonde avec un groupe de personnes ? Dans quelles circonstances ? Cela a-t-il changé en quoi que ce soit votre vision de la vie ?

2. Vous êtes-vous jamais trouvé dans une situation dangereuse en même temps que d'autres personnes ? Racontez ce qui s'est passé. Qu'avez-vous appris sur vous-même en tant qu'individu et en tant que membre du groupe ?

III. TEXTE

Nous étions trois équipages de l'Aéropostale **échoués à la tombée du**	*grounded at nightfall*
jour sur la côte de Rio de Oro. Mon camarade Riguelle **s'était posé**	*had landed*
d'abord, à la suite d'une rupture de **bielle** ; un autre camarade, Bour-	*control rod*
gat, avait atterri à son tour pour **recueillir** son équipage, mais une	*gather*
5 **avarie** sans gravité l'avait **aussi cloué au sol.** Enfin, j'atterris, mais	*breakdown / had also pinned him*
quand **je survins** la nuit tombait. Nous décidâmes de sauver l'avion de	*down / I arrived*
Bourgat, et, **afin de mener à bien la réparation,** d'attendre le jour. Une	*in order to carry out the repairs*
année plus tôt, nos camarades Gourp et Érable, en panne ici, exacte-	
ment, avaient été massacrés par les dissidents. Nous savions qu'aujour-	
10 d'hui aussi un **rezzou** de trois cents **fusils** campait quelque part à	*raiding party / guns*
Bojador. Nos trois **atterrissages,** visibles de loin, les avaient peut-être	*landings*
alertés, et nous commencions une **veille** qui pouvait être la dernière.	*night vigil*
Nous nous sommes donc installés pour la nuit. **Ayant débarqué des**	*having unloaded from the luggage*
soutes à bagages cinq ou six caisses de marchandises, nous les avons	*compartment*
15 **vidées** et disposées en cercle et, **au fond de** chacune d'elles, **comme**	*emptied / on the bottom of*
aux creux d'une guérite, nous avons allumé une pauvre bougie, mal	*as in the hollow of a sentry box*
protégée contre le vent. Ainsi, en plein désert, **sur l'écorce nue de la**	*on the naked surface of the earth's*
planète, dans un isolement **des** premières années du monde, nous	*crust / comme aux*
avons bâti un village d'hommes. Groupés pour la nuit sur cette grande	
20 place de notre village, ce **coupon de sable** où nos caisses **versaient** une	*patch of sand / were spreading /*
lueur tremblante, nous avons attendu. Nous attendions l'aube qui	*une lumière faible*
nous sauverait, ou les **Maures.** Et je ne sais ce qui donnait à cette nuit	*habitants de la région du nord de*
son goût de Noël. Nous nous racontions des souvenirs, nous nous	*l'Afrique*
plaisantions et nous chantions. Nous goûtions cette même ferveur	
25 légère qu'au cœur d'une fête bien préparée. Et cependant, nous étions	
infiniment pauvres. Du vent, du sable, des étoiles. Un style dur pour	

trappistes. Mais sur cette nappe mal éclairée, six ou sept hommes qui *Trappist monks*

ne possédaient plus rien au monde, **sinon** leurs souvenirs, se parta-   excepté

geaient d'invisibles richesses.

30   Nous nous étions enfin rencontrés. On **chemine** longtemps   marche

côte à côte, **enfermé** dans son propre silence, ou bien l'on échange des   emprisonné

mots qui ne transportent rien. Mais voici l'heure du danger. Alors on

s'épaule l'un à l'autre. On découvre que l'on appartient à la même   *stands shoulder to shoulder*

communauté. On **s'élargit** par la découverte d'autres consciences. On   devient plus large

35   se regarde avec un grand sourire. On est semblable à ce prisonnier

délivré qui **s'émerveille** de l'immensité de la mer.   libéré / *marvels*

IV. VIVRE LE TEXTE

Parlons-en !

En quoi a consisté la solidarité dans cet épisode vécu par Saint-Exupéry ?

Comprendre

1. Pourquoi les trois équipages ont-ils décidé de passer la nuit à cet endroit ?
2. En quoi était-il dangereux de rester là ?
3. Comment les compagnons d'aventure ont-ils construit leur village ?
4. Pourquoi est-il important que le village soit en forme de cercle ?
5. Pourquoi cet épisode a-t-il pu évoquer pour Saint-Exupéry « les premières années du monde » (l. 18) ?
6. Expliquez l'opposition apparemment paradoxale entre « cette grande place » et « ce coupon de sable » (l. 20).
7. Qu'est-ce qui a donné à cette nuit « le goût de Noël » (l. 23) ?
8. Expliquez le contraste entre la pauvreté apparente de ces hommes et leurs « richesses invisibles » (l. 29).
9. De quelle « communauté » parle le narrateur (l. 34) ?
10. Qu'est-ce qui nous permet, d'après Saint-Exupéry, d'élargir notre conscience ?
11. Expliquez la métaphore contenue dans la dernière phrase. (La métaphore est une forme de comparaison analogique, qui emploie des mots concrets dans un contexte abstrait; par exemple, on dit que la jeunesse est « le printemps de la vie ».)

Analyser

1. Qui est le personnage central de ce récit ?
2. Où voit-on apparaître dans le texte le pronom « je » en tant que personnage ? en tant que narrateur ?
3. Relevez les phrases :

    a. qui sont situées dans un temps antérieur à la nuit passée par Saint-Exupéry et ses compagnons sur la côte de Rio de Oro

    b. qui font allusion au moment où Saint-Exupéry écrit

    c. qui se situent dans un présent éternel.

4. Remarquez les sujets de ces phrases et leur progression. Comparez-les avec ceux du reste du récit (ce qui se passe durant la nuit). D'après vous, dans le dernier paragraphe, le pronom « on » a-t-il un sens défini ou indéfini ? Qu'est-ce que cela vous apprend sur la manière dont le texte est construit ?

5. Selon vous, ce texte est-il avant tout destiné à raconter une histoire ou à défendre un point de vue ? Donnez des arguments pour soutenir votre opinion.

6. Y a-t-il, selon vous, dans ce texte des passages poétiques par leurs images ou leur rythme ?

👽 Réfléchir sur l'identité

1. L'identité d'un groupe repose souvent sur ce que les gens ont en commun. Qu'est-ce qui constituait au départ l'identité du petit groupe dont Saint-Exupéry faisait partie ?

2. Quelle expérience commune le groupe a-t-il vécue qui a pu faire évoluer son identité ? Dans quelle direction s'est faite cette évolution ?

3. Dans quelle mesure, d'après vous, Saint-Exupéry s'identifie lui-même à ce groupe ? (Repensez aux questions n°s 1, 2, 3, 4 de la rubrique Analyser.)

4. Qu'est-ce que ce texte, d'une façon générale, nous apprend sur l'identité de Saint-Exupéry ?

🦁 Élargir la discussion

1. Dans quel(s) domaine(s), selon vous, y a-t-il aujourd'hui des expériences aussi pionnières que l'était dans les années 1920 celle de l'Aéropostale ? Pouvez-vous raconter un épisode caractéristique qui illustre les qualités de ces pionniers contemporains ?

2. Avez-vous été le témoin (*witness*) d'exemples de solidarité spontanée et informelle ? Racontez votre expérience et dites ce que vous avez ressenti (*felt*). Que pensez-vous, par comparaison, de la solidarité qui se pratique de nos jours dans les organisations humanitaires ?

3. D'après vous, le plus souvent, le danger rapproche-t-il (*brings together*) ou éloigne-t-il les hommes les uns des autres ? Donnez des exemples.

4. Racontez un événement – individuel ou collectif – auquel vous avez pris part et dont se dégage (*which serves as a basis for*) une signification universelle, selon vous.

5. « On s'élargit par la découverte d'autres consciences » écrit l'auteur. Avez-vous déjà fait une expérience semblable ? A-t-elle eu des conséquences importantes dans votre vie ?

 V. AUX ALENTOURS

📖 Découvertes

Extraits de Terre des hommes

14. « Pourquoi nous haïr ? Nous sommes solidaires, emportés par la même planète, équipage d'un même navire. »[14]

15. « S'aimer, ce n'est pas se regarder l'un l'autre, c'est regarder ensemble dans la même direction. »

Extraits du Petit Prince

16. « On ne voit bien qu'avec le cœur. L'essentiel est invisible pour les yeux. »

17. « Droit devant soi, on ne peut pas aller bien loin. »[15]

18. « On ne connaît que les choses qu'on apprivoise. »[16]

19. « Il faut exiger de chacun ce que chacun peut donner. »[17]

Et d'autres pensées encore de Saint-Exupéry

20. « Et si l'on peut te prendre ce que tu possèdes, qui peut te prendre ce que tu donnes ? »

21. « L'empire de l'homme est intérieur. »

22. « Pour ce qui est de l'avenir, il ne s'agit pas de le prévoir, mais de le rendre possible. »[18]

23. « On ne peut montrer le chemin à celui qui ne sait où aller. »[19]

24. « Ce qui importe, ce n'est pas d'arriver, mais d'aller vers. »[20]

Sur la solidarité

25. « Il n'existe pas d'autre voie vers la solidarité humaine que la recherche et le respect de la dignité individuelle. » (LECOMTE DU NOÜY)[21]

26. « Pour désirer laisser des traces dans le monde, il faut en être solidaire. » (BEAUVOIR)[22]

---

14. [haïr = *to hate* ; navire = bateau]

15. [= si on va droit devant soi ; bien = très ; loin*]

16. [ne. . . que = seulement ; apprivoiser = *tame*]

17. [exiger = *demand*]

18. [Pour ce qui est de = concernant ; il s'agit de = *it's a question of*]

19. [On ne peut (pas)]

20. [Ce qui importe = Ce qui est important ; aller vers = progresser dans une certaine direction]

21. Pierre Lecomte du NOÜY (1883–1947), biologiste et essayiste, a écrit *L'Avenir de l'esprit* (1942) et *La Dignité humaine.*

22. Sur Simone de BEAUVOIR (1908–1986), voir ch. 12, *Le Deuxième Sexe.*

27. « Tout groupe humain prend sa richesse dans la communication, l'entraide et la solidarité visant à un but commun : l'épanouissement de chacun dans le respect des différences. » (DOLTO)[23]
28. « Désormais la solidarité la plus nécessaire est celle de l'ensemble des habitants de la Terre. » (JACQUARD)[24]
29. « Il y en a qui ont le cœur si large qu'on y rentre sans frapper. » (BREL)[25]

🕵 Le Détective

Se familiariser avec le livre

1. Organisez-vous en petits groupes. Aidez-vous les uns les autres pour retrouver le titre des rubriques correspondant aux symboles et l'ordre où elles sont dans les chapitres. (Vous pouvez chercher ensemble dans le livre si vous n'êtes pas certains.)

1.	2.	3.	4.
5.	6.	7.	8.
9.	10.	11.	12.
13.	14.	15.	16.
17.	18.	19.	20.
21.	22.	23.	24.	25.

Qui sera le premier à répondre aux questions suivantes

2. Quels sont les premiers mots de la troisième phrase du texte étudié dans le chapitre ?
3. Cherchez quand a vécu Marguerite Duras, l'auteur du texte du chapitre 7.
4. Cherchez dans la biographie de Simone de Beauvoir (chapitre 12) une allusion à des livres autobiographiques.

Préparation à la recherche dans le dictionnaire

Dans le dictionnaire, il y a de nombreuses abréviations. En voici quelques-unes :

n. = **nom** ; **m.** = **masculin** ; **f.** = **féminin** ; **a.** = **adjectif**

---

23. Françoise DOLTO (1908–1988) est considérée comme la fondatrice en France de la psychanalyse pour enfants. [visant à un but = qui ont un objectif ; épanouissement = *blossoming* ; dans = avec ; les différences (entre les gens)]
24. Né en 1925, Albert JACQUARD, généticien, montre par son action et ses écrits qu'il est solidaire aussi bien des générations futures que des personnes socialement défavorisées dans le monde actuel. Il a publié en 1999 *À Toi qui n'es pas encore né(e)*.
25. Jacques BREL (1929–1978) : chanteur-auteur-compositeur belge, qui a beaucoup marqué son époque, à la fois par sa présence et ses textes poétiques, satiriques, idéalistes ou sentimentaux (« Ne me quitte pas », « Amsterdam »). [Il y en a qui = Il y a des gens qui ; rentre = entre ; frapper = *knock*]

Ex. DICTIONNAIRE *n. m.* ; GRAMMAIRE *n. f.* ; GRAND *a.*

1. MARIN *a.* (= qui vient de la mer)

2. MARIN *n. m.* (= personne qui navigue)

v. = verbe ; *tr.* = transitif ; *intr.* = intransitif[26]

Le complément peut être une personne ou une chose :

qqun = quelqu'un (ex. : les passagers);

qque chose = quelque chose (ex. : les marchandises)

DÉBARQUER *v.*

I. *v. tr.* ♦ 1° Faire sortir d'un navire, mettre à terre. *Débarquer les passagers, les marchandises.* (. . .)

II. *v. intr.* ♦ 1° Quitter un navire, descendre à terre. Tous les passagers ont débarqué à Marseille. (. . .)

Nous avons rencontré ces deux emplois du verbe **débarquer** dans les textes des chapitres 1 et 2. Où le verbe est-il transitif, où est-il intransitif ?

• Je ne **débarque** qu'à 11 heures après de longues formalités. . . (p. 13, l. 5)

• Ayant **débarqué** des soutes à bagages cinq ou six caisses. . . (p. 32, ll. 13–14)

On trouve aussi :

pron. = pronominal ; *récipr.* = réciproque[27]

RASSEMBLER *v. tr.*

I. ♦ 1° Assembler de nouveau (des personnes séparées). (. . .)

II. SE RASSEMBLER *v. pron.* ♦ 1° S'assembler de nouveau. . .

A. Cherchez l'intrus dans chacune des séries de mots suivants. Quel est le point commun aux autres mots ?

1. nappe bougie planète fête immense caisse

2. légère invisible grande chanson

3. équipage nuit souvenir vent homme

4. grande première plein contente

5. invisible pauvre immense inquiet (pour les super-détectives !)

6. dont que y qui où

(Pour la dernière ligne, revoyez les Éléments de grammaire du chapitre 1.)

B. Quelles abréviations trouve-t-on après les mots suivants dans le dictionnaire ?

1. un équipage

2. partager

---

26. On dit qu'un verbe est transitif s'il peut avoir un complément d'objet direct ou indirect (revoir p. 10, n. 22).

27. Revoir, au début du chapitre, Un brin de causette Vocabulaire actif : la réciprocité, p. 26.

3. semblable

4. entrer

5. une écorce

C. Cherchez dans *Le Petit Robert* le verbe « épauler ».

1. Ce verbe est-il transitif ou intransitif ?

2. Ce verbe a deux sens principaux (1 et 2). Auquel de ces deux sens est lié (*connected*) « s'épauler, » verbe pronominal, qui était dans le texte de Saint Exupéry (ligne 33) ?

3. Le verbe « épauler » est proche d'un nom, que l'on trouve clairement dans le sens 2. Quel est ce nom ?

4. Pouvez-vous deviner comment le sens 1° est lié lui aussi à ce nom *(même si le nom n'apparaît pas dans la définition : hypothèse intelligente !)* ?

D. Regardez l'expression « avoir le pied marin. »

1. Revoyez un peu plus haut l'exemple donné à propos des abréviations du dictionnaire. Dans cette expression, « marin » correspond-il à 1. MARIN ou 2. MARIN ?

2. Quel est le sens de l'expression « avoir le pied marin » ? À quel article (*word, term, heading*) du dictionnaire allez-vous trouver la réponse ? « Avoir » est bien trop vaste, vous le laissez de côté (*leave it aside*) immédiatement. Regardez aux articles « pied » et « marin » et lisez le plus court pour commencer !

Aller ailleurs

Allez dans le chapitre 6.

1. Quel est l'auteur du texte étudié dans ce chapitre ?

2. Cherchez la biographie de cet auteur dans ce chapitre. Cherchez maintenant dans la notice le livre autobiographique qu'a écrit cet auteur. Vous pouvez trouver ce titre même si vous ne comprenez pas tous les mots de la notice biographique. Vous n'allez pas trouver le mot « autobiographie » mais un mot ou une expression qui vous fera comprendre que l'auteur a raconté sa vie dans ce livre. Quel est ce mot (ou cette expression) et quel est le titre du livre ?

Approfondir

Lisez (ou relisez. . .) les deux premiers chapitres du *Petit Prince*, écrit plusieurs années après les livres de Saint-Exupéry sur l'aviation. Comment l'auteur présente-t-il son métier d'aviateur dans le chapitre I ? Dans le chapitre II, la panne dans le désert du Sahara est-elle du même genre que celle des trois équipages de *Terre des hommes* ? Qu'est-ce qui se passe d'essentiel dans la rencontre du narrateur avec le petit prince ?

Préparez-vous à présenter vos conclusions à la classe, dans un exposé de cinq minutes environ. Pour une présentation claire et pour mobiliser votre public, pensez à donner tous les détails nécessaires : une partie du public ne connaît peut-être pas cette œuvre.

✐ C'est à vous !

« Ils se sont regardés longtemps dans les yeux . . . »

Ainsi commence une histoire que vous allez imaginer. Qui étaient « ils » ? (N'oubliez pas que « ils » peut représenter « lui + elle » !) Qu'est-ce qui est arrivé avant, qui explique pourquoi ils se sont regardés longtemps dans les yeux ? Qu'est-ce qui s'est passé après ce long regard ?

✌ Devinettes

Pouvez-vous deviner ce que cachent (*hide*) ces devinettes ?

> 1. « Quand elle est tombée, on ne peut la ramasser (*gather it up*). »[†]
> 2. « Ce qu'on me confie (*entrust*), je le multiplie. »[††]

💻 VI. RECHERCHES SUR INTERNET

🕵 Le Détective

Citez trois œuvres au moins de Saint-Exupéry dont le titre est lié à l'aviation. Trouvez le prénom de la femme de Saint-Exupéry.

Si vous le voulez, lisez ce que vous pouvez du texte sur la femme de Saint-Exupéry, et préparez-vous à en parler en classe.

Dans *Le Petit Prince*, Saint-Exupéry a symbolisé sa femme par le personnage de la rose. Si vous connaissez le livre, que pouvez-vous dire de la relation entre le petit prince et la rose ?

🏠 Aller ailleurs

> 1. Que pouvez-vous dire du mode de vie des moines trappistes ? Quelle est l'origine de leur nom ? Qui a fondé leur ordre religieux ?
> 2. Cherchez les grandes lignes de l'histoire du mouvement Solidarité (Solidarność, en polonais). Préparez-vous à résumer cette histoire en quelques phrases pour la présenter devant la classe.

📖 Approfondir

Faites une recherche sur l'écrivain Joseph Kessel (1898–1979) : qu'a-t-il en commun avec Saint-Exupéry ? En quoi l'orientation de sa vie et de son œuvre vous paraît-elle cependant différente ?

📡 Actualité

Allez sur le site de l'organisation Médecins du monde. Choisissez un dossier dans les Urgences et préparez-vous à en parler entre deux et cinq minutes.

[†] (Réponse : la nuit)   [††] (Réponse : la terre)

SECTION II • LA POÉSIE

Le mot *poésie* vient du grec *poiesis,* qui signifie « création ». Il existe de nombreux genres de poésie, selon les époques, les lieux, les missions que les poètes se donnent à eux-mêmes : décrire la réalité, orner les pensées, et surtout, exprimer tous les mouvements du cœur.

♦ L'un des points communs à toutes les expressions poétiques est qu'elles recherchent les sens particuliers que prennent les mots selon leur contexte, leurs résonances affectives (*connotations*), beaucoup plus que leur sens basique, celui que donne d'abord le dictionnaire (*dénotation*). Par exemple, alors que le dictionnaire définit l'or comme « un métal précieux jaune brillant », le poète parle de « l'or du soir qui tombe » (Victor Hugo). La poésie est, par excellence, le domaine de la *métaphore* (= transposition), qui emploie des termes concrets pour faire mieux comprendre des qualités abstraites : « le printemps de la vie » est une métaphore pour évoquer la jeunesse. Et voici une métaphore pour désigner la poésie elle-même : « Poésie ! ô trésor ! perle de la pensée ! » (Alfred de Vigny).

La poésie, plus qu'aucun autre genre littéraire, doit sa qualité à *une union intime entre le contenu, le sens de ce qui est dit, et la forme* : la beauté des images, du rythme et des sonorités (car la poésie est faite pour être entendue). « La poésie, ce sont des mots avec de la musique à l'intérieur, mais des mots qui en sortent » (Paul Claudel).

♦ Jusqu'à la fin du XIXe siècle, la poésie française, comme beaucoup d'autres, obéissait à des contraintes très précises, portant sur la forme et le rythme des vers. Notamment, les vers se terminaient par des rimes. La poésie moderne utilise le plus souvent des « vers libres », où les effets rythmiques ne répondent plus à des codes, mais dépendent entièrement de l'inspiration des poètes. La poésie moderne aboutit souvent aussi à un bouleversement (*upheaval*) de la syntaxe ordinaire. C'est pourquoi nous avons dû renoncer à présenter dans ce livre des textes de grands poètes dont la langue est trop difficile.[1]

---

1. Et voici aussi, en plus des auteurs étudiés dans le chapitre 3, des noms de poètes d'époques différentes qui sont cités dans le livre. (Vous pouvez trouver leurs citations par l'Index des

Voici quelques « étincelles » (*sparks*) de ceux qui ont ouvert la voie à la poésie moderne française.[2]

> Que tu viennes du ciel ou de l'enfer, qu'importe,
>
> Ô beauté ! monstre énorme, effrayant, ingénu !
>
> Si ton œil, ton souris, ton pied, m'ouvrent la porte
>
> D'un Infini que j'aime et n'ai jamais connu ?
>
> (Charles BAUDELAIRE, 1821–1867)

> Je fais souvent ce rêve étrange et pénétrant
>
> D'une femme inconnue, et que j'aime et qui m'aime,
>
> Et qui n'est, chaque fois, ni tout à fait la même,
>
> Ni tout à fait une autre, et m'aime et me comprend.
>
> (Paul VERLAINE, 1844–1896)

> J'ai tendu des cordes de clocher à clocher ; des guirlandes de fenêtre à fenêtre ; des chaînes d'or d'étoile à étoile, et je danse.
>
> (Arthur RIMBAUD, 1854–1891)

> Patience dans l'azur !
>
> Chaque atome de silence
>
> Est la chance d'un fruit mûr.
>
> (Paul VALÉRY, 1871–1945)

> Je suis une âme qui parle
>
> Écoutez de votre mieux.
>
> (Jules SUPERVIELLE, 1884–1960)

---

auteurs.) XVe siècle : Charles d'Orléans, Villon ; XVIe : Du Bellay, Marot, Ronsard ; XVIIe : La Fontaine et les auteurs de théâtre (Corneille, Molière, Racine) ; XVIIIe : Chénier ; XIXe : Hugo, Lamartine, Musset, Samain, Vigny ; XIXe–XXe : Fargue, Rostand (Edmond), Valéry ; XXe : Aragon, Brassens, Brel, Char, Dor, Éluard, Ferré, Saint-John Perse, Senghor, Trenet, Vian.

2. [Que tu viennes. . . qu'importe = *What does it matter if you come from heaven or hell?* ; effrayant = *frightening* ; souris = sourire*] [tendre = *stretch* ; corde = *rope* ; clocher = *belfry* ; guirlande = *garland* ; étoile*] [de votre mieux = le mieux que vous pouvez] [le premier venu = *just anybody, the first person to come by*]

Être

Le premier venu.

(René CHAR, 1907–1988)

♦ « Un poème est un mystère dont le lecteur doit chercher la clef », écrit le poète Stéphane Mallarmé. Les questions que va se poser le lecteur peuvent être, par exemple : en quoi ce poème me touche-t-il ? Éveille-t-il mon imagination ? Dit-il quelque chose que je ressentais, mais ne savais pas dire moi-même ? Est-ce que je suis ému à la fois par le contenu et par la forme ? En quoi ce texte est-il différent de la prose ?

CHAPITRE • 3

Guillaume Apollinaire

Choix de poèmes

« Quitter un pays morose » Guillame Apollinaire)

« On s'amuse bien » (Raymond Queneau)

« Et pourquoi pas ? » (Robert Desnos)

« Je dis tu à tous ceux qui s'aiment » (Jacques Prévert)

« fraîcheur et force » (Ollivier Mercier Gouin)

« une femme fatale qui me fut fatale » (Serge Rezvani)

« Elles ne pleurent plus » (Pauline Julien)

Raymond Queneau

Robert Desnos

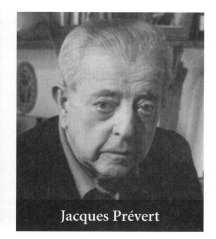

Jacques Prévert

Ollivier Mercier Gouin

Serge Rezvani

Pauline Julien

STRUCTURE DU CHAPITRE

Toute la section de la poésie est rassemblée ici, avec plusieurs poèmes à étudier. C'est pourquoi ce chapitre est beaucoup plus long que tous les autres, et vous allez passer davantage de temps à l'étudier. Comme sa présentation est un peu différente, nous allons donc d'abord survoler (*give an overview of*) son plan général.

I. Pour mieux lire les textes
    Stratégies de lecture : les suffixes
    Un brin de causette : le tour de France
    Éléments de grammaire
        1. imparfait
        2. participe présent, adjectif verbal, gérondif
        3. impératif
        4. verbes impersonnels
        5. verbes pronominaux
    Vie de la langue
        1. « tu » et « vous »
        2. argots, jargons, « gros mots »

II. Points de départ : le surréalisme

III. Textes
    A. « Voyage à Paris » (Guillaume Apollinaire)
    B. « Un poème c'est bien peu de chose » (Raymond Queneau)
    C. « La fourmi » (Robert Desnos)
    D. « Barbara » (Jacques Prévert)
    E. « L'Éléphant neurasthénique » (Ollivier Mercier Gouin)
    F. « Le Tourbillon » (Serge Rezvani)
    G. « Les Femmes » (Pauline Julien)

Avant chaque texte, on trouvera les rubriques suivantes : Biographie, Le contexte de l'œuvre, Perspective historique et climat culturel, Votre préparation personnelle. *Après chaque texte*, on trouvera Comprendre, Analyser, Réfléchir sur l'identité, Découvertes. *À la fin*, on trouvera : Parlons-on !, et Élargir la discussion, ces rubriques portant sur l'ensemble des textes.

IV. Aux alentours

V. Recherches sur Internet

INDICATIONS POUR LA LECTURE

Les poèmes sont présentés dans ce chapitre selon l'ordre chronologique de leur création. Pour une première lecture, si vous voulez aller *du plus simple au plus complexe,* vous pouvez les lire dans l'ordre suivant : E, A, C, D, F, G, B. Dans cet ordre aussi, vous faites Votre préparation personnelle et vous répondez aux questions de Comprendre et Réfléchir sur l'identité. Pour mieux les apprécier du point de vue littéraire, vous pouvez ensuite les reprendre *dans leur ordre chronologique,* et répondre alors aux questions de Analyser.

🏛 I. POUR MIEUX LIRE LES TEXTES : LES PILIERS DE LA LANGUE

🔺 Stratégies de lecture : les suffixes

Vous pouvez faciliter votre lecture en repérant les suffixes qui servent à créer des mots à partir d'autres mots. Ainsi, les suffixes -**ain(e)**, -**ais(e)**, -**ien(ne)**, -**ois(e)** servent à former des adjectifs et des noms à partir de noms de lieux.

Exemples :	Amérique /améric**ain**	France /fran**çais**
	Autriche / autrich**ien**	Bruxelles /bruxell**ois**

Parfois il y a des différences d'orthographe entre le nom de lieu et le mot suffixé (Améri**que** / améri**c**ain). C'est le cas quand il faut faciliter la prononciation (Java /java**n**ais). Parfois aussi la différence paraît plus grande entre le nom de lieu et le mot suffixé (Angleterre = la terre des Anglais).

Remarque : le nom des habitants d'une ville ou d'un pays s'écrit avec une majuscule, mais celui de leur langue avec une minuscule : les **F**rançais / le **f**rançais (la langue française).

🍸 Mise en pratique

De quelle ville les Viennois sont-ils les habitants ? les Romains ? les Milanais ? Comment appelle-t-on les citoyens de l'Italie ? du Danemark ?

💬 Un brin de causette : le tour de France

Vocabulaire actif : les habitants des villes

En regardant la carte de France, vous pouvez retrouver où habitent : les Bordelais, les Clermontois, les Dijonnais, les Grenoblois, les Lillois, les Lyonnais, les Nantais, les Niçois, les Orléanais, les Parisiens, les Quimperois, les Rouennais, les Strasbourgeois, les Toulousains.

Imaginez que vous voulez faire le tour de la France pour rencontrer les habitants de ces villes françaises. Votre point de départ est Marseille, où vous avez atterri, et votre point d'arrivée est Paris. Mettez-vous à plusieurs pour concevoir un itinéraire assez logique. Ensuite, vous allez présenter votre itinéraire à l'ensemble du groupe en mentionnant à chaque fois le nom des villes et des régions où elles se trouvent. (Voir aussi la carte à la fin du livre.)

Le jeu du portrait chinois

L'enseignant pense à un personnage célèbre, contemporain ou historique. Pour deviner qui est ce personnage, les étudiants posent des questions contenant des comparaisons. Par exemple : « À quel animal ressemble le personnage ? À quelle ville ? À quelle couleur ? À quel véhicule ? etc. » (On n'a pas le droit de poser des questions directes, qui amènent des réponses par « oui » ou « non », comme : « Est-ce qu'il vit aujourd'hui ? Est-ce qu'il est américain ? » etc.)

À chaque fois l'enseignant doit donner la réponse qui lui paraît la plus proche du caractère de ce personnage, en disant : « Le personnage ressemble à... », mais sans préciser « Il » ou « Elle ». Ainsi, peu à peu, le portrait de ce personnage mystérieux est dessiné par métaphore. Et, bien sûr, les étudiants doivent trouver le plus rapidement possible l'identité du personnage.

✄ Éléments de grammaire (1) : l'imparfait (Texte D)

On emploie le plus couramment l'imparfait pour exprimer :

1. La *description* de circonstances passées
   - Il **pleuvait** sur Brest ce jour-là.
   - Elles **étaient** trop malades pour aller danser.

---

1. Sur la métaphore, revoir p. 33, Comprendre, n° 11, et Introduction à la poésie, p. 41.

1. « Aujourd'hui, je suis reine. Autrefois, j'étais libre. » (HUGO)[2]
2. « Deux étions et n'avions qu'un cœur. » (VILLON)[3]
3. « J'avais les pieds en sang et la tête en feu. » (VALLÈS)[4]

2. L'*habitude*
   • Le facteur **passait** tous les jours.

4. « Depuis trente ans, il venait invariablement à son bureau chaque matin. » (MAUPASSANT)[5]
5. « Il parlait, mangeait, se levait, courait à sa bibliothèque, m'apportait des livres, me montrait ses estampes, me versait à boire ; il n'était jamais en repos. » (MÉRIMÉE)[6]

3. La *simultanéité*
Le verbe à l'imparfait indique ce qui se passe en même temps qu'un verbe à un autre temps du passé.
   • Quand je suis arrivé, ils **dînaient**.
   • J'ai aperçu un homme qui **marchait** seul sous la pluie.

6. « Pour finir, il a demandé à Raymond quels étaient ses moyens d'existence. » (CAMUS)[7]
7. « Quand un homme se souvient d'une époque où il aimait, il lui semble que rien ne s'est passé à ce moment-là. » (MAURIAC)[8]

Ⓨ Mise en pratique

Mettez le verbe entre parenthèses au passé composé ou à l'imparfait ou au plus-que-parfait. Justifiez chaque emploi de l'imparfait.

   1. Quand je me _____ (réveiller), il _____ (être) neuf heures.
   2. À Londres, je _____ (voir) beaucoup de punks qui _____ (avoir) les cheveux verts ou

---

2. [reine*, autrefois*]

3. François VILLON (1431–1463) : poète dont les œuvres vont du réalisme au lyrisme. [En français moderne, la phrase signifie : « Nous étions deux et nous n'avions qu'un (seul) cœur. »]

4. Jules VALLÈS (1832–1885): écrivain et journaliste. [en sang* = pleins de sang ; en feu = *on fire*.]

5. [bureau*, matin*]

6. Prosper MÉRIMÉE (1803–1870), écrivain de la génération romantique, a écrit des nouvelles et des romans à arrière-plan (*background*) historique. [bibliothèque = *bookcase* ; estampe = *engraving* ; verser = *to pour*]

7. [moyens d'existence = *means of living*]

8. François MAURIAC (1885–1970) : romancier et essayiste chrétien, prix Nobel de littérature (1952).

rouges. J'en _____ (parler) beaucoup en rentrant chez moi mais personne ne me _____ (croire) !

3. L'été dernier nous _____ (repeindre) et _____ (remeubler) notre maison de campagne ; elle _____ (être) en mauvais état et presque vide parce qu'on l'a _____ (cambrioler= *burglarize*) à Pâques.

4. Mes enfants _____ (écouter) toujours cette histoire avec plaisir quand ils _____ (être) petits ; ils _____ (vouloir) aussi voir à chaque fois les images du livre, parce que c'_____ (être) ma grand-mère qui me le _____ (donner).

5. Pendant la guerre, les bombardements alliés sur la France _____ (faire) beaucoup de dégâts. Tout le monde _____ (avoir) très peur. Pourtant, on _____ (espérer) très fort la Libération, qu'on _____ (attendre) si longtemps.

✗ Éléments de grammaire (2) : le participe (Texte C)

Nous allons rencontrer ici plusieurs formes qui correspondent à l'anglais *lovING* et *lovED*.

1. aimANT

Cette forme verbale (en anglais, *verbe* + **-ing**)

    a. se rapporte, elle aussi, à un nom (ou un pronom) mais ne s'accorde pas avec lui : elle est *invariable*.

      • Il voit des fourmis **vivant** dans la neige.

      (*vivant* se rapporte à *fourmis,* nom féminin pluriel)

8. « Le bruit lointain des chars gémissant sous leur poids... » (LAMARTINE)[9]

    b. peut avoir des *compléments*.[10]

      • Nous écoutions une dame **chantant** *Mozart* (complément d'objet direct)

      • Jean a rencontré Virginie **sortant** *de la mairie* (complément circonstanciel)

    c. exprime *une action ou un état simultanés à un autre,* qui est au passé, au présent ou au futur.

      • Il **a vu** (passé) des fourmis vivant (= qui viv**aient**) dans la neige.

      • Il **voit** (présent) des fourmis vivant (= qui viv**ent**) dans la neige.

      • Il **verra** (futur) des fourmis vivant (= qui viv**ront**) dans la neige.

9. « Ils étaient restés fâchés, étant rancuniers tous deux. » (MAUPASSANT)[11]

---

9. [bruit* ; lointain = *distant* ; char = *chariot* ; gémir = *groan* ; poids = *weight*]

10. Sur les compléments, revoir ch. 1, n. 22.

11. [fâché* ; rancunier = *rancorous*]

10. « L'adolescence ne laisse un bon souvenir qu'aux adultes ayant mauvaise mémoire. » (TRUFFAUT)[12]

À noter

Quand la forme *verbe* + -**ant** est précédée de **en**, elle se rapporte toujours au sujet de la phrase :
  • **En sortant**, il a vu un éléphant devant la porte.
  (Dans cette phrase, c'est forcément *il* qui sort.)
  Sur les différents sens de la forme *verbe* + -**ant**, avec ou sans **en**, voir Appendice grammatical, p. 300.

11. « Les rois de France, en vendant la noblesse, n'ont pas songé à vendre aussi le temps, qui manque toujours aux parvenus. » (RIVAROL)[13]
12. « Les gens, tout en marchant, lisaient leur journal. » (ROMAINS)[14]
13. « Je me fais plus d'injure en mentant que je n'en fais à celui à qui je mens. » (MONTAIGNE)[15]
14. « Ne pouvant faire que ce qui est juste fût fort, on a fait que ce qui est fort fût juste. » (PASCAL)[16]

2. aimANT(S), aimANTE(S)

Au lieu de parler d'une action simultanée à une autre, et donc passagère (*temporary*), la forme *verbe* + -**ant** peut exprimer *une qualité durable* (*of long duration*), *et même parfois permanente.* Alors, elle devient un adjectif simple, qui s'accorde avec le nom ; et elle n'a plus de complément comme un verbe peut en avoir.
  • Nous voyons des fourmis **vivantes**.
    (En vie, pas seulement quand nous les regardions ; on ne peut pas mettre de complément après *vivantes.*)
  • Elle parlait d'une voix **chantante**.

---

12. Très sensible (*sensitive*) aux problèmes psychologiques rencontrés par les enfants et les adolescents, François Truffaut leur a consacré plusieurs films, dont *Les 400 coups* (littéralement : *The 400 Blows* ; le sens est *A Reckless Life*).
13. Antoine de RIVAROL (1753–1801) : essayiste et polémiste. [en vendant = quand ils ont vendu ; la noblesse = le droit de faire partie des nobles ; songé = pensé ; aussi* ; manquer* ; parvenu = *upstart*]
14. Jules ROMAINS (1885–1972) : romancier. [tout en marchant = pendant même qu'ils marchaient]
15. [= L'injure (*insult*) que je fais à moi-même quand je mens à quelqu'un est plus grande que celle que je fais à la personne à qui je mens (mentir*)]
16. Blaise PASCAL (1623–1662) : philosophe, mathématicien et physicien. [Ne pouvant = comme on ne pouvait pas ; fût fort = *might be strong*]

15. « Les grands chars gémissants qui reviennent le soir… » (HUGO)[17]
16. « Les bêtes tournaient autour de lui, tremblantes. » (FLAUBERT)[18]

3. aimÉ(s), aimÉE(s)

Selon les verbes, cette forme, qui correspond à l'anglais *verbe* + *-ed*, se termine par **-é** (**aimé**), **-i** (**fini**), **-u** (**vendu, perdu**) ou par une *consonne* (dans les verbes irréguliers : **dit, pris, ouvert**). Elle est intermédiaire entre le verbe et l'adjectif.

    a. Comme l'adjectif, elle se rapporte à un nom (ou un pronom) et s'accorde (*agrees*) avec lui :
      • Elle porte toujours des robes **faites** à la main.
        (*faites* est f. pl., comme *robes*)
    b. Comme le verbe, elle peut avoir des compléments :
      • Vous êtes dans la maison **construite** *par mon grand-père.*

17. « La France a toujours cru qu'une chose dite était une chose faite. » (AMIEL)[19]
18. « La France est le plus grand cimetière des lois non appliquées. » (DELORS)[20]

À noter

    a. Le participe passé (**aimé**, etc.) peut avoir des compléments circonstanciels (revoir p. 10, n. 22).

19. « Cette enquête, commencée à Lyon, je l'ai suivie dans d'autres villes. » (MICHELET)[21]
20. « Elle tient ses petites mains rouges sagement croisées sur son tablier. » (LARBAUD)[22]

    b. Le participe passé peut avoir un complément d'agent, qui désigne la personne qui fait l'action :
      • Pierre et Vincent sont très aimés **par** (*by*) leurs parents.

21. « La grande salle était éclairée par une infinité de flambeaux. » (MÉRIMÉE)[23]

Pour préciser l'emploi du participe, voir Appendice grammatical, p. 300.

---

17. Comparer avec la citation n° 8.
18. Gustave FLAUBERT (1821–1890) : romancier qui a oscillé entre le romantisme et le réalisme.
19. Henri-Frédéric AMIEL (1821–1881) : philosophe suisse.
20. Jacques DELORS (né en 1925) : économiste et homme politique, engagé dans les affaires européennes depuis 1985. [appliquées = *applied*]
21. Jules MICHELET (1798–1874) : historien et écrivain. [enquête = *inquiry*]
22. Valéry LARBAUD (1881–1957) : romancier et critique littéraire. [sagement = *nicely* ; tablier = *apron*]
23. [une infinité = un très grand nombre ; flambeaux = *torches* ; salle*]

♈ Mise en pratique

Dans les phrases suivantes, dites à quel nom ou pronom se rapportent les formes en italiques. D'après le sens, dites aussi dans quels cas il faut leur ajouter **-e**, **-s** ou **-es**.

1. C'est une jeune fille *charmant__*.
2. Elle nous a raconté ce qui était arrivé, *pleurant__* à chaudes larmes.
3. Ces journaux sont *intéressant__*.
4. *Passant__* devant leur maison, nous les avons aperçus à leur fenêtre.
5. Qui voit vraiment les fardeaux (*burdens*) *porté__* par les autres ?
6. En *étant__* généreux avec eux, tu gagneras leur amitié.
7. Très *aimé__* par leurs parents, ces deux petites filles ne sont pourtant pas heureuses.

⚒ Éléments de grammaire (3) : l'impératif (Texte D)

L'impératif comporte trois formes : la deuxième personne du singulier (**fais**) ; la deuxième du pluriel (**faites**) ; la première personne du pluriel (**faisons**).

Ces formes sont identiques à celles de l'indicatif, sauf le singulier des verbes en -er, qui ne prend pas de **-s** (Tu te rappelles / **Rappelle**-toi !). C'est le cas aussi de plusieurs verbes irréguliers en **-ir** et notamment : **ouvrir** (**ouvre**), **offrir** (**offre**), **cueillir** (**cueille**), **souffrir** (**souffre**).

Les formes des verbes **être** et **avoir** sont :

ÊTRE : **sois, soyons, soyez**
AVOIR : **aie, ayons, ayez**

22. « Cueillez dès aujourd'hui les roses de la vie. » (RONSARD)[24]
23. « Si la vie n'est qu'un passage, sur ce passage au moins semons des fleurs. » (MONTAIGNE)[25]
24. « N'ayez pas honte de dire ce que vous n'avez pas honte de penser. » (MONTAIGNE)[26]
25. « Faites des bêtises, mais faites-les avec enthousiasme. » (COLETTE)[27]
26. *Un Œuf gobé*

« Vous êtes au poulailler. Un œuf est par terre, vous le ramassez. Avec votre canif, vous avez fait un petit trou à chaque bout. . . Un bout à la bouche. Levez la tête. Aspirez. Le contenu de l'œuf vient. Aspirez encore. Vous avez avalé l'œuf (sans la coquille). Vous n'avez rien senti. Ce n'est pas la meilleure façon de savourer un œuf. C'est un repas de poète. » (POMIANE)[28]

---

24. Pierre de RONSARD (1524–1585) a écrit des poèmes dont les thèmes vont de l'amour à la religion. Il a appartenu au même groupe de poètes que Joachim du Bellay (voir Recherches sur Internet, Le Détective, n° 4). [cueillir* ; dès*]
25. [un passage = un endroit où l'on ne s'arrête* pas ; semer*]
26. [honte* : revoir ch. 1, Stratégies de lecture.]
27. [bêtise*]
28. Édouard de POMIANE (1875–1964) : médecin et biologiste, homme de lettres et gastronome, brillant et plein de charme, il a écrit plusieurs livres dont, l'un, traduit en anglais, est encore un best-seller *French Cooking in Ten Minutes, Or Adapting to the Rhythm of Modern Life* (1930). [poulailler = l'endroit où vivent les poules* ; canif = petit couteau ; avaler = *swallow* ; gober, aspirer, ramasser, coquille : pouvez-vous trouver le sens de ces mots d'après le contexte ?]

▼ Mise en pratique

Transposez les verbes suivants à la deuxième personne du singulier.

1. Parlons !
2. Partons !
3. Disons-le !
4. Prenons-en !
5. Voyons cela !
6. N'y revenons pas !
7. Souvenons-nous !
8. Recueillons-la !
9. Ne souffrons plus !

✖ Éléments de grammaire (4) : les verbes impersonnels (Texte D)

Certains verbes désignent une action ou un événement qui n'a pas de sujet réel. Ils existent *seulement à la troisième personne du singulier* (ex. **il faut**) ou *à l'infinitif* (ex. **pleuvoir**). Voyez la différence entre un verbe impersonnel et un verbe ordinaire personnel :

- **Il fait froid** (*it is cold,* impersonnel)

  J'ai, tu as, il a froid (*I am cold,* personnel)

Les verbes impersonnels expriment souvent des *phénomènes atmosphériques* :

- **Il bruine** (*it's sprinkling*), **il pleuvait, il va neiger**

Certaines *expressions idiomatiques* aussi sont impersonnelles :

- **Il y a, il s'agit de** (*it's a question of*), **il vaut mieux** (*it's better...*)

À noter

Des verbes ordinaires peuvent être employés de façon apparemment impersonnelle, avec le sujet véritable déplacé après le verbe :

- **Il ne reste rien** de cette belle ville. (= Rien ne reste)

  Il = pronom impersonnel ; **rien** = sujet réel

---

27. « Que reste-t-il aux hommes, quand les guerres sont finies ? » (LE CLÉZIO)[29]
28. « Il est bien des amours qui commencent par le rêve et qui finissent par le sommeil. » (SARMENT)[30]

---

29. Jean-Marie LE CLÉZIO (né en 1940) : romancier qui dénonce souvent l'agressivité du monde moderne. [guerre*]
30. Jean SARMENT (1897–1976) : acteur et auteur dramatique. Quel est le sens de cette phrase ? [Il est = Il y a ; rêve* ; sommeil*]

🍸 Mise en pratique

Dans les phrases suivantes, dites si les verbes en italiques sont employés de façon personnelle ou impersonnelle. Si le verbe est impersonnel, précisez quel est le sujet réel de la phrase.

1. Il *vient* de très loin, vous savez.
2. Il *vient* un petit vent froid de cette fenêtre.
3. Du repas, il ne *restait* que des miettes de pain.
4. Il ne *restait* jamais deux minutes sans bouger.
5. Osons le dire, il *manque* totalement de charme !
6. « Un repas sans fromage est une belle à qui il *manque* un œil. » (Brillat-Savarin, 1755–1826, *Physiologie du goût*)

⚒ Éléments de grammaire (5) : les verbes pronominaux (Textes B, D, E, F)

Les verbes pronominaux peuvent avoir plusieurs sens. En voici trois, dont nous avons déjà rencontré le premier :

1. Sens *réciproque* (voir p. 26)

Le verbe est toujours au pluriel et le pronom complément (**se, nous, vous**) représente *les deux sujets* :

- Pierre et Jacques **se voient** souvent. (= l'un l'autre)
- **Nous nous envoyons** des lettres. (= l'un à l'autre)

---

29. « Qui se ressemble s'assemble. » (proverbe)[31]
30. « Moins on a d'idées, plus on se massacre pour elles. » (CARBONE)[32]

---

2. Sens *réfléchi*

Le verbe est singulier ou pluriel. Le pronom complément (**me, te, se, nous, vous**) représente *la même personne que le sujet.*

- **Je me regarde** dans la glace. (= Je regarde moi)
- Bernadette **se lave** les cheveux. (= B. lave les cheveux à B.)

---

31. « On se persuade mieux, d'ordinaire, par les raisons qu'on a soi-même trouvées, que par celles qui sont venues dans l'esprit des autres. » (PASCAL)[33]
32. « Mon opinion est qu'il se faut prêter à autrui et ne se donner qu'à soi-même. » (MONTAIGNE)[34]

---

31. [= Les gens qui se ressemblent s'assemblent] Quel est le proverbe de langue anglaise qui a le même sens ?
32. Paul CARBONE (né en 1935) : enseignant (*teacher*) et écrivain. Cette phrase est tirée de son livre *Réflexions désobligeantes* (*uncivil*), 1994. [moins*... plus]
33. [d'ordinaire = ordinairement]
34. [Il se faut prêter = Il faut se prêter* ; autrui = les autres]

33. « Il est moins grave de perdre que de se perdre. » (GARY)[35]
34. « Il faut mener un homme, tout homme, jusqu'à lui-même et lui apprendre à se construire. » (GUÉHENNO)[36]
35. « On n'oublie rien de rien, on s'habitue, c'est tout. » (BREL)[37]
36. « On ne peut pas se forcer à aimer, et c'est là précisément l'amour. » (PERROS)[38]
37. « Je me réserve avec fermeté le droit de me contredire. » (CLAUDEL)[39]
38. « Le cœur à vingt ans se pose où l'œil se pose. » (BRASSENS)[40]

3. Emploi *subjectif*

Dans ce cas, le pronom est plutôt sujet qu'objet. Voir Appendice grammatical, p. 298.

39. « La sortie de la vie commence un peu avant la mort. On se sent couvert d'ombre. » (HUGO)[41]
40. « Les feuilles / Qu'on foule / Un train / Qui roule / La vie / S'écoule. » (APOLLINAIRE)[42]
41. « Tout homme qui se tient debout est le plus beau des monuments. » (DOR)[43]
42. « La mode se démode, le style jamais. » (CHANEL)[44]
43. « J'ai pu me tromper, mais je n'ai jamais trompé personne. » (LAFAYETTE)[45]
44. « Sauf erreur de ma part, je ne me trompe jamais. » (VIALATTE)[46]
45. « Ce qui distingue l'homme de la bête, c'est que la bête n'est pas toujours obligée de lutter pour ne pas se comporter comme un homme. » (WOLINSKI)[47]
46. « En Provence, le soleil se lève deux fois, le matin et après la sieste. » (AUDOUARD)[48]

---

35. Romain GARY (1914–1980) : romancier français d'origine russe, c'est le seul écrivain qui a reçu le prix Goncourt deux fois : pour *Les Racines du ciel* (1956), et aussi, sous le pseudonyme d'Émile Ajar, pour *La Vie devant soi* (1975). [grave* ; perdre*]

36. Jean GUÉHENNO (1890–1978) : universitaire et essayiste qui a protesté énergiquement contre les inégalités culturelles dues aux classes sociales. [mener* ; apprendre* quelque chose à quelqu'un]

37. [rien de rien = rien du tout ; (s')habituer*]

38. Georges PERROS (1923–1978) : comédien et poète, auteur d'*Une Vie ordinaire* (1967), autobiographie en vers.

39. [Je me réserve = Je garde pour moi ; le droit*]

40. Georges BRASSENS (1921–1981) : auteur, compositeur et interprète de chansons qui a été très populaire et a beaucoup marqué la chanson française de qualité. [se pose = *alights* (littéralement : *places itself* ; œil = regard*]

41. [sortie* ; sentir* ; ombre*]

42. Ces vers sont tirés du poème « Automne malade » d'Apollinaire. [feuille* ; fouler = *trample* ; rouler* ; s'écouler = *go by*]

43. Georges DOR (1931–2001) : poète et auteur de chansons québecois, ardent défenseur de la langue française. [se tenir debout = *stand up*]

44. Coco CHANEL (1883–1971): d'abord modiste (*milliner*), elle est devenue ensuite styliste. Elle a dominé la haute couture française dans les années 1920–1930, en créant des modèles d'une élégance simple qui correspondait à la libération de la mode féminine. Elle a aussi lancé (*introduced*) le fameux parfum Chanel n° 5. [la mode* ; se démoder = sortir de la mode ; le style (ne se démode) jamais]

ϒ Mise en pratique

Dans les phrases suivantes, trouvez les verbes pronominaux et dites s'ils ont un sens réciproque ou réfléchi.

1. Ils préfèrent s'entraider plutôt que se faire la guerre.
2. Véronique regarde avec envie Vincent et son amie. Elle pense : comme ils s'aiment, ces deux-là ! Moi, je suis toute seule et je ne m'aime pas du tout !
3. Il avait tellement bu qu'il ne s'est même pas reconnu dans le miroir.
4. Elles ne se sont pas reconnues parce qu'elles ne s'étaient pas vues depuis longtemps.

Vie de la langue (1) : tu et vous (Texte D)

Dans le poème *Barbara* (vers 24–27), vous allez trouver une allusion à l'usage du **tu** de familiarité (opposé au **vous**, qu'on appelle pluriel de politesse, et qu'on utilise par respect ou pour garder de la distance avec quelqu'un).

Ce poème a été écrit en 1944. Depuis, l'usage du **tu** s'est répandu beaucoup plus en France, surtout depuis 1968. Cependant, si vous êtes en contact avec des personnes que vous ne connaissez pas ou peu, il est plus prudent de continuer à les vouvoyer (leur dire **vous**) jusqu'à ce qu'elles vous encouragent à les tutoyer (leur dire **tu**).

> 47. « Vieillir c'est quand on dit "tu" à tout le monde et que tout le monde vous dit "vous." » (PAGNOL)[49]

Vie de la langue (2) : argots, jargons (Texte C), « gros mots » (Texte D)

Il a existé en français depuis des siècles de nombreux argots, c'est-à-dire des façons de parler spécifiques à un milieu social ou à un autre. L'argot développe tout un vocabulaire qui lui est propre.

---

45. Marquis de LAFAYETTE (1757–1834) : général et homme politique qui a soutenu la guerre d'indépendance des États-Unis. De retour en France, il a été monarchiste libéral au début de la Révolution française et il a refusé de combattre les Autrichiens à partir de 1792. [tromper*]
46. Alexandre VIALATTE (1907–1971) : romancier et humoriste, il a lancé le genre littéraire de la chronique pour des revues (*magazines*), qu'il a cultivé pendant plus d'un demi*-siècle. [sauf* ; se tromper*. En quoi cette phrase est-elle humoristique ?]
47. Georges WOLINSKI (né en 1934 en Tunisie) : dessinateur humoristique inspiré surtout par la politique et l'érotisme. [lutter* ; se comporter*. D'après cette phrase, pour quoi l'homme est-il toujours obligé de lutter ?]
48. Yvan AUDOUARD (né en 1914) : journaliste, scénariste et metteur en scène provençal, plein d'humour, est apprécié surtout pour la qualité des dialogues de nombreux films qui lui doivent en bonne partie leur succès. [sieste = sommeil après le déjeuner. Regardez sur la carte de France où se trouve la Provence, et d'après cela expliquez pourquoi la sieste est importante dans cette région.]
49. Marcel PAGNOL (1894–1974) : romancier, dramaturge et cinéaste, lui aussi provençal, a évoqué sa région natale dans des œuvres savoureuses. [Vieillir c'est quand = On devient vieux quand]

On trouve aussi en France, depuis le XVᵉ siècle, différents « jargons » : ce sont des façons de parler créées artificiellement par un groupe social pour se distinguer des « non initiés ». Dans le jargon, les mots sont systématiquement déformés de telle ou telle manière.

Par exemple, au milieu du XIXᵉ siècle, on a inventé le « javanais » (« La Fourmi », v. 8), qui est sans rapport avec la langue parlée à Java. Le javanais était utilisé à l'origine dans le milieu de la prostitution. Puis il s'est répandu et son usage est devenu un jeu. Il consiste à intercaler dans les mots les syllabes *av* ou *va* :

chaussure = (°)*chavaussavurave*

Depuis bien longtemps aussi, existe le « verlan », de *l'envers,* qui consiste à intervertir les syllabes. À la fin du XVIᵉ siècle, on appelait dans le peuple la famille royale des Bourbons les « Bonbours ». Depuis 1975 environ, le verlan est redevenu très à la mode, surtout parmi les jeunes, dans les banlieues des grandes villes, et notamment de (°) *Ripa* ! Mais qui donc sont les *Céfrans* ?

Enfin, à travers tous les milieux sociaux, on retrouve l'usage, en quantités variables, de mots grossiers, ou « gros mots ». Comme dans beaucoup de langues, les « gros mots » ont souvent une connotation sexuelle. Pourtant, un écrivain peut employer un « gros mot » (grossier) avec une intention très particulière et produire ainsi un effet puissant. Vous vous demanderez pourquoi, par exemple, Jacques Prévert emploie le mot (°)« connerie » (= imbécillité, absurdité) dans le poème « Barbara ».

II. POINTS DE DÉPART POUR LA LECTURE : LE SURRÉALISME

Le mouvement surréaliste a beaucoup marqué la période entre les deux guerres mondiales. Parmi les auteurs étudiés dans ce chapitre, Apollinaire, Queneau et Desnos ont joué chacun leur rôle dans ce mouvement. Prévert en a retenu lui aussi les leçons. C'est pourquoi nous allons en dire quelques mots pour commencer, même si les textes présentés ici ne sont pas surréalistes au sens strict du terme.

Le mot « surréalisme » (sur = au-dessus) a été créé par Apollinaire en 1915. Le « pape » du mouvement est le poète André Breton (1896–1966) qui propose, en 1924, dans son *Manifeste du surréalisme,* cette définition :

SURRÉALISME, n.m. Automatisme psychique pur par lequel on se propose d'exprimer, soit verbalement [= oralement], soit par écrit, soit de tout autre manière, le fonctionnement réel de la pensée, en l'absence de tout contrôle exercé par la raison, en dehors de toute préoccupation esthétique ou morale.

Le mouvement a été très influencé par les théories et la pratique psychanalytique de Freud (1856–1939). Né d'une révolte contre les horreurs de la Première Guerre mondiale, le surréalisme a adopté, sous l'impulsion de Breton, le projet politique de Marx : « changer le monde ». La guerre, en 1939, a dispersé les membres du mouvement. Le point de vue surréaliste a été adopté aussi par des peintres (Ernst, De Chirico – dont la couverture de ce livre reproduit un tableau – Picabia, puis Dali) et par le cinéaste espagnol Buñuel.

A. VOYAGE À PARIS

☞ mot-clé : *Paris*

⚹ Biographie : Guillaume Apollinaire (1880–1918)

De son vrai nom Wilhelm Apollinaris de Kostrowitzky, il est né à Rome d'une aristocrate polonaise et d'un officier italien qui ne l'a pas reconnu. Sa personnalité magnétique, ses enthousiasmes, ses amitiés parmi les artistes de l'avant-garde à Paris avant la Première Guerre mondiale ont fait de lui un promoteur de l'art nouveau, et notamment de la peinture cubiste. Autour de lui se sont réunis de jeunes poètes (André Breton, Philippe Soupault, Louis Aragon), qui ont formé le noyau (*core*) du mouvement surréaliste.

Il a expérimenté avec de nouvelles formes de vers, telles les « poèmes-conversations » ou les « poèmes-promenades ». Il a écrit aussi des calligrammes, poèmes mis en formes de ce qu'ils représentent – par exemple, un texte écrit en dessinant un autel (*altar*) pour parler de ce sujet. Pourtant, en poésie, il a été plus un rénovateur qu'un révolutionnaire.

⛑ Perspective historique et climat culturel

Ce petit poème date d'avril 1914, quelques mois donc avant le début de la guerre. C'est la fin de ce qu'on a appelé par la suite la « Belle Époque », commencée en 1900, années d'optimisme et de recherche du plaisir, années d'illusion où l'Europe ignore encore les tragédies qui l'attendent au XXᵉ siècle. En France, le climat d'euphorie est symbolisé dans le domaine des spectacles par les succès des Ballets russes et du théâtre « de boulevard », le vaudeville. Les deux capitales du raffinement et de la beauté sont Paris pour l'esprit et Vienne pour la musique, reliées par l'Orient-Express, train mythique.

☺☻☹ Votre préparation personnelle

1. Y a-t-il un endroit que vous aimez par-dessus tout et où vous avez souvent envie de retourner ? Est-ce à des moments précis de votre vie ? Quand vous êtes dans un certain état ? Est-ce que ce lieu fait pour vous partie de votre identité ?
2. Quelles sont les associations d'idées, les sentiments qui vous viennent spontanément si vous pensez à Paris ?

Voyage à Paris

Ah ! la charmante chose
Quitter un pays morose
Pour Paris
Paris joli
5 Qu'un jour
Dut créer l'Amour   *Love must have created*
Ah ! la charmante chose
Quitter un pays morose
Pour Paris.

🕯 Comprendre

1. Décrivez ce que peut être « un pays morose ».
2. À quoi Paris est-il associé pour Apollinaire ?

⊞ Analyser

1. Les adjectifs « morose » et « joli » définissent-ils des qualités objectives (qui sont certainement caractéristiques de ce qu'ils décrivent) ou subjectives (qui sont vraies aux yeux du poète) ?
2. Est-ce qu'il y a des rimes dans ce poème ?
3. Est-ce qu'il y a le même nombre de syllabes dans chaque vers ?
4. Dites quel(s) adjectif(s) caractérisent pour vous ce poème : dramatique ; léger ; lyrique ; triste ; amusant ; philosophique.

Paris, de la poésie à la réalité

48. « Le cœur de Paris, c'est une fleur, / Une fleur d'amour si jolie / Que l'on garde dans son cœur, / Que l'on aime pour la vie. » (TRENET)[50]

49. « Ne pouvoir se passer de Paris, marque de bêtise ; ne plus l'aimer, signe de décadence. » (FLAUBERT)[51]

50. « La mode domine les provinciales, mais les parisiennes dominent la mode. » (ROUSSEAU)[52]

51. « Paris est une solitude peuplée ; une ville de province est un désert sans solitude. » (MAURIAC)[53]

52. « À Paris, il y a des impôts sur tout, on y vend tout, on y fabrique tout, même le succès. » (BALZAC)[54]

53. « L'air de Paris est si mauvais que je le fais toujours bouillir avant de respirer. » (SATIE)[55]

54. « À Paris, lorsque deux véhicules ont leurs pare-chocs éloignés de vingt centimètres, c'est considéré comme une place de parking. » (Anonyme)[56]

---

50. Charles TRENET (1913–2001) : voir p. 290. [garder*]

51. [= Si on ne peut pas se passer* de Paris, c'est une marque de bêtise* ; si on ne* l'aime plus. . . Quelle autre attitude est possible envers (*toward*) Paris ?]

52. Jean-Jacques ROUSSEAU (1712–1778) : écrivain et philosophe genevois (suisse), l'une des personnalités majeures du XVIIIᵉ siècle. Voir n. 97. [Quelle différence profonde entre la capitale et la province cette phrase implique-t-elle ?]

53. [solitude peuplée = *solitude among other people* ; désert sans solitude = *wilderness without solitude*] Pour réfléchir sur cette phrase, voyez ch. 7, Élargir la discussion, n° 4.

54. [impôt = *tax*]

55. Éric SATIE (1866–1925) : compositeur très anticonformiste, lié notamment à Picasso, Diaghilev et Jean Cocteau (voir n. 58). Ses *Écrits* (publiés en 1977) sont très ironiques.

56. [pare-chocs = *bumper* ; éloigné = *distant*. Combien font 20 centimètres ? Pour le vérifier, consultez un tableau de correspondance entre le système métrique et le système anglo-saxon, par exemple dans votre dictionnaire français-anglais.]

B. UN POÈME C'EST BIEN PEU DE CHOSE

⚬→ mot-clé : *poésie*

♦ Biographie : Raymond Queneau (1903–1976)

Après des études de philosophie, il a collaboré de 1924 à 1929 à la revue *La Révolution surréaliste* ; puis il a rompu (*broke*) avec André Breton, le chef du mouvement. Il a fait des recherches dans les domaines de la religion et de la psychanalyse. Sa passion de la langue parlée se rapproche de celle de James Joyce. (Parfois, il faut lire son texte à haute voix pour le rendre intelligible.) Par exemple, dans ses *Exercices de style* (1947), il a traité le même événement de 99 façons différentes. Ses romans présentent souvent des personnages insolites, comme celui de Zazie, qui est devenu une célébrité (*Zazie dans le métro*, 1959) : il y a eu pendant plusieurs années une émission littéraire à la télévision qui s'appelait *Qu'est-ce qu'elle dit Zazie* ?

☻ Perspective historique et climat culturel

Ce texte de Queneau date de 1930. Cette année-là, Freud publie *Malaise dans la civilisation*, un essai sur les temps présents, porteurs du nazisme, du stalinisme, de la guerre mondiale passée et de celle à venir. Gandhi est arrêté, il y a des émeutes en Russie contre la collectivisation des terres. Aux États-Unis, la grande dépression s'est installée.

Plusieurs catastrophes naturelles ont lieu cette année-là : des inondations dans le Midi de la France font un millier de morts, un séisme en Birmanie, qui fait 6 000 victimes, et un autre à Naples, en Italie (1 500 morts), qui réveille le souvenir du terrible tremblement de terre de 1908, qui avait fait 100 000 victimes (voir photo et Analyser, n° 2, p. 64).

1908. Après un tremblement de terre, à Messine, Italie.

Au cinéma, Lewis Milestone dirige *All Quiet on the Western Front*, D. W. Griffith *Abraham Lincoln*, Luis Buñuel *L'Âge d'or* (marqué par le surréalisme), Josef von Sternberg *L'Ange bleu* avec Marlène Dietrich.

☺☺☹ **Votre préparation personnelle**

1. Est-ce que parfois quelque chose de très petit peut prendre dans votre vie des proportions gigantesques ?
2. Aimez-vous la poésie ? Que représente-t-elle dans votre vie ?

Un poème c'est bien peu de chose

Un poème **c'est bien peu de chose**	*isn't much of anything*
à peine plus qu'un cyclone aux Antilles	*hardly more than*
qu'un typhon dans la mer de Chine	
un **tremblement de terre** à Formose	*séisme*
5　Une inondation du Yang Tse Kiang	
ça vous noie cent mille Chinois **d'un seul coup**	*(°) with that you'll have...*
vlan	*drowned / all at once*
ça ne fait même pas le sujet d'un poème	*bam*
Bien peu de chose	
10　On s'amuse bien dans notre petit village	
on va bâtir une nouvelle école	
on va **élire** un nouveau maire et changer les jours de marché	*elect*
on était au centre du monde on se trouve maintenant	
près du fleuve océan qui **ronge** l'horizon	*gnaws*
15　Un poème c'est bien peu de chose	

🕯 **Comprendre**

1. Dans les deux premières strophes, à quelle catégorie d'événements Queneau compare-t-il le poème ?
2. Si vous pensez aux conséquences de ces événements, est-ce qu'on peut dire vraiment qu'« un poème c'est bien peu de chose » ?
3. Comment comprenez-vous : « On était au centre... qui ronge l'horizon » (v. 13–14) ? (Le fleuve Océan, selon la mythologie grecque, encercle et limite l'univers.)
4. Qui représente « on » aux vers 10, 11, 12, 13 ? Est-ce un emploi défini ou indéfini ? Posez-vous la question successivement pour chacun des emplois.
5. En résumé, d'après ce texte, que pense réellement Queneau de la poésie ?

⊞ Analyser

1. L'ironie est une manière de se moquer de quelqu'un ou de quelque chose en disant le contraire de ce qu'on veut dire en réalité. Par exemple, si un enfant revient à la maison avec ses vêtements tout salis, sa mère va lui dire : « Ah, te voilà bien propre ! » Montrez comment Queneau utilise l'ironie dans ce poème. De qui veut-il se moquer ?
2. Comparez les vers 2–6, qui évoquent des catastrophes naturelles, avec les événements mentionnés dans Perspective historique et avec la photo du tremblement de terre à Messine. Cela vous donne-t-il une idée de la manière dont Queneau s'est peut-être inspiré de faits réels pour composer son poème ?
3. Repérez dans ce poème des formules de la langue parlée. Quel effet produisent-elles ?
4. À votre avis, comment ce poème se différencie-t-il de la prose ?

👽 Réfléchir sur l'identité

À travers ce texte, pouvez-vous avoir une idée de l'identité du poète selon Raymond Queneau ?

Qu'est-ce que la poésie ?

55. « L'art ne fait que des vers, le cœur seul est poète. » (CHÉNIER)[57]

56. « Les poètes trouvent d'abord et ne cherchent qu'après. » (COCTEAU)[58]

57. « Point n'est besoin d'écrire pour avoir de la poésie dans ses poches. » (FARGUE)[59]

58. « Le poème n'est point fait de ces lettres que je plante comme des clous, mais du blanc qui reste sur le papier. » (CLAUDEL)[60]

59. « Le poète est celui qui inspire bien plus que celui qui est inspiré » (ÉLUARD)[61]

60. « À la question toujours posée "Pourquoi écrivez-vous ?", la réponse du Poète sera toujours la plus brève "Pour mieux vivre". » (SAINT-JOHN PERSE)[62]

61. « Le poète doit être un professeur d'espérance. » (GIONO)[63]

62. « La poésie c'est le plus joli surnom qu'on donne à la vie. » (PRÉVERT)[64]

---

57. André CHÉNIER (1762–1794) : poète classique, mais précurseur du romantisme. [ne* . . . que ; le cœur seul = seulement le cœur]

58. Jean COCTEAU (1889–1963), artiste aux multiples talents : poète, romancier, dramaturge, essayiste, et aussi réalisateur de cinéma, peintre. [d'abord*]

59. Léon-Paul FARGUE (1876–1947) : poète qui a célébré l'aspect pittoresque de la capitale française dans *D'après Paris* (1932) et *Le Piéton de Paris* (1939). [Point n'est besoin = Il n'y a pas besoin ; poche*]

60. [point = pas ; fait de = avec ; planter des clous = *drive nails* ; blanc* ; rester*]

61. Paul ÉLUARD (1895–1952) : poète surréaliste, très engagé (*involved*) politiquement, il a écrit notamment *L'Amour, la Poésie* (1926). [qui inspire (d'autres personnes)]

62. SAINT-JOHN PERSE (pseudonyme d'Alexis Saint-Léger Léger, 1901–1967) : diplomate et poète, prix Nobel de littérature (1960). Sous la forme apparente de la prose, sa poésie a un rythme subtil très particulier. [poser une question = demander ; mieux*]

63. Jean GIONO (1895–1970) : romancier provençal qui a beaucoup célébré la nature et la vie. [espérance*]

64. Sur Jacques PRÉVERT, voir plus bas, texte D. [surnom*]

C. LA FOURMI

☞ mot-clé : *imagination*

♦ Biographie : Robert Desnos (1900–1945)

Né à Paris, ce poète a été un pionnier de l'écriture automatique, dont il avait le génie. Il a commencé par être une vedette du surréalisme, mais il a quitté le mouvement en 1930, pour revenir ensuite à des formes poétiques plus traditionnelles, où s'exprimaient librement son lyrisme, sa fantaisie et son humour. Il a gardé cependant son goût des jeux sur les mots. Il cherchait à concilier la vie et le rêve ; il était amoureux des êtres, des choses, de la liberté, et aussi de l'amour.

Pendant la guerre, il a participé à la Résistance. Il a été arrêté en février 1944, alors que paraissait *Chantefables,* d'où vient « La fourmi », un recueil de poèmes destiné aux enfants. Il est mort en déportation.

⛰ Perspective historique et climat culturel

Durant cette période qui précède de peu la libération de la France, à Paris, on joue *Huis clos* de Sartre (chapitre 8). Le cinéma américain voit la sortie de *Gaslight* de George Cukor... et aussi de *Arsenic and Old Lace* de Frank Capra.

☺☺☹ Votre préparation personnelle

Est-ce que vous vous êtes déjà imaginé sous une forme différente de la vôtre ? ou disposant de pouvoirs particuliers ?

La fourmi

Une fourmi de dix-huit mètres
Avec un chapeau sur la tête
Ça n'existe pas, ça n'existe pas
Une fourmi traînant un **char**   *wagon*
5 Plein de pingouins et de canards
Ça n'existe pas, ça n'existe pas
Une fourmi parlant français
Parlant latin et javanais
Ça n'existe pas, ça n'existe pas
10 Eh ! Pourquoi pas ?

♨ Comprendre

1. Combien environ mesure une fourmi réelle dans le système métrique (revoir note 56) ?
2. Pourquoi pensez-vous que Desnos a choisi ces trois langues : le français, le latin et le javanais ? (Revoyez vie de la langue (2), p. 58.)

⊞ Analyser

1. Pourquoi, à votre avis, Desnos emploie-t-il ici la forme orale « ça » plutôt que la forme écrite « cela » ? Quel effet produit la répétition des mots « ça n'existe pas » ?

2. Pour ressentir le rythme de ce poème, lisez-le à haute voix seul, ou demandez à quelqu'un de vous le lire. Pouvez-vous dire quelque chose sur vos impressions ?

👽 Réfléchir sur l'identité

À votre avis, le personnage de cette fourmi imaginaire a-t-il une certaine forme d'identité et si oui, laquelle ?

L'imagination : délire ou perception profonde ?

> 63. « L'imagination est la folle du logis. » (MALEBRANCHE)[65]
>
> 64. « L'imagination est l'œil de l'âme. » (JOUBERT)[66]
>
> 65. « L'ordre est le plaisir de la raison : mais le désordre est le délice de l'imagination. » (CLAUDEL)[67]
>
> 66. « L'imagination, c'est la forme suprême de l'intelligence. C'est elle qui vivifie la faculté d'analyse et la faculté de synthèse. » (DESMARCHAIS)[68]
>
> 67. « Le bonheur c'est peut-être ça : l'imagination. Quand on en manque, il ne reste que les platitudes de la vie. » (DUVERNOIS)[69]
>
> 68. « Le monde de la réalité a ses limites ; le monde de l'imagination est sans frontières. » (ROUSSEAU)
>
> 69. « L'imagination trouve plus de réalité à ce qui se cache qu'à ce qui se montre. » (BACHELARD)[70]
>
> 70. « L'imagination est la meilleure compagnie de transport au monde. » (FOURNIER)[71]
>
> 71. « La vie a beaucoup plus d'imagination que nous. » (TRUFFAUT)
>
> 72. « Les gens sans imagination ont besoin que les autres mènent une vie régulière. » (VIAN)[72]
>
> 73. « Avec un peu d'imagination, on peut très bien vivre toute sa vie en un soir. » (ANOUILH)[73]
>
> 74. « Méfie-toi des choses qui sont tellement évidentes qu'elles ne laissent rien de plus à l'imagination. » (THÉRIAULT)[74]
>
> 75. « L'enfer n'est plus sous nos pieds mais dans nos têtes parce que l'imagination et le rêve se meurent. » (MARCHESSAULT)[75]
>
> 76. « Une forte imagination produit l'événement. » (MONTAIGNE)
>
> 77. « Les projets sont les promesses de l'imagination faites au cœur. » (VAUDOYER)[76]
>
> 78. « Quand on a de l'imagination, on jouit bien plus en esprit qu'en réalité. » (HERTEL)[77]
>
> 79. « Il est plus facile à l'imagination de se composer un enfer avec la douleur qu'un paradis avec le plaisir. » (RIVAROL)[78]

---

65. Nicolas MALEBRANCHE (1638–1715) : philosophe et théologien. [fou, folle* ; logis = *dwelling*]

66. Joseph JOUBERT (1754–1824) : essayiste et moraliste, auteur d'aphorismes, remarquable par la clarté de sa réflexion et de son style.

67. [raison*]

« *Il y avait à Montmartre un excellent homme nommé Dutilleul qui possédait le don singulier de passer à travers les murs sans en être incommodé.* »
   Et l'écrivain Marcel Aymé (p. 93, n. 7) habitait, comme par hasard, tout près de là. . . La sculpture est l'œuvre de l'acteur Jean Marais, ami de Jean Cocteau, autre grand imaginatif.

68. Rex DESMARCHAIS (1908–1974) : romancier canadien.

69. Henri DUVERNOIS (1875–1937) : auteur de romans, contes, comédies et opérettes au temps des « Années folles » (*crazy years, Roaring Twenties*).

70. Gaston BACHELARD (1884–1962) : philosophe qui a réfléchi particulièrement sur les bases de la connaissance scientifique.

71. Roger FOURNIER (né en 1929) : écrivain québecois.

72. Boris VIAN (1920–1967) : poète et romancier influencé par le surréalisme, musicien de jazz aussi, a marqué l'atmosphère du quartier de Saint-Germain-des-Prés à Paris après la Deuxième Guerre mondiale (voir p. 265). [besoin* ; mener une vie régulière = *lead a normal life*]

73. Jean ANOUILH (1910–1987) : auteur dramatique dont l'œuvre est empreinte (*marked*) d'un pessimisme fondamental. [en un soir = dans l'espace d'un seul soir]

74. Yves THÉRIAULT (1915–1983), romancier canadien. Son roman *Agagkuk* a été traduit dans plus de vingt langues. [se méfier*]

75. Jovette MARCHESSAULT (née en 1938) : romancière, dramaturge, peintre et sculptrice québecoise.

76. Jean-Louis VAUDOYER (1883–1963) : romancier, poète et critique d'art.

77. François HERTEL (1905–1985) : poète, essayiste, romancier et dramaturge canadien.

78. [à l'imagination = pour. . . ; se composer = former pour elle-même ; douleur*]

D. BARBARA

⊷ mot-clé : *souvenir*

⚹ Biographie : Jacques Prévert (1900–1977)

Il disait qu'il était paresseux, mais il a travaillé durant toute sa vie à son rythme et à sa manière. Il a retenu la leçon des surréalistes et c'est peut-être le plus pur d'entre eux. Désinvolte (*unselfconscious*), il détestait la prétention, surtout intellectuelle, et il a écrit pour un très large public. Profondément non conformiste, il a exprimé une révolte du cœur devant toutes les formes d'oppression sociale. Son ironie est parfois violente, mais sa poésie est surtout pleine de grâce, de chaleur et de tendresse.

Mis en musique par Joseph Kosma, plusieurs de ses textes sont devenus des chansons à succès, dont « Barbara », publié dans le recueil *Paroles* (1945). Il a écrit les scénarios et les dialogues de très nombreux films ; son frère Pierre Prévert et Marcel Carné ont réalisé les plus célèbres (*L'Affaire est dans le sac*, 1932 ; *Drôle de drame*, 1937 ; *Quai des brumes*, 1938 ; *Les Visiteurs du soir*, 1942).

📖 Le contexte de l'œuvre

En septembre 1939, Prévert avait séjourné à Brest (voir la carte de France, p. 48: Brest est près de Quimper, à l'extrémité occidentale de la Bretagne). En 1940, les Allemands s'étaient emparés de la ville, dont ils avaient utilisé le port comme base stratégique. Ensuite, les Alliés se sont acharnés sur la ville, qu'ils ont bombardée 165 fois en quatre ans. Son siège et sa libération par les Américains (août-septembre 1944) ont achevé la destruction de la ville.

☺☻☹ Votre préparation personnelle

1. Vous est-il arrivé, dans des circonstances particulières, de remarquer une personne, dont le souvenir reste attaché pour vous à cet événement, même si elle est restée pour vous inconnue ?
2. Y a-t-il une personne, une situation, un lieu disparus aujourd'hui et dont vous gardez une grande nostalgie ?

Barbara

Rappelle-toi Barbara
Il pleuvait sans cesse sur Brest ce jour-là
Et tu marchais souriante
Épanouie ravie ruisselante   *Beaming, delighted, dripping*
5 Sous la pluie
Rappelle-toi Barbara
Il pleuvait **sans cesse** sur Brest   *continuously*
Et je t'ai croisée rue de Siam
Tu souriais

10   Et moi je souriais **de même**   *as well*
      Rappelle-toi Barbara
      Toi que je ne connaissais pas
      Toi qui ne me connaissais pas
      Rappelle-toi
15   Rappelle-toi **quand même** ce jour-là   *anyway*
      N'oublie pas
      Un homme sous un porche s'abritait
      Et il a crié ton nom
      Barbara
20   Et tu as couru vers lui sous la pluie
      Ruisselante ravie épanouie
      Et tu t'es jetée dans ses bras
      Rappelle-toi cela Barbara
      Et **ne m'en veux pas** si je te **tutoie**   *don't hold it against me* / *dis tu*
25   Je dis tu à tous ceux que j'aime
      Même si je ne les ai vus qu'une seule fois
      Je dis tu à tous ceux qui s'aiment
      Même si je ne les connais pas
      Rappelle-toi Barbara
30   N'oublie pas
      Cette pluie sage et heureuse
      Sur ton visage heureux
      Sur cette ville heureuse
      Cette pluie sur la mer
35   Sur l'arsenal
      Sur le bateau d'**Ouessant**   quartier de Brest

      Oh Barbara
      Quelle connerie la guerre   *What a shitty thing war is*
      Qu'es-tu devenue maintenant   *What has become of you*
40   Sous cette pluie de fer
      De feu d'acier de sang
      Et celui qui te serrait dans ses bras
      Amoureusement
      Est-il mort disparu **ou bien encore vivant**   *or still living*
45   Oh Barbara
      Il pleut sans cesse sur Brest
      Comme il pleuvait avant
      Mais ce n'est plus pareil et tout est **abîmé**   *spoiled*

      C'est une pluie de deuil terrible et **désolée**   *dreary*

50   Ce n'est même plus l'orage
     De fer d'acier de sang
     Tout simplement des nuages
     Qui **crèvent** comme des chiens   *burst, (°)die*
     Des chiens qui disparaissent
55   **Au fil de l'eau** sur Brest   *downstream*
     Et vont **pourrir au loin**   *rot far away*
     Au loin très loin de Brest
     Dont il ne reste rien.

🕯 Comprendre

1. Pourquoi Barbara était-elle « épanouie ravie » (v. 4 et v. 21) ?
2. Pourquoi Prévert dit-il « tu » à cette femme ?
3. Pourquoi est-ce que « ce n'est plus pareil » (v. 48) ?
4. Est-ce que Prévert a parlé à Barbara « ce jour-là » ou après ?
5. Quels sont les différents moments qui sont évoqués dans ce poème ? (Repérez-les précisément en citant les vers.)

▦ Analyser

1. Revenez sur la question n° 5 de Comprendre. Comment le poète procède-t-il pour nous faire comprendre la différence de climat entre les moments évoqués ?
2. A l'époque, on a reproché à Prévert d'avoir employé le mot « connerie » (v. 38), une grossièreté, pour parler de la libération de la ville, alors que la guerre n'était pas terminée. Pourquoi l'a-t-il fait d'après vous ? Quel est l'effet produit par ce mot ?

👽 Réfléchir sur l'identité

1. Aux yeux du poète, quelle identité a la femme du poème ?
2. Prévert a dit qu'il a choisi le prénom de Barbara « parce qu'il est international » répandu en Bretagne et pourtant pas au calendrier : « C'est un nom libre, de là son charme. » En pensant à cela, avez-vous envie d'ajouter quelque chose à votre réponse à la question 1 ?

Souvenir : source de joie et de mélancolie

81. « Ton souvenir est comme un livre bien-aimé / Qu'on lit sans cesse, et qui n'est jamais refermé. » (SAMAIN)[78]

---

79. Albert SAMAIN (1858–1900) : poète un peu mineur et pourtant élégant. [refermer = *close (again)*]

82. « Les souvenirs sont façonnés par l'oubli comme les contours du rivage sur la mer. » (AUGÉ)[80]
83. « Le souvenir commence avec la cicatrice. » (ALAIN)[81]
84. « Le souvenir d'une certaine image n'est que le regret d'un certain instant. » (PROUST)
85. « Horloge ! Dieu sinistre, effrayant, impassible
    Dont le doigt nous menace et nous dit : "Souviens-toi." » (BAUDELAIRE)[82]
86. « Ah ! Quelle nécropole que le cœur humain ! Pourquoi aller aux cimetières ? Ouvrons nos souvenirs, que de tombeaux ! » (FLAUBERT)[83]
87. « Ouvre si tu peux sans pleurer ton vieux carnet d'adresses. » (ARAGON)[84]
88. « Le plus beau souvenir ne m'apparaît que comme une épave du bonheur. » (GIDE)[85]
89. « Un beau souvenir est un bien si précieux qu'il ne faut rien négliger pour lui épargner les coups dont il est sans cesse menacé ! » (CHOQUETTE)[86]
90. « Les plus beaux souvenirs sont ceux que l'on s'invente. » (LE FORESTIER)[87]
91. « Le souvenir, c'est la présence invisible. » (HUGO)

E. L'ÉLÉPHANT NEURASTHÉNIQUE

⊶ mot-clé : *conformisme*

Biographie : Ollivier Mercier Gouin (né en 1928)

Né à Montréal, où il habite toujours, Ollivier Mercier Gouin a d'abord été comédien, puis annonceur, reporter, animateur, interviewer et enfin réalisateur à Radio-Canada. Il a également enseigné la diction et l'art dramatique. « L'Éléphant neurasthénique » fait partie de *Poèmes et chansons* (1957). Ollivier Mercier Gouin a fait paraître aussi un recueil de contes et nouvelles, *Jeu de masques* (1961), une pièce ayant pour thème les acteurs, *Les Demi-fous* (1972), et un livre de souvenirs, *Les Êtres fascinants que j'ai rencontrés* (1984). En 1999, il a été lauréat du Temple de la renommée, une distinction décernée par les réalisateurs de Radio-Canada.

---

80. Marc AUGÉ (né en 1935), ethnologue (*Non places : Introduction to an Anthropology of Supermodernity,* 1995 ; *An Anthropology for Contemporaneous Worlds,* 1999). [façonner = *fashion* ; oubli* ; rivage = *shore*]
81. ALAIN (pseudonyme d'Émile Chartier, 1868–1951) : philosophe et essayiste. [cicatrice = *scar*]
82. Sur Charles Baudelaire, voir ch. 1, Aller ailleurs, p. 21, et ch. 14, p. 278. [horloge* ; effrayant = qui fait peur ; menacer* ; doigt*]
83. [Quelle nécropole que = Quelle nécropole est ; tombeau = *grave*]
84. Louis ARAGON (1897–1982) : romancier et poète d'abord surréaliste, puis d'inspiration plus populaire. Il a écrit notamment de beaux poèmes d'amour en l'honneur de sa compagne, l'écrivain Elsa Triolet.
85. André GIDE (1869–1951) : écrivain d'un style classique, et en même temps non conformiste, il a parlé en particulier avec véracité (*truthfulness*) de son homosexualité. Il a reçu le prix Nobel de littérature en 1947. [épave = *wreckage*]
86. Gilbert CHOQUETTE (né en 1929) : romancier et poète canadien. [bien = possession ; épargner = *spare* ; coup*]
87. Maxime LE FORESTIER (né en 1949) : auteur de chansons, compositeur et chanteur. [s'invente = invente pour soi]

📖 **Le contexte de l'œuvre**

Le recueil (*collection*) *Poèmes et chansons* a été illustré par Jean Cocteau (voir Index des auteurs), qui caractérise dans son introduction cette œuvre par les mots « fraîcheur (freshness) et force », que nous avons mis près de son portrait (p. 45). La voix d'Ollivier Mercier Gouin ressemble mystérieusement au poème « L'Éléphant neurasthénique ». Quand nous le lui avons fait remarquer, il a répondu : « Le style, c'est l'homme [une citation de Stendhal]. Et pourtant, je n'ai pas d'éléphant dans ma cour ! » Il a composé pour accompagner le poème la musique qui est reproduite ici.

☺☻☹ **Votre préparation personnelle**

1. Savez-vous jusqu'à quel point vous éprouvez le besoin de vous conformer aux normes sociales et dans quels domaines ?
2. Dans quelle mesure avez-vous des comportements, des aspirations, des valeurs identiques à ceux de votre famille ?

L'Éléphant neurasthénique

Un petit éléphant	
(Enfin... assez petit)	
Faisait, c'est **désolant**,	*very saddening*
De la **neurasthénie**.	*state of both depression and anxiety*
5 Son grand-père était gris	
Et son papa aussi,	
Et grise sa maman	
Et gris l'oncle Fernand	
(Derrière comme devant).	
10 Le petit éléphant	
Faisait, c'est désolant,	
De la neurasthénie,	
Parce qu'il était blanc.	
Il se tourmenta **tant**,	*so much*
15 **Se fit tant de soucis**,	*got himself so worked up*
Qu'il **cessa** d'être blanc	*a cessé*
Et **devint** lui aussi	*est devenu*
Comme ses grands-parents,	
Comme l'oncle Fernand	
20 Et comme sa maman,	
Tout gris, tout gris, tout gris.	

Comprendre

1. En quoi le fait d'être blanc était-il attristant pour le petit éléphant ?
2. Comment est-il devenu gris ?
3. Savons-nous comment les autres éléphants considéraient l'éléphant blanc ? Qu'en concluez-vous ?

Analyser

1. Pourquoi le mot « gris » est-il répété souvent dans le poème ?
2. À quel moment dans le poème apprenons-nous que l'éléphant neurasthénique est blanc ? Quel effet cela produit-il sur vous ?
3. Que pouvez-vous dire du rythme de ce poème ?
4. Ce texte parle-t-il, selon vous, plutôt à l'esprit rationnel ou à l'émotion ? À quoi le voyez-vous ?

Réfléchir sur l'identité

1. Imaginez que le petit éléphant parle à la première personne. Il décrit ce qu'il ressent du fait qu'il est blanc et ensuite, quand il est devenu gris.

2. Racontez à présent – toujours à la première personne – ce qu'a ressenti un des membres de sa famille qui n'était pas du tout content de voir naître un éléphant blanc et, ensuite, ce qu'il a pensé et ressenti quand l'éléphant blanc a changé de couleur.

3. Enfin, imaginez ce qu'a pensé et ressenti un autre éléphant qui était, lui, très satisfait de la présence d'au moins un éléphant blanc dans le troupeau.

Conformisme : la peur d'être différent

92. « Qui se ressemble s'assemble. » (proverbe)[88]
93. « L'instinct d'imitation et l'absence de courage gouvernent les sociétés comme les foules. » (PROUST)[89]
94. « Le conformisme, c'est de ne pas faire ce qu'on a envie de faire, quand on en a envie. C'est oublier ce qui est unique. » (SOUCY)[90]
95. « L'homme ordinaire, c'est le bonheur du conformisme. » (SCHWARTZENBERG)[91]
96. « Le conformisme commence à la définition. » (BRAQUE)[92]
97. « Le conformisme intellectuel vaut l'inquisition. » (BOURBON-BUSSET)[93]

F. LE TOURBILLON

➴ mot-clé : *spontanéité*

♦ Biographie : Serge Rezvani (né en 1928)

Né à Téhéran, d'origine iranienne et russe, Serge Rezvani a d'abord été peintre et auteur de chansons sous le nom de Cyrus Bassiak. À partir de 1967, il a renoncé à la peinture pour une carrière d'écrivain, ce qu'il a expliqué dans son roman autobiographique, *Les Années lumière*.

♦ Perspective historique et climat culturel

Le texte date de 1961. La décolonisation a commencé en Afrique noire. La France va vers la fin de la guerre d'Algérie. Au cinéma, Robert Wise dirige *West Side Story* et Alain Resnais *L'Année dernière à Marienbad*. La pilule contraceptive commence à être diffusée.

---

88. Voir citation n° 29.
89. [comme = autant que ; foule*]
90. Jean-Yves SOUCY (né en 1945) : romancier et scénariste canadien. [avoir envie* de]
91. Roger-Gérard SCHWARTZENBERG (né en 1943) : juriste et homme politique (*L'État-Spectacle : Essais sur et contre le star-système en politique*, 1977).
92. Georges BRAQUE (1882–1963) : peintre, sculpteur et graveur. [commence à la définition = commence quand on définit quelque chose]
93. Jacques de BOURBON-BUSSET (1912–2001) : homme politique, essayiste et romancier. [vaut = est égal à]

📖 **Le contexte de l'œuvre**

La chanson *Le Tourbillon* (*whirlwind*) a été écrite par Cyrus Bassiak pour le film *Jules et Jim* (voir photo p. 79 et chapitre 4) où il jouait d'ailleurs lui-même un rôle secondaire. Chantée par l'actrice Jeanne Moreau, elle a eu aussitôt un grand succès. Elle évoque le mythe de la *femme fatale*, envoyée par le destin pour séduire ceux qui l'approchent.

☺😐☹ **Votre préparation personnelle**

Vous est-il arrivé de vous sentir pris par les circonstances de la vie comme par un tourbillon ? Avez-vous eu envie d'y résister ou au contraire de vous y abandonner ?

Le Tourbillon

	Elle avait des bagues à chaque doigt,	
	Des tas de bracelets autour des poignets,	beaucoup
	Et puis elle chantait avec une voix	
	Qui, **sitôt**, m'**enjôla**.	aussitôt ; *coaxed*
5	Elle avait des yeux, des yeux d'opale,	
	Qui me fascinaient, qui me fascinaient	
	Y avait l'opale de son visage pâle	Il y avait
	De femme fatale qui me **fut fatale** (bis)	*was disastrous* / répété
	On s'est connus, on s'est reconnus	
10	On **s'est perdus de vue**, on s'est reperdus de vue	*lost sight of each other*
	On s'est retrouvés, on **s'est réchauffés**,	*revived each other*
	Puis on s'est séparés.	
	Chacun pour soi est reparti	
	Dans le tourbillon de la vie.	
15	Je l'ai revue un soir **aïe**, aïe, aïe,	*ouch* !
	Ça fait déjà un fameux bail (bis)	(°) = cela fait bien longtemps
	Au son des banjos, je l'ai reconnue,	
	Ce curieux sourire, qui m'avait tant **plu**,	(plu : du verbe plaire)
	Sa voix si fatale, son beau visage pâle	
20	**M'émurent** plus que jamais.	*moved me*
	Je me suis saoûlé en l'écoutant	*I got drunk*
	L'alcool fait oublier le temps	Quand on boit de l'alcool on oublie
	Je me suis réveillé en sentant	
	Des baisers sur mon front brûlant (bis)	
25	On s'est connus, on s'est reconnus	
	On s'est perdus de vue, on s'est reperdus de vue	

On s'est retrouvés, on s'est séparés,
Puis on s'est réchauffés.
Chacun pour soi est reparti
30 Dans le tourbillon de la vie
Je l'ai revue un soir ah la la
Elle est retombée dans mes bras.   *She fell back into*

Quand on s'est connus
Quand on s'est reconnus
35 Pourquoi se perdre de vue
Se reperdre de vue ?
Quand on s'est retrouvés
Quand on s'est réchauffés
Pourquoi se séparer ?

40 Alors tous deux on est repartis
Dans le tourbillon de la vie
On a continué à tourner
Tous les deux **enlacés** (bis)   *embracing each other*

Comprendre

1. En quoi la femme de ce poème était-elle « une femme fatale » ?
2. En quoi consiste « le tourbillon de la vie » dans cette histoire ?

Analyser

Pouvez-vous analyser comment fait le poète pour suggérer l'atmosphère du tourbillon ?

98. « La vie est un tourbillon dont les lignes s'agrandissent toujours. » (BONENFANT)[94]

Spontané : que l'on fait de soi-même, sans être incité ni contraint par quelqu'un

99. « Une passion ne souffre ni organisation ni prévoyance ; elle n'est que folle témérité, risque et spontanéité. » (GAGNON)[95]

---

94. Réjean BONENFANT (né en 1945) : romancier canadien. [s'agrandir = devenir plus grand]
95. Alain GAGNON (né en 1943) : poète, romancier et conteur québécois. [souffre = supporte ; prévoyance = *foresight*]

100. « Les premiers sentiments sont les plus naturels. » (LOUIS XIV)[96]
101. « Même l'intelligence ne fonctionne pleinement que sous l'impulsion du désir. » (CLAUDEL)
102. « Un homme quel qu'il soit, ayant toujours suivi l'impulsion de ses instincts, ne peut connaître les remords. Le cannibale ne peut concevoir un doute sur le régime alimentaire qu'il a suivi toute son existence. » (MAC ORLAN)[97]
103. « L'impulsion du seul appétit est esclavage, l'obéissance à la loi qu'on s'est prescrite est liberté. » (ROUSSEAU)[98]

G. LES FEMMES

☞ mot-clé : *femme*

☥ Biographie : Pauline Julien (1928–1998)

Née à Trois-Rivières (Québec), d'un père voyageur de commerce et d'une mère mélancolique, c'était la plus jeune fille d'une famille de onze enfants. Elle a fait ses études chez les Filles de Jésus. Elle a été comédienne avant de devenir auteur de chansons, qu'elle interprétait avec beaucoup de vitalité et de conviction. Elle a été très engagée dans la défense de la cause des femmes et du Québec francophone. « Je suis Québec, morte ou vivante ! », disait-elle. Souffrant d'une maladie dégénérative qui l'empêchait de parler (elle qui avait eu une parole si forte), elle s'est suicidée à l'âge de 70 ans.

🔺 Perspective historique et climat culturel

La chanson « Les Femmes » date de 1974. Cette année-là, aux États-Unis, Nixon est contraint de démissionner après le Watergate ; la carte à mémoire électronique est inventée. Heinrich Böll publie *L'Honneur perdu de Katharina Blum*, Alexandre Soljenitsyne *L'Archipel du Goulag*.

Aux États-Unis sortent les films *Alice Doesn't Live Here Anymore* et *Apocalypse 2024*, une œuvre de science fiction très misogyne. L'interruption volontaire de grossesse est autorisée légalement en France.

☺☺☹ Votre préparation personnelle

Quel rôle joue votre identité sexuelle dans votre vie ? Êtes-vous satisfait(e) de vos rapports avec les personnes du sexe opposé au vôtre ?

---

96. Louis XIV, le « Roi Soleil » (1638–1715). Cette phrase est la réponse faite par Louis XIV, alors âgé de vingt-six ans, à un courtisan (*courtier*), le maréchal de Gramont, qui avait critiqué une poésie du roi sans savoir qu'il en était l'auteur. [sentiment*]
97. Pierre MAC ORLAN (1882–1990) : à ses débuts proche d'Apollinaire, grand voyageur, il a écrit des romans d'aventures où le réel se mêle à l'imaginaire. [quel qu'il soit = *whatever he may be* ; régime = *diet* ; suivre*]
98. Rousseau (voir n. 52) a écrit notamment *Du contrat social* (1762), un traité politique en faveur de la démocratie. [du seul appétit = de l'appétit seulement ; qu'on s'est prescrite = qu'on a prescrite (ordonnée) pour soi-même.]

Les Femmes

Les femmes sont toujours un p'tit peu
    plus fragiles
Elles tombent en amour et **se brisent** le cœur   *break*
Les femmes sont toujours un p'tit peu
5   plus **inquiètes**   *troubled*
Dites-moi, messieurs, les aimez-vous vraiment ?

Vous les fabriquez mères toutes aimables   *You make mothers of them*
Miroirs de justice, trônes de la sagesse
Vierges très prudentes, arches d'alliance
10 Vous *rêvez messieurs beaucoup*

Les femmes **se font** toujours un **p'tit** peu   *make themselves up to be*
    plus jeunes   (°) petit
Vous **r'gardez** si souvent les filles   (°) regardez
    de seize ans
15 Les femmes sont toujours un p'tit peu
    plus timides
Serait-ce messieurs **que** vous parlez trop   *Could it be. . . that*

Vous les **baptisez salut** des infirmes   appelez / *salvation*
Reines des patriarches, roses mystiques
20 Mères du bon conseil, vierges **clémentes**   *good-natured*
Vous *rêvez messieurs beaucoup*

Les femmes sont toujours un p'tit peu plus
    légères
Les hommes sont toujours tellement
25   extraordinaires
Les femmes, on le dit, sont parfaitement
    libres
Mais, **à la condition de** bien suivre vos **lois**   si elles. . . / *laws*
Vous les exigez étoiles du matin   *you demand that they be*
30 Vases spirituels, mères **sans tache**   *immaculate*
Vierges vénérables, tours d'ivoire
Vous *rêvez, messieurs beaucoup*

Mon Dieu que les femmes sont devenues
    exigeantes   *demanding*
35 Elles ne pleurent plus, ne veulent même
    plus attendre

En amour et partout, elles prennent ce
    qu'elles demandent
Mais demain, mon amour, nous serons
40   plus heureux ensemble

En amour, mon amour
Ensemble

Comprendre

1. Quelles sont les deux voix qui parlent dans cette chanson ? Repérez précisément ce que dit chacune d'elles (en citant les vers).
2. Comment comprenez-vous les expressions : « vous les fabriquez » (v. 7); « arches d'alliance » (v. 9); « roses mystiques » (v. 19) ; « tours d'ivoire » (v. 31).
3. Qui, d'après vous, dit les lignes 39–42 ? Comment les interprétez-vous ?

Analyser

1. Comparez les lignes 7–10, 18–21, 29–32. Quelle progression pouvez-vous discerner d'un groupe à l'autre ?
2. Citez toutes les métaphores employées dans ce poème pour évoquer les qualités attribuées aux femmes par les hommes.
3. À quoi peut-on voir que les hommes ont des femmes une image stéréotypée ?
4. Inversement, sur quel ton la poétesse s'adresse-t-elle aux hommes ?

« Jules et Jim étaient émus comme par un symbole qu'ils ne comprenaient pas. »

👽 Réfléchir sur l'identité

1. Dans cette chanson, Pauline Julien nous dit beaucoup sur ce que n'est pas la femme, selon elle. Pouvons nous deviner un peu quelle vision elle a de ce qu'est réellement l'identité féminine ?

2. La poétesse nous présente-t-elle aussi sa vision de l'identité masculine en elle-même, ou seulement par rapport aux femmes ?

Des hommes parlent des femmes

104. « Quand on veut écrire sur les femmes, il faut tremper sa plume dans l'arc-en-ciel et secouer sur sa ligne la poussière des ailes du papillon. » (DIDEROT)[99]

105. « Ce génie particulier de la femme qui comprend l'homme mieux que l'homme ne se comprend. . . » (HUGO)

106. « La femme est le premier labyrinthe de l'homme. » (ATTALI)[100]

107. « Il est plus aisé d'accuser un sexe que d'excuser l'autre. » (MONTAIGNE)[101]

108. « Chez la femme, l'adorateur vénère la féminité, alors que le misogyne donne toujours la préférence à la femme sur la féminité. » (KUNDERA)[102]

109. « J'ai eu la preuve que je puis déplaire ; et nous autres femmes, nous nous passons bien de ces preuves-là. » (MARIVAUX)[103]

🔊 Parlons-en !

Par le(s)quel(s) des poèmes de ce chapitre avez-vous été touché(e) le plus et pourquoi ?

🦁 Élargir la discussion

1. Est-ce que l'imagination vous paraît un élément important dans la vie ? Dans quels domaines selon vous est-il important qu'elle s'exprime ?

2. Imaginez que vous vous adressez à un(e) inconnu(e) que vous avez vu(e) une seule fois, mais qui vous a frappé. Que voulez-vous lui dire ?

---

99. Denis DIDEROT (1713–1784) : écrivain et philosophe aux facettes multiples, dont l'intelligence et la sensibilité étaient également vives. [tremper = *to dip* ; arc-en-ciel = *rainbow* ; secouer = *to shake* ; poussière = *dust* ; aile* ; papillon*]

100. Économiste, essayiste et romancier, né en 1943 en Algérie, Jacques ATTALI a été le conseiller du président Mitterand pendant dix ans.

101. [aisé = facile ; un sexe = les personnes d'un sexe]

102. Milan KUNDERA (né en 1929) : écrivain d'origine tchèque installé en France depuis 1975 (*The Unbearable Lightness of Being*, 1984). [donne la préférence à. . . sur = préfère. . . que]

103. (Sur Marivaux, voir ch. 2, n. 10.) C'est un personnage de femme qui parle ici. [je puis = je peux ; se passer* de ; preuve = *proof*]

3. Choisissez dans la rubrique Découvertes une citation qui parle de la poésie ou du poète et donnez votre opinion là-dessus. (Vous pouvez prendre des exemples dans la poésie de langue anglaise.)

4. Pensez-vous qu'il existe aujourd'hui encore beaucoup de malentendus (*misunderstandings*) entre les hommes et les femmes ? Que peut-on faire pour y remédier ?

IV. AUX ALENTOURS

Le Détective

1. Parmi les auteurs cités dans ce chapitre, deux ont reçu le prix Nobel. L'un est cité dans Éléments de grammaire, l'autre dans Découvertes. Pour savoir qui sont ces deux auteurs, parcourez (*look over*) les notes en bas de la page en cherchant l'expression « prix Nobel ».

2. Dans les notes en bas de la page, entre le n° 50 et le n° 56, il y a un adjectif formé avec le suffixe -**ois**, à partir du nom d'une ville : quel est cet adjectif et quelle est cette ville ?

3. Dans les notes entre le n° 65 et le n° 77, il y a une allusion au surréalisme. À propos de quel auteur est faite cette allusion ? Cet auteur a-t-il vécu avant ou après le mouvement surréaliste ? (Vous pouvez répondre simplement en regardant le contexte du mot « surréalisme ».)

4. Dans les notes entre le n° 57 et le n° 64, il y a une allusion au romantisme. À propos de quel auteur est faite cette allusion ? Quel est exactement le rapport entre cet auteur et le romantisme ?

La technique du « balayage visuel » (visual scanning)

C'est une technique utile lorsque l'on cherche un élément précis (mot, expression, nombre...) dans un texte écrit sans avoir besoin de s'intéresser au sens de cet élément, ni du texte en général :

- On se demande d'abord si l'élément recherché présente une caractéristique typographique qui va permettre de le localiser plus facilement : c'est un nombre au milieu d'un texte, une expression en italiques, une phrase qui figure forcément dans une note en bas de page, etc.
- On photographie mentalement l'élément recherché.
- On balaye le texte du regard en fermant son esprit à toute autre chose que la forme de cet élément, sans s'attarder sur le sens du texte.

Qui trouvera le premier ?

5. Cherchez la date 1915 dans la page 58.
6. Cherchez le mot « faites » dans la page 52.
7. Cherchez le mot « existence » dans la page 77.
8. Cherchez le mot « porche » dans la page 69.

Découverte du dictionnaire

Voici d'autres abréviations qui figurent dans *Le Petit Robert* :

> *Fig.* = figuré (le sens dérivé du sens littéral : *figurative meaning*)
> *Métaph.* = métaphore (voir p. 41, Introduction de poésie)
> *Vx.* = vieux (sens ancien d'un mot, peu employé maintenant)
> *Mod.* = moderne (sens actuel, distinct du sens ancien)
> ♦ : sens particulier à l'intérieur d'un sens plus général ♦

PLUIE *n. f.*
> ♦ 4° Ce qui tombe d'en haut, comme une pluie. *Une pluie de cendres.* (. . .) ♦ *Fig.* Ce qui est dispensé en grande quantité. *Une pluie de baisers, de coups.*

ÉPANOUIR *v. tr.*
> I. ♦ 1° Ouvrir, faire ouvrir une (fleur)... (. . .) ♦ 2° *Fig.* Détendre, en rendant joyeux.
> II. S'ÉPANOUIR *v. pron.* ♦ 1° S'ouvrir (fleurs). (. . .) ♦ 3° *Fig. Se détendre sous l'effet de la joie. Visage qui s'épanouit de joie.* ♦ 4° *Métaph.* ou *fig.* Se développer librement dans toutes ses possibilités.

9. Cherchez dans *Le Petit Robert* le sens figuré de l'adjectif « gris ». (Cherchez pour cela la note « Fig. » qui va se trouver après l'un des signes ♦.) Si vous relisez maintenant le dernier vers du poème « L'Éléphant neurasthénique », est-ce que cela vous explique pourquoi l'auteur a choisi l'image de l'éléphant blanc qui voulait être gris comme tout le monde ?

10. Cherchez dans le dictionnaire le sens des *expressions imagées* suivantes :
    a. se mettre au vert (VERT II. ♦ 2° ♦)
    b. voir la vie en rose (2 ROSE ♦ 1° ♦)
    c. rire jaune (JAUNE III.)
    d. faire grise mine (GRIS II. ♦ 2° à la fin ou 1. MINE II 2. à la fin)
    e. voir rouge (I. ♦ 4° à la fin)
    f. broyer du noir (BROYER ♦ 1° Fig.)
    g. un mariage blanc (BLANC adjectif, ♦ 5°)

Que veut dire précisément cette dernière expression (hypothèse intelligente !) ?

11. Pour vous préparer à l'exercice sur Internet, Le Détective n° 5, cherchez dans le dictionnaire le mot « ravi ». Quel est le sens général actuel de ce mot ?
    a. On vous dit, avant de vous donner le sens : (V. **Ravir** 3°). Cela signifie que le mot ravi n'est pas seulement un adjectif, mais une forme du verbe « ravir » , que nous avons étudiée dans ce chapitre, dans Éléments de grammaire. Dites à quelle page du chapitre, et le numéro du paragraphe.
    b. Regardez maintenant le verbe **ravir** ♦ 3°. Retrouvez le sens ancien (Vx.) et le sens moderne (♦ *Mod.*) de ce verbe. Est-ce que l'adjectif « ravi » est plus proche du sens ancien ou du sens moderne ?

c. Notez la première définition de ♦ 1° (*Littér.* = Littéraire) que l'on vous donne pour le verbe **ravir**.

d. Pour ♦ 2°, notez le sens religieux (*Relig.*) et aussi le sens figuré.

Ayez ces notes avec vous pour faire la recherche sur Internet.

Aller ailleurs

Recherches à l'extérieur de soi

1. Allez chercher à la bibliothèque le recueil *Poésies* d'Arthur Rimbaud. Trouvez dans ce livre le poème « Voyelles ». Notez à quelle couleur ce poète visionnaire a associé chacune des voyelles. Préparez-vous à présenter votre réponse dans la classe en énonçant clairement chaque voyelle selon la prononciation française et, si possible, en trouvant une manière créative d'évoquer les couleurs en même temps.

2. Allez chercher la reproduction d'une peinture surréaliste qui vous attire particulièrement. (Dans un livre général sur la peinture, ou sur la peinture surréaliste, ou encore sur un peintre cité p. 58, ou un autre que vous connaissez bien).

Observez les différents éléments du tableau, sa composition. Mettez vos observations en parallèle avec la définition du surréalisme donnée dans ce chapitre.

Préparez-vous à présenter cette œuvre oralement devant la classe. (Si possible, apportez-en une reproduction.)

Recherches à l'intérieur de soi

Avec la technique du balayage visuel, vous avez appris à fermer votre esprit à tout ce qui n'était pas l'objet de votre recherche, et cet objet était très précis : il n'y avait qu'une seule « bonne réponse », qui se trouvait dans un texte. À présent, vous allez faire tout le contraire : chercher un nombre il-limité d'éléments à l'intérieur de vous-mêmes, avec une ouverture d'esprit maximale. Ici, il y a une multitude de réponses possibles, et la plupart sont « bonnes » !

On laisse venir très librement le plus d'idées possibles à partir d'un mot, sans aucune censure, et on les note. Quand on sent que l'inspiration perd son élan (*impetus*), on regarde les notes et, éventuellement, on les trie (*sort*), on les arrange, on commence une création à partir de cela, on choisit certains éléments pour repartir sur une nouvelle recherche...

3. Le « remue-méninges » (*brainstorming*) :[104] recherche collective

À partir du mot « poésie », les étudiant(e)s lancent (*propose*) toutes les associations d'idées qui leur viennent à l'esprit : noms de poètes, titres de poèmes, vers célèbres, genres poétiques, et aussi sentiments provoqués par la lecture de poèmes, lieux, objets, expériences vécues qui ont pour cha-

---

104. On a pris l'habitude en France d'utiliser le mot *brainstorming,* dont la technique a été empruntée surtout aux États-Unis. Cependant, on a voulu aussi créer un mot français : le mot *remue-méninges* (remuer = *to move*) est calqué (*based upon*) de façon amusante sur *remue-ménage* (= mouvements désordonnés et qui font du bruit* ; *shaking up the house*).

cun un caractère poétique. L'enseignant note au tableau toutes les propositions sans les commenter et sans rien rejeter. Puis ensemble, on regarde si l'on peut trier les différents éléments recueillis.

4. La rêverie et la création : travail individuel

Reprenez un poème du chapitre que vous avez aimé particulièrement, préparez de quoi écrire et mettez-vous dans un état proche de la rêverie. Balayez le texte du regard sans but précis pendant un moment. Puis, laissez-vous accrocher (*be drawn to*) par un mot évocateur (*evocative, vivid*) pour vous.

Ensuite, notez tous les autres mots, les expressions, les phrases entières que vous suggère le mot du texte. Écrivez sans réfléchir de façon logique, sans vous censurer, en vous laissant porter par le mouvement du stylo. Si les mots vous viennent en anglais, notez-les ; vous chercherez ensuite leur traduction. Quand vous sentez que l'élan s'épuise (*is exhausted*), faites une pause.

Reprenez ce que vous avez écrit et voyez ce que cela vous inspire. Vous pouvez écrire (en français) un petit texte – une poésie peut-être – en y incluant certains mots notés. Vous pouvez dessiner, peindre autour des mots écrits.

Préparez-vous à présenter votre création devant la classe.

✐ C'est à vous !

1. Sur le modèle de « Ah ! la charmante chose / Quitter un pays morose / Pour Paris », écrivez votre proposition personnelle :
   « Ah! la charmante chose
   Quitter. . .
   Pour. . . »

2. Écrivez un récit fantaisiste ou une poésie en utilisant les expressions imagées qui sont dans le paragraphe 10 du Détective, p. 82.

❧ Approfondir

Lisez le poème « Pour faire le portrait d'un oiseau » qui se trouve dans *Paroles* de Jacques Prévert. Cherchez les mots-clés qui peuvent résumer le contenu de ce poème. Préparez-vous à le présenter oralement de façon à en faire comprendre le charme même à des gens qui n'ont pas lu le texte.

✌ L'anagramme

L'anagramme est un jeu de lettres connu depuis l'Antiquité. Il consiste à former un mot nouveau ou une phrase nouvelle en mélangeant les lettres d'un mot ou d'une phrase donnés. Par exemple, *aimer* est l'anagramme de *Marie*.

Un auteur, étudié dans ce chapitre, aimait beaucoup les jeux de mots et il se faisait appeler Rauque (*hoarse*) anonyme *ou* Don Evané Marquy (*dans* Evané, v = u). Qui est cet auteur ?[†]

[†] (Réponse : Raymond Queneau)

La charade

La charade est une énigme où l'on doit deviner un mot de plusieurs syllabes. Par exemple :

Mon premier un est un animal familier, (chat)
Mon second nous fait rire,   (pitre, *buffoon*)
Mon tout est une partie d'un livre. (cha-pitre)

La charade a été très à la mode dans les salons littéraires au XIXe siècle. On y joue encore parfois aujourd'hui. Pouvez-vous trouver la réponse à cette charade ?

Mon premier est un métal précieux
Mon second est un habitant des cieux, (cieux = ciel)
Mon tout un fruit délicieux (ou une couleur chaleureuse).†

Le rébus

Le mot rébus vient du latin *res, chose*. En France, ce jeu remonte au moins au XVème siècle. C'est un message crypté où l'on mêle des mots, des chiffres et des dessins. Pour le décoder, il faut le lire phonétiquement. On en trouvait autrefois beaucoup dans les enseignes (*signs*) de cabarets : « 0 - 20 - 100 - 0 » devait se traduire « Au vin sans eau ». Pour un hôtel, l'effigie d'un lion d'or signifiait « Au lit on dort ».

Pouvez-vous trouver la réponse à ce rébus poétique, qui date du XVIe siècle et qui est en rapport avec le mot-clé du poème « Barbara » ? Un indice : lisez à haute voix les trois éléments de gauche à droite, en commençant par la ligne du dessous et en tenant compte de la manière dont ils sont disposés !

PIR	VENT	VENIR
1	VIENT	D'UN††

V. RECHERCHES SUR INTERNET

Le Détective

1. En 1911, on a arrêté Apollinaire en l'accusant (injustement) du vol d'un tableau très célèbre du Louvre. De quel tableau s'agit-il ? Recopiez les vers qu'il a écrit quand il était en prison.
2. « Paris vaut bien une messe. » Cette phrase, dit la tradition, a été prononcée par le roi Henri IV (1553–1610). Dans quelles circonstances ?
3. Citez cinq monuments de Paris. Dites l'époque de leur construction et leur fonction ou ce qu'ils symbolisent.

†† (Réponse : « Un soupir vient souvent d'un souvenir » [1-sous-pir ; vient-sous-vent ; d'un sous-venir])

† (Réponse : or, ange, orange)

4. Cherchez à quel groupe de poètes Joachim du Bellay appartenait. Que signifie le nom de ce groupe de poètes ? Quelle a été l'importance de ce groupe dans la culture française ? Quel texte Du Bellay a-t-il écrit pour ce groupe en 1549 ? Prenez des notes et préparez-vous à présenter votre sujet oralement.

5. Le « ravi » est un personnage qui appartient à la tradition française, et surtout provençale. Découvrez qui il est et préparez-vous à présenter devant la classe quelques-unes des traditions qui entourent ce personnage.

Aller ailleurs

1. Le mot-clé pour notre étude de « L'Éléphant neurasthénique » est le thème d'un film italien célèbre, réalisé par Bernardo Bertolucci, *Il Conformista*. Quel est l'acteur français qui joue le rôle principal ? À quelle époque se situe l'action du film ? En quoi consiste le conformisme du personnage principal et quelles conséquences a-t-il ?

2. Dans ce chapitre sur la poésie, nous avons évoqué plusieurs fois la notion de symbole. Examinez à présent l'un des symboles nationaux de la France : son drapeau (*flag*). Découvrez le sens symbolique des couleurs du drapeau français.

3. Consultez un site sur la poésie romantique française. Prenez quelques notes sur les caractéristiques les plus importantes de cette poésie et préparez-vous à les présenter oralement en classe.

4. Allez sur un site qui vous renvoie à d'autres sites sur la poésie. Laissez-vous entraîner vers un site qui vous paraît suggestif et préparez-vous à raconter et présenter ce que vous y avez trouvé.

Actualité

Cherchez dans un ou plusieurs sites des événements culturels qui se passent actuellement à Paris.

SECTION III • LE RÉCIT IMAGINAIRE

Comme la poésie, l'invention des histoires est une activité qui remonte à la plus haute antiquité de l'humanité. Les formes, et éventuellement les règles du récit de fiction varient selon les cultures et les époques. Celui-ci peut prendre des aspects différents selon sa longueur, le caractère plus ou moins sophistiqué de sa construction, le nombre de ses personnages, l'importance relative qu'il donne à l'action, aux descriptions, à l'analyse des sentiments. Ce sont des critères que le lecteur peut examiner s'il veut faire une analyse littéraire.

♦ Dans cette section, à l'intérieur de la catégorie « récit imaginaire », vous avez des genres variés :

- La *nouvelle* (*short story*) est en général un texte de quelques pages. L'auteur doit « accrocher » (*attract the attention of*) rapidement le lecteur, et veiller à la conclusion, la « chute », qui fait d'ordinaire une impression presque aussi forte que tout le reste de la narration (ch. 6).
- Le *roman* (*novel*) a connu des formes diverses au cours des siècles. Vous allez découvrir un passage du *Nouveau roman*, dont la recherche est assez abstraite (p. 124). La question principale est ici : que nous enseigne cette recherche ?
- Le *récit* est une œuvre où les péripéties et les rebondissements (*turns of action*) ne sont ni nombreux ni essentiels (ch. 7). Ce qui retient l'attention du lecteur, c'est la proximité avec un personnage, une situation, évoquée de manière intimiste.
- L'un des textes (ch. 4) est un peu à part : il s'agit du début d'un roman de caractère autobiographique transformé en scénario de film. Vous devrez réfléchir à l'intérêt de cette narration, juste avant le début du film.

♦ Nous avons vu que dans le récit imaginaire l'auteur est théoriquement différent du narrateur et des personnages (introduction à l'autobiographie, p. 1). Parfois, pourtant, un auteur en dit plus sur lui-même en prenant le déguisement d'un personnage imaginaire que dans un texte « officiellement » autobiographique. En pensant à cela, Catherine Rihoit, une romancière, a écrit : « Ce qu'il y a de merveilleux dans le roman, c'est qu'on peut y parler de soi tout en ayant l'air de parler des autres » (1980). Mais est-ce important pour le lecteur de deviner les traits de l'auteur qui se cachent derrière ceux de ses personnages ?

Il existe cependant une autre vérité du récit imaginaire, sur un plan plus profond : « Le roman est l'histoire éternelle du coeur humain. L'histoire vous parle des autres, le roman vous parle de vous » (Alphonse Karr)

Cette vérité repose tout d'abord sur la consistance des personnages. Que savons-nous de ces personnages? Sommes-nous informés de leur aspect physique, leur caractère, leur milieu social? Sont-ils présentés de façon nuancée ou monolithique ?

Nous verrons que dans le Nouveau Roman, la notion de personnage se réduit. Ceux d'Alain Robbe-Grillet (ch. 6) sont de simples figurines. Marguerite Duras ne va pas aussi loin, mais elle n'insiste pas trop sur la personnalité de Monsieur Andesmas (ch. 7). Cela ne veut pas dire que ce personnage n'est pas attachant (*engaging*). Mais si ce n'est pas sa personnalité, qu'est-ce qui le rend proche de nous ?

♦ Enfin, un récit, c'est la construction d'étapes successives: simple ou savante, dynamique ou psychologique, pleine d'émotions ou intellectuelle, cette architecture doit avant tout captiver le lecteur : « Malheur à tout roman que le lecteur n'est pas pressé d'achever. » Cette affirmation d'un écrivain du XVIIIe siècle, Jean d'Alembert, reste valide aujourd'hui encore.

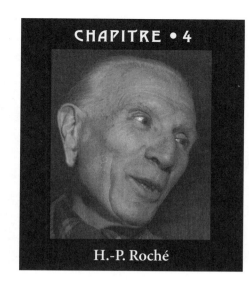

CHAPITRE • 4

H.-P. Roché

Jules et Jim

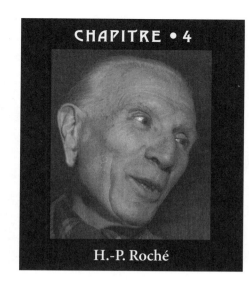 Mot-clé : *amitié*

« *Le début sembla favorable.* »
(*Henri-Pierre Roché*)

I. POUR MIEUX LIRE LE TEXTE : LES PILIERS DE LA LANGUE

Stratégies de lecture : préfixes et suffixes

Les suffixes -**able** et -**ible** servent à former des adjectifs qui expriment la possibilité. Dans ce texte, vous avez l'adjectif favor**able**, « (chose) qui peut attirer la faveur » (*propitious*) ou « (personne) qui peut favoriser ». Souvent les adjectifs en -**able** et -**ible** sont dérivés de verbes :

- mange**able** = qui peut être mangé
- lis**ible** = qui peut être lu
- poss**ible** = qui peut exister (d'un radical **pot**- qui exprime la puissance, comme dans l'anglais *potency*)

Que veulent dire : buv**able** ? fais**able** ? ris**ible** ?

1. « Quand on n'est pas intelligible, c'est qu'on n'est pas intelligent. » (HUGO)
2. « Rien n'est admissible ; sauf la vie, à condition de la réinventer chaque jour. » (CENDRARS)[1]

Le suffixe -**esse** exprime une qualité. La tendr**esse** est la qualité d'une personne ou d'un comportement tendre.

Quelle est la qualité de quelqu'un de faible ? de souple ? de petit ? de gentil ?

---

1. Blaise CENDRARS (1887–1961) : poète et auteur de récits autobiographiques français d'origine suisse, qui a voyagé dans le monde et à l'intérieur de lui-même. Voir une autre citation de cet écrivain tout au début de ce livre. [sauf* = *except*]

3. « Il y a deux sortes d'esprit : l'esprit de géométrie et l'esprit de finesse. » (PASCAL)[2]

4. « Ce n'est pas le rince-doigts qui fait les mains propres ni le baisemain qui fait la tendresse. » (FERRÉ)[3]

5. « Pour réduire l'humanité en esclavage, la publicité a choisi le profil bas, la souplesse, la persuasion. » (BEIGBEDER)[4]

Le préfixe **in-** a plusieurs sens. Dans le texte nous trouvons le mot **in**différence (manque d'intérêt pour) où le préfixe a une valeur de négation. Voici d'autres exemples :

• **in**égal = qui n'est pas égal
• **in**défini = qui n'est pas défini, que l'on ne peut pas définir
• **in**dépendant = qui ne dépend pas de quelqu'un ou de quelque chose
• **in**dispen**sable** = dont on ne peut pas se passer (*do without*)

6. « Pourquoi essayer de faire semblant d'avoir l'air de travailler ? C'est de la fatigue inutile. » (DAC)[5]

7. « La loi est implacable, mais la loi est imprévisible. Nul n'est censé l'ignorer, mais nul ne peut la connaître. » (PEREC)[6]

8. « la vie inexprimable » (CHAR)[7]

9. « Le vrai malheur rend le vrai bonheur presque inimaginable. » (ROY)[8]

10. « À vingt ans, la Parisienne est adorable, à trente ans, elle est irrésistible, à quarante ans, elle est charmante, après quarante. . . Mais non, une Parisienne ne dépasse jamais quarante ans ! » (MAUROIS)[9]

---

2. [esprit = *mind*] L'esprit de géométrie et l'esprit de finesse sont deux moyens parallèles et souvent complémentaires d'aller vers la vérité.

3. Léo FERRÉ (1916–1993) : auteur-compositeur et chanteur d'inspiration populiste. [rince-doigts = *finger-bowl* ; baisemain = *hand-kissing*]

4. Frédéric BEIGBEDER (né en 1965) : écrivain au ton provocant. Cette phrase est tirée de *99 francs* (2000), une satire féroce du monde des publicitaires. On a accusé l'auteur de se servir des procédés qu'il dénonce. [esclavage = *slavery*]

5. Pierre DAC (pseudonyme d'André Isaac, 1893–1975) : écrivain et chansonnier qui cultiva un humour loufoque (*eccentric*), incluant de très fréquents jeux de mots. Il imagina le « Schmilblick », un appareil « qui ne servant absolument à rien peut également par conséquent servir à tout. » [faire semblant = *to pretend*]

6. Georges PEREC (1936–1982) : romancier qui fit toute une recherche expérimentale sur l'écriture. [nul = personne ; censé = supposé]

7. René CHAR (1907–1988) : poète qui s'est éloigné progressivement du surréalisme. Cette expression est extraite d'un poème publié en 1934.

8. Claude ROY (1915–1997) : romancier et journaliste.

9. André MAUROIS (de son vrai nom Émile Herzog) (1885–1967) : romancier (*Climats,* 1928, traduit en anglais sous le titre *Atmosphere of Love*), auteur de biographies littéraires (*Ariel : The Life of Shelley,* 1923) et d'études historiques (*Histoire d'Angleterre,* 1937). [dépasse = *goes past*]

Souvent le **in-** change légèrement de forme pour s'adapter à la lettre qui suit : **im**moral, **ir**réalisable, **il**légal.

Que veulent dire : **impossible, impensable, inconcevable, invisible** ?

🗪 Un brin de causette : d'accord ou pas d'accord ?

Vocabulaire actif : les contraires

Dans Stratégies de lecture, vous avez vu que le préfixe **in-** exprime la négation. Vous avez ainsi des couples de mots qui expriment des idées contraires, comme : (im)possible ; (im)pensable ; (in)concevable ; (ir)réalisable ; (in)visible ; indispensable (= dont on ne peut se passer) ; risible (contraire : pas risible).

Vous allez tous participer à un bal costumé. Chacun a ses idées là-dessus. Discutez-en par petits groupes en utilisant des couples de mots contraires comme ceux qui sont cités. Par exemple :

« Je vais porter un costume d'astronaute.
– C'est impossible, tu ne peux pas trouver ce qu'il faut pour le faire.
– Mais si, c'est possible, je peux le trouver ! »

🪓 Éléments de grammaire (1) : le passé simple

Le passé simple est un temps que l'on trouve aujourd'hui seulement dans la langue écrite, dans des narrations littéraires ou historiques, et surtout à la troisième personne. Dans le texte de ce chapitre vous avez plusieurs exemples de verbes au passé simple : **naquit** (ligne 8 : du verbe *naître*) ; **grandit** (l. 8) ; **fut** (l. 9) ; **eurent** (l. 12) ; **se virent** (l. 13) ; **fit** (l. 23) ; **sembla** (l. 24) ; **amena** (l. 32) ; **trouva** (l. 33) ; **prit** (l. 34).

1. La forme
   a. Les verbes réguliers
   Pour les verbes réguliers, on prend le radical du verbe à l'infinitif : **parl**er, **fin**ir, **perd**re.

1ᵉʳ groupe	*2ᵉ groupe*	*3ᵉ groupe*
(-ER)	(-IR)	(-RE)
je parl**ai**	fin**is**	perd**is**
tu parl**as**	fin**is**	perd**is**
il parl**a**	fin**it**	perd**it**
nous parl**âmes**	fin**îmes**	perd**îmes**
vous parl**âtes**	fin**îtes**	perd**îtes**
ils parl**èrent**	**finirent**	perd**irent**

   b. Les verbes irréguliers
   Les verbes irréguliers se terminent un peu différemment des verbes réguliers :

   -is, -is, -it, -îmes, -îtes, -irent
   ou : **-us, -us, -ut, -ûmes, -ûtes, -urent**

Surtout, il peuvent avoir *un radical spécifique,* différent de celui qu'ils ont dans le reste de leur conjugaison. Les passés simples irréguliers sont très nombreux en français. Vous les trouverez dans des livres de grammaire ou dans des dictionnaires comme *Le Petit Robert.* En voici quelques exemples très courants de plusieurs verbes irréguliers en -**ir** :

être	je fus	il fut	ils furent
avoir	j'eus	il eut	ils eurent
voir	je vis	il vit	ils virent
prendre	je pris	il prit	ils prirent
faire	je fis	il fit	ils firent
recevoir	je reçus	il reçut	ils reçurent
vivre	je vécus	il vécut	ils vécurent

11. « Le roi chassa le chien, qui alla se coucher en soupirant. » (MÉRIMÉE)[10]

12. « Elle sortit du village en courant, elle entra dans le bois en courant, ne regardant plus rien, n'écoutant plus rien. » (HUGO)

13. « Là-bas, (. . .) les tombes s'entassent de parisiens qui furent, qui montèrent et descendirent des escaliers, allèrent et vinrent dans les rues, et tant firent qu'à la fin ils disparurent. » (QUENEAU)[11]

14. « Ayant la tête toute pleine de chansons, il en fit à son tour. » (VOLTAIRE)[12]

15. « L'ennui naquit un jour de l'uniformité. » (LAMOTTE)[13]

16. « L'amour fit en lui ce qu'il fait en tous les autres ; il lui donna l'envie de parler. » (LA FAYETTE)[14]

2. Le sens : passé simple et imparfait

Le passé simple marque une *action achevée* souvent assez lointaine dans le passé, et *délimitée dans le temps* (on peut en concevoir le début et la fin). Pour mieux comprendre son sens, nous allons le comparer à l'imparfait, dont nous avons déjà vu des emplois (ch. 3, Eléments de grammaire, p. 48).

---

10. [chassa = *chased out* ; soupirer = *sigh*]

11. [là-bas* ; les tombes. . . = s'entassent les tombes de parisiens ; qui furent = qui vécurent ; escalier* ; tant firent = et firent tant ; disparaître*]

12. VOLTAIRE (pseudonyme de François-Marie Arouet, 1694–1778) : écrivain brillant, qui lutta lui-même vigoureusement pour défendre dans la société ses idées philosophiques, parmi les plus fortes du XVIIIᵉ siècle.) [II en fit = il fit des chansons]

13. Antoine Houdar de LAMOTTE (1672–1731) : écrivain qui participa à la grande discussion de la fin du XVIIᵉ siècle sur les auteurs « anciens » (ceux de l'Antiquité) et les « modernes » (ceux de l'époque). Cette phrase est presque devenue un proverbe.

14. Marie-Madeleine de LA FAYETTE (1634–1693) est l'auteur de *La Princesse de Clèves* (1678), roman psychologique d'une analyse raffinée qui est l'un des grands classiques de la littérature française. [en = à l'intérieur de ; envie*]

a. L'imparfait décrit les *circonstances*[15] de l'action au passé simple.

• Quand ils **se rencontrèrent** au bal, elle **était** célibataire. Ils **se retrouvèrent** dès le lendemain et se promenèrent toute la journée.

(Présent) (Futur)

X   X   x ↔ x   ⇨

rencontrèrent   **retrouvèrent**   **se promenèrent**

(à des moments précis)   (du début à la fin de la journée)

b. Imparfait d'habitude, arrière-plan du passé simple.

• Ils **se promenaient** tous les jours dans le parc. Une fois, ils **aperçurent** un oiseau étrange . . .

se promenaient (chaque jour)   (Présent) (Futur)

(jour 1) (jour 2) (jour 3) . . . (jour J)

X   ⇨

aperçurent

(un jour en particulier,
pendant leur promenade)

17. « La porte s'ouvrit, un homme entra. À nouveau j'avais peur. » (ROUSSEAU)[16]

18. « Alors le loup se mit en colère parce qu'on ne voulait pas croire qu'il était bon. » (AYMÉ)[17]

19. « Il trouvait que le bonheur mérité par l'excellence de son âme tardait à venir. Il se déclama des vers mélancoliques ; il marchait sur le pont à pas rapides ; il s'avança jusqu'au bout . . . » (FLAUBERT)[18]

20. « Il descendait d'une Cadillac dont il ne put s'empêcher, dans la demi-heure qui suivit, de dire le prix. » (GAUTIER)[19]

21. « Il eut scrupule et se demanda si, en réalité, il n'aimait pas le peuple comme on aime le poulet. » (GIONO)

---

15. Les circonstances (événements, décor) exprimées à l'imparfait existaient avant l'action rapportée au passé simple et duraient peut-être encore après son achèvement.

16. [à nouveau = *again*]

17. Marcel AYMÉ (1902–1967) : auteur pessimiste et plein d'humour, il a écrit des romans, des nouvelles et des contes où se mêlent le réalisme, le fantastique et une tendresse pudique. Vous avez vu, dans l'illustration p. 67, le rappel du *Passe-muraille*, cet homme qui pouvait traverser les murs*. Ici, la citation est extraite des *Contes du Chat perché* (*The Wonderful Farm*) : deux petites filles, Delphine et Marinette, ont toutes sortes d'aventures avec les animaux de la ferme où elles vivent, dès que leurs parents ont le dos tourné. [colère* ; croire*]

18. [Il se déclama = il déclama pour lui-même ; pont* ; pas = *step* ; bout = fin]

19. Jean-Jacques GAUTIER (né en 1908) : écrivain et critique d'art dramatique. [s'empêcher* ; demi-* ; suivre*]

22. « Mais à peine Meaulnes avait-il pu jeter un coup d'œil qu'il entendit sur le palier un bruit de pas. » (ALAIN-FOURNIER)[20]

🍸 Mise en pratique

A. Relevez les verbes au passé simple dans les textes suivants.

1. *Terre des hommes* (ch. 2, p. 32, ll. 1–8)
2. « Voyage à Paris » (ch. 3, A)
3. « L'Éléphant neurasthénique » (ch. 3, E)
4. « Le Tourbillon » (ch. 3, F)

B. Reprenez dans les *Journaux de voyage* de Camus (chapitre 1) le texte de la première journée (« Lundi. Nous remontons . . . dans deux jours »). Supposez que vous voulez réécrire ce texte au passé. Dites à quel temps est chaque verbe au passé : passé simple ou imparfait ? (Le dernier verbe devient « j'aurais changé ».)

🔧 Éléments de grammaire (2) : la place de l'adjectif

Certains adjectifs ont des sens différents selon qu'ils sont placés *avant ou après le nom* qu'ils qualifient. S'ils sont placés *après* lui, ils ont leur sens *habituel*, mais s'ils sont placés *avant* ils ont un sens un peu différent, qui a souvent *une valeur affective*. En voici des exemples :

- Il portait un **simple** costume d'esclave (= simplement un)
  un costume simple = pas compliqué
- un personnage **triste** (*sad*)
  un triste personnage (*bad, wretched*)
- une fête **sacrée** (*holy*)
  une (°)sacrée fête (*damn, bloody*)
- un homme **jeune** (de nos jours : de 25 à 35 ans environ)
  un jeune homme (de 8 à 25 ans environ)
  (Au pluriel : des hommes jeunes / des jeunes gens)

23. « Pauvres maris ! voilà comme on vous traite. » (MOLIÈRE)
24. « Le plus important est de pouvoir repousser ses propres limites. » (VILLENEUVE)[21]

---

20. Sur ALAIN-FOURNIER, voir Recherches sur Internet, Aller ailleurs n° 2. [à peine. . . que = *scarcely* ; jeter un coup d'œil = *glance* ; palier = *stair landing* ; pas = *step*. Ici le passé simple est en parallèle avec un plus-que-parfait.]

21. Jacques VILLENEUVE (né en 1971) : la réputation de ce coureur automobile québécois, champion du monde en 1997, a été précédée par celle de son père, Gilles Villeneuve (1950–1982), mort dans un accident. [repousser = *push*]

Y **Mise en pratique**

D'après le contexte, devinez quel est le sens précis des adjectifs en italiques.

1. Il a dit que c'est la *dernière* année qu'il nous rendait visite, mais l'année *dernière* aussi, il avait dit cela.
2. Jean et Madeleine avaient une liaison depuis longtemps. Jean a finalement vu que Madeleine était une femme *honnête* – alors il a décidé de faire d'elle une *honnête* femme !
3. L'automobiliste a prétendu devant le policier qui l'a arrêté qu'il avait bu « une *certaine* » quantité de vin. À notre avis, c'était une quantité *certaine* !

✗ **Éléments de grammaire (3) : le participe (suite)**

Nous avons vu que la forme **verbe + -ant** (ou en **verbe + -ant** exprime une action qui se passe en même temps qu'une autre (ch. 3, Éléments de grammaire (2)) :

- Pierre **s'est blessé** en jouant (= pendant qu'il **jouait**) au tennis.
- Pierre **se blessera** en jouant (= pendant qu'il **jouera**) au tennis.

> 25. « Un riche laboureur, sentant sa mort prochaine, / Fit venir ses enfants . . . » (LA FONTAINE)[22]

Si l'action du participe se passe *avant une autre action,* on emploie la forme **ayant aimé, étant parti.**[23]
- **Ayant fini** son travail, elle peut rentrer chez elle.
  (= *since she had finished :* elle a fini son travail, puis elle est rentrée.)
- **Étant arrivées** de bonne heure, elles ont eu de bonnes places au théâtre.
  (= comme elles étaient arrivées)
- « Ils causaient (*conversed*) sans hâte, aucun des deux **n'ayant** jamais **trouvé** un auditeur (*listener*) si attentif. » (*Jules et Jim,* texte du chapitre, ll. 17–18)

> 26. « Ayant allumé sa lanterne, il sortit de la cahute. » (FLAUBERT)[24]
> 27. « Ayant jugé l'air, d'abord impalpable, puis fluide, devenu maintenant solide, le pilote s'y appuie et monte. » (SAINT-EXUPÉRY)[25]

---

22. [laboureur = *farmer* ; prochain*]
23. Comme pour le passé composé et le plus-que-parfait, le verbe auxiliaire est **avoir** ou **être** (voir Appendice grammatical, p. 297). Sur l'accord du participe, voir la notice de l'Appendice, p. 30.
24. [cahute = *hut*]
25. [s'y appuie = s'appuie dessus]

🏃 II. POINTS DE DÉPART POUR LA LECTURE

🧍 Sources

Le livre *Jules et Jim* (1953) est essentiellement l'autobiographie de Henri-Pierre Roché (1879–1959). L'auteur était le vrai Jim, c'est donc son point de vue sur l'histoire que nous avons. Cette histoire a été écrite plus de quarante ans après les événements ; l'auteur avait alors 74 ans. François Truffaut (1932–1984), un des grands cinéastes de la Nouvelle Vague, s'est enthousiasmé pour elle. Il a fait le scénario à partir du livre avec Jean Gruault, l'un de ses scénaristes les plus importants. La vedette du film était l'actrice Jeanne Moreau.

🎩 Perspective historique et climat culturel

Pour la perspective de 1961, voir dans le chapitre 3, la notice de la chanson « Le Tourbillon » , p. 74.

Le début de l'histoire est situé par Roché en 1907, par Truffaut en 1912. La guerre mondiale se prépare avec le conflit dans les Balkans (où se trouvent les germes des événements dans l'ex-Yougoslavie). Voir dans le chapitre 3 la notice Perspective associée avec « Voyage à Paris » : le naufrage du *Titanic* (1912) est symbolique de cette époque.

Le peintre Marc Chagall arrive à Paris (1910). Picasso est dans sa phase cubiste (*Les Demoiselles d'Avignon,* 1907). C'est la grande période de création des sculpteurs Maillol et Bourdelle. Le philosophe Henri Bergson publie *L'Évolution créatrice* (1907) et le poète Filippo Marinetti *Le Manifeste du futurisme* (1909).

La Goulue et Valentin le Désossé (Boneless), deux personnages caractéristiques du célèbre cabaret le Moulin Rouge, dessinés par le peintre Toulouse-Lautrec (1864–1901).

📖 **Le contexte de l'œuvre**

L'Autrichien Jules et le Français Jim se lient d'amitié et partagent plusieurs femmes. Quand ils rencontrent Catherine, une jeune femme impulsive, aimant séduire, Jules demande à Jim : « Pas celle-là, Jim. » Catherine épouse Jules. La guerre survient. Après, Jim retrouve celle qu'il n'a pas cessé d'aimer. Catherine revient ensuite à Jules. Ils vivent un bonheur à trois ; la chanson « Le Tourbillon » à cette étape de leur histoire. Mais à la fin, Catherine entraîne Jim avec elle dans la mort, vers 1930.

Le passage suivant est situé dans le livre de Roché au tout début. Vous avez ici le texte du film, précédé par quelques mots dits sur le fond noir de l'écran, en voix *off*, par le personnage de Catherine, et qui sont bien dans l'esprit de l'histoire : « Tu m'as dit : Je t'aime. Je t'ai dit : Attends. J'allais dire : Prends-moi. Tu m'as dit : Va-t'en. » Puis, avec le générique, passent quelques scènes rapides où l'on voit Jules et Jim.

Indications pour la lecture

Vous pouvez lire le texte sans tenir compte des notes entre parenthèses et en italiques, qui détaillent les images que l'on voit, tandis que le texte est lu en voix *off*. Lisez plutôt ces notes ensuite, pour faire le travail proposé dans Approfondir.

☺☺☹ **Votre préparation personnelle**

Quelle place tient pour vous l'amitié ? Y a-t-il une grande amitié dans votre vie ? Comment a-t-elle commencé ? Que partagez-vous avec votre ami(e) ?

📄 III. TEXTE

(Jules et Jim sont assis face à face auprès d'une table et jouent aux dominos.)

Voix *off*. « C'était vers 1912. Jules, étranger à Paris *(gros plan sur Jules. qui déplace un pion)*, avait demandé à Jim *(gros plan sur Jim, qui regarde le jeu)*, qu'il connaissait à peine, de le faire entrer au bal des **Quat-z'arts** ; Jim lui avait procuré une carte et l'avait emmené chez le   bal des artistes[26]

5   costumier. C'est pendant que Jules **fouillait** doucement parmi les   searched

étoffes . . . . *(Plan de Jules et Jim fouillant dans une grande malle : ils en*   materials

---

26. Les Quat-z'arts – des quatre arts – étaient un bal costumé réservé aux artistes. Les participants allaient en procession depuis l'école des Beaux Arts, où ils se préparaient, jusqu'à Montmartre – au Moulin Rouge ou à l'Élysée-Montmartre. Le premier eut lieu en 1892. Les costumes étaient renommés pour leur excentricité et choquaient les bourgeois. À partir de 1903, le bal eut chaque année pour thème la reconstitution d'un cadre historique : Byzance, Athènes, Babylone, Carthage. . .

sortent un drap). . . . et **se** choisissait un simple costume d'esclave, que   = pour lui
naquit l'amitié de Jim pour Jules. Elle grandit pendant le bal, où Jules
fut tranquille avec des yeux comme des boules, pleins d'humour et de
10   tendresse.

Le lendemain (*Plan des deux hommes assis : Jim coupe les pages d'un
livre pour Jules), ils eurent leur première vraie conversation, puis ils se
virent tous les jours. (*Plan des deux hommes que la caméra suit dans la
nuit. Ils se promènent dans les rues en discutant.*) Chacun enseignait à
15   l'autre jusque tard dans la nuit, sa langue et sa littérature ; ils se mon-
traient leurs poèmes et les traduisaient ensemble. Ils avaient aussi en
commun une relative indifférence envers l'argent et ils causaient sans
hâte, aucun des deux n'ayant jamais trouvé un **auditeur** si attentif.   *hurry / listener*

(*Plan extérieur : une barque, où sont installées deux jeunes femmes en
20   compagnie de Jules et Jim, file sur l'eau ; c'est Jim qui **rame**.*)   *rows*
Jules n'avait pas de femme dans sa vie parisienne et il en souhaitait
une. Jim en avait plusieurs. (*Plan sur Jules et Jim avec deux autres
femmes près d'un pavillon.*) Il lui fit rencontrer une jeune musicienne.
Le début sembla favorable. Jules fut un peu amoureux, une semaine, et
25   elle aussi. (*Plan sur Jim, souriant à une jeune femme près de lui, et   *a fine slip of a woman*
panoramique sur Jules, seul, mangeant un gâteau.*) Puis ce fut un **joli**   *airy /*(°)*held out*
bout de femme désinvolte qui **tenait le coup** dans les cafés, mieux que
les poètes, jusqu'à six heures du matin. Une autre fois, ce fut une jolie
veuve toute blonde. Ils eurent des **sorties** à trois. (*Cour-jardin de l'ap-*   *outings*
30   partement de Jules : une femme sort par la porte et dit bonjour à Jim, puis
à Jules.*) Elle **déconcertait** Jules, qu'elle trouvait gentil mais **ballot**, ...   *put out of contenance / nitwitted*
(*La même fille avec Jules, puis panoramique sur une autre fille*) et amena
pour lui une amie plus placide, mais Jules la trouva placide. Enfin,
malgré l'avis de Jim, Jules prit contact avec des professionnelles mais
35   sans y trouver satisfaction. » (*Gros plan d'une **plaque** d'hôtel. Jules s'ap-*   *plate*
proche et entre dans l'établissement. Plan d'une fenêtre, d'un homme
baisant la main d'une femme, puis gros plan d'une jambe de femme aux
bas noirs, qui porte une montre-bracelet autour de la cheville.*)

IV. VIVRE LE TEXTE

Parlons-en !

Sur quelles bases Jules et Jim ont-ils construit leur amitié ? Y a-t-il dans ce début des indices qui
permettent de deviner un peu la suite du film ?

⚪ Comprendre

1. Quelle est la situation de Jules au début de l'histoire ?
2. Comment est née l'amitié de Jules et Jim ?
3. Quels traits de caractère les amis avaient-ils en commun ?
4. Quelles activités et expériences partagent-ils dans ce récit ?

⚏ Analyser

1. Lisez (ou relisez) le résumé du film (voir Le contexte de l'œuvre). Est-ce que ce début vous paraît être une bonne introduction à l'histoire ? Pourquoi ?
2. Dans ce récit, plusieurs notations semblent, au-delà d'une information concrète, nous proposer des clés pour comprendre la suite de l'histoire. Que suggèrent pour vous par exemple les expressions : « qu'il connaissait à peine » (l. 3) ; « au bal des Quat-z'arts » (l. 4) ; « un simple costume d'esclave » (l. 7) ?
3. Pouvez-vous relever dans la suite du récit d'autres expressions également suggestives ?
4. Lisez (ou relisez) la chanson « Le Tourbillon » (p. 75). Trouvez-vous des échos, pour le contenu et le rythme entre la chanson et le récit qui est au début du film ?

👽 Réfléchir sur l'identité

1. Résumez ce que nous apprenons, dans ce texte, sur Jules, puis sur Jim.
2. Qu'est-ce qui, d'après vous, caractérise leur relation telle qu'elle se présente ici ?

🦁 Élargir la discussion

1. D'après vous, la manière dont une relation s'établit est-elle importante pour son avenir ?
2. Choisissez dans Découvertes une citation sur l'amitié et donnez votre opinion sur cette pensée.

 V. AUX ALENTOURS

📖 Découvertes

De François Truffaut

28. « Le cinéma c'est l'art de faire faire de jolies choses à de jolies femmes. »[27]
29. « Le bonheur est la chose la plus simple, mais beaucoup s'échinent à la transformer en travaux forcés ! »[28]

---

27. [de faire faire... = *to have pretty women do pretty things* ; joli*]
28. [bonheur* ; s'échinent = *knock themselves out* ; travaux : pluriel de travail]

Sur l'amitié

30. « Si on me presse de dire pourquoi je l'aimais, je sens que cela ne peut s'exprimer qu'en répondant : "Parce que c'était lui, parce que c'était moi." » (MONTAIGNE)[29]

31. « L'amitié, c'est l'amour en habits de semaine. » (proverbe québécois)

32. « Toutes les grandeurs de ce monde ne valent pas un bon ami. » (VOLTAIRE)[30]

33. « Il est plus honteux de se défier de ses amis que d'en être trompé. » (LA ROCHEFOUCAULD)[31]

34. « Quand mes amis sont borgnes, je les regarde de profil. » (JOUBERT)[32]

35. « L'ami qui souffre seul fait une injure à l'autre. » (ROTROU)[33]

36. « La vraie amitié n'a pas besoin de mots pour venir en aide à l'autre. » (PARIZEAU)[34]

37. « Les hommes n'ont plus le temps de rien connaître. Ils achètent des choses toutes faites chez les marchands. Mais comme il n'existe point de marchands d'amis, les hommes n'ont plus d'amis. » (SAINT-EXUPÉRY)[35]

38. « On ne peut arriver à un accord qu'en discutant. La bonne parole a le mérite de mettre fin à la mésentente et de tracer le chemin qui mène à l'amitié. » (DIABATÉ)[36]

39. « Il n'y a pas de bonne cuisine si au départ elle n'est pas faite par amitié pour celui ou celle à qui elle est destinée. » (BOCUSE)[37]

40. « Une bibliothèque est une chambre d'amis. » (BEN JELLOUN)[38]

♟ Le Détective

Découverte du dictionnaire

En plus du sens des mots, *Le Petit Robert* vous fournit des informations complémentaires :

---

29. Montaigne pense ici à son ami, Étienne de La Boétie : vous allez fair des recherches concernant ces personnalités sur Internet (Aller ailleurs, n° 3, p. 103). [on me presse = *I am urged* ; sentir* ; s'exprimer = être exprimé]

30. [grandeurs = grandes choses ; valoir*]

31. François de LA ROCHEFOUCAULD (1613–1680) : écrivain moraliste surtout connu pour ses *Maximes*. [honteux = *shameful* ; se défier de = *mistrust* ; en être trompé = être trompé par eux]

32. [borgne = *one-eyed*]

33. Jean de ROTROU (1609–1650) : poète dramatique. [injure = *insult*]

34. Alice (Poznanska) PARIZEAU (1930–1990) : romancière, essayiste et journaliste canadienne d'origine polonaise. [besoin*]

35. [toutes faites = *ready-made* ; marchand* ; ne. . . point = ne. . . pas ; ne*. . . plus]

36. Massa Makan DIABATÉ (1938–1988), romancier africain du Mali, chercha à défendre et à transmettre les valeurs de la culture malinké dans son œuvre littéraire, d'expression française. [parole*]

37. Paul BOCUSE (né en 1926) : chef cuisinier de réputation internationale ; la citation est extraite d'une interview donnée en 1976. [au départ = à l'origine, pour commencer]

38. Tahar BEN JELLOUN (né en 1944) : poète, romancier, et surtout conteur (*storyteller*) marocain d'expression française. Il a obtenu le prix Goncourt en 1987 pour *La Nuit sacrée,* qui a été traduit en anglais, comme plusieurs de ses livres. La citation est extraite de *Éloge de l'amitié* (1996).

a. Pour *certains verbes irréguliers,* on vous donne : le présent ; l'imparfait ; le passé simple . . . (et d'autres formes encore).

    Ex. NAÎTRE *v. intr.* : je nais, nous naissons ; je naissais ; je naquis . . .

    Ou bien, le dictionnaire oriente vers un autre verbe :

    Ex. FEINDRE *v. intr. : conjug. peindre* (= le verbe se conjugue comme **peindre**)

    PEINDRE . . . je peignis / FEINDRE (*feign, pretend*) : je feignis

b. Le dictionnaire contient *une liste des principaux suffixes* français et indique quel genre de mots ils servent à former (noms, adjectifs, verbes). Vous pouvez chercher où est cette liste en regardant la table des matières (*table of contents*), qui est à la fin du *Petit Robert*.

Le classement des suffixes dépend de l'édition :

    • édition 2000 : ordre alphabétique des suffixes

    • éditions précédentes : ordre alphabétique, à l'intérieur de sections, selon le genre de mots que les suffixes permettent de former (voir question n° 2 ci-dessous).

1. Chercher le passé simple de : recevoir ; apercevoir ; paraître ; tenir.

2. Chercher la liste des suffixes. Dans quel paragraphe se trouvent les suffixes **-able** et **-esse** ? Relisez Stratégies de lecture dans ce chapitre : dites quelles phrases vous permettaient de savoir où se trouvaient ces suffixes. Si vous consultez l'édition 2000 du *Petit Robert,* cherchez les suffixes par ordre alphabétique, regardez ce qui est écrit juste après le suffixe et répondez à la même question concernant Stratégies de lecture.

3. Cherchez dans le dictionnaire le sens des adjectifs en italiques :

    a. une femme *seule* / une *seule* femme (SEUL II. ♦ 1° et ♦ 2°)

    b. un *grand* homme / un homme *grand* (GRAND I. ♦ 1° et II. ♦ 5°)

    c. un *pauvre* enfant / un enfant *pauvre* (PAUVRE I. ♦ 1° et ♦ 5°)

    d. mon *propre* manteau / mon manteau *propre* (PROPRE I. A ♦ 1° et B ♦ 2°).

Combiner la focalisation et l'ouverture d'esprit

Dans le chapitre 3, vous avez appris d'un côté à concentrer votre attention sur certains éléments, à l'exclusion de tout le reste (« balayage visuel »), et, de l'autre côté, à ouvrir votre esprit au maximum pour laisser venir toutes les associations d'idées liées à un mot (« remue-méninges », rêverie, p. 83). À présent, vous allez apprécier les résultats que peuvent donner ces deux méthodes combinées.

4. Cherchez dans le texte de Saint-Exupéry, depuis « Nous nous sommes installés » (p. 32, l. 13) jusqu'à la fin, des mots et des expressions qui évoquent le partage et la solidarité. (Vous devez avoir l'esprit à la fois concentré sur le texte et ouvert sur ce que peuvent évoquer les notions de partage et de solidarité.)

5. Cherchez dans le texte du chapitre 1, p. 13, ll. 9–20, une métaphore qui désigne la période de l'Occupation. Votre esprit doit être en même temps :

    • concentré a. sur le texte ; b. sur ce qu'a représenté la période de l'Occupation

    • ouvert sur la métaphore que vous cherchez (et que vous n'allez peut-être pas deviner d'avance.)

🗯 Aller ailleurs

Préparer une bibliographie

Vous pouvez vous servir des techniques de recherche qui sont dans ces exercices pour des situations et des besoins très variés. Par exemple, la combinaison de la focalisation et de l'ouverture d'esprit va vous être très utile pour constituer des bibliographies (= des listes de textes qui concernent un sujet). Pour cela, votre esprit doit être concentré sur le thème de votre recherche et ouvert sur toutes les directions où cette recherche peut s'étendre.

Supposez que vous voulez rassembler des informations complémentaires autour du texte étudié dans ce chapitre. Allez à la bibliothèque et cherchez-y des livres (en français ou en anglais) sur :

- la « Belle Époque » (le début du XXe siècle) et spécialement Paris à cette époque
- François Truffaut
- Henri-Pierre Roché
- éventuellement, un roman que vous connaissez, et qui raconte l'histoire de deux amis aimant la même femme.

Notez les titres des livres que vous avez trouvés.

Si vous ne trouvez pas de livres traitant du thème spécifique que vous cherchez, vous pouvez élargir le champ de votre recherche. Par exemple, s'il n'y a pas de livre sur Truffaut, vous allez peut-être en trouver sur la Nouvelle Vague, ou, de manière encore plus générale, sur le cinéma français. Citez alors les titres des chapitres où vous avez trouvé spécifiquement des renseignements en plus des titres généraux des livres.

Notez à part les points où vous n'avez pas trouvé de documentation.

📖 Approfondir

Reprenez le texte que nous avons étudié et, à présent, regardez les notes entre parenthèses et en italiques ; elles nous décrivent les images que le spectateur voit tandis qu'il entend le récit en voix *off*. Comparez le contenu du texte et des images. Est-ce qu'il est identique ? Qu'en concluez-vous sur l'art du cinéaste et celui du scénariste ? Préparez-vous à présenter vos conclusions oralement en classe.

✏ C'est à vous !

1. Racontez une histoire qui commence par : « C'était vers 1999 . . . »
2. Imaginez une situation qui correspond à ce vers de Pierre Corneille (voir Index) : « Vous êtes aujourd'hui ce qu'autrefois (*once*) je fus. »

☝ Devinette

« Qu'est-ce qui monte et qui descend sans changer de position ? »[†]

† (Réponse : escalier)

VI. RECHERCHES SUR INTERNET

Le Détective

1. En plus de *Jules et Jim*, Henri-Pierre Roché a publié un autre roman que François Truffaut a également adapté pour le cinéma. Quel est son titre ?
2. Citez un film de Truffaut, sorti avant *Jules et Jim*, où joue le chanteur Charles Aznavour.
3. Comme son titre l'indique, l'un des films de Truffaut se déroule aux États-Unis. Quel est son titre ? Quel est le nom de son héroïne ?
4. Dans quel film de Steven Spielberg Truffaut est-il apparu comme acteur ?
5. À quelle date fut fondé le cabaret des Quat-z'arts ? À quelle adresse précise se trouvait-il ?
6. Trouvez le nom d'un bâtiment qui fut un « laboratoire de l'art » durant la première moitié du XXᵉ siècle. Qu'est-il arrivé à ce bâtiment en 1970 ? Qu'y a-t-il à cet endroit à présent ?

Aller ailleurs

1. Dans *Jules et Jim*, les personnages s'intéressent à un roman de Goethe, *Les Affinités électives* (1809). Recherchez un résumé de ce roman et préparez-vous à le présenter en classe.
2. À peu près à l'époque où se déroule *Jules et Jim*, l'écrivain Alain-Fournier publia *Le Grand Meaulnes* (1913), qui est à la fois un roman autobiographique et une fiction poétique. Que pouvez-vous dire sur cette œuvre et sur l'auteur ?
3. Que pouvez-vous dire de l'amitié célèbre entre Montaigne et La Boétie ?
4. Choisissez un film de François Truffaut, recherchez-en un résumé et préparez-vous à le présenter.
5. Victor Hugo a écrit : « Danton fut l'action dont Mirabeau avait été la parole. » Qui sont ces deux personnages ?
6. Sacha Guitry a écrit : « N'ayant pas eu d'enfant, je suis resté un fils. » Que signifie cette phrase ? Cherchez quelques renseignements sur cet auteur. Qui était son père ?

Actualité

Citez un film parmi ceux qui tiennent la « tête d'affiche » (= qui ont le plus de spectateurs) dans les cinémas parisiens en ce moment. Quel est son réalisateur ? Quel est son thème ?

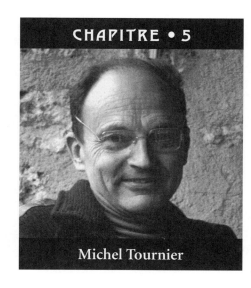

CHAPITRE 5

Michel Tournier

La Fin de Robinson Crusoé

⚷— Mot-clé : *exotisme*

« Dès que l'on observe les choses et les êtres avec attention, tout devient intéressant. » (Michel Tournier)

🏛 I. POUR MIEUX LIRE LE TEXTE : LES PILIERS DE LA LANGUE

📖 Stratégies de lecture : les prépositions

Les deux prépositions les plus utilisées en français sont **à** et **de**, qui correspondent en anglais à différentes prépositions (ou à aucune, comme c'est le cas pour le dernier exemple de **de** et **à**). En lisant, soyez attentif à leur sens. Voici des exemples tirés du texte de ce chapitre :

de =	*of*	Il faisait partie **du** folklore local. (l. 7)
	by	Il frappait de son doigt noir un lambeau (*scrap*) de carte géographique souillé **de** taches de graisse. (l. 4)
	with	une île peuplée **de** chèvres et **de** perroquets (l. 18)
	from	Nous l'avions invité à boire pour entendre **de** sa voix quelques-unes de ses histoires. (l. 8)
	___	Elle était sûre **d'**avoir raison. (l. 64)
à =	*to*	Quel secret (. . .) le liait-il **au** nègre ? (l. 37)
	with	Il protestait **à** grands cris. (l. 63)
	at	L'histoire qu'il dégorgeait **à** toute occasion était stupéfiante. (l. 16)
	in	On avait inscrit son nom **à** l'intérieur de l'église. (l. 12)
	___	Nous l'avions invité **à** boire. (l. 8)

🍸 Mise en pratique : le paradis perdu

Complétez les phrases suivantes avec **à** ou **de**, selon les cas.

Le voyageur se perdit en s'éloignant _____ son pays natal. Il découvrit une île couverte _____ fleurs. Là, il rencontra des gens qui n'avaient jamais entendu parler _____ l'Europe.

Il voulut demander _____ ces inconnus _____ lui faire découvrir leur île. Mais ce n'était pas facile _____ faire ; alors il s'adressa _____ eux par gestes. Cette île était si belle qu'il avait envie _____ y rester toute sa vie. Pourtant il repensa _____ ceux qu'ils avait laissés _____ la maison et décida _____ rentrer chez lui.

🗩 Un brin de causette : la mer

Vocabulaire actif : les associations d'idées

Cette fois, c'est vous qui allez trouver vous-mêmes le vocabulaire actif en mettant en commun vos connaissances.

Mettez-vous par petits groupes. Vous avez cinq minutes pour rassembler le plus grand nombre de mots que vous connaissez entre vous sur le thème de la mer, selon la technique du « remue-méninges » (ch. 3, p. 83). L'un de vous va être le « secrétaire » de l'équipe.

Ensuite vous réfléchissez ensemble pour ranger tous ces mots en différentes catégories, qu'un deuxième secrétaire va noter.

🛠 Éléments de grammaire (1) : le passé simple et passé composé

Actuellement, *le passé simple est remplacé couramment dans l'usage oral par le passé composé*. Il se maintient dans l'usage écrit. Toutefois, même dans un récit au passé simple, les événements passés rapportés dans les dialogues (qui reproduisent la langue parlée) sont normalement au passé composé. Dans le texte de ce chapitre, vous avez par exemple (ll. 80–84) :

Alors un vieux timonier (*helmsman*) **se détacha** des autres et vint lui toucher l'épaule.
— Ton île déserte, [. . .] tu **l'as . . . retrouvée** !

🍸 Mise en pratique

Voici une petite anecdote concernant l'écrivain Marcel Aymé (p. 93, n. 17). Mettez les verbes au passé, au temps qui convient (imparfait, passé simple ou composé, plus-que-parfait).

Marcel Aymé ne _____ (aimer) pas sortir et ne _____ (donner) jamais d'interviews. Ses silences _____ (être) célèbres : il _____ (préférer) écouter ses contemporains, qui lui _____ (fournir, *supply* ; conjugué comme *finir*) la matière première de ses romans. Au cours d'un dîner mondain où on le _____ (amener) presque de force, tout le monde _____ (parler) sans cesse. Lui, le visage impassible, _____ (rester) silencieux. À un moment, sa jeune voisine _____ (se tourner) vers lui :
— Je sais, Monsieur, que vous n'aimez pas parler, mais je _____ (parier, *bet*) qu'au cours de ce repas vous me diriez (*you would say*) au moins quatre mots !
Marcel Aymé lui _____ (répondre) avec un grand sourire :
— Vous _____ (perdre) !

�֍ Éléments de grammaire (2) : l'infinitif passé

1. La forme

$$\boxed{\textbf{avoir} \text{ ou } \textbf{être}^1 + \text{participe passé}^2}$$

2. Le sens

Comme le participe passé (p. 95), l'infinitif passé exprime une action ou un état antérieurs à un autre verbe.

- Je suis content d'avoir réussi (= parce que j'ai réussi) mon examen.
- « Il finit par s'excuser de m'avoir tant retenu. »
  (= parce qu'il m'a retenu si longtemps ; p. 13, l. 7)
- « Il était revenu non sans avoir eu le temps de gagner une petite fortune. »
  (non sans avoir eu = et il avait eu ; texte du chapitre, l. 21)

```
                                      (Présent)
_____ X _____ □ _____ ⇨ (Futur)
        avoir réussi                 je suis content
        (= j'ai réussi)
```

1. « Ne vendez pas la peau de l'ours avant de l'avoir tué. » (LA FONTAINE)[3]

2. « Après avoir été longtemps le cerveau de l'Europe, Paris est encore aujourd'hui la capitale de quelque chose de plus que la France. » (KUNDERA)[4]

3. « La France est un pays où il est plus important d'avoir une opinion sur Homère que d'avoir lu Homère. » (STENDHAL)

4. « Les amis de la vérité sont ceux qui la cherchent et non ceux qui se vantent de l'avoir trouvée. » (CONDORCET)[5]

5. « On ne voyage pas pour voyager mais pour avoir voyagé. » (KARR)[6]

6. « C'est d'avoir été et de ne plus être qui arrache à l'homme le dernier lambeau de sa joie. » (THÉRIAULT)[7]

---

1. Pour savoir s'il faut **avoir** ou **être**, revoir Appendice grammatical, p. 297.
2. Sur le participe passé, voir aussi Appendice grammatical, p. 299.
3. Vers transformé en proverbe, comme beaucoup de « morales » du fabuliste Jean de La Fontaine. [ours* ; tuer*]
4. [cerveau*]
5. Marie Jean de CONDORCET (1743–1794) : mathématicien, économiste, philosophe et homme politique qui présenta pendant la Révolution un projet de réforme de l'instruction publique. [se vanter de = *boast of*]
6. Alphonse KARR (1808–1890) : journaliste, romancier et pamphlétaire.
7. [arracher = *snatch away* ; lambeau = *shred*]

'Y' Mise en pratique

Mettez les verbes entre parenthèses à l'infinitif passé :

1. Je suis content de _____(réussir)
2. Ils espéraient _____ (finir) leur travail plus tôt.
3. Nous regrettons de ne pas _____ (pouvoir) venir.
4. Ils étaient partis sans _____ (préparer) leurs bagages. Bien pire : sans _____ (se préparer) eux-mêmes ! (revoir Appendice grammatical, p. 297).

🛶 II. POINTS DE DÉPART POUR LA LECTURE

🧍 Biographie : Michel Tournier (né en 1924)

Né à Paris, Michel Tournier a d'abord eu une vocation manquée de professeur. Il a été traducteur pour la langue allemande et animateur à la radio. C'est un peu avant la quarantaine qu'il se met à écrire. Sa pensée est d'origine philosophique ; il passe de la métaphysique au roman en reprenant des thèmes mythiques. Il a pour vocation d'« écrire debout », pour provoquer la réflexion, et souvent la contestation.

📖 Le contexte de l'œuvre

Michel Tournier est revenu plusieurs fois sur le thème de Robinson Crusoé, emprunté à l'œuvre de Daniel Defoe (1719). Il a d'abord publié *Vendredi ou les Limbes du Pacifique* (1967), roman couronné par l'Académie française.[8] Puis, il a donné de l'histoire une version simplifiée, « lisible par les enfants », *Vendredi ou la vie sauvage* (1971), qui a eu un très grand succès. Dans ces deux livres, le personnage de Vendredi est orienté différemment de celui de Defoe : chez Tournier, c'est lui qui est l'initiateur de Robinson, et non l'inverse. Enfin, dans un recueil intitulé *Le Coq de bruyère* (1978), il a introduit *La Fin de Robinson Crusoé,* une nouvelle (*short story*), dont vous avez ici le texte intégral.

🗻 Perspective historique et climat culturel

En 1978, Jean-Paul II est élu pape. Les accords de Camp David sont signés. C'est la naissance du premier « bébé-éprouvette ». Les micro-ordinateurs commencent à arriver sur le marché français.

☺☻☹ Votre préparation personnelle

1. Y a-t-il un lieu qui est spécial pour vous actuellement ou qui a joué un rôle symbolique important dans votre histoire ?

---

8. Sur l'Académie française, voir ch. 6, p. 133.

2. Est-ce que vous êtes retourné dans des endroits où vous aviez été dans votre enfance ? Comment vous sont-ils apparus avec le recul du temps ?

3. Êtes-vous attentif au passage du temps dans votre vie ? Comment s'exprime-t-il surtout pour vous : par des changements physiques, psychologiques, mentaux ? Comment vivez-vous le fait de « prendre de l'âge » ?

III. TEXTE

– Elle était là ! Là, vous voyez, **au large de** la Trinité, à 9° 22' de latitude nord. **Y a pas** d'erreur possible !

L'ivrogne frappait de son doigt noir un **lambeau** de carte géographique **souillé de taches de graisse**, et chacune de ses affirmations
5 passionnées **soulevait** le rire des pêcheurs et des dockers qui entouraient notre table.

On le connaissait. Il **jouissait d'un statut à part**. Il faisait partie du folklore local. Nous l'avions invité à boire avec nous pour entendre de sa voix **éraillée** quelques-unes de ses histoires. Quant à son aventure,
10 elle était exemplaire et **navrante** à la fois, **comme c'est souvent le cas**.

Quarante ans **plus tôt**, il avait disparu en mer à **la suite de tant d'autres**. On avait inscrit son nom à l'intérieur de l'église avec ceux de l'équipage dont il faisait partie. Puis on l'avait oublié.

Pas au point cependant de ne pas le reconnaître, lorsqu'il **avait**
15 **reparu au bout de** vingt-deux ans, **hirsute** et véhément, en compagnie d'un nègre. L'histoire qu'il **dégorgeait** à toute occasion était stupéfiante. Unique survivant du **naufrage** de son bateau, il serait resté seul sur une île peuplée de **chèvres** et de **perroquets**, sans ce nègre qu'il avait, disait-il, sauvé d'une horde de cannibales. Enfin une **goélette**
20 anglaise **les avait recueillis**, et il était revenu, non sans avoir eu le temps de gagner une petite fortune grâce à des trafics divers assez faciles dans les Caraïbes de cette époque.

Tout le monde l'avait fêté. Il avait épousé une **jeunesse** qui **aurait pu être** sa fille, et la vie ordinaire avait apparemment recouvert cette **pa-**
25 **renthèse béante**, incompréhensible, pleine de verdure luxuriante et de cris d'oiseaux, ouverte dans son passé par un caprice du destin. Apparemment oui, car en vérité, d'année en année, **un sourd ferment** semblait **ronger de** l'intérieur la vie familiale de Robinson. Vendredi, le serviteur noir, avait succombé le premier. Après des mois de conduite
30 irréprochable, il s'était mis à boire – discrètement d'abord, puis de façon de plus en plus **tapageuse**. Ensuite il y avait eu l'affaire des deux **filles-mères**, recueillies par l'hospice du Saint-Esprit, et qui avaient

off
(°)Il n'y a pas
scrap
soiled by grease spots
provoquait

enjoyed a unique status

hoarse
heartbreaking / as is often the
case / avant / like so many others

had reappeared after
hairy
brought up
shipwreck
goats / parrots
schooner
had picked them up

jeune fille / could have been
wide-open interval

a secret ferment
to gnaw at

rowdy
mères célibataires

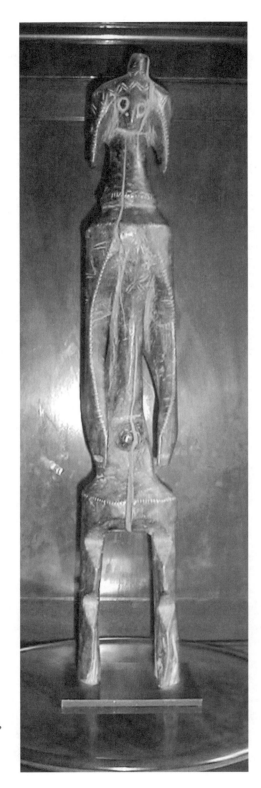

« cette parenthèse béante, incompréhensible,
pleine de verdure luxuriante et de cris
d'oiseaux, ouverte dans son passé par un
caprice du destin »

donné naissance presque simultanément à des bébés **métis** d'une évidente ressemblance. Le double crime n'était-il pas signé ? *of mixed breed*

35 Mais Robinson avait défendu Vendredi avec un étrange **acharnement**. Pourquoi **ne le renvoyait-il pas ?** Quel secret – inavouable peut-être – le **liait-il** au nègre ? *relentlessness / didn't he send him away / linked*

Enfin **des sommes importantes** avaient été volées chez leur voisin, et avant même qu'on **eût soupçonné qui que ce soit**, Vendredi avait *beaucoup d'argent / one might have suspected anybody*
40 disparu.

– L'imbécile ! avait commenté Robinson. **S'il voulait** de l'argent pour partir, **il n'avait qu'à** m'en demander ! *If he wanted / il devait seulement*

Et il avait ajouté imprudemment :

– D'ailleurs, je sais bien où il est parti !

45 La victime du vol **s'était emparée du propos** et avait exigé de Robinson **ou qu'il remboursât** l'argent, **ou** alors qu'il **livrât** le voleur. Robinson, après une faible résistance, avait payé. *had seized this remark / that he either reimburse . . . / or / turn over*

Mais depuis ce jour, on l'avait vu, de plus en plus sombre, **traîner** sur les quais ou dans les **bouchons** du port en répétant parfois : *lingering / tavernes*
50 – Il y est retourné, oui, j'en suis sûr, il y est ce voyou à cette heure !

Car il était vrai qu'un **ineffable** secret l'unissait à Vendredi, et ce secret, c'était une certaine petite tache verte qu'il avait fait ajouter dès son retour par un cartographe du port sur le bleu océan des Caraïbes. Cette île, après tout, c'était sa jeunesse, sa belle aventure, son splendide *qu'on ne pouvait exprimer avec des mots*
55 et solitaire jardin ! Qu'attendait-il sous ce ciel pluvieux, dans cette ville **gluante**, parmi ces négociants et ces retraités ? *sticky*

Sa jeune femme, qui possédait l'intelligence du cœur, fut la première à deviner son étrange et mortel chagrin.

– Tu t'ennuies, je le vois bien. Allons, **avoue** que tu la regrettes ! *admit*
60 – Moi ? Tu es folle ! Je regrette qui, quoi ?

– Ton île déserte, bien sûr ! Et je sais ce qui te **retient** de partir dès *keeps*
demain, je le sais, va ! C'est moi !

Il protestait à grands cris, mais **plus il criait fort**, **plus** elle était sûre d'avoir raison. *the louder he screamed, / the more*

65 Elle l'aimait tendrement et n'avait jamais rien su lui refuser. Elle mourut. Aussitôt il vendit sa maison et son champ, et **fréta un voilier** pour les Caraïbes. *chartered a sailing ship*

Des années passèrent encore. On recommença à l'oublier. Mais quand il revint **de nouveau**, il parut plus changé encore qu'après son *again*
70 premier voyage.

C'était comme **aide-cuisinier** à bord d'un vieux cargo qu'il **avait fait la traversée**. Un homme vieilli, **brisé, à demi noyé** dans l'alcool. *kitchen helper / had crossed the ocean / broken, / half-drowned / provoqua*

Ce qu'il dit **souleva** l'hilarité générale. Introuvable ! Malgré des mois de recherche acharnée, son île était demeurée introuvable. Il

75 **s'était épuisé** dans cette exploration vaine avec une rage désespérée, — *had worn himself out*
dépensant ses forces et son argent pour retrouver cette terre de bon-
heur et de liberté qui semblait **engloutie à jamais**. — *swallowed up forever*

— Et pourtant, elle était là ! répétait-il **une fois de plus** ce soir en — *once more*
frappant du doigt sur sa carte.

80 Alors un vieux **timonier** se détacha des autres et vint lui toucher — *helmsman*
l'épaule.

— Veux-tu que je te dise, Robinson ? Ton île déserte, **bien sûr qu'elle** — *= bien sûr, elle*
est toujours là. Et même, je peux t'assurer que tu l'as **bel et bien** — *actually*
retrouvée !

85 — Retrouvée ? Robinson suffoquait. Mais puisque je te dis . . .

— Tu l'as retrouvée ! Tu es passé peut-être dix fois devant. Mais tu ne
l'as pas reconnue.

— Pas reconnue ?

— Non, parce qu'elle a fait comme toi, ton île : elle a vieilli ! Eh oui,
90 vois-tu, les fleurs deviennent fruits et les fruits deviennent **bois**, et le — *forêts*
bois vert devient bois mort. Tout va très vite sous les tropiques. Et toi ?
Regarde-toi dans une glace, idiot ! Et dis-moi si elle t'a reconnu, ton
île, quand tu es passé devant ?

Robinson ne s'est pas regardé dans une glace, **le conseil** était su- — *advice*
95 perflu. Il **a promené** sur tous ces hommes un visage si triste et si ha- — *cast*
gard que la **vague** des rires qui repartait **de plus belle** s'est arrêtée **net**, — *wave / more than ever /*
et qu'un grand silence **s'est fait dans le tripot**. — *soudainement / fell upon the*
gambling den

IV. VIVRE LE TEXTE

🔊 Parlons-en !

Qu'est-ce qui a poussé tellement Robinson à repartir à la recherche de son île ?

🕯 Comprendre

1. Pouvez-vous définir de quel « statut à part » jouissait Robinson ?
2. À votre avis, qui est représenté par « nous » (l. 8) ?
3. Pour comprendre comment Robinson a pu sauver l'homme d'une horde de cannibales (l. 19), il
faut rajouter à son récit un élément qu'il ne dit pas. Quel est cet élément ?
4. Comment interprétez-vous « la parenthèse béante, incompréhensible » (l. 25) ?
5. Expliquez : « Le double crime n'était-il pas signé ? » (l. 34).
6. Donnez des exemples de secret « inavouable » (l. 36) que les gens pouvaient imaginer exister
entre Robinson et Vendredi.

7. Y a-t-il selon vous un lien entre « l'intelligence du cœur » (l. 57) de la femme de Robinson et sa mort ? Si oui, lequel ?

8. En quoi l'aventure de Robinson est-elle, selon le narrateur, « navrante » (l. 10) ?

Analyser

1. Résumez les étapes de ce que Robinson a vécu en quarante ans.

2. Comment Tournier fait-il pour nous présenter son aventure comme « exemplaire » en même temps que « navrante » ?

Réfléchir sur l'identité

1. Dans l'histoire de Robinson, selon vous, qu'est-ce qui peut apparaître comme un « caprice du destin » (l. 26) et qu'est-ce qui appartient à son libre arbitre (*free will*) ?

2. Pouvez-vous définir en quoi l'identité de Robinson a évolué au cours de son histoire ?

3. Qu'est-ce qui caractérise à vos yeux la relation entre Robinson et Vendredi d'après ce texte ?

Élargir la discussion

1. Connaissez-vous des personnes âgées qui ont poursuivi tout au long de leur vie un rêve, une idée fixe, un idéal ? Dites ce que c'était. Que pensez-vous de la manière dont la vie de ces personnes s'est déroulée ?

2. Discutez l'affirmation : « Rien n'est stable, sauf le changement. »

3. Citez des thèmes, des situations, des événements ou des activités qui font rêver les gens de nos jours. Dites ce que vous en pensez personnellement.

4. Si vous comparez les citations de Découvertes de ce chapitre avec celles du chapitre 1 (p. 18), vous verrez qu'elles expriment des points de vue différents sur le thème du voyage. Quelle est votre opinion personnelle là-dessus ?

 ## V. AUX ALENTOURS

Découvertes

L'« ailleurs » est-il différent d'« ici » ?

7. « Je réponds ordinairement à ceux qui me demandent raison de mes voyages que je sais bien ce que je fuis, mais non pas ce que je cherche. » (MONTAIGNE)[9]

8. « Le voyage n'est nécessaire qu'aux imaginations courtes. » (COLETTE)[10]

---

9. [la raison de mes voyages = pourquoi je voyage]

10. [courtes : ici, = pauvres]

9. « Un jour, on ne rêve plus que d'ailleurs. » (DOR)[11]

10. « Tous les chemins mènent à soi. » (LANZMANN)[12]

11. « C'est un grand problème que de savoir changer sans souffrance. » (SAUVY)[13]

12. « Le voyage est une espèce de porte par où l'on sort de la réalité comme pour pénétrer dans une réalité inexplorée, qui semble un rêve. » (MAUPASSANT)[14]

13. « Partir, c'est mourir un peu / C'est mourir à ce qu'on aime / On laisse un peu de soi-même / En toute heure et dans tout lieu. » (HARAUCOURT)[15]

14. « Il y a des gens qui peuvent être ailleurs quand ils veulent, ils n'ont pas besoin d'avoir un passeport. » (PRÉVERT)

15. « Le Moyen Âge est un monde merveilleux, c'est notre western, et en cela il répond à la demande croissante d'évasion et d'exotisme de nos contemporains. » (DUBY)[16]

16. « On est toujours le folklore de quelqu'un d'autre. » (TREMBLAY)[17]

🕵 Le Détective

Connaissance du dictionnnaire

Il arrive très peu en français que *le sens d'un verbe* change à cause de la préposition qui le suit (à la différence de l'anglais). Pourtant, il est important dans certains cas de comprendre les nuances que la préposition apporte. Ex. :

CROIRE

I. *V. tr. dir.* ♦ 1° Tenir pour véritable. *Croire une histoire, un conte.*
II. *V. tr. indir.* (À ; EN) ♦ 1° *Croire à une chose* : la tenir pour réelle, vraisemblable ou possible. *Croire en une chose* : lui accorder une adhésion intellectuelle et morale. *Croire aux promesses de qqun. Ne plus croire à rien.* ♦ 2° CROIRE EN (qqun) : avoir confiance en lui. *Il croit en ses amis.* « *Il faut croire en soi* » (SUARÈS).

Le Petit Robert indique pour certains emplois (*uses*) des mots, d'autres mots au sens proche. Ceux-ci sont indiqués par V. (= Voir) (ou : ⇨ dans l'édition 2000) et des caractères gras. Ex. :

---

11. [on ne rêve plus que d'ailleurs = désormais (*from then on*) on rêve seulement de « ailleurs » ; rêver* ; ailleurs*]

12. Jacques LANZMANN (né en 1927) : journaliste et écrivain, auteur de chansons, producteur de films et scénariste, il a fait de grands voyages à pied et des explorations dont il a rapporté des romans-reportages.

13. Alfred SAUVY (1898–1990) : démographe et économiste. L'une de ses théories principales est que l'accroissement de la population constitue une pression créatrice sur l'ensemble de l'économie, à condition que celle-ci s'organise pour la supporter (*to bear*).

14. [inexploré : quel et le sens du préfixe in- ?]

15. Edmond HARAUCOURT (1856–1896) : poète lyrique et dramatique. Le premier vers (« Partir c'est mourir un peu »), très célèbre, est presque devenu un proverbe. [mourir à = être mort en ce qui concerne]

16. Georges DUBY (1919–1996), grand historien du Moyen Âge français, fut aussi homme de son temps. Cette phrase date de 1984.

17. Michel TREMBLAY (né en 1942) : écrivain et dramaturge québécois.

MER

♦ 1° Vaste étendue d'eau salée qui couvre une partie de la surface du globe. V. **Océan**. *Haute, pleine mer*, partie de la mer la plus éloignée du rivage. V. **Large**. (. . .) *Mouvements, ondulations de la mer* (V. **Flot**, **houle**, **lame**, **vague**).

(**Océan** est synonyme de « mer » au premier sens donné ; **large** est synonyme de *haute mer* ; **flot**, **houle**, **lame**, **vague** sont des formes un peu différentes *de mouvements, ondulations de la mer.*)

1. Cherchez dans *Le Petit Robert* le verbe **commencer** (I. ♦ 3°, 4° ; ou, dans l'édition 2000 : I. ♦ 2° début et ♦). D'après les définitions données par le dictionnaire, complétez les phrases A et B par a ou b.
   A. Je commençai à réviser ma grammaire . . .
   B. Je commençai par réviser ma grammaire . . .
      a. . . . c'est ce qui me paraissait le plus important de tous mes devoirs.
      b. À mon grand étonnement, je découvris que ce travail m'intéressait !

2. Cherchez dans *Le Petit Robert* le nom **océan**.
   a. Quels mots sont présentés ici comme synonymes de certaines expressions (V. ou ⇨) ?
   b. De quel sens d' « océan » ou de quelle expression où figure « océan » ces mots sont-ils synonymes ?

Dans le monde actuel, l'exotisme proposé par les agences de voyage va du safari à la méditation dans le désert.

c. Pourquoi les expressions « L'océan Atlantique, Indien, Pacifique » figurent-elles après le signe ♦ ? (Pour répondre, revoyez, si vous en avez besoin, ch. 3, Le Détective, p. 81.)

3. Cherchez dans *Le Petit Robert* le mot **port** I.

   a. Quel est le premier sens (♦ 1°) de ce nom ?

   b. Quel est son sens figuré ?

   c. Quels sont les synonymes de **port** au sens figuré ?

   d. Parmi ces synonymes, il y en a un que l'on retrouve dans le nom d'une ville de France : quelle est cette ville ? (Voir la carte à la fin du livre.)

Révision sur les méthodes de recherche

1. Cherchez dans le texte du chapitre (du début à « . . . les Caraïbes de cette époque », l. 22) les mots qui sont associés à la mer.

2. Voici une série de pensées extraites d'un dictionnaire.[18] Certaines sont des proverbes dont on ne connaît pas l'auteur, et d'autres des sentences (*aphorisms*) dont les auteurs sont cités.

VOYAGE

Grec. — Rien n'est pour les mortels plus pénible que d'errer à l'aventure. (Homère, *L'Odyssée*, XV, 343; IXe s. av. J.-C.) [av. = avant]
— Pierre qui roule n'amasse pas mousse. [*gathers no moss*]

Latin. — Ceux-là changent de climat et non d'âme, qui vont au-delà de la mer. (Horace, *Épîtres*, I, XI, 27; env. 20 av. J.-C.) [env. = environ]

Allemand. — Le plus lourd bagage pour un voyageur, c'est une bourse [*purse*] vide.

Anglais. — Les voyages améliorent [rendent meilleurs] les sages et empirent [rendent pires] les sots.

Danois. — Qui veut voyager doit ouvrir la bourse et fermer la bouche.

Français. — . . . Quiconque [*whoever*] a beaucoup vu /Peut avoir beaucoup retenu. [retenu = asssimilé] (La Fontaine, *Fables,* I, VIII, « L'hirondelle et les petits oiseaux » [1688])
— L'univers est une espèce de livre dont on n'a lu que la première page quand on n'a vu que son pays. (Fougeret de Monbron, *Le Cosmopolite ou le Citoyen du monde* [1753])

Italien. — Qui n'a pas quitté son pays est plein de préjugés. (Carlo Goldoni, *Pamela nubile*, I [1757])

Romanichel (*gypsy*). — Tous les hommes ne ressemblent pas aux arbres.

Russe. — Les voyages sont la partie frivole de la vie des gens sérieux, et la partie sérieuse de la vie des gens frivoles. (Mme Swetchine [1782–1857])

A. Qui sera le premier à répondre aux questions suivantes ?

1. Quelle est parmi ces citations la phrase d'origine scandinave ?

2. Y a-t-il des citations qui datent de l'Antiquité ?

18. Maurice MALOUX, *Dictionnaire des proverbes, sentences et maximes* (Larousse, 1976).

3. Y a-t-il une citation d'origine non européenne ?

4. Pour quels pays donne-t-on des proverbes dont on ne connaît pas les auteurs ?

5. Pour quel auteur cite-t-on les dates de naissance et de mort ?

6. Trouvez dans les renseignements entre parenthèses une date du XVIIe siècle.

7. Trouvez dans ce qui est écrit un mot qui signifie « citoyen du monde »

8. Combien de fois est employé le mot « voyageur » ?

9. Trouvez dans ce qui est écrit un nom qui signifie « ce que l'on emporte avec soi en voyage ».

B. Répondez au maximum de questions en dix minutes.

1. Relevez quatre expressions employées dans ces phrases pour dire voyager.

2. Quelle est l'origine de la phrase qui dit que le voyage ne change pas la personne ?

3. Citez une phrase qui parle du côté positif du voyage.

4. Citez une phrase qui parle à la fois des avantages et des inconvénients du voyage.

5. Citez un proverbe qui parle uniquement des inconvénients du voyage.

6. Si vous voulez expliquer à quelqu'un le sens du proverbe romanichel, que lui dites-vous ?

Quel est le lien (*link*) entre ce proverbe et l'histoire du peuple dont il provient ?

Aller ailleurs

Dans la bibliothèque de votre université, cherchez, d'après le catalogue ou directement dans les rayons (*shelves*), cinq livres au moins (en français ou en anglais) dont le sujet se rattache à celui du chapitre : l'exotisme, les voyages, les explorateurs, les îles désertes . . . Regardez ce qu'il y a d'écrit sur la couverture de ces livres, survolez (*glance through*) leur table des matières, feuilletez-les (*thumb through*) un peu et préparez-vous à présenter ces livres oralement dans la classe.

Approfondir

Reprenez la question 1 dans Analyser. Répondez à cette question à la première personne du singulier, comme si vous étiez (*as if you were*) Robinson, en ajoutant vos commentaires personnels sur ce que vous avez vécu.

C'est à vous !

Imaginez une histoire dont la conclusion est : « La vie ordinaire a (où : avait) recouvert cette parenthèse. »

Devinette

« Plus il est chaud, plus il est frais : qu'est-ce que c'est ? » †

† (Réponse : le pain)

VI. RECHERCHES SUR INTERNET

Le Détective

1. Quel est le thème du roman *Le Roi des Aulnes* (1970) de Michel Tournier ? Faites la recherche et présentez-en les résultats.
2. Michel Tournier fait partie de l'Académie Goncourt. Quelle est l'origine de cette académie ? Quel genre de livres couronne-t-elle ?

Aller ailleurs

1. Choisissez une île parmi les départements et territoires français d'outre-mer (en abrégé, DOM-TOM). Cherchez des renseignements sur son climat, ses ressources naturelles, sa population.
2. En 1874, Jules Verne publia *L'Île mystérieuse*. Cherchez tous les renseignements que vous pouvez sur ce livre et présentez-les oralement.
3. Cherchez vous-même un thème connecté à la notion d'exotisme que vous allez présenter devant la classe à votre manière.

Approfondir

Travail en petits groupes. Le peintre français Paul Gauguin (1848–1903) et le chanteur belge Jacques Brel (p. 36, n. 25) ont passé plusieurs années à la fin de leur vie aux îles Marquises. Voyez tout ce que vous pouvez trouver pour évoquer ces îles et la manière dont elles ont inspiré ces deux hommes.

Actualité

Choisissez un voyage lointain, que propose actuellement une agence et qui vous paraît attractif pour son programme. Notez des détails dessus, incluant les dates et le prix.

CHAPITRE • 6

Alain Robbe-Grillet

La Jalousie

⚷ Mot-clé : *personnage*

« Le roman "moderne" . . . est un roman qui dérange. » (Alain Robbe-Grillet)

🏛 I. POUR MIEUX LIRE LE TEXTE : LES PILIERS DE LA LANGUE

🔼 Stratégies de lecture : les mots proches de l'anglais

Le français fait partie de la même grande famille linguistique que l'anglais, celle des *langues indo-européennes*. Il n'est donc pas étonnant que l'on trouve en français beaucoup de mots de forme identique à leur équivalent anglais, ou très proche de lui. Vous avez par exemple dans le texte de ce chapitre :

Mots de forme identique

accident	**anecdote**	**colonial**
commercial	**converger**	**situation**

Mots très proches

compagnie	**fondation**	**personnel**
précaution	**récent**	

Mots proches, que vous pouvez deviner en vous aidant aussi du contexte
   • un roman à couverture **vernie**[1]

En prenant l'habitude de faire ces rapprochements, vous allez beaucoup faciliter et accélérer votre lecture. Deux points cependant sont à observer.

1. Parfois le mot le plus proche par la forme ne sera peut-être pas la meilleure traduction. Si le mot français ressemble à un mot anglais mais que celui-ci ne fait pas de sens logique immédiat, c'est que vous devez chercher *un synonyme ou un mot connecté par le sens*, qui sera plus adapté. Comparez par exemple :

---

1. Voir p. 3, n. 1. Le mot « verni » est proche de *varnished* et comme il s'agit de la couverture d'un livre, vous pouvez deviner que le mot veut dire *glossy.*

• Ma réputation est **compromise** (*compromised*).
• Il est **compromis** (*implicated*) dans une affaire criminelle.
• La situation est **compromise** (*jeopardized*).

À chaque fois que vous hésitez sur le sens, prenez donc votre dictionnaire ! Vous pouvez même avoir intérêt à faire la vérification pour vous assurer que votre intuition était juste.

2. *La prononciation* étant différente entre les deux langues, vous devez être attentif à la manière dont ces mots d'une forme proche de l'anglais se disent en français.

Mise en pratique

Voici deux passages du texte de ce chapitre. Relevez dedans les mots français identiques à leur équivalent anglais ou très proches de lui.

C'est ce dernier qui fournit le sujet de la conversation. Les complications psychologiques mises à part, il s'agit d'un récit classique sur la vie coloniale, en Afrique, avec description de tornade, révolte indigène et histoires de club. [. . .]

A. . . s'accoude à la balustrade. De l'autre côté de la vallée, le soleil éclaire de ses rayons horizontaux les arbres isolés qui parsèment la brousse, au-dessus de la zone cultivée. Leurs ombres très longues barrent le terrain de gros traits parallèles.

Éléments de grammaire (1) : les adverbes de manière

Pour former des *adverbes de manière à partir d'adjectifs,* on ajoute normalement la terminaison **-ment** au féminin :

long, longue, **longuement**
heureux, heureuse, **heureusement**

Exceptions :
Quand le masculin de l'adjectif se termine par une voyelle, on ajoute la terminaison au masculin.

absolu, **absolument**
poli, **poliment**

Quand le masculin de l'adjectif se termine par -**ent** ou -**ant**, l'adverbe se termine par -**emment** ou -**amment**.

prudent, **prudemment**
constant, **constamment**

1. « Elle l'observait avidement, intensément. » (TROYAT)[2]

2. Henri TROYAT (né en 1911) : romancier, essayiste et auteur dramatique d'origine russe installé en France en 1920.

2. « Et il faut que ça arrive, c'est fatal, comme. . . un caillou qu'on a lancé en l'air et qui retombe, forcément. » (ZOLA)[3]

3. « C'est véritablement utile puisque c'est joli. » (SAINT-EXUPÉRY)[4]

4. « La chevalerie a puissamment contribué à sauver l'Europe. » (CHATEAUBRIAND)[5]

5. « La France : Laissez-lui faire des choses frivoles sérieusement et gaiement les choses sérieuses. » (MONTESQUIEU)[6]

6. « La France doit redouter également les gens qui ne sont capables de rien et les gens qui sont capables de tout. » (THIERS)[7]

7. « En France particulièrement, les mots ont plus d'empire que les idées. » (SAND)[8]

ᵞ Mise en pratique

Formez des adverbes avec les adjectifs suivants et complétez avec eux les phrases ci-dessous :

| simple | amoureux | patient | financier | typique | passionné |

1. Camus trouva certains détails de son voyage _____ américains.
2. Les aviateurs décidèrent d'attendre _____ le lever du jour.
3. Barbara se jeta dans les bras de l'homme _____.
4. Très _____, Jules et Jim firent connaissance à Paris.
5. Robinson regrettait _____ son île déserte.
6. _____, c'est une très mauvaise affaire.

🗣 Un brin de causette : les bonnes manières

Vocabulaire actif : les adverbes de manière

Voici quelques adverbes de manière : gentiment, délicatement, lentement, naturellement, poliment, prudemment, imprudemment, précautionneusement.

Imaginez que vous êtes invités dans une famille de l'aristocratie française (il y en a encore aujourd'hui !). Vous vous demandez comment vous allez être reçus et comment vous-mêmes devez

---

3. [(°) ça = cela ; caillou = petite pierre ; forcément = nécessairement]

4. Cette phrase, extraite du *Petit Prince,* reflète l'esprit de cette œuvre (voir p. 30). [véritablement = *truly* ; joli*]

5. François-René de CHATEAUBRIAND (1768–1848) : écrivain et homme politique (*Le Génie du christianisme*, 1802 ; *Mémoires d'outre-tombe,* 1809–1841) [puissamment = fortement ; sauver*]

6. Charles de MONTESQUIEU (1689–1755) : écrivain et philosophe, s'intéressant surtout à l'histoire et aux bases de la politique (*De l'esprit des lois,* 1748), qui fut aussi capable de présenter ses idées sous une forme satirique (*Lettres persanes,* 1721). [laisser*]

7. Adolphe THIERS (1797–1877) : historien et homme politique, il brisa le mouvement révolutionnaire de la Commune en 1871. [redouter = *fear*]

8. George SAND (pseudonyme d'Aurore Dupin, 1804–1876) écrivit des romans passionnés, des récits inspirés par le socialisme humanitaire et des livres autobiographiques. Elle fut l'amante d'Alfred de Musset (voir Index) et des musiciens Liszt et Chopin. [empire = pouvoir]

parler, vous comporter à table, etc. Vous en discutez entre vous, par petits groupes, en utilisant le plus possible des adverbes de manière.

⚒ Éléments de grammaire (2) : le participe (suite)

1. Nous avons vu que le participe (**aimANT** ou **aimÉ**) se rapporte à un nom ou un pronom de la phrase (revoir pp. 51 et 93) :
   - **Étant** très jalouse, *elle* souffre beaucoup.
     (*C'est elle* – le sujet de *souffre* – qui est jalouse.)
   - L'élève, **ayant appris** (*having learned*) sa leçon, sut répondre.
     (*C'est l'élève* – le sujet de *sut* – qui a appris sa leçon.)
   - Il a récité *la leçon* **apprise** la veille.
     (*La leçon* est le sujet de *apprise*.)

2. Le participe peut aussi former avec le nom ou le pronom auquel il se rapporte (*to which it refers*) une vraie proposition,[9] sans rapport avec le reste de la phrase.[10] Ce nom ou pronom est le sujet du participe.
   - *Son mari* **étant** très jaloux, elle souffre beaucoup.
     (*C'est son mari* – sujet de *étant* – qui est jaloux.)
   - *L'élève* **ayant appris** sa leçon, le maître est satisfait.
     (*ayant appris* : sujet, *l'élève* ; *est* : sujet, *le maître*)
   - *Sa leçon* **apprise**, l'élève a pu sortir de la classe.
     (*His lesson learned*)

8. « Des dames lui ayant donné quelques sous, elle les garda soigneusement. » (MAUPASSANT)[11]

9. « Le vent ayant dissipé le brouillard, les Saxons virent le roi de Suède marchant à côté d'eux. » (VOLTAIRE)[12]

10. « En 1593, le bruit courut que, les dents étant tombées à un enfant de Silésie, il lui en était venu une d'or. » (FONTENELLE)[13]

---

9. Une *proposition* (*clause*) est une partie de la phrase (*sentence*) qui comprend au moins *un verbe et un sujet* (= qui fait l'action ou la subit). Par exemple : « Il parle. »

10. *La proposition participiale* (*participle clause*), qui a son sujet propre, est appelée « absolue » (*absolute*), c'est-à-dire qu'elle a son sens en elle-même, indépendamment du reste de la phrase (*sentence*).

11. [sous = *pennies* ; soigneusement = *carefully*]

12. [brouillard = *fog* ; à côté* de]

13. Bernard de FONTENELLE (1657–1757) : vulgarisateur scientifique de grand talent, plein de foi dans le progrès, ce fut un précurseur des philosophes des Lumières. [le bruit courut = *the rumor spread* ; les dents . . . à un enfant = les dents d'un enfant ; il lui en était venu une d'or = une dent en or lui était venue (p. 54, verbes impersonnels)]

11. « Mais, le repas fini, la vaisselle rangée, et la salle nette, commençait le long après-midi. » (CHAMSON)[14]

12. « Isabel, son déjeuner sitôt expédié et son café bu, se mit à tourner dans ses trois pièces comme un léopard de jardin zoologique. » (MAC ORLAN)[15]

13. « Poil de Carotte, les talons plantés, se met à trembler dans la pénombre. » (RENARD)[16]

14. « La pierre ôtée, on vit le dedans de la tombe. » (HUGO)[17]

15. « Madeleine une fois partie, la présidente regarda le cousin Pons. » (BALZAC)

À noter

Quelquefois des propositions participiales sont devenues des expressions figées (*fixed*) usuelles qu'il est intéressant de retenir :

cela dit	*with that said*
étant donné que	*given that*
le cœur battant	*with heart beating fast*
réflexion faite	*after due reflection*
service compris	*service included*
tout compte fait	*after all is said and done*

16. « S'il existe bien des pays pour gagner sa vie, la France est, tout compte fait, celui où l'on dépense le mieux. » (DANINOS)[18]

17. « Cela dit, maître loup s'enfuit, et court encore. » (LA FONTAINE)[19]

---

14. André CHAMSON (1900–1983) : romancier qui célébra la mémoire de ses ancêtres huguenots de la région des Cévennes.

15. [expédié = mangé rapidement ; jardin*]

16. Jules RENARD (1864–1910) : son *Journal* est plein de descriptions savoureuses. C'est un moraliste dont l'ironie amère est pourtant parfois teintée (*colored*) de tendresse. *Poil de Carotte* (*Carrot Top*), 1894, nouvelle, puis pièce de théâtre, évoque le destin solitaire et douloureux d'un petit garçon roux qui n'est pas aimé par ses parents (« Tout le monde ne peut pas être orphelin »). [les talons plantés = *with heels dug in* ; la pénombre = *the shadows*]

17. [ôter = enlever* ; le dedans = l'intérieur]

18. [gagner sa vie = *to earn one's living* ; dépenser* ; celui = le pays]

19. C'est la conclusion de la fable *Le Loup et le Chien*. [s'enfuir = *flee* ; encore = jusqu'à maintenant]

🎿 II. POINTS DE DÉPART POUR LA LECTURE

📍 Biographie : Alain Robbe-Grillet (né en 1922)

Ingénieur agronome, Alain Robbe-Grillet a travaillé en Guinée, au Maroc, aux Antilles ; c'est un spécialiste des maladies de la banane (ses connaissances apparaissent dans *La Jalousie*, qui repose sur un épisode autobiographique).

Il a écrit son premier roman en 1949. Il est considéré comme le chef de file (*leader*) du Nouveau Roman. Il devient connu avec *Le Voyeur* (1955), livre détesté par les critiques « classiques ». De même, dans *La Jalousie* (1957), ces critiques n'ont vu qu'un exercice de style sans profondeur. Mais l'auteur a été reconnu par des personnalités d'avant-garde. À partir de 1960, il s'est tourné aussi vers le cinéma, tout en continuant à écrire des romans. Avec le réalisateur et metteur en scène Alain Resnais, il a écrit le scénario de *L'Année dernière à Marienbad*, qui a été l'événement cinématographique de l'année 1961 (Lion d'or du festival de Venise). Dans les années 1970, Robbe-Grillet s'est orienté aussi vers la peinture. En 1984, dans *Le Miroir qui revient*, un livre de souvenirs, il a pris une certaine distance par rapport au Nouveau Roman. En 2001, il a publié *La Reprise*, un livre longuement mûri (*ripened*), dont la parution a été très médiatisée (voir Le Détective, Interprétation d'un récit).

Le Nouveau Roman

Le Nouveau Roman a eu des précurseurs (*forerunners*) importants comme les écrivains James Joyce, Franz Kafka, et Samuel Beckett (voir ch. 9). Le roman classique cherchait à présenter des personnages aussi vrais que possible. Dans le Nouveau Roman, le personnage devient fantomatique. « Le roman de personnages appartient bel et bien (*well and truly*) au passé, il caractérise une époque : celle qui marqua l'apogée de l'individu » dit Alain Robbe-Grillet en 1957. Le personnage, donc, n'est plus qu'une « momie » (*mummy*).

Le roman, aussi, était organisé selon les lois de la chronologie et le narrateur (la personne invisible qui racontait l'histoire) était supposé tout savoir des événements. Dans le Nouveau Roman, ce narrateur omniscient a disparu. Au lieu de progresser, l'histoire se répète avec des variations, à l'imitation de formes musicales comme le canon et la fugue. Le roman se transforme ainsi en un grand puzzle.

Le Nouveau Roman ne cherche pas à interpréter l'homme mais seulement à décrire les choses « telles qu'elles sont ». Il est vrai que l'homme moderne est confronté à un monde où les objets prolifèrent, où lui-même a plus de difficulté à rester créateur. Le Nouveau Roman, cependant, n'approche pas ces problèmes dans une perspective idéologique. Il souligne surtout l'incapacité à communiquer.

Parmi les « nouveaux romanciers » les plus connus, il faut citer Michel Butor, Nathalie Sarraute, Claude Simon. Le Nouveau Roman a déconcerté le « grand public ». On lui a reproché d'être ennuyeux et de méconnaître (*belittle*) la grandeur humaine. En tout cas, il a marqué les années 1950–1960, où la forme littéraire paraissait souvent plus importante que le contenu. Jean Ricardou, un autre « nouveau romancier », écrivit en 1971 : « Le récit n'est plus l'écriture d'une aventure mais l'aventure d'une écriture. » Et en ce qui concerne les personnages, Nathalie Sarraute écrit : « Selon toute apparence, non seulement le romancier ne croit plus guère à ses personnages, mais le lecteur, de son côté, n'arrive plus à y croire. »

🏔 Perspective historique et climat culturel

En 1957, s'organise la Communauté économique européenne CEE), dite aussi Marché commun. Le Maroc et la Tunisie obtiennent leur indépendance. L'URSS lance le premier satellite artificiel, *Spoutnik*. À Paris, on ouvre le premier supermarché.

Michel Butor, autre « nouveau romancier », publie *La Modification*, Boris Pasternak *Le Docteur Jivago*, Jack Kerouac *On the Road*. Picasso peint les *Ménines*. Au cinéma, David Lean réalise *The Bridge on the River Kwai*, Nicholas Ray *Bitter Victory*.

📖 Le contexte de l'œuvre

La Jalousie joue sur les deux sens du mot qui est dans le titre : la jalousie est à la fois un sentiment et un treillis (*latticework*) par où on peut voir sans être vu. Il s'agit donc d'un mari jaloux qui observe sa femme, appelée simplement A. . . dans leur maison coloniale. A. . . reçoit la visite de Franck, dont le mari croit que c'est son amant. (D'après le roman, il est impossible de savoir si cela est vrai ou non.) Le seul sujet du texte est ce que le mari voit et entend, présenté de façon impersonnelle. On ne sait pas ce qu'il fait, même quand il est présent aux scènes qu'il décrit. Il ne dit jamais *je* ; on ignore même son nom. C'est indirectement qu'on comprend qu'il est jaloux.

Le passage que vous allez lire se situe presque à la fin du livre. Il reprend, avec quelques variations, une scène qui est déjà revenue plusieurs fois. Même si l'auteur, en apparence, se moque de la psychologie, ces répétitions correspondent bien au délire obsessionnel de la jalousie.

La Jalousie évoque aussi un milieu : celui d'une société coloniale qui s'ennuie – ce que traduisent ses rituels, comme celui de l'apéritif. Dans ce livre, il est également question d'un « roman

« Il y a des gens isolés ou groupés deux par deux ; si possible, il y a du soleil, et les ombres de ces personnages sont bien visibles. (Sinon, peut-on leur peindre sur le sol des ombres artificielles ?) La caméra ne s'arrête sur rien et continue son mouvement rectiligne uniforme. » (Alain Robbe-Grillet)

colonial » dont parlent A. . . et Franck. C'est le procédé de la mise en abîme (*Chinese boxes*) que l'on retrouve dans plusieurs formes artistiques : le théâtre dans le théâtre, ou le tableau dans le tableau.

☺☻☹ **Votre préparation personnelle**

Faites l'expérience d'observer pendant un moment plusieurs personnes en action, de la manière la plus neutre possible. Concentrez-vous sur ce que vous voyez, ce que vous entendez, en étant attentif à ne pas projeter dessus de sentiments ni de convictions intimes. Si cette scène implique des personnes que vous connaissez, veillez à jeter sur elles un regard neuf, détaché de ce que vous savez d'elles.

III. TEXTE

Il est presque l'heure de l'apéritif et A. . . n'a pas attendu davantage pour appeler le boy, qui apparaît à l'angle de la maison, portant le plateau avec les deux bouteilles, trois grands verres et le **seau** à glace. *bucket*
Le chemin qu'il suit, sur les **dalles**, est sensiblement parallèle au mur et *tiles*
5   converge avec le trait d'ombre au niveau de la table, ronde et basse, où il place le plateau avec précaution, près du roman à couverture vernie.

C'est ce dernier qui fournit le sujet de la conversation. Les complications psychologiques mises à part, il s'agit d'un récit classique sur la vie coloniale, en Afrique, avec description de tornade, révolte indigène
10   et histoires de club. A. . . et Franck en parlent avec animation, tout en buvant à petites gorgées le mélange de cognac et d'eau gazeuse servi par la maîtresse de maison dans les trois verres.

Le personnage principal du livre est un fonctionnaire des **douanes**. *customs*
Le personnage n'est pas un fonctionnaire, mais un employé supérieur
15   d'une vieille compagnie commerciale. Les affaires de cette compagnie sont mauvaises, elles évoluent rapidement vers l'**escroquerie**. Les *swindle*
affaires de la compagnie sont très bonnes. Le personnage principal – apprend-on – est malhonnête. Il est très honnête, il essaie de rétablir une situation compromise par son prédécesseur, mort dans un acci-
20   dent de voiture. Mais il n'a pas eu de prédécesseur, car la compagnie est de fondation **toute** récente ; et ce n'était pas un accident. Il est *tout à fait*
d'ailleurs question d'un navire (un grand navire blanc) et non de voiture.

Franck, à ce propos, se met à raconter une anecdote personnelle de
25   camion **en panne**. A. . ., comme la politesse l'exige, **s'inquiète** de dé- *out of order* / *se préoccupe de,*
tails prouvant l'attention qu'elle porte à son hôte, qui bientôt se lève et *veille à*
prend congé, afin de **regagner** sa propre plantation, un peu plus loin *takes his leave* / *= retourner dans*
vers l'est.

A. . . s'accoude à la balustrade. De l'autre côté de la vallée, le soleil
30 éclaire de ses rayons horizontaux les arbres isolés **qui parsèment la**   *scattered over the bush*
brousse, au-dessus de la zone cultivée. Leurs ombres très longues bar-
rent le terrain de gros traits parallèles.

IV. VIVRE LE TEXTE

Parlons-en !

Trouvez-vous A. . . et Franck intéressants en tant que personnages ? Si oui, en quoi sont-ils intéressants pour vous ? Sinon, y a-t-il un autre aspect, à part les personnages, qui vous a intéressé dans ce
texte ?

Comprendre

1. Pour qui sont les trois verres (l. 3) ?
2. Trouvez-vous dans ce texte des signes de la jalousie du mari ?
3. Comment interprétez-vous les affirmations contradictoires concernant le roman dont parlent A
   . . . et Franck (ll. 13–23) ? (Remarque : d'après le reste de *La Jalousie,* on sait que le mari n'a pas
   lu le roman.)
4. Voyez-vous un lien entre le dernier paragraphe et le précédent ? Si oui, lequel ?
5. D'après ce texte, que sait-on des rapports entre A. . . et Franck ?

Analyser

1. Relevez les adjectifs de ce texte. Vous paraissent-ils définir des qualités objectives ou subjectives ?
   Qu'en concluez-vous ? (Pour vous aider à répondre, revenez sur la question posée à propos de
   « Voyage à Paris », p. 61, Analyser, question 1.)
2. Y a-t-il dans ce texte des notations qui, en plus de l'information qu'elles apportent, vous paraissent très suggestives ? (Pour vous aider à répondre, vous pouvez revenir sur la question posée à
   propos de *Jules et Jim,* p. 99, Analyser, questions 2 et 3.) Que concluez-vous de votre recherche ?
3. Qu'avez-vous ressenti et pensé en lisant le troisième paragraphe (ll. 13–23) ? Comment l'interprétez-vous ? Quelle conclusion en tirez-vous sur la manière dont Robbe-Grillet conçoit le
   roman ?
4. Jean Ricardou, un « nouveau romancier », a écrit : « Le récit n'est plus l'écriture d'une aventure
   mais l'aventure d'une écriture. » Comparez le passage que vous avez lu de *La Jalousie* avec *La Fin
   de Robinson Crusoé* en gardant cette phrase à l'esprit.

Réfléchir sur l'identité

1. Comparez les personnages de A. . . et Franck à ceux de Jules et Jim, ainsi qu'à celui de Robinson.
   Quelles différences voyez-vous dans la manière dont nous est présentée leur identité ?

2. Revenez sur le troisième paragraphe. Précisez à présent la manière dont, selon vous, Robbe-Grillet conçoit l'identité des personnages de romans. (Reprenez et complétez pour cela votre réponse à la question 3 dans Analyser.)

3. Regardez la photo extraite de *L'Année dernière à Marienbad* (p. 125). Provoque-t-elle en vous des émotions et / ou des pensées en relation avec la question de l'identité ?

Élargir la discussion

1. D'après vous, une personne dominée par un sentiment comme la jalousie risque-t-elle de voir les choses autrement qu'elles sont en réalité ?

2. Aimez-vous les romans ? Quels sont les critères qui vous font décider qu'un roman est bon ? (Répondez en prenant des exemples aussi variés que vous voulez.)

3. « Les personnages des poètes ont une vie autrement (= beaucoup plus) réelle que celle des passants (*passersby*) dans la rue » ont écrit Jérôme et Jean THARAUD, deux frères écrivains (1874–1953 et 1877–1952). Donnez votre opinion là-dessus, en parlant de personnages inventés par des romanciers aussi bien que par des poètes.

4. Donnez votre opinion sur le mode de vie colonial évoqué dans *La Jalousie*.

V. AUX ALENTOURS

Découvertes

> 18. « Pour se venger de l'écrivain qui leur a donné la vie, les héros qu'il a créés lui volent son porte-plume. » (JACOB)[20]
>
> 19. « Dans la peinture, il s'établit comme un pont mystérieux entre l'âme des personnages et celle du spectateur. » (DELACROIX)[21]
>
> 20. « On ne peut créer des personnages que lorsqu'on a beaucoup étudié les hommes, comme on ne peut parler une langue qu'à la condition de l'avoir sérieusement apprise. » (DUMAS)[22]
>
> 21. « On place souvent dans les tableaux quelque personnage difforme pour faire ressortir la beauté des autres. » (CHATEAUBRIAND)[23]
>
> 22. « La relation entre l'écrivain et ses personnages est difficile à décrire. C'est un peu la même qu'entre des parents et des enfants. » (YOURCENAR)[24]

---

20. Max JACOB (1876–1944) : poète dont les créations fantaisistes ont précédé le surréalisme.

21. Eugène DELACROIX (1798–1863) : peintre romantique qui excella dans l'art du portrait. [pont* ; âme*]

22. Alexandre DUMAS, fils (1824–1895) : fils de l'écrivain qui porte le même nom, auteur de pièces de théâtre dont *La Dame aux camélias* (1852). [ne* . . . que ; lorsque* : pouvez-vous deviner le sens de cette conjonction d'après le contexte ?]

23. [difforme = *deformed* ; ressortir = *stand out*]

24. Marguerite YOURCENAR (1903–1987) : écrivain de nationalité française et américaine, et d'expression française. Elle a écrit notamment *Mémoires d'Hadrien* (1951), le journal fictif de l'empereur romain.

23. « Les historiens arrivent à tirer plusieurs volumes d'un personnage dont on ne sait pas grand-chose. C'est une manière de contempler l'univers dans une bulle de savon. » (MÉRIMÉE)[25]
24. « À quoi reconnaît-on un personnage réussi ? Quand son nom propre devient un nom commun… » (BEIGBEDER)[26]

Et aussi

25. « Le champion, élément fabuleux dans le paysage moderne, est un héros qui ne parvient pas à devenir un personnage. » (BLONDIN)[27]
26. « Dans la vie comme dans les romans, il y en a qui s'obstinent à rester des personnages secondaires. » (POUPART)[28]
27. « Le patron n'est autre que le personnage qui est en retard quand vous êtes en avance et qui arrive avant vous si vous êtes en retard. » (FOURIER)[29]

Le Détective

Interprétation d'un écrit

Lorsqu'on lit un texte – peu importe sa nature – il est essentiel de déterminer quelles informations on peut en tirer. Il y a des précautions à prendre en général, pour savoir si l'auteur est crédible : nous allons revenir plus tard sur ce point. Mais il y a aussi des précautions à prendre pour chaque lecteur, pour éviter de tirer des conclusions fausses de ce qu'on a lu.

Dans l'exercice suivant, il y a des questions sur un texte. Vous allez répondre à ces questions sans vous demander si ce texte dit la vérité ou non. Selon les cas, la réponse sera : **oui** (d'après le texte : nous ne nous posons pas la question de savoir si c'est vraiment ainsi) ; **non** (d'après le texte : peut-être qu'en fait ce n'est pas le cas) ; ou « **?** » (on ne peut pas dire d'après le texte si la réponse est « oui » ou « non »). Exemple (les réponses sont en note :[30] cherchez-les par vous-mêmes avant de lire la note !)

---

25. [tirer = extraire ; pas grand-chose = peu de choses ; bulle de savon = *soap bubble*]
26. Voir Recherches sur Internet, Aller ailleurs, p. 133, n° 2. [réussir* ; réussi = bien fait ; nom propre = nom de famille. Quel est le double sens de l'expression *nom commun* ?]
27. Antoine BLONDIN (1922–1991) : écrivain et journaliste, il écrivit longtemps les chroniques du tour de France cycliste. Cette phrase date de 1968. Comment comprenez-vous cette phrase ? [parvenir à = réussir* à]
28. Jean-Marie POUPART (né en 1946) : écrivain canadien. [s'obstiner à = *persist in* ; rester*]
29. Charles FOURIER (1772–1837) : philosophe et économiste français, il conçut le projet utopique du phalanstère, petit groupe de travailleurs associés en une sorte de coopérative. [patron* ; en retard* ; en avance = le contraire de « en retard »]
30. a. Non (elle est blanche). b. ? (on ne nous parle que de la portière avant gauche). c. ? (on nous dit qu'il y a « une seule voiture » , mais il y a peut-être aussi des vélos, des motos, etc.). d. ? (rien ne le dit). e. Oui (« en lettres argentées »). f. (ce n'est pas sûr : peut-être la voiture est empruntée (*borrowed*) ou encore, quelqu'un a pu se servir de ce nom illégalement).

Il n'y a qu'une seule voiture stationnée devant le 37 rue des Mimosas et elle est blanche. Les mots « Dr. A. CARPINOT » sont écrits en lettres argentées sur la portière gauche à l'avant de la voiture.

    a. La voiture stationnée devant le 37 rue des Mimosas est bleue.

    b. Il n'y a rien d'écrit sur la portière avant droite de la voiture.

    c. Il n'y a pas de moto stationnée devant le 37 rue des Mimosas.

    d. Quelqu'un est malade au 37 rue des Mimosas.

    e. Les mots écrits sur la portière avant gauche de la voiture sont de couleur argentée.

    f. La voiture stationnée devant le 37 rue des Mimosas appartient au Dr. A. Carpinot.

À présent, voici le texte de l'exercice. Répondez ensuite aux questions par **oui**, **non** ou **?** .

La Reprise est le premier roman d'Alain Robbe-Grillet depuis 1981. L'histoire se passe en 1949, à Berlin, ville divisée en secteurs d'occupation. Le narrateur est envoyé en mission en Allemagne par des services d'espionnage français. Dans le train, il laisse sa place un instant. Quand il revient, il la trouve occupée par un homme qui est son double parfait, à l'exception de la fausse moustache qu'il porte. Cet homme, un ingénieur né à Brest (en Bretagne), est obsédé, comme Alain Robbe-Grillet, par l'idée du double. L'auteur de ce roman a raconté souvent en effet qu'il a rencontré son double dans plusieurs endroits du monde, et tout d'abord sur une plage bretonne, quand il était enfant. Mais son *alter ego* (= autre moi, en latin) ne le reconnaissait pas. Le « pape du Nouveau Roman », âgé de près de 80 ans, reprend donc ici un souvenir d'enfance.

    1. Avant la parution de *La Reprise*, Alain Robbe-Grillet n'avait rien publié depuis vingt ans.

    2. L'histoire de *La Reprise* se passe pendant la Seconde Guerre mondiale.

    3. L'histoire se passe à Berlin, ville occupée.

    4. Le narrateur est un espion.

    5. Le narrateur est descendu du train avant Berlin.

    6. Le narrateur trouve à sa place un homme qui est son double parfait.

    7. Le narrateur est obsédé par l'idée du double.

    8. Alain Robbe-Grillet a rencontré son double en Allemagne.

    9. Alain Robbe-Grillet a rencontré son double à Brest.

    10. Quand Alain Robbe-Grillet a rencontré son double sur une plage bretonne, celui-ci ne l'a pas reconnu.

    11. L'auteur de *La Reprise* a repensé en écrivant son livre à un souvenir de son enfance.

Connaissance du dictionnaire

Comme la plupart des dictionnaires qui fournissent des renseignements assez abondants, *Le Petit Robert* indique l'origine des mots. La grande majorité du vocabulaire français provient du latin. Par exemple :

    • VERRE *n. m.* (Voirre ; XIIᵉ ; lat. *vitrum*)

Le mot provient du nom latin *vitrum* et on le trouve sous la forme « voirre » au XIIᵉ siècle.

Lorsque la Gaule est devenue une province de l'empire romain, le latin a progressivement remplacé la langue gauloise. Au fil des siècles, le latin parlé en Gaule s'est transformé, jusqu'à devenir « l'ancien français ». Entre-temps, cette langue avait également subi l'influence des langues germaniques avec l'invasion des Francs. À la Renaissance, des savants sont retournés aux origines pour enrichir le français (*Défense et illustration de la Langue Francaise*, Le Détective, n° 4, p. 86); pour cela, ils ont puisé non seulement dans le latin, mais dans le grec ancien (qui avait, dans l'Antiquité, influencé le latin).

De nos jours, les Français empruntent de nombreux mots à l'anglais, et les puristes s'en plaignent (*complain about it*). Pourtant, l'histoire de la langue est toujours en mouvement. Ainsi, après la conquête de l'Angleterre par les Normands, au XIe siècle, beaucoup de mots d'ancien français sont passés en anglais. C'est pourquoi, par exemple, il y a en anglais deux mots pour désigner les animaux de boucherie : *mutton, pork, beef* sont des mots venus du français, tandis que *sheep, pig, ox* sont des mots anglo-saxons. Et certains mots, qui étaient entrés en anglais au Moyen Âge sont revenus ensuite en français, mais avec un sens un peu différent. Par exemple, le mot *bougette*, petit sac, est devenu en anglais *budget*, qui est revenu en français en 1764 avec le sens de « prévision des dépenses et des recettes ».

BUDGET *n. m.* (1764 ; mot angl. d'abord « sac du trésorier », de l'a. fr. *bougette,* dimin. de *bouge* « sac », « valise »).

Quelques abréviations du dictionnaire : dimin. = diminutif

a. fr. = ancien français	gr. = grec ancien
angl. = anglais	it. = italien
germ. = germanique (langue)	lat. = latin

1. Examinez les articles du *Petit Robert* entre le mot **buffle** et le mot **buire**. Trouvez :
   a. Un mot venu de l'anglais et ayant gardé sa forme d'origine (anglaise).
   b. Un mot passé de l'ancien français en anglais et revenu plus tard en français. Quels étaient la forme et le sens du mot en ancien français ? Quand le mot est-il revenu en français ?
   c. Un mot venu de l'italien.

2. Examinez les articles entre le mot **bulbe** et le mot **bulle**. Trouvez :
   a. Un mot d'origine latine.
   b. Un mot très proche dans sa forme d'un mot anglais ayant le même sens.
   c. Un mot venu de l'américain et ayant gardé sa forme d'origine.
   d. Un mot qui ressemble à un mot anglais, mais qui n'a pas du tout le même sens.

3. Harpagon et Tartuffe sont des noms de personnages de Molière (voir Index des auteurs) qui sont devenus des substantifs (revoir plus haut, n. 26) : on peut dire d'une personnne que c'est « un Harpagon » ou « un Tartuffe ». C'est le cas aussi pour le personnage de Figaro, de Beaumarchais (p. 250, n. 5). Cherchez dans *Le Petit Robert* quel est le sens de ces mots.

🏠 Aller ailleurs

À la bibliothèque, cherchez les titres de cinq livres qui sont des « nouveaux romans » ou des livres sur le Nouveau Roman en général. (Revoyez pour cela la notice « Le Nouveau Roman », p. 124.)

✐ C'est à vous !

Écrivez les grandes lignes (*outline the action*) du roman moderne du « type de Holland Tunnel », que vous avez rencontré dans le chapitre 1 (p. 15, ll. 59–63).

📖 Approfondir

1. Travail individuel. Comparez la manière dont est évoquée la jalousie dans le roman de Robbe-Grillet avec celle dont elle est représentée dans une autre œuvre de votre choix, littéraire ou cinématographique.

2. Travail collectif, sur le film *L'Année dernière à Marienbad*. Ce film a été réalisé par Alain Resnais[31] sur un scénario d'Alain Robbe-Grillet en 1961. Il a connu un vif succès et c'est resté une sorte de classique. Si vous avez la possibilité de voir ce film, voici des questions qui peuvent guider votre manière de le regarder et de méditer dessus.

Avant de voir le film

Le film raconte une histoire à la fois étrange et simple. Dans un hôtel international, fastueux (*sumptuous*) et glacé (*glossy*), un inconnu entre en conversation avec une jeune femme. « Il lui dit qu'ils se sont rencontrés déjà, lui et elle, il y a un an, qu'ils se sont aimés, qu'il revient maintenant à ce rendez-vous fixé par elle-même et qu'il va l'emmener avec lui. » (Robbe-Grillet)

Avant le début du film, posez-vous les questions suivantes : que va-t-il se passer ? Comment le film va-t-il se terminer ?

Après avoir vu le film

Voici comment Alain Robbe-Grillet a lui-même commenté le film, deux ans après sa sortie :

L'Année dernière à Marienbad, à cause de son titre, à cause aussi des œuvres dont Alain Resnais avait auparavant réalisé la mise en scène,[32] a d'emblée été interprété comme une de ces variations psychologiques sur l'amour perdu, l'oubli, le souvenir. Les questions que l'on se posait le plus volontiers étaient : cet homme et cette femme se sont-ils vraiment rencontrés,

---

31. Alain RESNAIS (né en 1922) a d'abord réalisé des films documentaires, dont l'inoubliable *Nuit et Brouillard* (1956), évocation des camps d'extermination nazis. Il a ensuite fait partie de la Nouvelle Vague (p. 96), et *L'Année dernière à Marienbad* fait partie de ses créations très originales. Il continue ses recherches et ses exercices de virtuosité cinématographique (*Smoking* et *No Smoking,* 1993 ; *On connaît la chanson,* 1997). (Voir aussi *Hiroshima mon amour,* 1960, p. 139.)

32. [mise en scène = *setting* ; d'emblée = immédiatement ; volontiers = *willingly* ; fait semblant = *pretends* ; nettement = clairement ; dans lequel = *in which* ; se déroule = *takes place* ; s'efface = disparaît* ; au fur et à mesure = progressivement]

aimés, l'année dernière à Marienbad ? La jeune femme se souvient-elle et fait-elle seulement semblant de ne pas reconnaître le bel étranger ? Ou bien a-t-elle vraiment tout oublié de ce qui s'est passé entre eux ? etc. Il faut dire les choses nettement : ces questions n'ont aucun sens. L'univers dans lequel se déroule tout le film est, de façon caractéristique, celui d'un présent perpétuel qui rend impossible tout recours à la mémoire. C'est un monde sans passé qui se suffit à lui-même à chaque instant et qui s'efface au fur et à mesure.

Vous êtes-vous posé, pendant que vous regardiez le film ou après, le genre de questions dont parle Alain Robbe-Grillet ? Ce qu'il dit sur « ce monde passé qui se suffit à lui-même » fait-il un sens pour vous ?

VI. RECHERCHES SUR INTERNET

 Le Détective

Quels sont les films qu'Alain Robbe-Grillet a réalisés lui-même ?

Aller ailleurs

Vous allez faire des recherches sur l'Académie française.

1. Quel est son rôle ?
2. Quand et par qui a-t-elle été fondée ?
3. Combien y a-t-il d'académiciens et comment sont-ils élus ?
4. Citez cinq mots anglais introduits dans la 9e édition du *Dictionnaire* de l'Académie.
5. À combien estime-t-on le nombre de personnes qui peuvent actuellement s'exprimer en français dans le monde ?
6. Comment appelle-t-on les académiciens ? Qu'est-ce qui caractérise leur costume ?
7. Il y a actuellement trois femmes à l'Académie française. Quels sont le nom et la spécialité culturelle de chacune ?
8. Donnez une information récente mentionnée sur le site de l'Académie.

Actualité

Choisissez dans le *Who's Who in France* un personnage dont on parle beaucoup en ce moment. Pourquoi est-il particulièrement en vue (*publicly prominent*) actuellement ?

CHAPITRE • 7

Marguerite Duras

L'Après-midi de Monsieur Andesmas

🔑 Mot-clé : *solitude*

« Il s'entendit parler, sursauta et se tut. »
(Marguerite Duras)

🏛 I. POUR MIEUX LIRE LE TEXTE : LES PILIERS DE LA LANGUE

📷 Stratégies de lecture : les familles de mots

À partir d'un *radical* qui comporte une idée de base, existe toute une série de mots, dans lesquels vous retrouvez la même idée fondamentale. Par exemple, sur le radical **cour-** vous avez :

- **courir**
- **coureur** = celui qui court
- **course** = l'action de courir, a *race*

Parfois, pour comprendre le lien entre les mots d'une même famille, vous devez penser au rapport entre le sens concret et le sens figuré (*figurative*) :

- **cours** = *course,* l'endroit où quelque chose court
- **course** = aussi *errand,* et au pluriel, courses = *shopping*
- **coursier** = celui qui fait des courses, *messenger*
- **courant** = *current, running*

À l'aide des suffixes et des préfixes, la famille des mots s'agrandit. Par exemple, pour les suffixes :

- **contempler** (verbe)
- **contempl-*atif*** (adjectif) = qui contemple
- **contempl-*ative-ment*** (adverbe) = d'une manière contemplative

Pour les préfixes, vous avez déjà rencontré **in-** qui exprime, entre autres, la négation, ou **re-** qui indique la répétition. Sur le radical de **trouv-** vous avez

- ***re*-trouv-er** = trouver à nouveau
- ***in*-trouv-able** = que l'on ne peut pas trouver

Peu à peu, en faisant connaissance avec d'autres préfixes et suffixes, vous allez pouvoir structurer votre connaissance de la langue, et ainsi augmenter votre capacité pour retenir des informations.

✖ Éléments de grammaire (1) : les locutions prépositives

Le français, comme l'anglais, possède de nombreuses locutions (*phrases*) prépositives : elles comportent plusieurs mots, dont l'un au moins est une préposition et on les emploie *comme des prépositions simples*. Vous avez par exemple dans le texte de ce chapitre

à la faveur de	(*with the help of, by the means of*)
ce répit	(*breathing space*)

Il est très utile de bien les connaître. Certaines vous sont certainement déjà familières. En voici quelques-unes :

près de	*near*	**en faveur de**	*in aid of*
au bord de	*at, on the side of*	**au nom de**	*on behalf of*
autour de	*around*	**en dépit de**	*in spite of*
à travers	*through*	**à cause de**	*because of*
au-dessus de	*above*	**grâce à**	*thanks to*
au-(en) dessous de	*under*	**à l'égard de**	*to(ward)*
au milieu de	*in the middle of*	**vis-à-vis de**	*toward, with*
jusqu'à	*as far as, till, until*	**par rapport à**	*in comparison with*
au cours de	*in the course of, during*		

1. « Vérité en deçà des Pyrénées, erreur au-delà. » (MONTAIGNE)[1]
2. « N'ayez d'intolérance que vis-à-vis de l'intolérance. » (TAINE)[2]
3. « Un esprit cultivé se définit beaucoup plus par rapport à ce qu'il peut recevoir que par rapport à ce qu'il contient. » (ROBERT)[3]
4. « Un esprit libre prend des libertés même à l'égard de la liberté. » (PICABIA)[4]
5. « Le journal est un ogre qui tue ceux grâce auxquels il vit. » (DESNOS)[5]
6. « Le chef authentique véhicule à travers les ordres qu'il donne, la sève vitale qui vivifie son pays. » (KOUROUMA)[6]
7. « Les paroles que nous prononçons n'ont de sens que grâce au silence où elles baignent. » (MAETERLINCK)[7]

1. [en deçà = *on this side of*. Ce qui est considéré comme vérité en France est considéré comme erreur en Espagne.] Montaigne continue : « Chacun appelle barbarie ce qui n'est pas de son usage. »
2. Hippolyte TAINE (1828–1893) : philosophe, historien et critique. [N'ayez d'intolérance = Ayez de l'intolérance seulement]
3. Fernand ROBERT, XXᵉ siècle : universitaire hélléniste. [se définit = est défini]
4. Francis PICABIA (1879–1953) : peintre et écrivain, précurseur de l'art abstrait. Il a publié des poèmes, *Pensées sans langage*. [libre*]
5. [journal*, tuer*]
6. [véhicule = transmet ; sève = *sap*]
7. Maurice MAETERLINCK (1862–1949) : écrivain belge symboliste, prix Nobel de littérature (1911). [parole* ; baigner = *bathe*]

Après certaines de ces locutions vient un infinitif :

en âge de	*of an age to*	**de façon à**	*so that*
au lieu de	*instead of*	**afin de**	*in order to*

8. « Si tu diffères de moi, mon frère, loin de me léser, tu m'enrichis. » (SAINT-EXUPÉRY)[8]

'Y' Mise en pratique

Complétez les phrases suivantes avec des locutions prépositives prises dans la liste ci-dessus.

J'attendais Vincent, qui avait pris rendez-vous avec moi _____ régler sa dette à mon égard. En fait, c'est Alexandre qui est venu _____ son frère qui, à la dernière minute, n'avait pu se déplacer, _____ sa maladie. Quand Alexandre est entré, j'étais _____ la fenêtre. Je me suis retourné _____ le voir de face. J'ai réalisé qu'il était très hostile _____ moi. Son visage m'a même fait peur : _____ alors, je n'avais pas connu cet aspect de sa personnalité. Heureusement, _____ ma capacité de me maîtriser, je n'ai rien montré de mes sentiments. Mais, j'ai finalement reçu bien peu _____ ce que j'espérais.

Un brin de causette : le secret du trésor

Vocabulaire actif : locutions prépositives (voir ci-dessus)

Mettez-vous par deux. Vous allez vous révéler mutuellement le secret d'un trésor dont vous avez connaissance : qui l'a caché, quand, pourquoi et dans quelles circonstances, où il se trouve exactement et ce qu'il faut faire pour le sortir de sa cachette (*hiding place*).

Éléments de grammaire (2) : les relatifs composés

En plus des pronoms relatifs simples, invariables (**qui**, **que**, **dont**, **où**), il existe en français des *formes composées qui varient selon le genre* (masculin/féminin) *et le nombre* (singulier/pluriel) *de leur antécédent* (le mot qu'elles remplacent). Ce sont : **lequel, laquelle, lesquels, lesquelles**.

Ces relatifs sont généralement *précédés d'une préposition* (**par**, **pour**, **avec**, **chez**, etc.). Exemple :

• Les grincements (*creaks*) du fauteuil **sur lequel** M. Andesmas était assis suivaient le rythme de sa respiration difficile.

(*lequel* est masculin singulier car il remplace l'antécédent *fauteuil*)

Si ces relatifs viennent après les prépositions **à** ou **de**, ils sont combinés avec elles :

auquel, à laquelle, auxquels, auxquelles
duquel, de laquelle, desquels, desquelles

---

8. [tu diffères = tu es différent ; léser = *wrong*]

• Ce sont des routes de forêt au bord **desquelles** on a aménagé des espaces pour pique-niquer. (*desquelles* est fém. pl. car il remplace l'antécédent *routes*)

9. « Le rire est une chose sérieuse avec laquelle il ne faut pas plaisanter. » (DEVOS)[9]

10. « Bien sûr, j'ai pensé parfois mettre fin à mes jours, mais je n'ai pas su par lequel commencer. » (PRÉVERT)[10]

11. « Le silence de trois cents pianos sur lesquels personne ne joue. » (IONESCO)[11]

12. « Quelqu'un a éteint la lampe autour de laquelle nous étions une famille heureuse. » (ALAIN-FOURNIER)[12]

13. « Notre existence quotidienne est un mauvais feuilleton par lequel nous nous laissons envoûter. » (BUTOR)[13]

14. « L'État : la grande fiction à travers laquelle tout le monde s'efforce de vivre aux dépens de tout le monde. » (BASTIAT)[14]

Comment savoir s'il faut un relatif simple ou un composé ?

    a. L'emploi du relatif composé est *obligatoire après une préposition si l'antécédent est un nom de chose*. Revoyez les exemples ci-dessus : les antécédents sont *fauteuil* et *routes*. On ne pourrait pas dire « sur qui », « au bord de qui ».

    b. Une demi-exception à cette règle : si la préposition est **de**, même quand l'antécédent est un nom de chose, on peut avoir soit **dont**, soit le relatif composé (**duquel**).

    c. L'emploi du relatif composé est *facultatif* (*optional*) après une préposition quand l'antécédent est *un nom de personne*.

Voici, en résumé, des exemples que vous pouvez retenir :

    1. *La maison* **à laquelle** je pense. . .

    2. *La maison* **dont** (ou : **de laquelle**) je parle. . .

    3. *L'homme* **à qui** (ou : **auquel**) je pense. . .

⚑ Mise en pratique

Transformez les phrases suivantes en introduisant des relatifs composés selon le modèle donné. S'il y a deux possibilités, indiquez-les toutes les deux.

---

9. Raymond DEVOS (né en 1926) : humoriste franco-belge, virtuose du langage. Le texte « délirant » de ses sketches est plein d'interrogations profondes. [plaisanter*]

10. [parfois* ; mettre fin à mes jours = me suicider]

11. Eugène IONESCO (1912–1994) : auteur dramatique français d'origine roumaine, très sensible à l'absurde (voir pp. 150–151). [jouer*]

12. [heureux*]

13. Michel BUTOR (né en 1926) : l'un des chefs de file du Nouveau Roman (p. 124). [feuilleton = *serial* ; envoûter = *hex*]

14. Frédéric Bastiat (1801–1850) : économiste, philosophe et homme politique, apôtre du libéralisme économique. [aux dépens* de]

Exemple : Madame Bovary est un roman de Flaubert ; l'héroïne se suicide *à la fin du roman*.
Madame Bovary est un roman de Flaubert *à la fin duquel* l'héroïne se suicide.

1. Le chien ne s'attendait pas à voir l'homme ; il se retrouva face à face *avec l'homme*.
2. M. Andesmas attendait Michel Arc ; il avait pris rendez-vous *avec Michel Arc*.
3. Le village était invisible ; la route menait *au village*.
4. Le village n'était pas très éloigné ; M. Andesmas ne voyait pas la route *du village*.
5. Jules ne connaissait pas ces femmes ; Jim parlait *de ces femmes*.
6. Un homme a crié son nom ; Barbara courait *vers cet homme*.

II. POINTS DE DÉPART POUR LA LECTURE

Biographie : Marguerite Duras (1914–1997)

Née en 1914 en Indochine, où elle passa son enfance et son adolescence, Marguerite Duras fut d'abord marquée par la fascination de la nature vietnamienne et la révolte contre les injustices du système colonial.

En France depuis 1927, elle publia ses premiers romans pendant la Seconde Guerre mondiale. Puis elle se rapprocha du Nouveau Roman (*Les Petits Chevaux de Tarquinia*, 1953), mais poursuivit ensuite sa recherche de façon plus personnelle. Hostile à l'analyse psychologique, elle créait des personnages qui étaient plus des symboles que des caractères. Pourtant, elle parvint à traduire la vie intérieure grâce à son écriture intense et suggestive. Elle construisait ses romans autour d'un événement insolite (*unusual*), ressemblant à une crise, mais sans véritable dénouement (*conclusion*). Il s'agit souvent d'échapper à la solitude par l'amour fou ou le crime (*Moderato Cantabile*, 1958 ; *Le Ravissement de Lol V. Stein*, 1964 ; *L'Amante anglaise*, 1967).

À partir des années 1960 elle se tourna vers le théâtre et elle s'épanouit encore plus par l'expression cinématographique (*Hiroshima mon amour*, 1960 ; *India Song*, 1977).

Ses œuvres énigmatiques lui ont donné la réputation d'un écrivain « difficile ». C'est seulement avec le grand succès de librairie de *L'Amant*, en 1984, avec lequel elle obtint le prix Goncourt, qu'elle toucha le « grand public ».

Perspective historique et climat culturel

L'année de 1962, date de publication de *L'Après-midi de Monsieur Andesmas,* marque la fin de l'empire colonial français et l'indépendance de l'Algérie. (Comme beaucoup d'intellectuels de gauche, Marguerite Duras avait pris parti contre la guerre d'Algérie.) C'est aussi la crise de Cuba, dont le dénouement ouvre vers la détente entre l'Est et l'Ouest.

À Paris, on représente *Le Roi se meurt* d'Eugène Ionesco. Au cinéma, Luis Buñuel réalise *L'Ange exterminateur*. Soljenitsyne publie *Une Journée d'Ivan Denissovitch*.

📖 Le contexte de l'œuvre

Monsieur Andesmas est un vieillard qui ne vit que pour et par sa fille, Valérie. Il attend un entrepreneur (*contractor*) avec lequel il a pris rendez-vous par l'intermédiaire de sa fille. Le livre décrit son attente, pendant cet après-midi qui semble interminable. Le passage que vous allez lire est le début du récit. (La citation qui figure à côté de la photo de Marguerite Duras, p. 135 – « Il s'entendit parler, sursauta et se tut » – est située plus loin dans le récit.)

☺😐☹ Votre préparation personnelle

1. Avez-vous déjà fait l'expérience d'être immobilisé quelque part, dans l'attente de quelque chose, sans pouvoir maîtriser (*control*) la suite des événements ? Comment avez-vous réagi ? Avez-vous cédé (*given way*) à la nervosité ? Avez-vous pu vous appuyer sur (*rely upon*) votre vie intérieure pour supporter cette situation ?
2. Vous sentez-vous parfois solitaire (*lonely*) ? Comment faites-vous face à ce sentiment ?

📑 III. TEXTE

Il **déboucha** du chemin sur la gauche. Il arrivait de cette partie de la colline complètement recouverte par la forêt, **dans le froissement** des petits arbustes et des buissons qui en marquaient l'abord vers la plate-forme.

5 C'était un chien roux, de petite taille. Il venait sans doute des **agglomérations** qui se trouvaient sur l'autre pente, passé le sommet, à une dizaine de kilomètres de là.

La colline de ce côté-ci **s'affaissait** abruptement vers la plaine.

Alors qu'il avait débouché du chemin d'un pas alerte le chien
10 longea le précipice, soudain **flâneur**. Il **huma** la lumière grise qui recouvrait la plaine. Dans cette plaine il y avait des cultures qui entouraient un village, ce village, et de nombreuses routes qui en partaient vers une mer méditerranéenne.

Il ne vit pas tout de suite l'homme qui était assis devant la maison –
15 la seule maison qui était sur son parcours depuis les lointaines agglomérations de l'autre **versant** – et qui regardait lui aussi ce même espace vide illuminé que traversaient parfois des compagnies d'oiseaux. Il s'assit, **haletant** de fatigue et de chaleur.

Ce fut à la faveur de ce répit qu'il devina que sa solitude n'était pas
20 totale, qu'elle **se défaisait** derrière lui à cause de la présence d'un homme. Les très légers et très lents **grincements** du fauteuil d'**osier** sur lequel M. Andesmas était assis suivaient le rythme de sa respiration difficile, et ce rythme **à l'ordonnance sans analogue** ne trompa pas le chien.

emerged

among the prickings

built-up areas

subsided

saunterer / inhaled, took in

slope

panting

diminished, waned

creakings / wicker

with its characteristic order

25 Il retourna la tête, découvrit la présence de l'homme, **dressa** les *pricked up*
oreilles. Toute fatigue cessante, il l'examina. Il devait connaître cette
plate-forme qui s'étendait devant la maison depuis qu'il était en âge de
parcourir la montagne et de s'y reconnaître. Mais il ne devait pas être
assez vieux pour en avoir connu d'autre propriétaire que M. Andes-
30 mas. Ça devait être la première fois qu'un homme se trouvait là, sur
son parcours.

M. Andesmas ne bougea pas, il ne marqua au chien aucun signe
d'inimitié, ou d'amitié.

Le chien le regarda peu de temps de cette façon contemplativement
35 fixe. Intimidé par cette rencontre et se trouvant obligé **d'en faire les** *to do what was required for it*
frais, il baissa les oreilles, fit quelques pas vers M. Andesmas, en re-
muant la queue. Mais très vite, son effort n'étant récompensé par
aucun signe de la part de cet homme, il renonça, s'arrêta net avant de
l'atteindre.

40 Sa fatigue lui revient, il halète à nouveau, et repart vers la forêt, cette
fois en direction du village.

Il devait venir chaque jour dans cette colline, à la recherche des
chiennes ou de nourriture ; il devait aller jusqu'à ces trois **hameaux** du *settlements*
versant ouest, chaque jour, faire ce parcours très long dans l'après-midi
45 à la recherche d'**aubaines** diverses. *occasional handouts*

– De chiennes, de **détritus**, pense M. Andesmas. Je reverrai ce chien *offal, refuse*
qui a ses habitudes.

Il faudra de l'eau à ce chien, donner de l'eau à ce chien, marquer, ici,
d'un réconfort, ses longues courses à travers la forêt de village en vil-
50 lage, dans la mesure du possible faciliter son existence difficile. Il y a
cette **mare**, à un kilomètre d'ici d'où il peut boire aussi **certes**, mais de *pond / indeed*
la mauvaise eau, **fade, épaissie de suc d'herbes**. Verte et **gluante** devait *insipid, thick with the sap of wa-*
être cette eau, alourdie de larves de moustiques, malsaine. Il faudra de *ter algae / sticky*
la bonne eau pour ce chien si désireux de sa joie quotidienne.

55 Valérie lui **donnerait** à boire, à ce chien, **du moment qu'il passerait** *would (certainly) give . . . if he*
devant sa maison. *were to pass*

Il revint. Pourquoi ? Il traversa encore une fois la plate-forme qui
donnait sur le **vide**. Encore une fois il regarda cet homme. *wide open spaces*

Mais **bien que**, cette fois, celui-ci lui **fît un signe** d'amitié, il ne s'en *although / gestured to him [the*
60 approcha plus. Lentement, il s'en alla pour ne plus revenir ce jour-là. Il *dog]*
avait transpercé de sa **coulée colorée** l'espace gris à la hauteur du vol *(red)-colored trajectory*
des oiseaux. Si discrète avait été sa marche sur les roches de **grès** qui *sandstone*
bordaient l'**à-pic**, qu'elle avait cependant tracé, du **raclement sec** de *cliff / dry rasping*
ses ongles sur les roches, dans l'air environnant, le souvenir d'un pas-
65 sage.

La forêt était épaisse, sauvage. Ses **clairières** étaient rares. Le seul *clearings* chemin qui la traversait – le chien le prit cette fois – tournait très vite après la maison. Le chien tourna et disparut.

70   M. Andesmas souleva un bras, regarda sa montre, vit qu'il était 4 heures. Ainsi, pendant le passage du chien, Michel Arc avait commencé à prendre du retard sur l'heure du rendez-vous qu'ils avaient fixé ensemble, il y avait deux jours, sur cette plate-forme. Michel Arc avait dit que 4 heures moins le quart était une heure qui lui convenait. Il était 4 heures.

75   Son bras une fois retombé, M. Andesmas changea de position. Le fauteuil d'osier craqua plus fort. Puis, de nouveau, il respira régulièrement autour du corps qu'il contenait. Le souvenir déjà imprécis du chien orangé **s'estompa** et M. Andesmas ne fut plus entouré que par sa masse très grosse de soixante-dix-huit ans d'âge. Celle-ci **s'ankylosait** *stiffened*
80 facilement dans l'immobilité, et de temps en temps M. Andesmas la déplaçait, la remuait un peu dans le fauteuil d'osier. Ainsi **supportait-il** *he endured* l'attente.

blurred

IV. VIVRE LE TEXTE

🔊 Parlons-en !

Comment M. Andesmas faisait-il pour supporter sa solitude ? Que pensez-vous de son attitude ?

🕯 Comprendre

1. Qui est « il » (l. 1) ?
2. « Sur la gauche » (l. 1) : par rapport à qui ou à quoi est définie cette direction ?
3. À quel endroit parle-t-on pour la première fois de M. Andesmas ? À quel moment commençons-nous à savoir ce qu'il pense ?
4. Comment le chien devine-t-il qu'il n'est pas seul ?
5. Quelle est la première réaction de M. Andesmas quand il voit le chien ?
6. Comment le chien réagit-il à son tour ?
7. À quoi pense M. Andesmas quand le chien s'éloigne ?
8. Comment l'homme et le chien se comportent-ils ensuite ?
9. Une fois le chien reparti, à quoi pense M. Andesmas ?
10. En repensant à l'ensemble de ce texte, dites comment M. Andesmas faisait pour supporter l'attente.

🔲 Analyser

1. En quoi, à votre avis, était-il intéressant de commencer ce récit du point de vue du chien ?
2. Repérez les étapes selon lesquelles nous faisons connaissance avec M. Andesmas. Pourquoi, d'après vous, l'auteur nous le fait-il découvrir si progressivement ?

3. Revoyez le passage « Il faudra . . . devant sa maison » (ll. 48–56). Pouvez-vous analyser comment l'auteur évoque le flux des pensées de M. Andesmas ?

Réfléchir sur l'identité

1. À votre avis, dans ce texte, Marguerite Duras nous présente-t-elle le chien dans sa vie uniquement animale ou lui prête-t-elle des sentiments, des motivations propres aux humains ?
2. Comment l'identité de M. Andesmas est-elle définie par le dernier paragraphe ?
3. Qu'avons-nous appris de lui avant ce dernier paragraphe ?
4. Si vous comparez vos réponses aux questions 2 et 3, cela vous inspire-t-il des réflexions générales sur le thème de l'identité ?

 Élargir la discussion

1. Pensez-vous que les conditions actuelles de la vie occidentale permettent facilement aux personnes âgées d'échapper à la solitude ?
2. Quelle est votre opinion sur le fait qu'en Occident, les humains ont de plus en plus d'animaux « de compagnie » ?
3. Choisissez l'une des citations de la rubrique Découvertes et donnez votre opinion dessus.
4. Reprenez la citation n° 51, p. 61. Expliquez ce que veut dire François Mauriac et décrivez en détail les conséquences qu'a pour les gens le fait de vivre dans une « solitude peuplée » ou dans un « désert sans solitude ».
5. Des quatre textes lus dans cette troisième partie sur le récit imaginaire, lequel avez-vous préféré ? Dites pourquoi.

V. AUX ALENTOURS

Découvertes

15. « Écrire, c'est aussi ne pas parler. C'est se taire. C'est hurler sans bruit. » (DURAS)
16. « Il n'y a pas deux temps pareils de solitude car on n'est jamais seul de la même façon. » (BOSCO)[15]
17. « La solitude vivifie ; l'isolement tue. » (ROUX)[16]
18. « L'isolement n'est pas la solitude absolue, qui est cosmique ; l'autre solitude, la petite solitude, n'est que sociale. » (IONESCO)
19. « Par le langage, l'homme s'est fait le plus solitaire des êtres du monde, puisqu'il s'est exclu du silence. » (LE CLÉZIO)[17]

---

15. Henri BOSCO (1888–1976) : romancier dont les œuvres ont pour cadre sa Provence natale.
16. Joseph ROUX (XIXᵉ siècle) : abbé et poète français [isolement = *isolation* ; tuer*]
17. [s'est fait, s'est exclu : sens réfléchi ; puisque*]

*« La solitude vivifie ; l'isole-
ment tue. » (Joseph Roux)*

20. « Il est plus insupportable d'être toujours seul que de ne le pouvoir jamais être. »
    (MONTAIGNE)[18]
21. « La pire souffrance est dans la solitude. » (MALRAUX)[19]
22. « On ne va jamais jusqu'au fond de sa solitude. » (BERNANOS)[20]
23. « La solitude c'est l'impossibilité de vivre seul. » (YANNE)[21]
24. « Si vous avez peur d'être seul, n'essayez pas d'avoir raison. » (RENARD)[22]
25. « La solitude n'est possible que très jeune, quand on a devant soi tous ses rêves, ou très vieux,
    avec derrière soi tous ses souvenirs. » (RÉGNIER)[23]
26. « Nul adulte n'a jamais compris que, pour l'enfant, la solitude est pire que la douleur. »
    (ATTALI)[24]

---

18. [insupportable : quels sont les sens du préfixe et du suffixe ? ne le pouvoir jamais être = ne pouvoir jamais être
    seul]
19. [pire*]
20. George BERNANOS (1888–1948) : romancier particulièrement inspiré par sa foi catholique. [fond*]
21. Jean YANNE (1933–2003) : acteur et humoriste acide.
22. [peur* ; raison*]
23. Henri de RÉGNIER (1864–1936) : poète et romancier. [(quand on est) très jeune ; devant*, derrière* ; rêve*]
24. [nul = aucun ; douleur*]

27. « Choisie ou forcée, transitoire ou définitive, la solitude est de plus en plus préférée au lien forcé. On apprend à l'aménager et à profiter de son égoïsme. » (E. BADINTER)[25]

🕵 Le Détective

Lecture exhaustive et lecture sélective

Lorsque vous lisez un texte pour y chercher des renseignements précis, selon les cas, vous allez décider de le lire en entier ou de chercher des « raccourcis » (*shortcuts*). Votre choix peut dépendre de plusieurs critères :

Si vous n'avez pas d'indice sur la partie du texte concernée ou si vous vous sentez un peu fatigué, il vaut mieux commencer le texte depuis le début et le parcourir à la suite. Cela va peut-être prendre plus de temps, mais vous risquez moins de laisser passer l'information que vous cherchez. (Voir ci-dessous la question 1.)

Si vous vous sentez l'esprit vif et si vous disposez d'un ou plusieurs indices sur l'endroit où ce trouve ce que vous cherchez, essayez d'aller directement à cet endroit. Vous avez des chances d'avoir un succès plus rapide, et plus stimulant intellectuellement. (Voir ci-dessous la question n° 2.)

1. Cherchez le mot **chien** dans *Le Petit Robert*. Citez trois types de chiens nommés dans cette notice.

2. Toujours à la notice **chien**, vous allez maintenant chercher le sens des expressions suivantes, qui sont des locutions figurées (loc. fig.) :
   a. vivre comme chien et chat
   b. entre chien et loup
   c. recevoir quelqu'un comme un chien dans un jeu de quilles
   d. se regarder en chiens de faïence
   e. garder à quelqu'un un chien de sa chienne
   f. nom d'un chien !
   g. Qui veut noyer son chien l'accuse de la rage.[26]
   h. un temps de chien
   i. un caractère de chien
   Qu'y a-t-il de commun entre les expressions (h) et (i) ?

3. Et maintenant, mettez-vous par deux et réfléchissez ensemble pour savoir comment expliquer à des ami(e)s français(e)s, avec vos mots et en français, le sens des expressions suivantes :

---

25. Elisabeth BADINTER (née en 1944) : philosophe dont les écrits et l'action sont souvent mis au service du féminisme (voir p. 245, n. 27). [lien* ; aménager = *manage* ; égoïsme*]

26. Dans l'édition 2000 du *Petit Robert,* le sens de cette phrase ne se trouve pas au mot « chien » , mais au mot qui porte le signe* .

a. it's raining cats and dogs
b. it's going to the dogs
c. to be someone's dogsbody.

Aller ailleurs

Voici des extraits de la table des matières d'un livre sur le roman français contemporain.[27] Quels auteurs étudiés dans notre livre figurent dedans ? (Cherchez leurs noms dans la table des matières, pp. VII–X.) Inscrivez les noms dans deux colonnes :
• les auteurs de la section III, sur le récit imaginaire ;
• les auteurs étudiés dans d'autres sections du livre : dites quel genre d'œuvres ces auteurs ont écrit à part les romans.

V. À PARTIR DES VALEURS SURRÉALISTES

Georges Limbour.
Raymond Queneau.
Michel Leiris.
Julien Gracq.
André-Pierre de Mandiargues.

. . .

VII. JEAN-PAUL SARTRE ROMANCIER

VIII. ALBERT CAMUS ROMANCIER

IX. L'EXISTENTIALISME ET SES À-CÔTÉS

Simone de Beauvoir.
Jean Genet.
Raymond Guérin.
Marguerite Duras.
Boris Vian.
Violette Leduc.

. . .

XI. LE ROMAN EN QUESTION

Georges Bataille.
Maurice Blanchot.
Louis-René des Forêts.

XII. LA RÉACTION NÉO-CLASSIQUE

Jacques Laurent.
Roger Nimier.
Antoine Blondin.
Bernard Pingaud.
Françoise Sagan.

XIII. AU-DELÀ DU ROMAN

Jean Reverzy.
Pierre Klossowski.
Samuel Beckett.

XIV. LE « NOUVEAU ROMAN »

Alain Robbe-Grillet.
Nathalie Sarraute.
Michel Butor.
Claude Simon.
Claude Ollier.
Robert Pinget.

---

27. Maurice Nadeau, *Le Roman français depuis la guerre*, éditions Gallimard, 1970. Les titres des chapitres sont mis ici en capitales. La table des matières n'est pas présentée en colonnes dans le livre.

📖 Approfondir

Choisissez un passage du texte que vous avez aimé et préparez-vous à le lire à haute voix devant la classe, de manière à en exprimer l'atmosphère particulière. Faites des répétitions (*rehearsals*) pour perfectionner votre prononciation, votre expression. Réfléchissez à l'importance des silences pour un texte comme celui-ci. Vous pouvez également prévoir des moyens annexes pour mettre le texte en valeur : une petite mise en scène, l'audition d'un court morceau de musique enregistré. . .

✏️ C'est à vous !

Racontez une histoire à laquelle a participé un animal, en vous plaçant de son point de vue.

✌️ Devinettes

« Qu'est-ce qui a 6 jambes, 2 têtes, 4 oreilles, 2 mains, mais se tient sur 4 pattes ? »[†]

Éclose pour te consoler,   *open up, bloom*
Je suis la fleur qui sait voler.
Qui suis-je ?[††]

VI. RECHERCHES SUR INTERNET

🕵️ Le Détective

1. Quel est le titre du récit autobiographique, publié en 1950, où Marguerite Duras évoqua son enfance et son adolescence passées en Indochine ?
2. Marguerite Duras a écrit le scénario et les dialogues du film *Hiroshima mon amour*, qu'Alain Resnais a ensuite réalisé (p. 132, note 31). Quel est le thème de ce film ? Quelles en sont les deux premières phrases ?

🏛️ Aller ailleurs

1. Cherchez le texte de la chanson « Ma Solitude », du chanteur-compositeur Georges Moustaki. Lisez ce texte en vous aidant du lexique du livre et d'un dictionnaire. Quelle impression vous fait personnellement cette chanson ?
2. Le XXe siècle a vu le développement du genre à la fois littéraire et graphique de la bande dessinée (en abrégé, BD, *comics*). Dans la francophonie, l'une des grandes célébrités de la BD a été le dessinateur belge Hergé, qui a créé le héros Tintin, accompagné d'une série de personnages. Évoquez les caractéristiques de l'un de ces personnages et présentez-les de la manière la plus vivante possible devant la classe.

[†] (Réponse : le cheval et son cavalier)   [††] Jacques Charpentreau, *Les Cent plus belles devinettes*, Paris, Gallimard, 1983, n° 74. (Réponse : le papillon)

3. Sur le site de la Bibliothèque Nationale de France, vous allez trouver une exposition virtuelle sur le thème « La BD avant la BD ». Visitez ce site et rapportez-en des informations sur les ancêtres du récit en séquences.

Approfondir

Allez sur un site consacré à Marguerite Duras et « feuilletez-le » en vous laissant accrocher (*letting your eye be drawn to*) par les mots, les expressions que vous pouvez capter. Observez les liens entre le texte et les photos. Soyez attentif à tout ce qui vous rappelle des impressions éprouvées durant la lecture du texte du chapitre. Préparez-vous à présenter votre promenade dans ce site à la classe.

Actualité

La revue *Lire* est consacrée aux nouveautés du monde de l'édition. Cherchez un roman français, une bande dessinée ou un livre pour la jeunesse et présentez cette œuvre à la classe.

SECTION IV • LE THÉÂTRE

Les œuvres théâtrales occupent une place à part dans la littérature, car, en principe, *les pièces sont faites pour être jouées.* Il ne faut jamais l'oublier, ces textes sont normalement reçus comme une unité, en une seule fois : ce n'est pas comme un livre, qu'on prend et qu'on laisse à son gré (*at one's leisure*).

Le théâtre est entendu, vu dans une mise en scène. Dans des styles différents, à toutes les époques, l'auteur de théâtre s'efforce d'écrire pour répondre à ces impératifs et profiter de la magie de la scène. « La comédie, c'est le sentiment d'être dedans et dehors ; c'est notre fascination pour la mécanique mystérieuse de la scène, bien réelle devant nous, mais aussi fictive ; très intense, mais aussi destinée à s'évanouir après la représentation » écrit l'auteur dramatique Jean Tardieu en 1993.

Le lecteur doit donc faire un effort d'imagination pour *se représenter le plus possible l'effet qui peut être produit sur scène par le texte qu'il lit.*

- Si le texte donne des indications de mise en scène, il faut y être attentif : se représenter concrètement le décor, et en même temps se demander s'il n'a pas également un sens symbolique ; suivre mentalement les déplacements des personnages.
- On peut aussi dire à haute voix les dialogues pour entendre les sonorités, le rythme des phrases, l'énergie de certains mots.

♦ La pièce de théâtre est construite autour *d'un événement, ou une succession d'événements* qui, encore une fois, vont être vécus par procuration (*vicariously*) par le public pendant le temps de la représentation. Même le théâtre le plus moderne, dans ses recherches diverses, n'a pas aboli ces deux critères essentiels.

- La situation théâtrale est construite *autour d'un enjeu,* concrétisé par ce qui va arriver aux personnages. Le lecteur, comme le spectateur, doit comprendre rapidement quel est cet enjeu. Que savons-nous de ces personnages ? Qu'est-ce qui les rapproche ou les divise, ou les deux à la fois ? Sont-ils susceptibles d'évoluer, ou vont-ils simplement subir le développement de la pièce ?

• Pour captiver le public avec la poursuite de cet enjeu, l'auteur opère des *variations dans l'intensité des situations,* il y a des montées de la tension dramatique, mais aussi des redescentes, à travers des péripéties. Le spectateur vit directement ces variations de manière émotionnelle ; le lecteur, plus distancié, a la possibilité de les analyser.

♦ L'œuvre théâtrale peut être influencée par un autre facteur : *l'auteur a-t-il écrit uniquement des pièces de théâtre ?* Tous les auteurs présentés dans cette section ont également écrit dans d'autres genres littéraires : Jean-Paul Sartre (ch. 8) a écrit des textes philosophiques, Samuel Beckett (ch. 9) des romans très modernes, Aimé Césaire (ch. 10) de la poésie, Jean Genet (ch. 11) des textes autobiographiques et de la poésie. Vous allez donc vous demander comment les thèmes de leurs pièces et / ou leur style théâtral sont colorés par ces autres genres littéraires.

♦ Les œuvres présentées ici reflètent les interrogations du théâtre moderne, qui émerge après les horreurs de deux guerres mondiales, après Hiroshima, dans un monde de plus en plus mécanisé, où les objets prolifèrent, où tout est reproduit en masse, même la mort. Le souci essentiel est d'exprimer *l'angoisse métaphysique* de l'homme confronté à ces souvenirs brûlants, à ces perspectives déroutantes et menaçantes. « Rien à faire » dit Estragon dans *En attendant Godot,* et Vladimir lui répond : « Je commence à le croire. »

Alors qu'il devient anonyme, numéro sans identité ni fonction, alors que les valeurs qui avaient pu donner une impression de solidité sont toutes remises en question, comment l'homme peut-il trouver de la signification au monde et à lui-même ? Et *la communication avec les autres humains devient désespérément problématique.* Eugène Ionesco conclut : « Les gens sont devenus des murs les uns pour les autres. »

Dans les pièces de Sartre et de Camus, ces idées sont exprimées assez traditionnellement, avec une exposition plus ou moins conventionnelle. Mais peu après la Deuxième Guerre mondiale apparaît *le théâtre de l'absurde.* Chez des auteurs comme Ionesco et Beckett, les mêmes questions sont posées, mais à l'intérieur

Le théâtre • 151

d'un monde surréel, bizarre et énigmatique. On a souvent l'impression d'être dans de l'anti-théâtre : le langage se dégrade, les personnages deviennent quasi anonymes, les scènes interchangeables. La notion de progression dramatique s'efface, la pièce ne se termine plus de manière très différente de celle dont elle avait commencé. Pourtant, à travers cette mutation de la forme, la puissance du théâtre demeure : « L'univers est en crise perpétuelle. Sans la crise, sans la menace de mort, il n'y a que la mort. Donc : il y a crise au théâtre seulement lorsque le théâtre n'exprime pas la crise » (Ionesco).

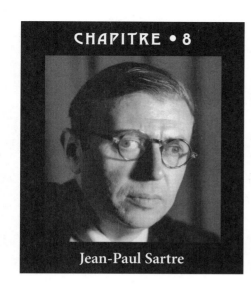

CHAPITRE • 8

Jean-Paul Sartre

Huis clos

🗝 Mot-clé : *actes*

« Les yeux ouverts. Pour toujours. »
(Jean-Paul Sartre)

I. POUR MIEUX LIRE LE TEXTE : LES PILIERS DE LA LANGUE

Stratégies de lecture : les mots composés

Nous avons vu que pour former des mots, on emploie souvent des préfixes ou des suffixes. Ceux que nous avons rencontrés ont un sens abstrait (le préfixe **in-** exprime la négation, le suffixe **-able** la possibilité). Il existe aussi *des préfixes et des suffixes qui ont un sens concret*. On dira alors que *le mot est composé*.

Par exemple, dans le texte du chapitre, vous avez le mot « infanticide », où figure le suffixe **-cide** = celui qui tue, ou l'action de tuer. Infanticide = celui (celle) qui tue un enfant, le meurtre d'un enfant.

Que voudront dire les mots régi**cide**, parri**cide**, matri**cide**, formés sur les radicaux **reg-** = roi, **patr-** = père, **matr-** = mère ?

Ces préfixes et suffixes à sens concret sont empruntés au latin et au grec. En voici d'autres exemples :

-cratie = pouvoir	**milli-** = 1/1000
-vore = qui mange	**omni-** = tous
-logie = science	**kilo-** = 1 000

Qu'est-ce qu'un carni**vore** ? un **kilo**gramme ? un **milli**litre ?

Que veulent dire les adjectifs : **omni**vore, **omni**potent, **omni**présent, **omni**scient (Revoyez l'expression le « narrateur omniscient » dans le chapitre 6, Le Nouveau Roman, p. 124) ?

Qu'est-ce que la bio**logie** (**bio-** = vie) ? la démo**cratie** (**démo-** = peuple) ? la bureau**cratie** ? la mérito**cratie** (mériter = *deserve*) ? un techno**crate** ?

Éléments de grammaire (1) : le futur simple

1. La forme

INFINITIF + **-ai**, **-as**, **-a**, **-ons**, **-ez**, **-ont**
danser / je danser**ai** **réfléchir** / vous réfléchir**ez**

Si l'infinitif se termine en -**re**, on ôte le -**e** avant la terminaison :

perdre / ils **perdr**ont

Certains verbes ont un radical irrégulier au futur :

aller	**ir**-
avoir	**aur**-
devoir	**devr**-
être	**ser**-
faire	**fer**-
pouvoir	**pourr**-
savoir	**saur**-
venir	**viendr**-
voir	**verr**-
vouloir	**voudr**-

2. Le sens

Ce temps correspond à l'anglais *shall, will + verb,* c'est-à-dire à un événement *à venir dans un temps indéterminé.* Il se distingue pour le sens de l'expression du futur proche :
je **ferai** / je **vais faire** (*I am going to do*)

1. « Nous n'irons pas au but un par un mais par deux,
Nous connaissant par deux nous nous connaîtrons tous. » (ÉLUARD)[1]
2. « Il y aura toujours un chien perdu quelque part qui m'empêchera d'être heureuse. » (ANOUILH)[2]
3. « Homme libre, toujours tu chériras la mer. » (BAUDELAIRE)[3]

Quelques proverbes

4. « Rira bien qui rira le dernier. »
5. « Qui vivra verra. »

1. [but*]
2. [perdre* ; empêcher* ; heureux*]
3. [libre*]

6. « Un “tiens” vaut mieux que deux “tu l’auras”. »[4]
7. « Ce n’est pas en battant ton âne que tu en feras un cheval. »[5]

À noter

Dans les phrases avec **si**, on a le futur dans la proposition principale, mais **si** + *présent* dans la proposition qui exprime la condition :

- S’il **fait** beau demain, nous **irons** à la plage.

Mise en pratique

Dans les phrases suivantes, mettez les verbes entre parenthèses au futur simple ou au futur proche, selon le sens. Exemple :

Nous (changer) de voiture l’année prochaine : **changerons**
Nous (changer) de voiture dans quinze jours : **allons changer**

1. Il est midi ; le train ne (partir) qu’à 14 heures.
   Il est midi ; le train (partir) dans quelques minutes.
2. Mon neveu (avoir) sept ans à la fin du mois.
   Mon neveu (avoir) sept ans dans six mois.
3. Après avoir lu les explications, nous (faire) les exercices.
   Nous (faire) les exercices de grammaire lundi prochain.
4. Son mari est parti ; on ne sait pas quand il (revenir).
   Son mari est parti ; on ne sait pas s’il (revenir) bientôt.

Éléments de grammaire (2) : le futur antérieur

1. La forme

AUXILIAIRE au FUTUR (**avoir** ou **être**) + PARTICIPE PASSÉ

j’**aurai aimé**
nous **serons partis**

Pour savoir s’il faut **avoir** ou **être**, voir Appendice grammatical, p. 297. Sur le participe passé passif, voir Appendice grammatical, p. 299.

---

4. [tiens : du verbe *tenir* ; vaut: de *valoir*. Pouvez-vous penser à un proverbe anglais qui corresponde à celui-ci ?]
5. [battre* ; âne*]

2. Le sens

Le futur antérieur exprime *une action qui sera passée à un moment futur.*

a. Avec *un futur antérieur et un futur simple* dans la même phrase

- Il partira quand il **aura reçu** son passeport.

Présent

```
_____□_____ | _____ ‖ _____ ⇨ (Futur)
        aura reçu                  partira
     (à un moment X)      (ce moment dépend du précédent)
```

b. Avec *un futur antérieur seulement* (sans futur simple)

Le futur antérieur exprimé alors sera achevé avant un autre moment dans l'avenir. Ce moment peut être indiqué *autrement que par un verbe* :

- « Je me couche malade du cœur autant que du corps, mais sachant parfaitement que j'**aurai changé** d'avis dans deux jours » (d'après Albert Camus, p. 13).

Présent

```
_____□_____ | _____ ‖ _____ ⇨ (Futur)
   je me couche                            j'aurai changé
   (aujourd'hui )      (demain)           (après-demain)
```

8. « Quand j'aurai terminé avec lui, je serai à vos ordres. » (MÉRIMÉE)[6]

9. « Quand j'aurai reçu de vos nouvelles, je serai tranquille sur tout le reste. » (ROUSSEAU)[7]

10. « Tu n'entreras en Paradis que quand tu auras célébré ces trois cents messes de Noël. » (DAUDET)[8]

11. « Lorsqu'ils auront atteint la terre, ils se sépareront et chacun suivra son étoile. » (PEISSON)[9]

12. « Quand ils seront devenus grenouilles, j'aurai un fameux baromètre. » (GENEVOIX)[10]

13. « Ce n'est qu'au prix d'une ardente patience que nous pourrons conquérir la cité splendide qui donnera la lumière, la justice et la dignité à tous les hommes. Ainsi la poésie n'aura pas chanté en vain. » (RIMBAUD)[11]

---

6. [terminer = finir]

7. [de vos nouvelles = des nouvelles de vous]

8. Alphonse DAUDET (1840–1897) : auteur de romans, de contes et de nouvelles dont certaines sont devenues des classiques.

9. Édouard PEISSON (1896–1963) : romancier inspiré par sa vie de marin. [atteindre* ; suivre* ; étoile*]

10. Maurice GENEVOIX (1890–1980) : romancier qui fut le secrétaire de l'Académie française (voir p. 133) de 1958 à 1973. [Il parle ici de têtards, les larves des grenouilles*.]

11. [ainsi* ; en vain = vainement]

ᛉ Mise en pratique

Complétez les phrases suivantes en utilisant le futur simple ou le futur antérieur, selon les cas. (Il faudra un futur antérieur si dans la phrase on exprime l'idée qu'une action sera finie avant un certain moment défini dans l'avenir.)

1. Pendant ce semestre, nous _____ (étudier) plusieurs écrivains contemporains.
2. À la fin du semestre, nous _____ (étudier) plusieurs écrivains contemporains.
3. La secrétaire_____ (finir) de taper le courrier (*mail*) avant midi.
4. La secrétaire _____ (finir) de taper le courrier demain matin.
5. Elle _____ (arriver) à Lyon vers quatorze heures.
6. Elle _____ (arriver) à Lyon avant quatorze heures.
7. Dès que tu _____ (lire) cet article, passe-moi le journal.
8. Quand vous _____ (planter) ces fleurs, vous les _____ (arroser, *water*) tous les jours.

Sur l'avenir en général

14. « Il faut toujours se réserver le droit de rire le lendemain de ses idées de la veille. » (NAPOLÉON)[12]
15. « La conscience est un trait d'union entre ce qui a été et ce qui sera, un pont jeté entre le passé et l'avenir. » (BERGSON)[13]
16. « L'avenir ne nous apporte rien, ne nous donne rien ; c'est nous qui, pour le construire, devons tout lui donner, lui donner notre vie elle-même. » (WEIL)[14]
17. « On efface le passé pour mieux détruire l'avenir. » (PARIZEAU)[15]
18. « L'urgent, c'est le pressant avenir immédiat, le futur en train de se faire au présent. » (JANKÉLÉVITCH)[16]

Au seuil du XXe siècle

19. « Il faut être absolument moderne. » (RIMBAUD)

12. Napoléon BONAPARTE (1769–1821) : empereur des Français de 1804 à 1815. [se réserver = garder* pour soi ; lendemain* ; veille*]
13. Henri BERGSON (1859–1941) : philosophe spiritualiste (*L'Évolution créatrice*, 1907 ; *L'Énergie spirituelle*, 1919). [trait d'union = link ; pont*]
14. Simone WEIL (1909–1943) : écrivain et philosophe d'origine juive, elle évolua vers un mysticisme chrétien teinté d'hindouisme. (Il ne faut pas la confondre avec Simone Veil, la femme politique – voir p. 239, n. 19.)
15. Alice (Poznanska) PARIZEAU (1930–1990) : journaliste, romancière et essayiste québécoise d'origine polonaise qui fut agente de liaison durant la Deuxième Guerre mondiale (*Les Lilas fleurissent à Varsovie*, 1982). [effacer = *erase* ; détruire*]
16. Vladimir JANKÉLÉVITCH (1903–1985) : philosophe qui se consacra à une réflexion métaphysique, éthique et esthétique. Cette phrase est extraite d'une interview de 1971.

20. « Toute l'industrie, tout le commerce finira par n'être qu'un immense bazar unique, où l'on s'approvisionnera de tout. » (ZOLA)[17]

21. « Des jeunes gens antisémites, ça existe donc, cela ? Il y a donc des cerveaux neufs, des âmes neuves, que cet imbécile poison a déjà déséquilibrés ? Quelle tristesse, quelle inquiétude, pour le vingtième siècle qui va s'ouvrir ! » (ZOLA)[18]

Au seuil du troisième millénaire

22. « Il y a toujours un avenir pour ceux qui pensent à l'avenir. » (MITTERRAND)[19]

23. « La sagesse du futur, celle qui évitera le suicide de l'humanité, ne consistera plus à gagner du temps mais à le remplir, à le vivre, à en prendre toute la mesure. » (ATTALI)[20]

24. « L'avènement du cyberespace a eu pour principale conséquence d'abaisser le seuil de patience de l'humain postmoderne à un dixième de seconde. » (DION)[21]

25. « Nous abordons le XXIe siècle avec des pouvoirs de démiurges et des instincts de primates. » (GAUDIN)[22]

26. « Le surhomme ? Peut-être fabriquerons-nous un jour ce qui nous comprendra. » (ROSTAND)[23]

27. « Comme la femme enceinte ne sait pas ce que son ventre prépare, nous ignorons quelles merveilles peuvent encore surgir du développement de la complexité cosmique. » (REEVES)[24]

🗪 Un brin de causette : chez Madame Irma

Vocabulaire actif : l'avenir

Dans ce chapitre où nous étudions le futur des verbes, il est utile de rappeler des expressions qui introduisent l'idée d'avenir :

---

17. [s'approvisionner = prendre ce dont on a besoin] Cette phrase est tirée de *Lettre à la jeunesse,* 1897.

18. [donc = *actually* ; cerveau* ; âme* ; tristesse : de quel adjectif vient ce nom ?]

19. François MITTERRAND (1916–1996) : président de la République française de 1981 à 1995.

20. [sagesse* ; éviter* ; remplir*]

21. Jean DION : chroniqueur du journal québécois *Le Devoir* ; cette phrase date du 11 mai 2000 [abaisser = *lower* ; seuil = *threshold*]

22. Thierry GAUDIN (né en 1940) : se consacre à un travail de prospective. La phrase est tirée d'un ouvrage collectif qu'il a dirigé, *2100, Récit du prochain siècle* (1990). [aborder = entrer dans]

23. Jean ROSTAND (1894–1977) : cette phrase est tirée de *Pensées d'un biologiste,* 1938.

24. Hubert REEVES (né en 1932) : astrophysicien québécois, auteur de chefs d'œuvre (*masterpieces*) de vulgarisation scientifique, examine les choix qui s'offrent à la communauté humaine alors que l'auto-élimination de l'espèce devient possible (*Origins: Speculations on the Cosmos, Earth and Mankind,* 1997). Cette phrase est tirée de *Intimes convictions,* 2001.

• dans cinq minutes, dans un mois, dans trois ans
• la semaine prochaine
• demain, après-demain, bientôt
• Quand j'aurai 85 ans, quand tu seras adulte.

En France, quand on veut présenter d'une façon caricaturale une personne qui a pour métier de prédire l'avenir, on l'appelle souvent « Madame Irma ». Mettez-vous par deux et imaginez que vous êtes chez une « Madame Irma », avec sa boule de cristal entre vous deux. À tour de rôle (= l'un après l'autre), vous serez pour l'autre « Madame Irma » : vous regarderez dans la boule de cristal l'avenir de l'autre et vous lui ferez des prédictions d'après ce que vous y verrez. . . en utilisant, bien sûr, le plus de verbes au futur que vous pourrez !

II. POINTS DE DÉPART POUR LA LECTURE

Biographie : Jean-Paul Sartre (1905–1980)

Issu d'une famille bourgeoise, Jean-Paul Sartre critiqua très vivement les valeurs et les traditions de sa classe. Dès ses premiers textes philosophiques, apparut l'originalité de sa pensée, qui le conduisit à l'existentialisme (comme nous le verrons au chapitre 13).

Il se fit connaître du grand public surtout par ses romans (*La Nausée*, 1938) et nouvelles (*Le Mur*, 1939), ses textes de critique littéraire et politique (*Réflexions sur la question juive*, 1946 ; *Situations*, 1947–1976).

Son théâtre atteignit un public plus vaste encore, car il put y développer ses idées en les rendant vivantes à travers des situations dramatiques (*Les Mouches*, 1943 ; *La Putain Respectueuse*, 1946 ; *Les Mains sales*, 1948).

Il aborda tous les problèmes de son temps et mena jusqu'à la fin de sa vie une intense activité politique. Il refusa le prix Nobel de littérature en 1964 pour des raisons idéologiques.

Perspective historique et climat culturel

Dans le Pacifique, les États-Unis reprennent les Philippines aux Japonais. Après le débarquement des Alliés en Italie, en juillet 1943, leur avance est bloquée et les combats avec les Allemands deviennent très durs. En France, sous le gouvernement de Pétain, la Milice, créée en janvier pour lutter contre la Résistance, en collaboration avec les Allemands, contribue aux persécutions contre les juifs.

L'écrivain Pierre Drieu La Rochelle, favorable à la collaboration avec l'occupant allemand, publie *L'Homme à cheval*, sur le thème du chef. Jean Grémillon réalise *Le Ciel est à vous*, un film sur l'héroïsme, qui sera revendiqué aussi bien par la Résistance que par le régime de Vichy.

Jean Vilar, qui sera plus tard directeur du Théâtre National Populaire (voir p. 216), à la tête d'une jeune compagnie, met en scène des pièces difficiles, comme *L'Orage* de Strindberg.

Saint-Exupéry publie aux États-Unis *Le Petit Prince,* dont l'idée lui a été suggérée par un éditeur américain.

📖 **Le contexte de l'œuvre**

Sartre écrivit *Huis clos* à la fin de 1943. Il venait de publier *L'Être et le Néant*, une œuvre philosophique vaste et difficile. La forme théâtrale lui permit d'en rendre plus accessibles les thèmes centraux : l'importance du regard de l'autre dans notre perception de nous-mêmes, et le rapport de l'homme à sa propre liberté.

La pièce se déroule dans le salon d'une sorte d'hôtel, où on a amené successivement Garcin, un homme de lettres, Inès, une employée des postes et Estelle, une mondaine. En fait, ils sont tous les trois morts et sont arrivés en enfer. Garcin, un militant pacifiste, a trahi sa cause pour s'enfuir ; Inès, lesbienne, a poussé au désepoir son amie, qui s'est suicidée ; Estelle a noyé (*drowned*) l'enfant qu'elle a eu de son amant, qui s'est tué. Ils se trouvent tous les trois hors de tous repères (*marks*), sous une lumière électrique continue, sans pouvoir fermer les yeux. Après s'être attendus à de terribles tortures physiques, ils ont compris – Inès la première – que le bourreau (*executioner*), c'est chacun d'eux pour les deux autres. Le passage que vous allez lire est la conclusion de la pièce.

Le titre de la pièce, *Huis clos*, a un sens à la fois concret et symbolique. *Huis* est un mot ancien qui désigne une porte, *clos* (du verbe « clore ») est un synonyme de « fermé ». L'expression *à huis clos*, « toutes portes fermées », qualifie dans le langage juridique un procès où le public n'est pas admis. Les trois personnages sont à la fois juges et accusés. Dans un texte de 1965, Sartre expliqua que la situation décrite dans sa pièce s'applique uniquement quand les rapports entre les gens sont mauvais : « Alors l'autre ne peut être que l'enfer. »

☺☺☹ **Votre préparation personnelle**

1. Savez-vous ce que vous aimez le plus en vous-même ? ce que vous aimez le moins ? Avez-vous l'impression de vous accepter tel(le) que vous êtes ?
2. Comment faites-vous pour vous connaître vous-même ? Cherchez-vous les réponses plutôt à l'intérieur ou à l'extérieur de vous ?
3. Vous arrive-t-il de penser que les autres ne vous voient pas tel que vous êtes réellement ? Qu'en concluez-vous ? Comment réagissez-vous ?
4. Savez-vous quel type de situation prolongée est le plus insupportable pour vous ?

📄 III. TEXTE

Le décor est celui d'un salon style Second Empire français (années 1852–1870), éclairé par une lampe suspendue. Il y a trois canapés, et une cheminée sur laquelle sont posés une sculpture en bronze et un coupe-papier.

GARCIN. J'y mettrai le temps qu'il faudra.

INÈS. Oh ! tu as tout le temps. *Tout* le temps.

GARCIN, *la prenant **aux épaules**.* Écoute, chacun a son **but**, n'est-ce pas ? Moi, **je me foutais de** l'argent, de l'amour. Je voulais être un homme. Un dur. **J'ai tout misé** sur le même cheval. Est-ce que c'est

by the shoulders ; goal

(°)I didn't give a damn about

I staked everything

5

À quel moment de la scène peut correspondre cette photo d'une mise en scène de Huis clos *?*

possible qu'on soit un **lâche** quand on a choisi les chemins les plus dangereux ? Peut-on juger une vie sur un seul acte ?

INÈS. Pourquoi pas ? Tu as rêvé trente ans **que tu avais du cœur** ; et **tu te passais mille petites faiblesses** parce que tout est permis aux

10 héros. Comme c'était **commode** ! Et puis, à l'heure du danger, **on t'a mis au pied du mur** et . . . tu as pris le train pour Mexico.

GARCIN. Je n'ai pas rêvé cet héroïsme. Je l'ai choisi. On est ce qu'on veut.

INÈS. Prouve-le. Prouve que ce n'était pas un rêve. Seuls les actes dé-
15 cident de ce qu'on a voulu.

GARCIN. Je suis mort trop tôt. On ne m'a pas laissé le temps de faire *mes* actes.

INÈS. On meurt toujours trop tôt - ou trop tard. Et cependant la vie est là, terminée ; **le trait est tiré**, il faut **faire la somme**. Tu n'es rien
20 d'autre que ta vie.

GARCIN. Vipère ! Tu as réponse à tout.

INÈS. Allons ! allons ! Ne perds pas courage. Il doit t'être facile de me persuader. Cherche des arguments, fais un effort. (*Garcin hausse les épaules.*) Eh bien, eh bien ? Je t'avais dit que tu étais vulnérable. Ah !
25 comme tu vas payer à présent. Tu es un lâche, Garcin, un lâche parce que je le veux. Je le veux, tu entends, je le veux ! Et pourtant,

coward

that you were courageous /
you allowed yourself a thousand
small shortcomings / facile
you were up against the wall

the bottom line is drawn / add it all
up

vois comme je suis faible, **un souffle** ; je ne suis rien que le regard
qui te voit, que **cette pensée incolore** qui **te pense**. (*Il marche sur
elle, les mains ouvertes.*) Ha ! elles s'ouvrent, ces grosses mains

breath

this colorless thought / considers you

30   d'homme. Mais qu'espères-tu ? On n'attrape pas les pensées avec les
mains. Allons, tu n'as pas le choix : il faut me convaincre. **Je te tiens.**

I've got you

ESTELLE. Garcin !

GARCIN. Quoi ?

ESTELLE. Venge-toi.

35   GARCIN. Comment ?

ESTELLE. Embrasse-moi, tu l'entendras chanter.

GARCIN. C'est pourtant vrai, Inès. Tu me tiens, mais je te tiens aussi.

    (*Il **se penche sur** Estelle. Inès pousse un cri.*)

leans over

INÈS. Ha ! lâche ! lâche ! Va te faire consoler par les femmes.

40   ESTELLE. Chante, Inès, chante !

INÈS. Le beau couple ! Si tu voyais sa grosse **patte** posée **à plat** sur ton
dos, **froissant la chair et l'étoffe**. Il a les mains **moites** ; il transpire.
Il laissera une marque bleue sur ta robe.

paw / flat

rumpling the flesh and the fabric / clammy

ESTELLE. Chante ! Chante ! **Serre**-moi plus fort contre toi, Garcin ;

squeeze / (°) it'll kill her, she

45   **elle en crèvera.**

won't be able to stand it

INÈS. Mais oui, serre-la bien fort, serre-la ! **Mêlez vos chaleurs.** C'est
bon l'amour, hein Garcin ? C'est tiède et profond comme le sommeil, mais je **t'empêcherai de** dormir. (*Geste de Garcin.*)

mix the warmth (of your bodies)

will prevent you from

ESTELLE. Ne l'écoute pas. Prends ma bouche ; je suis à toi tout

50   entière.

INÈS. Eh bien, qu'attends-tu ? Fais ce qu'on te dit. Garcin le lâche
tient dans ses bras Estelle l'infanticide. **Les paris sont ouverts.**

bets are open

Garcin le lâche l'embrassera-t-il ? Je vous vois, je vous vois ; à moi
seule je suis une foule, la foule, Garcin, la foule, l'entends-tu ? (*Mur-*

55   *murant.*) Lâche ! Lâche ! Lâche ! Lâche ! En vain tu me **fuis**, je **ne te**

flee / will not let you go

lâcherai pas. Que vas-tu chercher sur ses lèvres ? L'oubli ? Mais je ne
t'oublierai pas, moi. C'est moi qu'il faut convaincre. Moi. Viens,
viens ! Je t'attends. Tu vois, Estelle, il **desserre son étreinte**, il est

loosens his grip

docile comme un chien. . . Tu ne l'auras pas !

60   GARCIN. Il ne fera donc jamais nuit ?

INÈS. Jamais.

GARCIN. Tu me verras toujours ?

INÈS. Toujours.

(*Garcin abandonne Estelle et fait quelques **pas** dans la pièce. Il s'ap-*

steps

65   *proche du bronze.*)

GARCIN. Le bronze. . . (*Il le caresse.*) Eh bien, voici le moment. Le bronze est là, je le contemple et je comprends que je suis en enfer. Je vous dis que tout était **prévu**. Ils avaient prévu que **je me tiendrais** devant cette cheminée, pressant la main sur ce bronze, avec tous ces

70 regards sur moi. Tous ces regards qui me mangent. . . (*Il se retourne brusquement.*) Ha ! vous n'êtes que deux ? Je vous croyais beaucoup plus nombreuses. (*Il rit.*) Alors, c'est ça l'enfer. Je n'aurais jamais cru. . . Vous vous rappelez : le **soufre**, le **bûcher**, le **gril**. . . Ah ! quelle plaisanterie. Pas besoin de gril : l'enfer, c'est les Autres.

foreseen / I would stand

brimstone / funeral fire / broiler

75 ESTELLE. Mon amour !

GARCIN (*la repoussant*). Laisse-moi. Elle est entre nous. Je ne peux pas t'aimer quand elle me voit.

ESTELLE. Ha ! Eh bien, elle ne nous verra plus.

(*Elle prend le coupe-papier sur la table, se précipite sur Inès et lui porte*

80 *plusieurs coups.*)

INÈS (*se débattant et riant*). Qu'est-ce que tu fais, tu es folle ? Tu sais bien que je suis morte.

ESTELLE. Morte ?

(*Elle laisse tomber le couteau. Un temps. Inès ramasse le couteau et s'en*

85 *frappe avec* **rage**.)

fury

INÈS. Morte ! Morte ! Morte ! Ni le couteau, ni le poison, ni la corde. C'est *déjà fait*, comprends-tu ? Et nous sommes ensemble pour toujours.

(*Elle rit.*)

90 ESTELLE (*éclatant de rire*). Pour toujours, mon Dieu que c'est drôle ! Pour toujours !

GARCIN (*rit en les regardant toutes les deux*). Pour toujours !

(*Ils tombent assis, chacun sur son canapé. Un long silence. Ils cessent de rire et se regardent. Garcin se lève.*)

95 GARCIN. Eh bien, continuons.

Rideau

IV. VIVRE LE TEXTE

Parlons-en !

Qu'est-ce qui est pour vous le plus « infernal » dans la situation des personnages ?

Comprendre

1. Qu'est-ce qu'Inès veut dire par la phrase « Tout le temps » (l. 2) ?
2. Quel était l'idéal de Garcin ?

3. En quoi a-t-il trahi cet idéal ?

4. Que veut-il dire par « On ne m'a pas laissé le temps de faire *mes* actes » (l. 16) ?

5. Comment interprétez-vous « On n'attrape pas les pensées avec les mains » (l. 30) ?

6. En quoi la réunion de ces trois personnages, condamnés à vivre éternellement ensemble, est-elle intolérable à chacun d'eux ?

7. Pourquoi Garcin n'embrasse-t-il pas Estelle ?

8. Comment comprenez-vous l'affirmation « L'enfer, c'est les Autres » (l. 74) ?

9. Que veut dire Garcin par « continuons » (l. 94) ?

🖼 Analyser

1. En quoi le titre de la pièce, *Huis clos,* annonce-t-il les règles de l'univers où se trouvent les personnages ?

2. Montrez comment l'affirmation « L'enfer, c'est les Autres » est illustrée par les différentes étapes de cette scène.

3. À votre avis, le langage de cette pièce est-il destiné avant tout à transmettre un message clair, précis et convaincant, ou à toucher la sensibilité par des suggestions ? Justifiez votre réponse.

👽 Réfléchir sur l'identité

1. Pensez-vous que Sartre s'identifie à l'un de ses personnages ?

2. Relevez les phrases qui posent la question de l'identité. D'après vous, vont-elles toutes dans le même sens ?

3. Y a-t-il une conception de l'identité propre à chacun des personnages ? Dans quelle mesure les opinions de chacun sont-elles colorées par sa personnalité, ses faiblesses ?

4. Pouvez-vous dégager à partir de ce texte ce qui semble être le point de vue de Sartre sur l'identité ?

🐎 Élargir la discussion

1. En quoi consiste pour vous l'héroïsme ? Est-ce qu'on peut décider d'être un héros ? Y a-t-il d'après vous des formes d'héroïsme propres à l'époque que nous vivons ?

2. Mettez en parallèle la position que Sartre a dans ce texte sur l'identité avec les réflexions que vous avez pu vous faire à partir d'autres textes étudiés auparavant.

3. À travers les textes que nous avons vus, de quelle vision de l'humanité vous sentez-vous le plus proche : celle de Sartre ou celle de Saint-Exupéry ?

4. Georges Bernanos (1888–1948), un auteur chrétien, a écrit « L'enfer, c'est de ne plus aimer. » Comparez ce point de vue avec celui de Sartre et dites comment vous vous situez vous-même par rapport aux deux.

5. Victor Hugo a écrit : « Le dix-neuvième siècle est grand, mais le vingtième sera heureux. » Trouvez un adjectif pour dire comment, à votre avis, sera le XXIᵉ siècle et expliquez ensuite pourquoi.

6. Choisissez l'une des citations de Découvertes et discutez-la.

V. AUX ALENTOURS

Découvertes

L'enfer, le jugement dernier

28. « Je me crois en enfer, donc j'y suis. » (RIMBAUD)[25]
29. « L'Enfer, je le situe non au moment où l'on voit la mort, mais au moment où l'on voit sa vie. » (ESCARPIT)[26]
30. « N'attendez pas le jugement dernier, il a lieu tous les jours. » (CAMUS)[27]

Responsabilité, culpabilité

31. « Être homme, c'est précisément être responsable. C'est sentir, en posant sa pierre, que l'on contribue à bâtir le monde. » (SAINT-EXUPÉRY)[28]
32. « Combien sont faibles ceux qui se sentent coupables tout en pensant qu'ils ne le sont pas. » (IONESCO)[29]

L'action

33. « Il faut juger les sentiments par des actes plus que par des paroles. » (SAND)[30]
34. « La foi qui n'agit point, est-ce une foi sincère ? » (RACINE)[31]
35. « Toute action de l'esprit est aisée si elle n'est pas soumise au réel. » (PROUST)[32]
36. « Attendre d'en savoir assez pour agir en toute lumière, c'est se condamner à l'inaction. » (ROSTAND)[33]
37. « Ce qu'on veut faire, c'est en faisant qu'on le découvre. » (ALAIN)

---

25. [Je me crois en enfer = je crois que je suis en enfer]
26. Robert ESCARPIT (né en 1918) : auteur de romans et de nouvelles, souvent humoristiques, pour les adultes et les jeunes. Cette phrase est tirée de *Lettre ouverte à Dieu* (1966).
27. [avoir lieu = take place]
28. [sentir* ; bâtir*]
29. [tout en pensant = alors même qu'ils pensent]
30. [parole*]
31. Jean RACINE (1639–1699) : l'un des grands poètes dramatiques classiques, auteur de tragédies. [foi = *faith* ; point = pas]
32. [aisée = facile ; soumise au réel = *put to the test* (*of reality*)]
33. [d'en savoir assez = de savoir assez de choses ; se condamner : sens réfléchi ; inaction: quel est le sens du préfixe ?]

38. « Que de choses il faut ignorer pour "agir" ! » (VALÉRY)[34]

39. « On peut être un héros sans ravager la terre. » (BOILEAU)[35]

Quelques proverbes

40. « Qui veut noyer son chien l'accuse de la rage. »[36]

41. « Qui s'excuse s'accuse. »[37]

42. « On n'attrape pas les mouches avec du vinaigre. »[38]

♠ Le Détective

Connaissance du dictionnaire

Vous avez déjà appris à repérer dans le dictionnaire plusieurs sortes de mots : les noms (*n. m.* et *n. f.*), les adjectifs (*adj.*), les verbes (*v. tr., intr.* et *pronom.*). Voici les abréviations d'autres sortes de mots :

adv. = adverbe (gentiment, presque)

conj. = conjonction (et, quand)

interj. = interjection (oh ! zut !)

loc. = locution (à travers, en dépit de)

prép. = préposition (vers, par, malgré)

1. Regardez les notices du *Petit Robert* entre **aï** et **aigre**. Trouvez là :

    a. un nom féminin

    b. un verbe pronominal

    c. une interjection

    d. un adverbe

    e. un adjectif

    f. un nom qui est parfois masculin et parfois féminin

    g. un personnage historique qui porte le nom d'un animal comme surnom. (Cherchez parmi les noms d'animaux ; le surnom est noté *Fig.*, sens figuré : revoir ch. 3, p. 82.)

---

34. Paul VALÉRY (1871–1945) : poète et essayiste qui s'intéressa aux problèmes contemporains (*Regards sur le monde actuel*, 1931) et se passionna pour les mécanismes et le pouvoir de l'intellect. [Que ! = Combien !]

35. Nicolas BOILEAU (1636–1711) est le grand théoricien de l'art classique français (*Art poétique*, 1674).

36. [rage = *rabies* ; sur le sens de ce proverbe, revoir 145, Le Détective, n° 2, g)]

37. [Quel est le sens des verbes pronominaux *s'excuser* et *s'accuser* ?]

38. [mouche = *fly*]

2. Regardez les notices entre **penché** et **pendeloque**. Trouvez là :

    a. deux noms féminins
    b. deux adjectifs
    c. un verbe
    d. un nom masculin
    e. une préposition
    f. une locution conjonctive (une conjonction en deux mots), qui se trouve dans la notice de la préposition.

3. Cherchez dans le dictionnaire des mots qui commencent par le préfixe **télé**- et, à partir de là, dites quel est le sens de ce préfixe. Les suffixes -**gramme**, -**graphie**, ainsi que le préfixe **grapho**-, sont liés à l'idée d'écriture. À partir de là, dites quel est le sens des mots : « graphologie », « télégramme », « géographie ».

4. Citez au moins trois mots qui se terminent par -**logie** (-*logy*). Expliquez leur sens précis, d'après leur suffixe.

Préparation au survol

Vous avez déjà pratiqué la technique du balayage visuel (p. 81), qui est utile lorsqu'on recherche un élément précis, sans s'intéresser au sens général du texte. Par ailleurs, on peut s'entraîner à ouvrir son esprit pour capter au maximum les informations offertes par le document. C'est une approche qui est très nécessaire à notre époque, où nous avons beaucoup l'habitude de « zapper ».[39]

L'enjeu (*stake*) intellectuel, culturel et humain est essentiel : au lieu de subir (*undergo*) un tourbillon d'images, une bouillie (*mush*) de mots, et même un télescopage de rencontres humaines, nous pouvons apprendre à découvrir rapidement les choses, les idées et les êtres. C'est ce que nous allons tenter de faire, par étapes.

Mettez-vous par deux. Ouvrez chacun votre livre à la page 218 et regardez la photo pendant trente secondes. Puis refermez le livre, en gardant la page. Dites-vous l'un(e) à l'autre tout ce que vous vous souvenez avoir vu sur la photo. Rouvrez vos livres. Regardez encore la photo pendant trente secondes. Comparez à nouveau vos souvenirs.

Aller ailleurs

Allez à la bibliothèque pour faire des recherches sur le théâtre de Sartre. Pour présenter ce que vous aurez trouvé, faites un classement entre :

1. les titres de pièces de Sartre
2. les œuvres de Sartre sur le théâtre
3. les études sur le théâtre de Sartre
4. les livres sur Sartre en général, avec une partie consacrée au théâtre
5. les œuvres en français et celles en anglais.

---

39. Le verbe *zapper,* emprunté à l'anglais, est devenu usuel en français ces dernières années.

Approfondir

En 1947, Sartre publia un article intitulé *Pour un théâtre de situations,* dont voici quelques extraits.[40] Après les avoir lus, demandez-vous comment ils s'appliquent à *Huis clos.* Préparez-vous à présenter oralement un résumé de votre réflexion.

> L'aliment central d'une pièce, ce n'est pas le caractère (. . .), c'est la situation. (. . .) Le caractère vient après, quand le rideau est tombé. (. . .) Ce que le théâtre peut montrer de plus émouvant est un caractère en train de se faire, le moment du choix, de la libre décision qui engage une morale et toute une vie. La situation est un appel, (. . .) elle nous propose des solutions, à nous de décider. Et comme il n'y a de théâtre que si l'on réalise l'unité de tous les spectateurs, il faut trouver des situations si générales qu'elles soient communes à tous. Plongez des hommes dans ces situations universelles et extrêmes qui ne leur laissent qu'un couple d'issues, faites qu'en choisissant l'issue ils se choisissent eux-mêmes : vous avez gagné, la pièce est bonne.

C'est à vous !

1. Développez l'un des thèmes suivants :

   • La liberté, c'est. . .
   • La poésie, c'est. . .
   • L'amour, c'est. . .
   • ou un autre qui vous viendra à l'esprit. . .

2. Le poète Henri Michaux[41] a écrit : « Le jour où les autos penseront, les Rolls-Royce seront nettement plus angoissées que les taxis. » Pouvez-vous faire, vous aussi, une prédiction amusante, qui commence également par « Le jour où. . . » ?

Devinette

« Je fus demain, je serai hier : qui suis-je ? »[†]

Anagrammes

Vous souvenez-vous des anagrammes (p. 84) ? En voici d'autres :

   1. Avec les lettres de « Révolution française », on peut former la phrase « Un veto corse la finira », qui a l'air d'une prédiction historique : pourquoi ?[††]

---

40. [rideau* ; émouvant = *moving* ; se faire (lui-même)= se créer ; appel = *call* ; il n'y a de théâtre que si = il y a une création théâtrale seulement si ; qu'elles soient = *that they be* ; plongez = *plunge* ; issues = *ways out* ; gagner*]

41. Henri MICHAUX (1899–1984) : peintre et poète français d'origine belge, solitaire et révolté, pour lequel le langage constitua une sorte d'exorcisme. [autos = automobiles ; nettement = clairement]

[†] (Réponse: aujourd'hui) [††] (Réponse : la Révolution française a mené à l'empire de Napoléon Bonaparte, né en Corse)

2. Frère Jacques Clément, assassin du roi de France Henri III (1551–1589), avait apparemment un nom prédestiné, puisque c'était l'anagramme de : « C'est l'enfer » Comment devez-vous procéder pour trouver la fin de la phrase ? (Remarque : selon l'orthographe latine, employée à l'époque de cet anagramme : J = I).[†]

▣ VI. RECHERCHES SUR INTERNET

♟ Le Détective

1. Sartre a écrit une trilogie romanesque (= une série de trois romans) intitulée *Les Chemins de la liberté*. Quels sont les titres des trois romans qui composent cette trilogie ? À quelle période a-t-elle été publiée ? À quelle époque se déroule l'action ?

2. La Comédie-Française est le plus ancien théâtre officiel de France.
   a. Quand a-t-elle été créée et par quel roi ? Quels étaient les grands auteurs de théâtre à ce moment-là ?
   b. Quels sont actuellement les trois sites du théâtre ?
   c. Quels auteurs étudiés dans ce livre ont leur biographie présentée sur le site ?
   d. Quelles sont les étapes de la préparation d'un spectacle telles que le site les présente ?

⌂ Aller ailleurs

1. Quel est le mythe que reprit Sartre, dans sa pièce *Les Mouches* (1943) ? Cherchez des détails sur ce mythe d'une manière générale, puis cherchez des renseignements sur la manière spécifique dont Sartre le traita dans sa pièce. En quoi cette interprétation du mythe par Sartre était-elle d'une actualité particulière au moment de la création de la pièce ?

2. Le poète italien Dante (1265–1321) est l'auteur de la très célèbre *Divine Comédie,* dans laquelle est évoqué son voyage dans l'Enfer, le Purgatoire et le Paradis. Cherchez quels sont les grands traits de sa vision de l'Enfer et présentez-les oralement.

3. Selon la constitution de la République française, quelles institutions ont le pouvoir législatif (celui de faire des lois) et qui a le pouvoir exécutif (celui de faire appliquer les lois) ? Qu'est-ce ce qui caractérise la répartition entre ces deux pouvoirs dans la Ve République ?

⌖ Actualité

Allez sur le site du journal *Le Monde,* le quotidien (= qui sort tous les jours) qui est le plus unanimement respecté en France pour le sérieux de ses informations et de ses analyses. Rapportez une nouvelle qui figure à « la Une » (= la première page) et une autre que vous trouverez dans la rubrique « Aujourd'hui ». Collectez assez de renseignements pour bien comprendre et faire comprendre ce dont il s'agit.

[†] (Réponse : c'est l'enfer qui m'a créé)

CHAPITRE • 9

Samuel Beckett

En attendant Godot

⚷— Mot-clé : *conversation*

« Qu'est-ce qu'on fait, maintenant qu'on est contents ? » (Samuel Beckett)

🏛 I. POUR MIEUX LIRE LE TEXTE : LES PILIERS DE LA LANGUE

📷 Stratégies de lecture : comment lisez-vous ?

Pour améliorer votre lecture, notamment dans une langue étrangère, il peut être intéressant de connaître vos habitudes de lecteur . . . et parfois de modifier ces habitudes ! Par exemple, si ordinairement vous lisez très lentement, il peut être utile d'essayer de survoler le texte rapidement avant de le reprendre mot à mot, – ou le contraire. Si le fait de rencontrer des mots que vous ne connaissez pas est pour vous irritant, essayez de vous calmer ; si au contraire vous avez tendance à être trop « léger », essayez de réfléchir à chaque mot moins connu.

Le passage suivant est le résumé du premier acte de *En attendant Godot*. Préparez-vous à lire sans vous interrompre le premier paragraphe selon votre manière de lire habituelle.

Un soir, Vladimir et Estragon, deux vagabonds qui se connaissent depuis bien longtemps, se retrouvent dans un lieu désert, près d'un arbre nu. Ils ont rendez-vous avec Godot, mais ne sont sûrs ni du lieu, ni de la date ni même de la raison de ce rendez-vous. Pourtant, ils attendent et passent le temps comme ils peuvent. Un cri retentit : deux hommes paraissent, le premier misérable, plié sous le poids de ses bagages, attaché au cou par une corde que l'autre tient à la main. Le porteur s'appelle Lucky ; son maître est Pozzo, le propriétaire de l'endroit.

Réfléchissez à la façon dont vous avez lu ce texte. Puis lisez la suite d'une manière un peu différente.

Pozzo se comporte avec une cruauté inhumaine envers son porteur. Il propose de le faire danser, puis lui ordonne de penser. Lucky fait un discours stupéfiant qui tourne vite à l'hystérie. Dès que Pozzo et Lucky sont partis, un jeune garçon paraît sur scène annonçant que Godot viendra sûrement le lendemain. Vladimir et Estragon s'en vont, prêts à revenir le lendemain pour attendre Godot.

Comparez vos deux lectures. Laquelle vous semble plus satisfaisante ? Même si vous revenez ensuite à votre façon habituelle de lire, vous pouvez peut-être garder des idées utiles à partir de l'ensemble de l'expérience.

💬 Un brin de causette : oh !

Vocabulaire actif : les exclamations

Voici une liste d'expressions exclamatives qui se trouvent dans la pièce de Beckett que vous allez lire.

    a. Tout à l'heure !
    b. Il est trop tard !
    c. Encore toi !
    d. C'est juste !
    e. Rien à faire !
    f. Sois raisonnable !
    g. Fais voir !
    h. Allons-nous-en !

Mettez-vous par deux pour compléter les phrases ci-dessous avec les expressions exclamatives de la liste.

1. Le petit Toto : Papa, je voudrais jouer avec Alexandre.
   Le père : Mais il est neuf heures du soir, _____ !
2. Pierre : Kim, j'ai une photo de toi !
   Kim : Vite, _____ !
3. Jacques : Je suis fatigué de cette conférence.
   Danielle : Moi aussi, _____ !
4. Paulette : Je trouve mon vieux blue-jean encore très bien !
   La mère : Ah, ça non ! Il n'y a _____. Il va falloir le jeter !
5. Jacqueline : Tu viens m'aider à faire le ménage ?
   Annette : Je n'ai pas le temps maintenant _____ !
6. M. Dubois : Je voudrais acheter une Peugeot décapotable.
   Mme Dubois : Mais chéri, _____. Nous n'avons même pas de garage !
7. Un client : Pouvez-vous vérifier l'addition ? Je crois que vous avez fait une erreur.
   L'hôtelier : Oui, _____. Je vous demande pardon !
8. Charles : Bonjour, Maxime, me revoilà !
   Maxime : Oh, Charles ! _____ ! C'est la deuxième fois aujourd'hui ! Et tu sais qu'on dit : « Jamais deux sans trois ! »

Jeu : qu'est-ce qu'on attend ?

La classe est divisée en deux groupes égaux. Le groupe 1 choisit « ce qu'on attend » : l'arrivée d'un objet, d'une personne, d'un événement, d'un nouvel état . . . Attention ! Le groupe 2 ne doit pas entendre ce qui a été décidé par le 1. Ensuite les étudiants du groupe 2 questionnent ceux et celles du 1 pour deviner « ce qu'on attend ». Les étudiants du groupe 1 répondent aux questions chacun à tour.

On pourra commencer par des questions générales, pour trouver dans quelle catégorie entre ce qu'on attend : personne, événement, etc. Puis, les questions auront pour but d'obtenir plus de précisions. Par exemple, si on attend une personne, est-ce une célébrité, est-elle contemporaine, américaine, etc. ? S'il s'agit d'un événement, est-ce quelque chose qui arrive à une seule personne, quelque chose que tout le monde peut faire, etc. ?

⚒ Éléments de grammaire (1) : le conditionnel présent (la forme)

Nous allons étudier dans ce chapitre le conditionnel présent, qui est formé avec :

RADICAL de L'INFINITIF	+	-ais, -ais, -ait, -ions, -iez, -aient
(comme pour le futur, p. 154)		(mêmes terminaisons qu'à l'imparfait)

Exemples : j'**aimerais**, il **irait**, nous **ferions** . . .

⚕ Mise en pratique

Reprenez le passage de *La Jalousie* que nous avons étudié au chapitre 6. Mettez au conditionnel présent les verbes depuis « Franck, à ce propos . . . » (p. 126, l. 24) jusqu'à la fin.

⚒ Éléments de grammaire (2) : le conditionnel présent (le sens)

Le conditionnel est un *mode* qui a plusieurs emplois (voir Appendice grammatical, p. 304, sur les différents modes existant en français). Le conditionnel présent peut servir à présenter

1. un événement imaginaire.
   On le trouve surtout dans des phrases avec **si**.[1]

Si + imparfait, ... conditionnel présent
(condition) (résultat)

- **Si** je n'**allais** pas à leur fête, ils **seraient** très offensés.
  (*If I **didn't go** to their party, they'**d be** offended.*)

---

1. Comparez les phrases suivantes, où le conditionnel présent exprime un résultat imaginaire, avec celles que nous avons vues dans le chapitre précédent (p. 155, À noter), où le futur exprime un résultat réel (« Si je ne vais pas à leur fête, ils seront très offensés »).

1. « Si les Français savaient le rôle de l'intelligence et de la volonté, la part de l'esprit et du caractère dans la plupart des sports, avec quel entrain ils y pousseraient leurs enfants ! » (COUBERTIN)[2]

« Avec des *si,* on mettrait Paris en bouteille, » dit le proverbe. Voici des suppositions plus ou moins sérieuses.

2. « Si Dieu n'existait pas, il faudrait l'inventer. » (VOLTAIRE)
3. « Si les astres étaient immobiles, le temps et l'espace n'existeraient plus. » (MAETERLINCK)
4. « Si jeunesse savait, si vieillesse pouvait, rien ne se perdrait. » (ESTIENNE)[3]
5. « Si l'on bâtissait la maison du bonheur, la plus grande pièce serait la salle d'attente. » (RENARD)[4]
6. « Si tout homme avait la possibilité d'assassiner clandestinement et à distance, l'humanité disparaîtrait en quelques minutes. » (KUNDERA)[5]
7. « Si l'on donnait du café aux vaches, on trairait du café au lait. » (GIRAUDOUX)[6]
8. « Si les genoux se pliaient dans l'autre sens, à quoi ressembleraient les chaises ? » (MAGDANE)[7]
9. « Si tous ceux qui n'ont rien n'en demandaient pas plus, il serait bien facile de contenter tout le monde. » (COLUCHE)[8]

On peut également trouver le conditionnel sans **si**.

10. « Prouver que j'ai raison serait accorder que je pus avoir tort. » (BEAUMARCHAIS)[9]

---

2. Pierre de COUBERTIN (1863–1937) : éducateur, initiateur des jeux Olympiques modernes. Ne seriez-vous pas intéressés à chercher des renseignements le concernant sur Internet ? . . . [entrain = *heartiness*]

3. (Henri ESTIENNE (1531–1598) : humaniste, grammairien et éditeur. Cette phrase (et surtout la première partie – « Si jeunesse . . . pouvait ») est souvent citée comme un proverbe. [jeunesse = les jeunes ; vieillesse = les vieux]

4. [bâtir* ; salle* ; attente*]

5. [clandestinement = en secret]

6. Jean GIRAUDOUX (1882–1944) : romancier et auteur dramatique au style imagé et souvent, comme ici, plein d'humour. [traire: pouvez-vous deviner le sens de ce verbe d'après le contexte ?]

7. Roland MAGDANE (né en 1949) : acteur et humoriste.

8. Michel COLUCHE (1944–1986) : comique au langage populaire, il devint célèbre grâce à des sketches très satiriques s'attaquant à la bêtise, à la mesquinerie (*mean-spiritedness*) et au racisme. Il fonda, en 1985, les « Restaurants du cœur » qui distribuent aujourd'hui encore de la nourriture gratuitement aux nécessiteux (*the needy*). Il voulut même se présenter aux élections présidentielles.

9. Pierre Caron de BEAUMARCHAIS (1732–1799) : écrivain et dramaturge, dont l'œuvre exprima de façon brillante la revendication des opprimés à la veille* de la Révolution française (*Le Mariage de Figaro,* 1784). Il fonda la Société des auteurs dramatiques, première société de protection des droits d'auteurs (1777). [= Si je voulais prouver que j'ai raison*, ce serait la même chose que dire que j'ai pu avoir tort* ; accorder = *grant* ; je pus : quelle est cette forme ?]

11. « J'aimerais cent fois mieux une fille qui ferait quelquefois les choses de travers, et qui tout bonnement l'avouerait et en paraîtrait fâchée, qu'une autre qui ferait ordinairement fort bien les choses, mais qui ne voudrait point avouer son tort quand elle aurait manqué. » (MAINTENON)[10]

12. « Ô Soleil, toi sans qui les choses / Ne seraient que ce qu'elles sont ! » (ROSTAND)[11]

À noter

Les phrases de ce genre peuvent avoir des sens un peu différents selon le contexte. Voir Appendice grammatical, p. 302.

2. une demande polie (*polite request*).

• Je **voudrais** du pain, s'il vous plaît.

3. le discours indirect (*indirect speech*) dans le passé.

a. le discours indirect

Pour rapporter les paroles de quelqu'un, on peut le faire par une citation *directe* (: « . . . » ou : – . . .). On peut aussi employer des constructions *indirectes* comme : **je dis que, je réponds que, je raconte que**, etc.

• Vladimir annonce : « Je serai malheureux ! » (discours direct)
• Vladimir annonce **qu'**il sera malheureux. (discours indirect)

b. dans le passé :

Vladimir **a annoncé** (dans le passé)[12] qu'il **serait** malheureux.

---

10. Françoise d'Aubigné, marquise de MAINTENON (1635–1719) fut en secret l'épouse de Louis XIV pendant 30 ans, après la mort de la reine Marie-Thérèse. Cette phrase, dite en 1706, est adressée aux élèves de la maison de Saint-Cyr, qu'elle fonda pour l'éducation des jeunes filles de la noblesse pauvre. Sur Mme de Maintenon, voir sur Internet les questions posées dans Le Détective, n° 3 et le site *www.kings.edu/womens_history/demaintenon*. [fois* ; de travers = incorrectement ; bonnement = simplement ; avouer* ; fâchée = avec du regret ; ordinairement = d'habitude ; fort = très ; point = pas ; tort* ; manqué = fait une faute]

11. Edmond ROSTAND (1868–1918) : poète et dramaturge, auteur notamment d'une comédie héroïque, *Cyrano de Bergerac* (1897), qui a pour personnage un auteur français du XVIIe siècle. C'est le père du biologiste Jean Rostand (voir Index des auteurs). [Complétez la phrase: alors qu'en fait, grâce à toi, ô Soleil, les choses sont . . .]

12. Le verbe qui sert à introduire le discours indirect peut être à n'importe quel temps du passé (imparfait, passé composé, passé simple ou plus-que-parfait). (Sur ces temps, revoir s'il y en a besoin ch. 2, p. 26 ; ch. 3, p. 48 ; ch. 4, p. 91 ; ch. 5, p. 106.)

(Passé)		(Présent)	
V. **a annoncé**		V. annonce	

____ X _____ x_____   _____X_____ ⇨ (Futur)

serait   sera

(à un moment futur   (à un moment futur

par rapport à cette annonce)   à partir de maintenant)

Pour plus de détails sur le style indirect voir Appendice grammatical, p. 303.

13. « As-tu seulement calculé combien il te faudrait pour l'aller et le retour ? » (TROYAT)[13]
14. « Ma seule consolation, quand je montais me coucher, était que maman viendrait m'embrasser quand je serais dans mon lit. » (PROUST)

⍉ Mise en pratique

A. Sur les phrases avec **si**

Dans les phrases suivantes, transposez les verbes en italiques au conditionnel présent ou à l'imparfait, selon le modèle donné.

Exemple : Si vous *ouvrez* la fenêtre, il ne *fera* pas chaud.
          Si vous *ouvriez* la fenêtre, il ne *ferait* pas chaud.

1. Si je *finis* mon travail avant ce soir, j'*irai* avec toi au cinéma,
2. Je *viendrai* chez vous si je *suis* libre.
3. Si j'*achète* des billets, je te *téléphonerai*.
4. Vous ne *ferez* pas de fautes, si vous *écoutez* attentivement.

B. Sur le style indirect

Dans les phrases suivantes, mettez les verbes entre parenthèses d'abord au présent et au futur, puis au passé composé et au conditionnel présent d'après le modèle donné.

Exemple : Il _____ (dire) qu'il _____ (venir).
         a. Il *dit* qu'il *viendra*.   b. Il *a dit* qu'il *viendrait*.

1. Nous leur _____ (écrire) que nous ne _____ (rester) pas longtemps à Paris.
2. Ils _____ (annoncer) qu'ils _____ (recevoir) un invité important.
3. Elle me _____ (répondre) qu'elle ne _____ (pouvoir) pas venir nous chercher à la gare.
4. Vous _____ (affirmer) que vous _____ (faire) de votre mieux (*do your best*) pour réussir.

---

13. [seulement = *even*]

II. POINTS DE DÉPART POUR LA LECTURE

Biographie : Samuel Beckett (1906–1989)

Né en Irlande, dans une famille protestante aisée, élevé dans une atmosphère puritaine, Beckett se disait clairement athée, mais son œuvre semble pleine d'une inquiétude métaphysique. Poignardé sans raison apparente par un clochard (*tramp*), il vit dans cet acte le type d'action absurde, maîtresse de la condition humaine. À l'enquête d'un journal sur le thème « Pourquoi écrivez-vous ? », il répondit par ces simples mots « Bon qu'à ça » (= seulement à cela).

Il s'installa à Paris en 1937 et, à partir de 1945, écrivit principalement en français. Son œuvre fut influencée par Kafka et par Joyce, duquel il fut le traducteur et l'ami.

Il exclut volontairement tout réalisme de ses romans, qui ne sont situés ni dans l'espace ni dans le temps ; il n'y a ni ponctuation ni souci de l'intrigue (*Murphy*, 1938 ; *Molloy*, 1951). Il y présente une humanité qui se dégrade jusqu'à atteindre sa pauvreté essentielle. Son œuvre théâtrale nous offre, sous la forme de bouffonneries sinistres, la même vision dérisoire (*ridiculous*) de l'activité humaine. « Le mot-clé de mes pièces est : peut-être. » Ce sont ces pièces surtout – notamment *En attendant Godot* (écrit en 1948–1949) et *Fin de partie* (1957) – qui lui ont valu la gloire.

Beckett resta à l'écart de la vie littéraire de son époque et mena une existence personnelle très retirée. S'il refusait d'être un « écrivain engagé », toute son exigence intérieure témoigne qu'il était en fait un homme très engagé. Par exemple, pendant la Deuxième Guerre mondiale, alors qu'il pouvait, en tant qu'Irlandais, bénéficier de la neutralité, il rejoignit la Résistance, par haine des nazis « qui faisaient de la vie un enfer pour ses amis. » Il reçut le prix Nobel de littérature en 1969.

Perspective historique et climat culturel

Beckett acheva *En attendant Godot* fin janvier 1949. La pièce fut publiée en 1952 et jouée pour la première fois le 5 janvier 1953, année de la mort de Staline. Entre le moment de l'écriture et la création de la pièce, Beckett modifia légèrement son texte, supprimant des allusions contemporaines précises, notamment à l'URSS de Staline.

L'année 1948 fut marquée par l'assassinat de Gandhi, la création de l'État d'Israël, le blocus de Berlin par les Soviétiques et la rupture de l'Irlande d'avec la Grande-Bretagne.

En France, les intellectuels s'initient à l'existentialisme (p. 255). Une nouvelle génération d'auteurs de théâtre survient, qui rompt (*breaks*) avec une tradition humaniste et littéraire dont Camus et Sartre faisaient encore partie. Dans de petits théâtres parisiens, on joue des pièces pessimistes, souvent tragiques (voir ch. 11, *Les Bonnes* de Jean Genet).

Le contexte de l'œuvre

Dans Stratégies de lecture vous avez eu un résumé du premier acte d'*En attendant Godot*. Comme toutes les pièces de Beckett, cette œuvre est à la fois énigmatique et révolutionnaire du point de vue théâtral. La pièce a reçu de multiples interprétations ; aucune ne paraît pleinement satisfaisante. Nous ne saurons même jamais qui était Godot ; on a fait le rapprochement entre ce nom et l'anglais *God*.

Beckett lui-même refusait l'idée d'une intérpretation systématique de son œuvre ; il admettait seulement que c'est une « tragicomédie », à la fois comique et tragique. Dans votre lecture, soyez réceptifs à ces deux aspects.

☺☺☹ **Votre préparation personnelle**

Soyez attentifs à des dialogues entendus çà et là. Après des conversations que vous avez eues, réfléchissez à la manière dont elles se sont déroulées. Quels éléments de ces conversations étaient réellement chargés de sens ? Dans quelle mesure les gens parlaient-ils pour passer le temps, pour meubler un silence qui serait embarrassant, simplement pour créer un lien avec quelqu'un, ou pour d'autres raisons encore, indépendantes de ce qu'ils disaient ?

 III. TEXTE

Acte premier

Route à la campagne, avec arbre.
Soir.
*Estragon, assis par terre, essaie d'enlever sa chaussure. Il s'y acharne des deux mains, **en ahanant**. Il s'arrête, **à bout de forces**, se repose **en***   *panting / out of energy*
5   ***haletant**, recommence. **Même jeu**.*   *en respirant fortement / same*
     Entre Vladimir.   *action*

ESTRAGON (*renonçant **à nouveau***). Rien à faire.   *encore une fois*
VLADIMIR (*s'approchant à petits pas **raides**, les jambes **écartées***). Je   *stiff / spread apart*
     commence à le croire. (*Il s'immobilise.*) J'ai longtemps résisté à cette
10   pensée, en me disant, Vladimir, sois raisonnable, tu n'as pas encore
     tout essayé. Et je reprenais le combat. (*Il se recueille, **songeant** au*   *thinking about*
     combat. À Estragon.) – Alors, **te revoilà**, toi.   *here you are again*
ESTRAGON. Tu crois ?
VLADIMIR. Je suis content de te revoir. Je te croyais parti pour tou-
15   jours.
ESTRAGON. Moi aussi.
VLADIMIR. Que faire pour fêter cette réunion ? (*Il réfléchit.*) Lève-toi
     que je t'embrasse. (*Il **tend** la main à Estragon.*)   *pour que / holds out*
ESTRAGON (*avec irritation*). **Tout à l'heure**, tout à l'heure.   *later*
20   *Silence.*
     [. . . .]
ESTRAGON. Assez. Aide-moi à **enlever cette saloperie**.   *take off this filthy thing*
VLADIMIR. La main dans la main **on se serait jeté en bas de la Tour**   *we would have been among the*

25 **Eiffel, parmi les premiers. On portait beau alors.** Maintenant il est trop tard. On ne nous laisserait même pas monter. (*Estragon s'acharne sur sa chaussure.*) Qu'est-ce que tu fais ?

ESTRAGON. Je me déchausse. Ça ne t'est jamais arrivé, à toi ?

VLADIMIR. **Depuis le temps que je te dis** qu'il faut les enlever tous les jours. Tu ferais mieux de m'écouter.

30 ESTRAGON (*faiblement*). Aide-moi !

VLADIMIR. **Tu as mal ?**

ESTRAGON. Mal ! Il me demande si j'ai mal !

VLADIMIR (*avec emportement*). Il n'y a jamais que toi qui souffres ! **Moi je ne compte pas.** Je voudrais pourtant te voir à ma place. **Tu**

35 **m'en dirais des nouvelles.**

ESTRAGON. Tu as eu mal ?

VLADIMIR. Mal ! Il me demande si j'ai eu mal !

[. . . . .]

(*Estragon, **au prix d'un suprême effort, parvient** à enlever sa chaus-*

40 *sure. Il regarde dedans, **y promène sa main**, la retourne, la secoue, cherche par terre s'il n'en est pas tombé quelque chose, ne trouve rien, passe sa main à nouveau dans sa chaussure, les yeux vagues.*) Alors ?

ESTRAGON. Rien.

VLADIMIR. **Fais voir.**

45 ESTRAGON. Il n'y a rien à voir.

VLADIMIR. Essaie **de la remettre.**

ESTRAGON (*ayant examiné son pied*). Je vais le laisser respirer un peu.

VLADIMIR. Voilà l'homme tout entier, **s'en prenant à** sa chaussure

50 **alors que** c'est son pied le coupable. (*Il enlève encore une fois son chapeau, regarde dedans, y passe la main, le secoue, **tape dessus, souffle dedans, le remet.***) Ça devient inquiétant. (*Silence. Estragon agite son pied, **en faisant jouer les orteils, afin que** l'air y circule mieux.*)

55 [. . . . .]

ESTRAGON. Endroit délicieux. (*Il se retourne, avance jusqu'à la rampe, regarde vers le public.*) **Aspects riants.** (*Il se tourne vers Vladimir.*) Allons-nous-en.

VLADIMIR. On ne peut pas.

60 ESTRAGON. Pourquoi ?

VLADIMIR. On attend Godot.

ESTRAGON. C'est vrai. (*Un temps.*) Tu es sûr que c'est ici ?

VLADIMIR. Quoi ?

first to jump from the Eiffel Tower.
We looked good then.

For how long have I been telling you

Are you hurt?

I don't count.
You could tell me how you like it.

with a supreme effort / réussit
déplace sa main à l'intérieur

Let's see

put it back on

blâmant
quand
taps on it, blows inside it, puts it back on
Moving his toes so that

Charming views

ESTRAGON. Qu'il faut attendre.

65 VLADIMIR. Il a dit devant l'arbre. (*Ils regardent l'arbre.*) Tu **en** vois   en = d'autres arbres
d'autres ?

ESTRAGON. Qu'est-ce que c'est ?

VLADIMIR. On dirait un **saule**.   *weeping willow*

ESTRAGON. Où sont les feuilles ?

70 VLADIMIR. Il doit être mort.

ESTRAGON. **Finis les pleurs.**   *No more tears.*

⌇ Comprendre

1. Quel est le décor de cette pièce ?
2. Quel est l'état de l'arbre ? Comment le savez-vous ?
3. À quoi pense Estragon quand il dit « Rien à faire » (l. 7) ? De quoi parle Vladimir quand il répond ?
4. Que veut dire Estragon par « Tu crois » (l. 13) ? Par « Moi aussi » (l. 16) ?
5. Pourquoi Estragon n'enlève-t-il pas ses chaussures tous les jours ?
6. Estragon, puis Vladimir, disent : « Il me demande si j'ai mal » (ll. 32, 37). Pensez-vous qu'ils veulent dire tous les deux la même chose ? À qui pourraient-ils adresser cette phrase ?
7. Quel sens donnez-vous à la phrase : « Voilà l'homme tout entier . . . le coupable » (l. 49) ? S'agit-il pour vous d'une philosophie sérieuse ?
8. Lorsque Vladimir se met à examiner son chapeau (l. 50), qu'est-ce que cela rappelle au spectateur ?

Acte deuxième

*Lendemain. Même heure. Même endroit. Chaussures d'Estragon près de
la rampe, talons joints, **bouts écartés** . . .*   *toes spread apart*
    L'arbre est couvert de feuilles.
    Entre Vladimir, vivement. Il s'arrête et regarde longuement l'arbre.

5 *Puis brusquement il se met à **arpenter** vivement la scène dans tous **les***   *to stride / directions*
*sens. Il s'immobilise à nouveau devant les chaussures, se baisse, **en ra-***   *picks up one of them*
*masse une**, l'examine, **la renifle**, la remet soigneusement à sa place. **Il***   *sniffs it / He resumes his hurried*
***reprend son va-et-vient précipité.** Il s'arrête près de la coulisse droite,*   *pacing.*
*regarde longuement au loin, la main **en écran** devant les yeux. Va et*   *as a visor*
10 *vient. S'arrête près de la **coulisse gauche**, même jeu. Va et vient. S'arrête*   *stage-left wing*
*brusquement, joint les mains sur la poitrine, **rejette la tête en arrière** et*   *throws back his head*
*se met à **chanter à tue-tête**.*   *at the top of his voice*

VLADIMIR.
    Un chien vint dans. . .

15 *Ayant commencé trop **bas**, il s'arrête, **tousse**, **reprend** plus haut :*   *low / coughs / recommences*

VLADIMIR. *Rien à faire.*
ESTRAGON. *Je commence à le croire.*

Un chien vint dans **l'office**   *pantry*
Et prit une **andouillette**.   *small sausage*
Alors **à coups de louche**   *hitting him with a ladle*
Le chef **le mit en miettes**.   *smashed him to pieces*
20   Les autres chiens **ce voyant**   *seeing this*
Vite vite l'ensevelirent. . .   *Very quickly buried him*
Il s'arrête, se recueille, puis reprend :   *collects himself*
Les autres chiens ce voyant
Vite vite l'ensevelirent
25   Au pied d'une **croix en bois** blanc   *wooden cross*
Où le passant pouvait lire :
Un chien vint dans l'office
Et prit une andouillette.
Alors à coups de louche
30   Le chef le mit en miettes.
Les autres chiens ce voyant
Vite vite l'ensevelirent. . .
Il s'arrête. Même jeu.
Les autres chiens ce voyant

35   Vite vite l'ensevelirent. . .
        Il s'arrête. Même jeu. Plus bas.
            Vite vite l'ensevelirent. . .
        VLADIMIR. Encore toi ! (*Estragon s'arrête mais ne lève pas la tête.*   = pour que
            Vladimir va vers lui.) Viens **que** je t'embrasse !
40   *Il se tait, reste un moment immobile, puis se remet à arpenter* **fébrile-**   *feverishly*
            ment *la scène dans tous les sens. Il s'arrête à nouveau devant l'arbre,*
            va et vient, devant les chaussures, va et vient, court à la coulisse
            gauche, regarde au loin, à la coulisse droite, regarde au loin. À ce mo-
            ment Estragon entre par la coulisse gauche, **pieds nus**, *tête basse, et*   *barefoot*
45   *traverse lentement la scène. Vladimir se retourne et le voit.*
        ESTRAGON. Ne me touche pas !
        (*Vladimir* **suspend son vol**, *peiné. Silence.*)   *stops in his tracks, hurt*
        VLADIMIR. **Veux-tu que je m'en aille** ? (*Un temps.*) **Gogo** ! (*Un*   *do you want me to go ? / surnom*
            temps. Vladimir le regarde avec attention.) On t'a battu ? (*Un temps.*)   *d'Estragon*
50   Gogo ! (*Estragon se tait toujours, la tête basse.*) Où as-tu passé la
            nuit ? (*Silence. Vladimir avance.*)
        ESTRAGON. Ne me touche pas ! Ne me demande rien ! Ne me dis
            rien ! Reste avec moi !
        [. . . .]
55   VLADIMIR. Nous sommes contents.
        ESTRAGON. Nous sommes contents. (*Silence.*) Qu'est-ce qu'on fait,
            maintenant qu'on est contents ?
        VLADIMIR. On attend Godot.
        ESTRAGON. C'est vrai.
60   *Silence.*
        VLADIMIR. **Il y a du nouveau** ici, depuis hier.   *There is something new*
        ESTRAGON. Et s'il ne vient pas ?
        VLADIMIR (*après un moment d'incompréhension*). Nous **aviserons**.   *will deal with it*
            (*Un temps.*) Je te dis qu'il y a du nouveau ici, depuis hier.
65   ESTRAGON. Tout **suinte**.   *is oozing*
        VLADIMIR. **Regarde-moi** l'arbre.   *Just look at*
        ESTRAGON. On ne descend pas deux fois dans le même **pus**.   *(cognate)*
        VLADIMIR. L'arbre, je te dis, regarde-le.
            Estragon regarde l'arbre.
70   ESTRAGON. Il n'était pas là hier ?
        VLADIMIR. Mais si. Tu ne te rappelles pas. **Il s'en est fallu d'un**   *We were only a hairbreadth away*
            cheveu qu'on ne s'y soit pendu. (*Il réfléchit.*) Oui, **c'est juste** (*en dé-* *from hanging ourselves there. / it's*
            tachant les mots) qu'on – ne – s'y – soit – pendu. Mais tu n'as pas   *true*
            voulu. Tu ne te rappelles pas ?
75   ESTRAGON. Tu l'as rêvé.

VLADIMIR. Est-ce possible que tu **aies oublié** déjà ?   *have forgotten*

ESTRAGON. Je suis comme ça. Ou j'oublie tout de suite ou je n'oublie
    jamais.

    [. . . . .]

80 VLADIMIR. L'arbre !

ESTRAGON. L'arbre ?

VLADIMIR. Tu ne te rappelles pas ?

ESTRAGON. Je suis fatigué.

        Estragon regarde l'arbre.

85 ESTRAGON. Je ne vois rien.

VLADIMIR. Mais hier soir il était tout noir et squelettique ! Aujour-
    d'hui il est couvert de feuilles.

ESTRAGON. De feuilles ?

VLADIMIR. Dans une seule nuit !

90 ESTRAGON. On doit être au printemps.

VLADIMIR. Mais dans une seule nuit !

ESTRAGON. Je te dis que nous n'étions pas là hier soir. **Tu l'as**   *You saw it in a*
    cauchemardé.   *nightmare*

VLADIMIR. Et où étions-nous hier soir, d'après toi ?

95 ESTRAGON. Je ne sais pas. Ailleurs. Dans un autre compartiment. Ce
    n'est pas le **vide** qui **manque.**   *emptiness / is lacking*

VLADIMIR (*sûr de son fait*). Bon. Nous n'étions pas là hier soir.   *ce qu'il dit*
    Maintenant qu'est-ce que nous avons fait hier soir ?

ESTRAGON. Ce que nous avons fait ?

100 VLADIMIR. Essaie de te rappeler.

ESTRAGON. Eh ben . . . **nous avons dû bavarder.**   *we probably talked*

🕯 Comprendre

1. D'après les indications données au début de la scène, qu'est-ce qui a changé dans le décor par
   rapport au premier acte ? En quoi ce changement est-il étrange ? À quel endroit de la scène y a-
   t-il une allusion à ce changement ? Quelles pensées déclenche-t-il chez Estragon et Vladimir ?

2. Lequel des deux hommes veut toujours embrasser l'autre ?

3. Quelles interprétations pourrait-on donner aux phrases :
   a. « Ne me touche pas ! . . . Reste avec moi ! » (l. 52)
   b. « Qu'est-ce qu'on fait, maintenant qu'on est content ? »(l. 56)
   c. « Ailleurs. Dans un autre compartiment. Ce n'est pas le vide qui manque » . (l. 95)

IV. VIVRE LE TEXTE

Parlons-en !

Comment se déroulent les conversations de Vladimir et Estragon ?

Analyser

1. Alors qu'il ne se passe rien dans ces deux scènes, qu'est-ce qui peut leur donner de l'intérêt ?
2. Donnez des exemples d'effets de répétition et citez un passage qui traduit plus que tous les autres cet effet. Comment ressentez-vous personnellement ces répétitions ?
3. Citez dans les deux scènes des éléments (situations, jeux de scène, mots, phrases) qui vous paraissent particulièrement comiques et d'autres, au contraire, qui semblent présenter un aspect tragique.
4. En quoi le décor est-il adapté à cette pièce ?
5. Pourquoi, d'après vous, Beckett a-t-il voulu le changement de l'état de l'arbre entre le premier et le deuxième acte ? Comparez l'usage que l'auteur fait de ce symbole avec la manière dont Sartre se sert des symboles dans *Huis clos* (par exemple, à la fin de la pièce, la présence d'un canapé pour chacun des acteurs, ou le fait qu'il y ait dans la pièce une lumière continue et que les personnages ne peuvent pas fermer les yeux).

Réfléchir sur l'identité

1. D'après ces deux scènes, quelles sont les ressemblances et les différences entre Vladimir et Estragon ?
2. Décrivez la relation entre les deux hommes. Vous apprend-elle quelque chose sur l'identité des personnages ?
3. Vos réponses aux questions 1 et 2 vous donnent-elles une idée de la manière dont Beckett peut concevoir l'identité en général ?

Élargir la discussion

1. Connaissez-vous des gens qui passent leur vie à attendre quelque chose qui n'est pas très défini ? Décrivez leur comportement.
2. Donnez l'exemple d'une situation ou d'un événement qui présente des aspects à la fois comiques et tragiques.
3. Y a-t-il dans votre vie des choses, des personnes, des valeurs ou des doctrines auxquelles vous croyez absolument ? En quoi cela influence-t-il votre vie ?
4. Pensez-vous que la communication est plus facile ou plus difficile dans le monde d'aujourd'hui qu'il y a trente ans ?
5. Choisissez dans Découvertes l'une des citations ayant pour thème la parole et donnez votre opinion dessus.

V. AUX ALENTOURS

Découvertes

De la parole à la conversation

15. « Le plus difficile au monde est de dire en y pensant ce que tout le monde dit sans y penser. » (ALAIN)[14]

16. « C'est ce qui échappe aux mots que les mots doivent dire. » (SARRAUTE)[15]

17. « Il y a des gens qui parlent un moment avant que d'avoir pensé. » (LA BRUYÈRE)[16]

18. « Quand je ne parle pas, je ne pense pas. Nous sommes ainsi dans mon pays [. . .], obligés de lancer les mots devant nous, en rabatteurs, pour faire lever les idées. » (DAUDET)[17]

19. « La parole est moitié à celui qui parle, moitié à celui qui écoute. » (MONTAIGNE)[18]

20. « Entre ce que je pense, ce que je veux dire, ce que je crois dire, ce que je dis, ce que vous avez envie d'entendre, ce que vous entendez, ce que vous comprenez . . . il y a dix possibilités qu'on ait des difficultés à communiquer. Mais essayons quand même . . . » (WERBER)[19]

21. « Si le temps ne changeait jamais, la moitié des hommes n'auraient aucun sujet de conversation. » (RENARD)[20]

22. « Avez-vous remarqué que, lorsqu'on fait rétablir une conversation téléphonique coupée, on s'aperçoit qu'on s'était tout dit ? » (GUITRY)[21]

23. « À quoi ça sert d'être connecté à la terre entière si on n'a rien à se dire ? » (WOLINSKI)[22]

24. « Les allusions sont les lettres anonymes de la conversation. » (RÉMUSAT)[23]

25. « La guerre étant, chacun le sait, la forme collective et violente de la conversation . . . » (ARNOUX)[24]

---

14. [en y pensant = en pensant à ce qu'on dit]

15. Nathalie SARRAUTE (1900–1999) : auteur dont l'écriture annonce le Nouveau Roman (p. 124). Elle souhaitait créer des personnages qui connaîtraient des états parfois encore inexpliqués, mais que nous retrouvons en nous-mêmes. [ce qui échappe aux mots = ce qui est au-delà des mots]

16. [avant que de = avant de]

17. [lancer* ; rabatteurs = *beaters* ; faire lever = *start, flush*]

18. [moitié = *half*]

19. [envie* ; qu'on ait = *might have* ; essayer*]

20. [le temps : ici = *weather*]

21. Sacha GUITRY 1885 –1957): acteur, auteur dramatique et cinéaste, il incarne l'amour du divertissement de la Belle Époque (le début du XXᵉ siècle), le goût du « bon mot » (*witticism*). [couper* ; s'apercevoir*]

22. [À quoi ça sert ? = Quelle utilité y a-t-il ?]

23. Claire de RÉMUSAT (1780–1821) : dame d'honneur de l'impératrice Joséphine, elle écrivit ses *Mémoires*, témoignage sur la vie à la cour de Napoléon.

24. Alexandre ARNOUX (1884–1973) : poète et dramaturge. *Le Règne du bonheur*, 1924, est un texte utopique protestant contre la notion de progrès.

26. « Ce qui fait que si peu de personnes sont agréables dans la conversation, c'est que chacun songe plus à ce qu'il veut dire qu'à ce que les autres disent. » (LA ROCHEFOUCAULD)[25]
27. « Une heure de conversation vaut mieux que cinquante lettres. » (SÉVIGNÉ)[26]
28. « Se connaître, n'est-ce pas le but de la conversation ? » (LECLERC)[27]

Le Détective

1. Expliquez quel est le jeu de mots dans la citation suivante de Jean Cocteau (voir Index) : « Le verbe aimer est difficile à conjuguer : son passé n'est pas simple, son présent n'est qu'indicatif, et son futur est toujours conditionnel. »
2. On dit parfois de certaines personnes : « On lui donnerait le bon Dieu sans confession ! Mais en fait . . . » Cherchez dans *Le Petit Robert* le sens de cette expression. D'après la définition donnée, décrivez ensuite le comportement typique d'une de ces personnes.
3. Expliquez la citation suivante de l'écrivain Paul Morand (1888–1976) :

   Bientôt, le tour du monde, le tour de la cage sera vite fait. De nos jours, Hugo écrirait :
   « L'enfant demandera : – Puis-je courir aux Indes ?
   Et la mère répondra : – Emporte ton goûter. »

   Pour répondre, vérifiez à quelle époque a vécu Victor Hugo. (Ce poète est souvent cité dans ce livre : comment allez-vous retrouver ce renseignement ?)
   Demandez-vous aussi quel est le sens de « écrirait ».

Connaissance du dictionnaire

Dans les conversations, on aborde beaucoup de sujets différents. Il y a des mots qui appartiennent à un domaine spécifique, d'autres peuvent avoir des sens particuliers dans certains cas. Ces domaines spécialisés sont notés en abrégé dans *Le Petit Robert*. Si vous ne connaissez pas le sens de l'abréviation, cherchez-la dans la liste qui est au début du dictionnaire. (Si vous avez du mal à la trouver, regardez dans la table des matières à quelle page est cette liste.)

Voici une série d'abréviations qui sont utilisées dans *Le Petit Robert* : *anat.*, *archit.*, *auto.*, *bactér.*, *bouch.*, *cout.*, *dr.*, *mus.*, *tech.* Cherchez dans la liste des abréviations ce qu'elles signifient.

Voici maintenant une liste de noms qui appartiennent, entièrement ou partiellement, en rap-

---

25. [songe = pense]
26. Marie de Rabutin-Chantal, marquise de SÉVIGNÉ (1626–1696), très cultivée et douée (*gifted*) pour la vie mondaine, passa une partie de sa vie retirée, ce qui lui donna l'occasion d'une correspondance vaste et remarquable.
27. Félix LECLERC (1914–1988) : poète, dramaturge, chanteur et compositeur canadien, il renouvela la chanson québécoise ; tout en puisant aux (*drawing from*) sources populaires, il s'inspira des problèmes spécifiques du Québec. C'est Ollivier Mercier Gouin (p. 71) qui l'a fait connaître en France. [but*]

port avec les domaines indiqués par ces abréviations. (Si c'est le sens principal qui est spécialisé, l'abréviation sera au début de la notice ; sinon, elle sera au début de l'un des paragraphes.) Mettez en relation chaque nom avec l'abréviation qui lui correspond. (L'un de ces noms est lié à trois domaines différents.)

1. arbitre   3. archet   5. bougie   7. jambe
2. arcade   4. bouge   6. échine

La lecture « en diagonale »

C'est le principe du survol, que nous avons vu dans le chapitre précédent (p. 167), appliqué maintenant à la lecture. Vous avez entre les mains un gros livre : avez-vous besoin de lire le chapitre 5 ? On vous donne une brochure publicitaire, et vous êtes pressé(e) : est-ce que cela vaut la peine de la garder ? Il s'agit donc de survoler un texte pour capter le plus rapidement possible de quoi il parle.

Première étape : la présentation vous offre des points de repère connus, qui vous permettront de structurer votre lecture, comme si vous accrochiez les éléments découverts à des clous connus.

Allez à la page 29 de ce livre et regardez-la pendant une minute. Notez tout ce dont vous vous souvenez. Revenez à la même page. Regardez-la à nouveau une minute, laissez le livre et complétez vos notes. Finalement, reprenez le livre et regardez la page pendant trois minutes. Comparez les résultats de vos trois expériences.

Aller ailleurs

Vous verrez ci-dessous un extrait de la table des matières d'un livre sur le théâtre de l'absurde (Emmanuel Jacquart, *Le Théâtre de dérision : Beckett, Ionesco, Adamov*, 1998). Si vous cherchiez ce qui pourrait ajouter à votre compréhension de *En attendant Godot*, quelles sections de ce livre iriez-vous regarder ? Dites pourquoi. (Tenez compte non seulement des passages de la pièce que vous avez étudiés, mais aussi de sa présentation dans Points de départ et dans Stratégies de lecture.)

Beckett et ses personnages
Un théâtre limite, 114 – La misère du corps, 115 – L'anti-héros, 117 – Solo, duo ou trio ? 120 – Parents ennemis, 121 – Le couple, 122 – Le tandem, 125 – Maître et esclave ? 130

Approfondir

Samuel Beckett a écrit (*Textes pour rien*, 1955) : « Où irais-je si je pouvais aller, que serais-je si je pouvais être, que dirais-je si j'avais une voix ? » Pouvez-vous trouver un écho entre cette phrase et ce que vous avez lu d'*En attendant Godot* ?

C'est à vous !

1. Écrivez sur le thème : « Je voudrais pourtant . . . »
2. Denis Diderot a écrit : « Si vous me savez peu de gré de ce que je vous dis, sachez-m'en beau-

coup de ce que je ne vous dis pas. »[28] Imaginez la relation et la situation entre deux personnes qui correspondent à cette citation : ce que l'une a dit qui n'a pas été très agréable à l'autre, ce qu'elle pourrait lui dire qui serait encore plus désagréable !

Ritournelle (ritornello)

Au début du deuxième acte d'*En attendant Godot*, il y a une ritournelle (*ritornello*) qui se répète indéfiniment. En voici une autre, qui est bien connue dans le folklore français, et qui est ici inachevée. Devinez-en la fin.

> C'était beau, mais c'était triste !
> Le capitaine des **pompiers** en pleura dans son casque   *firemen*
> De son casque trop plein une goutte tomba
> Sur un noyau de pêche qui aussitôt germa
> Puis **éclata**.   *exploded*
> Le prince qui passait par là en reçut un éclat
> Il tomba et mourut.
> On lui fit . . .

VI. RECHERCHES SUR INTERNET

🕵️ Le Détective

1. Dans la pièce de Jean Racine *Britannicus,* le personnage d'Agrippine dit en parlant de Néron : « Je le craindrais bientôt s'il ne me craignait plus. » Cherchez le sens de cette phrase d'après un résumé de l'intrigue de la pièce : quel est l'enjeu (*stake*) entre les personnages ?
2. Alfred de Musset (1810–1857) a écrit des *Comédies et Proverbes,* dont l'une s'appelle *On ne saurait penser à tout.* Cherchez deux autres titres de comédies de cet auteur qui sont aussi des proverbes.
3. L'école de jeunes filles fondée par Madame de Maintenon (revoir citation n° 11) a fait la toile de fond (*background*) historique d'un film sorti en l'an 2000. Quelle actrice est la vedette de ce film ? Quel prix a obtenu le film ? Qu'est devenue l'école de Saint-Cyr ? Citez deux hommes célèbres qui sont passés par cette école.

🏛️ Aller ailleurs

Préparez-vous à présenter oralement les réponses aux questions suivantes.

1. Quel est le titre anglais de *Oh ! les beaux jours* (1963) de Samuel Beckett ? Quelle est l'idée principale de la mise en scène ?

---

28. Sur Diderot, voir Index des auteurs. [savoir gré = être reconnaissant (*thankful*) à quelqu'un pour quelque chose]

2. Quels sont les personnages de *Fin de partie* (1957) de Beckett ? Quelle est l'idée principale de la mise en scène ?

3. Quel est le sujet de *La Dernière Bande* (1960) ? Regardez la photo p. 144 en ayant ce sujet présent à l'esprit : selon vous, la photo constitue-t-elle une illustration suggestive pour le chapitre 7 ? Pourquoi ?

4. L'écrivain Claude Mauriac (1914–1996) a écrit une pièce intitulée *La Conversation* (1964) qui évoque l'existence banale d'un couple dans son appartement : en soixante ans, les époux passent de la jeunesse à la mort avec l'idée qu'ils devraient se parler, se dire quelque chose d'important. Mais cette vraie conversation n'arrive jamais.

   a. Cet écrivain est surtout connu pour un cycle autobiographique dont le titre évoque un peu de cette idée. Quel en est le titre ?

   b. Claude Mauriac a également publié, en 1961, un roman avec un titre qui paraissait provocateur pour une certaine personne. Quel en est le titre ? Pourquoi et pour qui était-il provoquant ?

 Actualité

Allez sur le site de Radio France Internationale. Cherchez un forum de discussion qui vous intéresse. Regardez plusieurs avis donnés par des internautes et préparez-vous à les présenter à la classe.

CHAPITRE • 10

Aimé Césaire

Une Tempête

☛ Mot-clé : *domination*

« Je t'ai appris les arbres, les fruits, les oiseaux, les saisons. » (Aimé Césaire)

🏛 I. POUR MIEUX LIRE LE TEXTE : LES PILIERS DE LA LANGUE

🖼 Stratégies de lecture : les niveaux de langage

La plupart des gens ne parlent pas exactement de la même manière selon les circonstances : à l'oral ou à l'écrit, dans un contexte officiel ou dans la rue, quand ils sont calmes ou sous le coup de l'émotion. . .

Dans chaque langue, il existe donc *plusieurs niveaux*, qui diffèrent par *la syntaxe, le vocabulaire, la prononciation*. Lorsqu'on apprend une langue étrangère, il est important, mais parfois délicat (*tricky*), de repérer ces différents niveaux.

Le dialogue théâtral que vous allez lire dans ce chapitre va vous mettre en présence de plusieurs de ces niveaux :

1. une langue *orale « ordinaire »* :
   « Je t'ai déjà dit que je n'aime pas **ça** (= cela). »
2. une langue *orale familière* (notée ici par (°)) :
   « **Y a** (= Il y a, *The point is)* que Caliban n'est pas mon nom. »
   en avoir marre = en avoir assez
3. une langue volontairement *grossière* :
   salaud (*bastard*)

(Repensez à ce que nous avons vu avec le poème de Prévert « Barbara » et Vie de la langue, p. 57 et p. 69, l. 38.)

4. une langue de prose « soutenue » (*sustained*), presque littéraire :
   « C'est le sobriquet (*nickname*) **dont ta haine m'a affublé** (*dressed me up*)
   et dont chaque rappel m'insulte. »
5. une langue *poétique*, où l'auteur invente parfois des mots, comme :
   « la **toute-flaireuse** » (= celle qui sent tout)

Lorsque vous lirez le texte d'Aimé Césaire, soyez attentifs à ces différents niveaux de langue : une question vous sera posée dessus dans Analyser.

🗩 Un brin de causette : souhaits et regrets

Vocabulaire actif : les bons vœux

Que peut-on souhaiter dans la vie ? Être heureux, apprendre facilement, avoir un métier intéressant, gagner suffisamment d'argent, toujours garder l'espoir, avoir beaucoup d'amis, trouver l'âme-sœur, faire de beaux voyages, ne jamais mentir. . .

Imaginez que vous voyez un enfant nouveau-né auquel vous souhaitez tout le meilleur. Vous allez formuler ces souhaits au subjonctif en disant, par exemple : « Qu'il vive bien ! »

Imaginez ensuite que vous voyez un homme au soir de sa vie : tout n'a pas été rose pour lui, et vous le regrettez : « Il aurait bien vécu. . . »

Mettez-vous par deux. Avec les expressions ci-dessus (« être heureux », « apprendre facilement », etc.), l'un d'entre vous va formuler des souhaits, l'autre des regrets. Vous pouvez, bien sûr, ajouter des propositions à celles de la liste du vocabulaire actif !

🛠 Éléments de grammaire (1) : le conditionnel passé

1. La forme

Nous allons étudier dans ce chapitre le conditionnel passé, qui est formé avec :

> AUXILIAIRE au CONDITIONNEL PRÉSENT + PARTICIPE PASSÉ[1]
> (**avoir** ou **être**)[2]

Exemple avec tous les verbes à la 1ère du singulier :

j'aurais aimé	je serais venu(e)
j'aurais fini	je serais parti(e)
j'aurais pris	je serais monté(e)
j'aurais perdu	je serais mort(e)

Exemple avec des verbes différents, selon les personnes :

j'aurais aimé	je serais venu(e)
tu aurais fini	tu serais parti(e)
il, elle aurait pris	il, elle serait monté(e)
nous aurions perdu	nous serions mort(e)s
vous auriez offert	vous seriez descendu(e)s
ils, elles auraient vécu	ils, elles seraient né(e)s

---

1. Pour savoir s'il faut **avoir** ou **être**, voir Appendice grammatical, p. 297.

2. Sur le participe passé passif, voir Appendice grammatical, p. 299.

2. L'emploi

Comme nous l'avons vu au chapitre précédent (p. 173), le conditionnel figure surtout dans des phrases avec **si**. Avec le conditionnel passé, on a la construction :

Si + PLUS-QUE-PARFAIT, . . . CONDITIONNEL PASSÉ
(condition)   (résultat)

- *Si* nous **étions allés** à leur fête, nous **aurions pu** vous en parler.
  (*If we **had gone** to their party, we **could have** told you about it.*)
- *S*'il m'**avait écrit**, je lui **aurais répondu**.
  (*If he **had written** to me, I would have replied to him.*)

Le sens implicite de cette construction est : « S'il m'avait écrit [mais il ne l'a pas fait], je lui aurais répondu [et donc je ne lui ai pas répondu]. »

1. « Il n'aurait jamais abandonné ce désert de pierres et d'herbes rares, si les travaux de la grande route ne l'avaient attiré vers la vallée. » (CHAMSON)[3]
2. « Si les Romains avaient dû d'abord apprendre le latin, ils n'auraient jamais eu le temps de conquérir le monde. » (WILLEMETZ)[4]
3. « Si les petites n'avaient pas été aussi occupées de robes et de coiffures, elles se seraient avisées que le coq était très vexé et auraient essayé d'arranger les choses. » (AYMÉ)[5]

À noter

Le conditionnel passé peut également se trouver dans des phrases sans **si**.

- J'**aurais aimé** vivre sans travailler [mais c'est une nécessité] !

4. « Aucun roi de France n'aurait été réélu au bout de sept ans. » (GISCARD D'ESTAING)[6]

Sur les différentes nuances de sens du conditionnel passé, voir Appendice grammatical, p. 304.

---

3. [abandonner* ; pierre* ; attirer = attract]
4. Albert WILLEMETZ (1887–1964) : célèbre compositeur de chansons, d'opérettes et de revues de music-hall. Percevez-vous l'humour de cette phrase ?
5. Cette phrase est tirée des *Contes du chat perché* (voir p. 93, n. 17). [occupées de = avec ; s'aviser = s'apercevoir*]
6. Valéry GISCARD D'ESTAING (né en 1926) : homme politique qui a été président de la République de 1974 à 1981. [au bout de = *at the end of*]

Ⓨ Mise en pratique

A. Mettez les verbes entre parenthèses au plus-que-parfait ou au conditionnel passé, selon le modèle :

Ex. : Si tu m'_____ (prévenir), je t'_____ (apporter) à manger.

⇨ Si tu m'**avais prévenu**, je t'**aurais apporté** à manger.

1. Si j'en _____ (avoir) la possibilité, je _____ (voyager) beaucoup.
2. Si tu _____ (être) ici la semaine dernière, nous t'_____ (inviter) à la fête.
3. La fête m'_____ (paraître) moins triste si le champagne _____ (couler) à flots (*to overflowing*).
4. Si ces deux hommes _____ (vouloir) se parler, ils _____ (prendre) rendez-vous.

B. Après avoir fait l'exercice A, ajoutez à chaque phrase complétée une autre selon le modèle suivant. (Revoyez ci-dessus – juste avant la citation n° 1 – la remarque sur le sens implicite de la construction.)

Ex. : Si tu m'avais prévenu, je t'aurais apporté à manger.

⇨ Mais comme tu ne m'as pas prévenu, je ne t'ai pas apporté à manger.

✖ Éléments de grammaire (2) : le subjonctif présent

Le subjonctif, nous l'avons vu, est *un mode* (Appendice grammatical, p. 304 et p. 305). Ce mode a des sens très divers, que nous étudierons aussi aux chapitres 11 et 12. Il est employé la plupart du temps dans des propositions subordonnées.[7] Le texte de ce chapitre va nous donner l'occasion de découvrir d'abord le subjonctif dans *des propositions principales ou indépendantes*.

1. La forme

    a. Verbes réguliers

Le radical du subjonctif présent est formé à partir de celui de *l'indicatif présent* selon la règle suivante :

Indicatif présent		*Subjonctif présent*
3ᵉ pers. pl. (ils)	⇨	1ʳᵉ, 2ᵉ, 3ᵉ pers. sg. ; 3ᵉ pers. pl.
1ʳᵉ, 2ᵉ pers. pl. (nous, vous)	⇨	1ʳᵉ, 2ᵉ pers. pl.

On obtient ce radical en ôtant les terminaisons de l'indicatif (**-ent**, **-ons**, **-ez**), et on lui ajoute *les terminaisons du subjonctif* :

> RADICAL + **-e, -es, -e, -ions, -iez, -ent**

---

7. On distingue des propositions indépendantes, principales et subordonnées. « Il parle, je l'écoute » sont deux propositions *indépendantes*. Dans « Il parle quand il veut », « Il parle » est un proposition *principale* lorsque « quand il veut » est un proposition *subordonnée*.

Exemples :

Indicatif	*Subjonctif*
je finis	(que[8]) je finisse
tu finis	tu finisses
il finit	il finisse
nous finissons	nous finissions
vous finissez	vous **finissiez**
Ils finissent	ils **finissent**
je bois	(que) je boive
tu bois	tu boives
il boit	il boive
nous buvons	nous buvions
vous buvez	vous **buviez**
ils boivent	ils **boivent**

b. Verbes irréguliers

Cinq verbes courants[9] ont au subjonctif présent un radical complètement différent de celui de l'indicatif. Voici les plus courants :

Infinitif	*Indicatif*	*Subjonctif*
faire	nous faisons, ils font	(que) je **fasse**
pouvoir	nous pouvons, ils peuvent	je **puisse**
savoir	nous savons, ils savent	je **sache**
vouloir	nous voulons, ils veulent	je **veuille**
aller	nous allons, ils vont	j'**aille**

c. Les verbes **avoir** et **être** ont au subjonctif présent : (1) un radical différent de celui de l'indicatif, (2) des terminaisons différentes de celles des autres verbes :

ÊTRE	*AVOIR*
que je **sois**	(que) j'**aie**
tu **sois**	tu **aies**
il **soit**	il **ait**
nous **soyons**	nous **ayons**
vous **soyez**	vous **ayez**
ils **soient**	ils **aient**

---

8. Les formes du subjonctif sont très souvent précédées dans la phrase par la conjonction **que**. C'est pourquoi on les présente ainsi dans les grammaires.

9. Il faut y ajouter deux verbes : **valoir** (*to be worth*) – que je **vaille**, nous **val**ons, ils **val**ent ; **falloir** (verbe impersonnel) – qu'il **faille**. Notez que les verbes **aller** et **vouloir** ont deux radicaux différents au subjonctif :

    aller : **aill**- au sg. et à la 3e pers. du pl. / **all**- aux 1e et 2e du pl. : que nous **all**ions, vous **all**iez

    vouloir : **veuill**- au sg. et à la 3e du pl. / **voul**- aux 1e et 2e du pl. : que nous **voul**ions, vous **voul**iez.

2. L'emploi

Dans les propositions indépendantes ou principales, on trouve pour le subjonctif présent les emplois suivants :

a. **Que** + un *ordre à la 3ᵉ personne* :
- « Des clients désirent vous voir – **Qu'ils entrent** ! »
- Que la lumière **soit** ! (*Let there be light !*)

b. **Que** ou **pourvu que** + un *désir*, un *souhait* :
- **Que** Dieu vous **garde** ! (*God keep you !*)
- **Pourvu qu'**il **vienne** ! (*I, you, we. . .) only hope that he comes !*)

---

5. « Loué soit celui qui trouva / Premier la manière d'écrire. » (CHARLES D'ORLÉANS)[10]

6. « Quand on ne sait où l'on va, qu'on sache d'où l'on vient. » (KOUROUMA)[11]

7. « Que chacun s'efforce dans le milieu où il se trouve de témoigner à d'autres une véritable humanité. C'est de cela que dépend l'avenir du monde. » (SCHWEITZER)[12]

8. « Que l'importance soit dans ton regard, non dans la chose regardée. » (GIDE)

9. « Celui qui ne sait pas parler, qu'il chante. » (CLAUDEL)

---

c. Expressions figées

Comme nous l'avons vu pour le participe (p. 123), il existe des expressions figées (*fixed*) où figure le subjonctif :

Puisse. . . (*May. . .*)
Vive la République ! (*Long live the Republic !*)
Vive(nt) les vacances ! (*Hooray for vacation !*)
Soit ! (*Done ! Agreed !*)
Dieu vous bénisse (*God bless you*)
Ainsi soit-il ! (*Let it be so !*)
N'en déplaise à _____ (*Whether* _____ *likes it or not*)
Advienne que pourra (*Come what may*)

---

10. « Puisse l'évocation de ce qui advint en France servir la grande cause de l'abolition universelle. » (BADINTER)[13]

---

10. CHARLES D'ORLÉANS (1394–1465) : de famille royale, il fit un centre de poésie de sa cour de Blois (parmi les châteaux de la région de la Loire). Charles d'Orléans est, avec François Villon (voir Index), le principal poète du XVᵉ siècle français. [loué = *praised* ; premier = le premier]

11. [on ne sait = on ne sait pas]

12. Albert SCHWEITZER (1875–1965) : théologien, philosophe, musicien et médecin missionnaire français qui créa un hôpital à Lambaréné, au Gabon. Il reçut le prix Nobel de la paix en 1952.

13. Robert BADINTER (né en 1928) : avocat et homme politique qui a obtenu l'abolition de la peine de mort en

11. « Soit, pour te faire plaisir ! » (FLAUBERT)[14]

12. « Moi, n'en déplaise à ces messieurs, je suis de ceux pour qui le superflu est le nécessaire. » (GAUTIER)[15]

À noter

Voir d'autres emplois dans Appendice grammatical, p. 305.

Mise en pratique

A. Transformez les phrases suivantes de manière à exprimer un ordre au subjonctif, selon le modèle :

> Ex. : Il part en avion.
>
> ⇨ Qu'il parte en avion ! (*Let him leave by plane !*)

1. Le jeune homme sort de sa chambre.
2. Paul apprend à conduire.
3. Tout le monde s'endort avant huit heures.
4. Ils savent leur leçon.

B. Transformez les phrases suivantes selon le modèle donné, de manière à exprimer *un souhait* au subjonctif :

> Ex. : Elle rit.
>
> ⇨ Pourvu qu'elle rie !

1. Tu reviens me voir.
2. Vous choisissez la meilleure solution.
3. Elle dit la vérité.
4. Je peux le faire.
5. Pierre fait des efforts.

France en 1981. (Cette phrase est tirée du récit de ce combat, dans *L'Abolition*, 2001). Ministre de la justice, il a effectué de grandes réformes : notamment, il a favorisé la poursuite (*prosecution*) des crimes contre l'humanité et des infractions racistes ; il a fait supprimer la loi considérant l'homosexualité comme un délit (*offense*). Il est marié avec Elisabeth Badinter avec laquelle il a écrit *Condorcet, un intellectuel en politique* (1988) (voir p. 245) – (sur Condorcet, voir p. 107, n. 5). [advint : du verbe advenir = arriver – quelle forme du verbe est-ce ?]

14. [faire plaisir = *to please*]

15. Théophile GAUTIER (1811–1872) : poète d'abord très romantique, il rechercha ensuite une forme de beauté « pure », celle de « l'art pour l'art » (*art for art's sake*). [je suis de ceux = je fais partie des gens]

II. POINTS DE DÉPART POUR LA LECTURE

Biographie : Aimé Césaire (né en 1913)

Né à la Martinique, d'une famille ouverte au savoir occidental, Aimé Césaire a étudié à Paris à partir de 1931. C'est là qu'avec quelques Africains, dont l'écrivain sénégalais Léopold Senghor, il a élaboré la notion de *négritude*, c'est-à-dire, expliquera-t-il plus tard, « la conscience d'être noir, simple reconnaissance [*admission*] d'un fait qui implique acceptation, prise en charge [*responsabilité*] de son destin de Noir, de son histoire et de sa culture ». Nourri des idéaux de 1789, de la philosophie des Lumières et des grands principes du socialisme indépendant, Césaire fait preuve, en fait, d'un humanisme universaliste.

Revenu en Martinique en 1939, il a été élu maire et député avec le soutien du parti communiste en 1945. Ensuite, il s'est opposé à la fois aux colonialistes et aux communistes, avec lesquels il a rompu en 1956, pour fonder, en 1958, le Parti progressiste martiniquais.

Aimé Césaire est avant tout un poète dont l'œuvre puissante dit la destruction d'un monde ancien, dans une atmosphère de cataclysme, mais annonce aussi, avec une foi vibrante dans la vie, l'avènement d'un renouveau. Il a écrit plusieurs pièces d'inspiration politique, dont les plus connues sont *La Tragédie du roi Christophe* (1963) et *Une Saison au Congo* (1966).

Le contexte de l'œuvre

Une Tempête est une adaptation libre de la pièce de Shakespeare *The Tempest* (1611). Le duc de Milan, Prospero, a été chassé de ses États par son frère Antonio. Avec sa fille, Miranda, il a abordé dans une île mystérieuse, où il a trouvé pour seuls habitants Caliban et Ariel. Chez Shakespeare, Caliban est une figure monstrueuse, un esprit de la terre plein de méchanceté, qui tente de ravir Miranda, tandis qu'Ariel est un lutin ailé, plein de grâce et de bonté, dont Prospero fait son ami.

Césaire transforme ces personnages en archétypes du colonisateur (Prospero) et du colonisé (Ariel et Caliban). Ariel, mulâtre, subit sa condition plus facilement que Caliban, qui est noir. Au début de la pièce, des naufragés viennent d'arriver dans l'île. Prospero a appelé Caliban, dont il se méfie, en disant : « Celui-là, je l'ai à l'œil [(°)je le surveille], il s'émancipe un peu trop. »

Perspective historique et climat culturel

La figure de Caliban tel que le voit Césaire est inspirée par l'activiste américain Malcolm X, champion du « Black Power » assassiné en 1965, auquel vous trouverez une allusion dans le texte (voir Aller ailleurs, n° 1).

La pièce a été écrite en 1968 ; Césaire en a donné une version un peu modifiée l'année suivante (voir Approfondir, n° 1). L'année 1968 fut brûlante en plusieurs endroits du monde. La Tchécoslovaquie fut envahie par les soviétiques, écrasant la révolte du printemps. Aux États-Unis, c'était la protestation contre la guerre du Vietnam et le conflit racial aigu, avec l'assassinat de Martin Luther King. Aux jeux Olympiques de Mexico, Tommy Smith et John Carlos, deux athlètes noirs américains, montèrent sur le podium en levant un poing ganté de (= avec un gant) noir. En Europe, Paris, Bruxelles, Berlin, Londres et Milan furent touchés par la contestation étudiante sur l'état général de la société.

Cette année-là, Gabriel García Marquez écrivit *Cent Ans de solitude*, Stanley Kubrick dirigea *2001 : l'Odyssée de l'espace.* L'année suivante, Neil Armstrong marcha sur la lune.

☺☺☹ **Votre préparation personnelle**

Connaissez-vous des personnes qui ont des comportements de type nettement dominateur ou dominé ? Ces attitudes s'expriment-elles en toutes circonstances ou dans leurs relations avec des personnes spécifiques ? Sur quoi repose cette domination ? Est-elle plutôt matérielle ou psychique ? Ces comportements vous semblent-ils figés (*fixed*) ou pourraient-ils (potentiel) évoluer ? Si oui, dans quelles circonstances, à votre avis ?

« Princes, régnez sur des hommes ; vous serez plus grands qu'en commandant des esclaves. » (Restif de la Bretonne)

III. TEXTE

Caliban entre.

CALIBAN. Uhuru !

PROSPERO. Qu'est-ce que tu dis ?

CALIBAN. Je dis Uhuru !

PROSPERO. Encore une **remontée** de ton langage barbare. Je t'ai déjà *resurgence*
5   dit que je n'aime pas ça. D'ailleurs, tu pourrais être poli. Un bonjour ne te tuerait pas !

CALIBAN. Ah ! j'oubliais. . . . Bonjour. Mais un bonjour autant que
possible de **guêpes**, de **crapauds**, de **pustules** et de **fiente**. Puisse le *wasps, toads, pustules, dung*
jour d'aujourd'hui hâter de dix ans le jour où les oiseaux du ciel et
10 les bêtes de la terre se **rassasieront** de ta **charogne** ! *will eat their fill . . . decaying carcass*

PROSPERO. Toujours gracieux, je vois, vilain singe ! Comment peut-
on être si laid !

CALIBAN. Tu me trouves laid, mais moi je ne te trouve pas beau du
tout ! Avec ton nez **crochu**, tu ressembles à un vieux **vautour** ! *Il rit.* *hooked / vulture*
15 Un vieux vautour au cou **pelé** ! *hairless*

PROSPERO. Puisque tu **manies** si bien l'**invective**, tu pourrais au *handle abuse*
moins me bénir de t'avoir appris à parler. Un barbare ! Une bête
brute que j'ai éduquée, formée, que j'ai tirée de l'animalité qui l'**en-** *= tient enfermée*
gangue encore de toute part !

20 CALIBAN. D'abord ce n'est pas vrai. Tu ne m'as rien appris du tout.
Sauf, bien sûr, à **baragouiner** ton langage pour comprendre tes *jabber*
ordres : couper du bois, laver la vaisselle, pêcher le poisson, planter
les légumes, parce que tu es bien trop **fainéant** pour le faire. Quant *paresseux*
à ta science, est-ce que tu me l'as jamais apprise, toi ? Tu **t'en es bien** *took care not to*
25 **gardé** ! Ta science, tu la gardes égoistement pour toi tout seul, enfermée dans les gros livres que voilà.

PROSPERO. Sans moi, que serais-tu ?

CALIBAN. Sans toi ? Mais tout simplement le roi ! Le roi de l'île ! Le
roi de mon île, que je tiens de Sycorax, ma mère.

30 PROSPERO. Il y a des généalogies dont il vaut mieux ne pas se vanter.
Une **goule** ! Une sorcière dont, Dieu merci, la mort nous a délivrés ! *ghoul*

CALIBAN. Morte ou vivante, c'est ma mère et je ne la **renierai** pas ! *disown*
D'ailleurs, tu ne la crois morte que parce que tu crois que la terre est
chose morte. . . . C'est tellement plus commode ! Morte, alors on la
35 **piétine**, on la **souille**, on la **foule** d'un pied vainqueur ! Moi, je la *tread down / pollute / trample*
respecte, car je sais qu'elle vit, et que vit Sycorax.
Sycorax ma mère !
Serpent ! Pluie ! **Éclairs** ! *lightning*

Et je te retrouve partout :

40   Dans l'œil de la **mare** qui me regarde, sans **ciller**, à travers les   *pond / blink*
scirpes.   *bulrushes*

Dans le geste de la racine **tordue** et son **bond** qui attend.   *distorted / leap*

Dans la nuit, la toute-voyante aveugle, la toute-**flaireuse** sans   *celle qui sent tout*
naseaux !   *nostrils*

45   . . . . D'ailleurs souvent par le rêve elle me parle et m'avertit . . .

Tiens, hier encore, lorsque je me voyais **à plat ventre** sur le bord du   *lying flat*
marigot, **lapant** une eau **fangeuse**, et que la Bête s'apprêtait à m'as-   *backwater / lapping / muddy*
saillir, un bloc de rocher à la main.

PROSPERO. En tout cas, si tu continues, ta sorcellerie ne te mettra pas
50   à l'abri du châtiment.

CALIBAN. C'est ça ! Au début, Monsieur me **cajolait** : Mon cher   *coaxed*
Caliban par ci, mon petit Caliban par là ! **Dame** !   *Why, yes!*

Qu'aurais-tu fait sans moi, dans cette contrée inconnue ? Ingrat ! Je
t'ai appris les arbres, les fruits, les oiseaux, les saisons, et main-
55   tenant, **je t'en fous**. . . Caliban la brute ! Caliban l'esclave ! **Recette**   *(°)to hell with it / recipe*
connue ! L'orange pressée, on en rejette l'écorce !

PROSPERO. Oh !

CALIBAN. Je mens, peut-être ? C'est pas vrai que **tu m'as fichu** à la   *chucked*
porte de chez toi et que tu m'as logé dans une grotte **infecte** ? Le   *pestilent*
60   ghetto, quoi !

PROSPERO. Le ghetto, c'est vite dit ! Elle serait moins « ghetto » si tu
te donnais la peine de la tenir propre ! Et puis il y a une chose que
tu as oubliée de dire, c'est que c'est ta **lubricité** qui m'a obligé de   *lewdness*
t'éloigner. Dame ! Tu as essayé de violer ma fille !

65   CALIBAN. Violer ! violer ! **Dis-donc**, vieux **bouc**, tu me prêtes des   *Look here / billygoat*
idées libidineuses. Sache-le : je n'ai que faire de ta fille, ni de ta
grotte, d'ailleurs. Au fond, si je **rouspète**, c'est pour le principe, car   *grouse*
ça ne me plaisait pas du tout de vivre à côté de toi : tu **pues** des   *stink*
pieds !

70   PROSPERO. Mais je ne t'ai pas appelé pour discuter ! **Ouste** ! Au tra-   *get a move on!*
vail ! Du bois, de l'eau, en quantité ! Je reçois du monde aujour-
d'hui.

CALIBAN. Je commence à **en avoir marre** ! Du bois, il y en a un tas   *(°)be fed up*
haut comme ça !

75   PROSPERO. Caliban, j'en ai assez ! Attention ! Si tu rouspètes, la
trique ! Et si tu **lanternes**, ou fais grève, sabotes, la trique ! La   *stick / va lentement*
trique, c'est le seul langage que tu comprennes ; eh bien, **tant pis**   *too bad for you*
pour toi, je te le parlerai haut et clair. Dépêche-toi !

CALIBAN. Bon ! J'y vais . . . mais pour la dernière fois. La dernière, tu

80   entends ! Ah ! j'oubliais. . . j'ai quelque chose d'important à te
      dire.

PROSPERO. D'important ? Alors vite, **accouche**.   *give birth = (°)out with it*

CALIBAN. Eh bien, voilà : j'ai décidé que je ne serai plus Caliban.

PROSPERO. Qu'est-ce que c'est que cette **foutaise** ? Je ne comprends   *rubbish*
85   pas !

CALIBAN. Si tu veux, je te dis que désormais je ne répondrai plus au
      nom de Caliban.

PROSPERO. D'où ça t'est venu ?

CALIBAN. Eh bien, **y a que** Caliban n'est pas mon nom. C'est simple !   *= il y a (the point is)*
90 PROSPERO. C'est le mien, peut-être !

CALIBAN. C'est le **sobriquet** dont ta haine **m'a affublé** et dont   *nickname / dressed me up*
      chaque rappel m'insulte.

PROSPERO. Diable ! On devient susceptible ! Alors propose. . . Il faut
      bien que je t'appelle ! Ce sera comment ? Cannibale **t'irait bien**,   *would suit you*
95   mais je suis sûr que tu n'en voudras pas ! Voyons, Hannibal ! Ça te
      va ! Pourquoi pas ! Ils aiment tous les noms historiques.

CALIBAN. Appelle-moi X. Ça **vaudra mieux**. **Comme qui dirait**   *will be better / (°)=en d'autres*
      l'homme sans nom. Plus exactement, l'homme dont on a volé le   termes
      nom. Tu parles d'histoire. Eh bien ça, c'est de l'histoire, et fameuse !
100   Chaque fois que tu m'appelleras, ça me rappellera le fait fondamen-
      tal que tu m'as tout volé et jusqu'à mon identité ! Uhuru !

      Il se retire.

IV. VIVRE LE TEXTE

Parlons-en !

Quelles attitudes de Caliban vis-à-vis de la domination révèle cette scène ?

Comprendre

1. Que veut dire Prospero par « langage barbare » (l. 4) ?
2. Qu'est-ce que Prospero affirme avoir fait de bien pour Caliban ? Que lui répond Caliban
   là-dessus ?
3. Qu'est-ce qui fait la force de l'affirmation : « Mais tout simplement le roi ! » (l. 28) ?
4. Que représente Sycorax pour Prospero ? et pour Caliban ?
5. D'après Caliban, comment Prospero s'est-il d'abord comporté envers lui ? Peut-on deviner
   quand et comment ce comportement a ensuite changé ?
6. Expliquez le point de vue des deux personnages quand ils disent : « CALIBAN. Le ghetto, quoi !
   PROSPERO. Le ghetto, c'est vite dit. . . » (l. 61).
7. Comment interprétez-vous « pour la dernière fois » (l. 79) ?

8. Comment Caliban a-t-il reçu son nom ? Pourquoi veut-il désormais s'appeler X ? Que veut-il dire par « c'est de l'histoire » (l. 99) ?

Analyser

1. Relevez des expressions qui correspondent aux différents niveaux de langage évoqués dans Stratégies de lecture. Quel effet a produit sur vous la juxtaposition entre ces différents niveaux de langage ? Les deux personnages parlent-ils chacun selon un niveau de langue spécifique ? Qu'en concluez-vous sur les intentions de l'auteur ?

2. D'une manière générale, pouvez-vous dire quel rôle joue le langage dans la relation entre Prospero et Caliban ?

3. D'après cette scène, comparez la manière dont Aimé Césaire a conçu ses personnages à celle dont Sartre et Beckett ont conçu les leurs dans les scènes de ces deux auteurs que vous avez étudiées.

4. Qu'est qui dans cette scène vous paraît :
   • refléter des circonstances historiques précises ;
   • exprimer d'une manière générale le conflit entre colonisateur et colonisé ;
   • traduire plus largement la relation entre n'importe quel dominant et n'importe quel dominé ?

Réfléchir sur l'identité

1. Comment Caliban affirme-t-il immédiatement son identité ethnique ?

2. Qu'est-ce que Prospero pense avoir enseigné à Caliban ? Qu'est-ce que Caliban pense avoir enseigné à Prospero ? En quoi ces deux types de savoir sont-ils liés à l'identité de ces deux hommes ?

Martin Luther King menant une manifestation en 1965. « Nous devons apprendre à vivre ensemble comme des frères ou périr ensemble comme des imbéciles. »

3. Comment dans cette scène le thème de l'animalité est-il lié à celui de l'identité ?

4. Comment cette scène traduit-elle la relation entre dominant et dominé ? Montrez comment cette relation est en train d'évoluer entre Prospero et Caliban. Définissez la limite du changement à ce stade de la pièce. Telle que la relation est présentée, existe-t-il d'après vous une possibilité pour que les personnages échappent à leur identité de dominant et de dominé ?

Élargir la discussion

1. Où en est d'après vous la question raciale entre blancs et noirs aux États-Unis ? Êtes-vous optimiste ou pessimiste sur l'évolution de ce problème dans l'avenir ?

2. Quelles sont à votre avis les formes actuelles de domination entre les peuples ? Pensez-vous que ces formes peuvent évoluer ? Estimez-vous qu'elles engagent l'avenir de l'humanité dans une direction spécifique ?

3. Décrivez la relation entre deux personnes de votre connaissance ou imaginaires, dont l'une est nettement dominatrice et l'autre dominée.

4. Donnez votre avis sur la pensée du philosophe Blaise Pascal (1623–1662) : « Ne pouvant faire que ce qui est juste fût fort, on a fait que ce qui est fort fût juste » (p. 51, cit. 14).

5. Choisissez l'une des trois premières citations de Découvertes ; dites comment vous la comprenez en l'illustrant par des exemples.

 V. AUX ALENTOURS

 Découvertes

13. « Il n'y a plus de patrie ; je ne vois d'un pôle à l'autre que des tyrans et des esclaves. » (DIDEROT)

14. « Le pouvoir, s'il est amour de la domination, je le juge ambition stupide. Mais s'il est acte de créateur et exercice de la création, alors le pouvoir, je le célèbre. » (SAINT-EXUPÉRY)

15. « Où il n'y a point de maître, tout le monde est maître ; où tout le monde est maître, tout le monde est esclave. » (BOSSUET)[16]

16. « Les hommes veulent être esclaves quelque part, et puiser là de quoi dominer ailleurs. » (LA BRUYÈRE)[17]

17. « Princes, régnez sur des hommes ; vous serez plus grands qu'en commandant des esclaves. » (RESTIF DE LA BRETONNE)[18]

---

16. Jacques BOSSUET (1627–1704) : évêque (*bishop*) et théologien, il fut pendant plus de vingt ans le véritable chef de l'Église de France. Dans ses prédications, il se permettait de s'adresser de façon très directe aux grands du royaume, leur rappelant leur devoir de justice et de charité. [point = pas ; esclave*]

17. [puiser = tirer]

18. Nicolas RESTIF DE LA BRETONNE (1734–1806) : écrivain réaliste, il a peint les paysans et le petit peuple des

18. « Le despote en se faisant despote devient esclave. » (LEROUX)[19]

19. « J'ai l'habit d'un laquais et vous en avez l'âme. » (HUGO)[20]

20. « La brutalité est le recours de ceux qui n'ont plus de pouvoir intérieur. » (HÉBERT)[21]

21. « Dans sa grande ambition, à cause de son goût du pouvoir et de la domination, l'homme ne cesse de lutter pour regagner ce que l'homme ne cesse de lui ôter. » (FERRON)[22]

22. « La marque d'une domination est qu'elle déplace les problèmes et parvient à empêcher qu'on pose ceux qu'elle est incapable de résoudre. » (DOMENACH)[23]

23. « Le langage est foncièrement lié au désir de domination sociale. Il cherche l'ascendant. Sa fonction est le dialogue et le dialogue, quoi qu'on en dise de nos jours, c'est la guerre. » (QUIGNARD)[24]

24. « La relation existant entre l'humanité et la nature doit être faite de respect et d'amour, non de domination. » (DUBOS)[25]

25. « Du moment que le statut colonial c'est pour le colonisé le Paradis terrestre, quel colonisateur ne voudrait être colonisé ? » (ÉTIEMBLE)[26]

26. « Les racistes sont des gens qui se trompent de colère. » (SENGHOR)[27]

27. « Le privilège des grands, c'est de voir les catastrophes d'une terrasse. » (GIRAUDOUX)[28]

---

villes dans des souvenirs autobiographiques romancés. Il proposa des réformes sociales inspirées de Rousseau, qui anticipaient celles de Fourier (voir Index des auteurs).

19. Pierre LEROUX (1797–1871) : philosophe et homme politique, apôtre de la solidarité humaine, il exposa les principes d'un socialisme à caractère religieux.

20. [habit = vêtement ; vous en avez l'âme = vous avez l'âme* d'un laquais]

21. Anne HÉBERT (1916–2000) : poétesse et romancière canadienne, inspirée à la fois par la tradition romantique et le roman moderne d'introspection. [recours = ressource]

22. Jacques FERRON (1921–1985) : médecin et écrivain canadien, il a publié des contes et des romans faussement naïfs, où le réel se mêle au fantastique.

23. Jean-Marie DOMENACH (1922–1997) : écrivain et journaliste. [résoudre = *solve*]

24. Pascal QUIGNARD (né en 1948) : romancier et essayiste érudit, passionné de musique. L'un de ses livres a été traduit en anglais : *On Wooden Tablets : Apronenia Avitia* (1984), le journal imaginaire d'une aristocrate romaine du Ve siècle. [quoi qu'on en dise = *whatever one might say about it*]

25. René DUBOS (1901–1982) : microbiologiste américain d'origine française. C'est probablement le chercheur qui, au XXe siècle, aura le plus efficacement contribué à développer la conscience de l'importance des questions concernant l'environnement, grâce surtout à son grand ouvrage de synthèse, *L'homme et l'adaptation* (1965). C'est lui qui a lancé le slogan : penser globalement, agir localement. On peut lire en traduction anglaise : *The Wooing of Earth*, 1980 ; *So Human an Animal: How We Are Shaped by Surroundings and Events*, 1998.

26. René ÉTIEMBLE (né en 1909) : écrivain et critique, il a beaucoup réfléchi sur la comparaison des littératures. Il a aussi milité contre « l'envahissement » du français par l'anglais, qui, dit-il, donne naissance au « franglais » (*Parlez-vous franglais ?* 1964). Il a publié en 1994 *Propos d'un emmerdeur* (propos = parole* ; (°)emmerdeur = *bore*).

27. Léopold Sédar SENGHOR (1906–2001) : poète et homme d'État, président de la République sénégalaise de 1960 à 1980. Il rencontra Aimé Césaire à Paris et formula avec lui le concept de négritude. Il a célébré cette négritude dans ses poèmes, lyriques et symboliques, pleins d'amour pour sa terre natale et ses traditions. [se trompent de colère* = ne sont pas en colère logiquement ; notez que « colère » est proche de « couleur ».]

28. [grands = *mighty* ; d'une terrasse = *from a terrace*]

♟ Le Détective

Connaissance du dictionnaire

Dans Stratégies de lecture, nous avons évoqué l'existence de différents niveaux de langue. Le dictionnaire tient compte de ces différences. Vous trouverez par exemple des mots avec les mentions :

Cour. = courant (ordinaire)
Littér. = littéraire
Poét. = poétique
Fam. = familier
Pop. = populaire
Arg. = argotique

1. Regardez *Le Petit Robert* au mot **peau**. Dans le paragraphe du sens premier (à la différence du sens figuré p. 82), trouvez trois locutions :

   a. une avec ce nom sans ajout (*addition*) particulier concernant le niveau de langue ;
   b. une notée comme familière ;
   c. une notée comme populaire.

Dans le paragraphe du sens figuré, trouvez deux locutions :

   d. une notée comme familière ;
   e. une notée sans ajout particulier.

(Notez le sens de toutes ces expressions.)

2. Cherchez la notice **azur**. Trouvez :

   a. un emploi littéraire ;
   b. un emploi poétique :
   c. un emploi courant.

La lecture « en diagonale » 2

C'est la deuxième étape de la technique de la lecture en diagonale (voir p. 187). Les points de repère qui vous ont aidé dans le chapitre précédent sont moins explicites et on essaie de capter davantage du contenu du texte, sans pourtant le lire de A à Z : on se contente d'une lecture « en diagonale », en zigzagant à travers le texte.

3. Allez page 238 (Points de départ). Regardez le texte pendant cinq minutes. Intéressez-vous seulement à ce que vous comprenez, et non à ce que vous ne comprenez pas. Laissez vos yeux trouver leur bon rythme de découverte. Préparez-vous à discuter avec les autres de ce que vous avez compris.

🏠 Aller ailleurs

1. Voici une citation de Francis Anani Joppa,[29] qui cite lui-même Aimé Césaire. Extrayez-en des idées qui peuvent permettre de mieux comprendre la perspective dans laquelle se place Aimé Césaire dans *Une Tempête*. (Voir la note pour le vocabulaire.) Quelle est la différence de sens entre les mots « racial » et « raciste » ?

> Les grands chantres de la négritude reconnaissent volontiers le caractère racial de leurs œuvres ; racial et non raciste. Car si le souci constant de ces écrivains est le sort de cette catégorie d'opprimés à laquelle ils appartiennent, ils refusent de biologiser le culturel, ils refusent de revendiquer des caractères innés du Nègre. Aimé Césaire l'a précisé :
>> *Négritude est entré dans l'histoire. Je le renie lorsqu'on lui donne une acception raciste, je dis bien raciste et non raciale, car, raciale, la négritude l'est pleinement : il s'agissait pour nous, en ce temps-là, de réhabiliter l'Afrique. . . Senghor, Damas. . . et moi-même, nous lisions avec une gourmandise intellectuelle tout ce qui rendait justice à la civilisation africaine. [. . .] Je le répète, il y avait dans la négritude quelque chose d'à la fois racial et narcissique mais rien de raciste.*[30]

2. L'exclamation cruelle de Prospero « Comment peut-on être aussi laid ! » est peut-être en partie l'écho de l'interrogation « Comment peut-on être Persan ? » qui se trouve dans *Les Lettres persanes* de Montesquieu (voir p. 121, n. 6) – à la fin de la lettre 30. Dans des livres ou sur Internet, cherchez quel est le thème de l'œuvre de Montesquieu et, si vous le pouvez, lisez la lettre 30. Pouvez-vous deviner quelle est la différence de point de vue entre Prospero et les gens qui posent cette question ?

📖 Approfondir

1. Le texte que vous avez lu est celui de l'édition de 1969, que l'on réimprime depuis cette date. Cette version de la pièce présente plusieurs changements par rapport à celle de 1968, en particulier dans la scène que vous avez étudiée. Dans la première version, Caliban sortait dès que Prospero avait dit : « Dépêche-toi » (l. 78). Césaire a rajouté ensuite tout ce qui concernait le changement de nom de Caliban.

Une autre différence concerne le passage ll. 64–70, qui se présentait ainsi :

PROSPERO. Tu as essayé de violer ma fille.
CALIBAN. Miranda, parlons-en. . . Encore une de tes victimes. . . Tu gouvernes jusqu'à ses rêves ! Je ne lui en veux pas du tout. Mais à toi, oui. . . Avec la triste éducation que tu lui as donnée et

---

29. Francis Anani JOPPA, *L'Engagement des écrivains africains noirs de langue française: Du témoignage au dépassement*, Sherbrooke, Québec, Éditions Naaman, 1982, p. 203.

30. [chantre = *troubadour* ; volontiers = *willingly* ; souci = préoccupation ; biologiser = considérer comme biologique, inné ; renier = *reject* ; acception = sens ; rendre justice à quelqu'un ou quelque chose = le traiter comme il le mérite]

l'image de moi que tu as su lui inculquer, me voyant un jour m'approcher d'elle, elle ne pouvait me prêter que les pires intentions. Vieux salaud. . . . Par tes soins, je ne suis pour elle que le gros animal velu qu'on aperçoit dans les cauchemars. . .

PROSPERO. – Mais je ne t'ai pas appelé. . . .[31]

Que pensez-vous de ces modifications ?

2. Comparez la scène que vous avez lue avec l'original de Shakespeare (acte I, scène 2, vers 320–374). Quelle modification importante dans l'esprit de la scène Césaire a-t-il apportée ?

✎ C'est à vous !

Imaginez deux personnes qui se connaissent depuis longtemps et se font mutuellement des reproches. Chacun dit : « J'en ai assez de toi ! »
Développez ce thème.

✌ Devinette

On me vend, on m'achète,
On me coupe la queue,
On me **dénude** un peu,   rendre nu
Puis on me **fend** la tête   *split*
Vous êtes sans pitié,
Et pourtant vous pleurez.
Qui suis-je ?[†]

VI. RECHERCHES SUR INTERNET

♟ Le Détective

1. Quand et pourquoi Malcolm Little a-t-il pris le nom de Malcolm X ?
2. Quelle personnalité historique Aimé Césaire a-t-il présentée dans un essai ? Qu'est-ce que cette personnalité a accompli de remarquable ?

🏛 Aller ailleurs

1. Quel est le thème de la pièce d'Aimé Césaire *La Tragédie du roi Christophe* ?

---

31. [jusqu'à = même ; rêve* ; en vouloir à = être fâché* contre ; prêter = attribuer ; salaud = *bastard* ; par tes soins = grâce à toi (ironique) ; velu = *hairy* ; cauchemar = *nightmare*]

†Jacques Charpentreau, *Les Cent plus belles devinettes*, Paris, Gallimard, 1983, n° 51. (Réponse : un oignon)

2. Quel est le texte original de la citation de Martin Luther King qui se trouve sous le texte de la photo p. 203 ?

3. Dans un discours prononcé durant la Révolution française, en 1791, au sujet du statut des noirs dans les colonies françaises, Pierre Samuel Dupont de Nemours (1739–1817) affirma : « S'il fallait sacrifier l'intérêt à la justice, il vaudrait mieux sacrifier les colonies qu'un principe. »[32] Pierre Samuel Dupont de Nemours joua aussi un rôle dans l'indépendance des États-Unis, où il émigra. Cherchez des précisions là-dessus.

 Approfondir

Cherchez des extraits de poésies d'Aimé Césaire. Choisissez un passage que vous présenterez à la classe de manière à
- faire comprendre les mots les plus difficiles ;
- traduire le climat poétique particulier du passage.

Actualité

Allez sur le site d'Amnesty International, section France. Citez trois actions urgentes dont s'occupe cette organisation. Cherchez les informations complémentaires nécessaires pour présenter clairement à la classe le contexte de ces trois actions.

---

32. On cite souvent cette phrase sous une forme abrégée : « (= Que) Périssent les colonies plutôt qu'un principe ! »

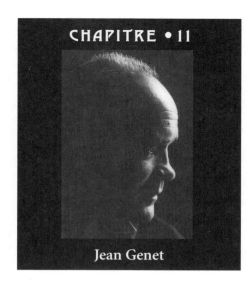

CHAPITRE • 11

Jean Genet

Les Bonnes

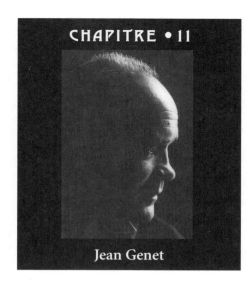 Mot-clé : *rôle*

« Tu n'es que ténèbres. » (Jean Genet)

I. POUR MIEUX LIRE LE TEXTE : LES PILIERS DE LA LANGUE

Stratégies de lecture : l'évolution des mots

Beaucoup de mots changent de sens ou de niveau de langage (revoir Stratégies de lecture, ch. 191) à la suite de l'évolution de la société. Ces modifications sont plus difficiles à repérer dans une langue étrangère que dans votre propre langue, où vous disposez de nombreuses informations sur l'emploi des mots.

Ainsi, le mot « bonne » a désigné couramment jusque vers les années 1960 la domestique résidant chez ses « maîtres » . Or, actuellement, très peu de personnes peuvent se permettre d'employer des gens en permanence chez eux. De plus, les rapports sociaux ont clairement évolué ces trente dernières années, alors que le mot « bonne » évoque une situation où la domestique devait subir tous les caprices de « Madame » . . . et souvent de « Monsieur » également. À présent, on parlera plutôt d'« employé(e) de maison » . On ne se sert plus du mot « bonne » que lorsqu'on veut consciemment souligner une nuance dépréciative ; par exemple, si quelqu'un vous demande de façon irrespectueuse ou injustifiée de faire pour lui quelque chose, vous lui direz : « Je ne suis pas ta bonne ! »

Un brin de causette : notre prochaine saison théâtrale

Vocabulaire actif : le théâtre

les accessoires
un acteur (actrice)
un auteur
une comédie
un comédien (-enne)
(porter) un costume
le décor

mettre (le metteur) en scène
le personnage
le rideau
(jouer) un rôle
la scène
le texte
une tragédie

Mettez-vous par petits groupes. Chacun de ces groupes est une compagnie théâtrale, en train de discuter de la prochaine saison, dont les œuvres programmées sont : *Huis clos* de Sartre, *En attendant Godot* de Beckett, *Une Tempête* de Césaire. Vous pouvez choisir d'être acteur, metteur en scène ou créateur de décor et vous expliquez aux autres comment vous concevez votre travail.

✖ Éléments de grammaire : le subjonctif (suite)

Dans le chapitre précédent, nous avons étudié les formes du subjonctif et son emploi dans les propositions indépendantes et principales. À présent, nous allons en voir des exemples *dans les propositions subordonnées.*

Le subjonctif a des sens très divers, auxquels on peut tout de même trouver un dénominateur commun : le subjonctif exprime en général un fait considéré d'*un point de vue subjectif,* alors que l'indicatif exprime, en général aussi, un fait présenté comme objectif. La subjectivité peut émaner du contenu :

• du *verbe de la proposition principale* :[1] c'est l'emploi que nous verrons dans ce chapitre.
• de la *conjonction* qui introduit *la proposition subordonnée* : c'est ce que nous verrons au chapitre prochain.

> 1. « La distinction demande des dons. Si on en manque, chercher à l'obtenir en cultivant habituellement des soucis élevés, tels que sauver la France, avoir les oreilles propres, employer le subjonctif. » (VIALATTE)[2]

Le verbe de la proposition principale commandant un subjonctif correspond à plusieurs nuances. On se souviendra aisément de ces nuances grâce au mot anglais *dove,* dont chaque lettre est l'initiale d'un mot français :

D = Doute ; O = Opinion ; V = Volonté ; E = Émotion.

---

1. Plus précisément, le point de vue subjectif est contenu *dans le verbe qui commande le subjonctif.* Cette proposition peut, en fait, être elle aussi une subordonnée :
– Je connais un homme. . . qui désire. . . **que** vous **veniez** demain
   proposition principale. . . prop. relative. . . prop. subordonnée à la relative
2. [dons = *gifts* ; manquer* de ; chercher à = essayer de ; soucis = préoccupations ; oreille*] Qu'y a-t-il d'humoristique dans cette phrase ?

1. Doute

Cette nuance est exprimée non seulement par **douter** (**que**), **nier** (*deny*)... (**que**), mais aussi par des tournures (*expressions*) négatives comme **je ne pense pas, ne crois pas, ne suis pas certain** (**que**).[3]

- **Je doute** qu'il soit heureux.
- **Je ne crois pas** qu'elle puisse venir.

2. « Je doute fort que vous puissiez réussir. » (MOLIÈRE)

3. « Les despotes eux-mêmes ne nient pas que la liberté ne soit excellente ; seulement ils ne la veulent que pour eux-mêmes, et ils soutiennent que tous les autres en sont indignes tout à fait. » (TOCQUEVILLE)[4]

2. Opinion

Il s'agit d'expressions et de verbes impersonnels qui constituent, en réalité des opinions subjectives, des jugements de la personne qui énonce la phrase : **il est** (**im**)**possible, nécessaire, utile, rare,** (**mal**)**heureux**... **que ; il faut, il suffit, il vaut mieux, il est temps**... **que.**

- **Il est malheureux** qu'ils **aient** si peu confiance en eux.
- **Il est temps que** tu **prennes** ta vie en main.

4. « Il est rare qu'un cataclysme se produise sans phénomènes avant-coureurs. » (RADIGUET)[5]

5. « Il faut bien que jeunesse se passe. » (proverbe)[6]

6. « Il n'est pas possible que de si grands maux soient sans remède. » (BOSSUET)[7]

7. « Il semble que la bureaucratie ait, en France, pour unique fonction de ne rien faire et de tout empêcher. Si tel est en effet son rôle, il faut convenir qu'elle le remplit d'une façon irréprochable. » (GIRARDIN)[8]

---

3. Et aussi par des tournures interrogatives : – *Crois-tu* **qu'**elles **veuillent** nous parler ? On a, dans le texte de Genet : « Pensez-vous qu'il me **soit** agréable de...? » (l. 36).

4. Alexis de TOCQUEVILLE (1805–1859) : historien et homme politique. Au retour d'un voyage aux États-Unis, il écrivit *De la démocratie en Amérique* (*Democracy in America*, 1835–1840), livre qui est toujours considéré comme une analyse prophétique de la civilisation américaine. Cette phrase est tirée de son autre grande œuvre : *L'Ancien Régime et la Révolution* (1856). [ne nient pas que... ne soit = ne disent pas que la liberté n'est pas ; soutiennent = affirment ; indigne : voir digne* – quel est le sens du préfixe **in**- ?]

5. Raymond RADIGUET (1903–1923) : écrivain qui mourut prématurément après avoir écrit deux beaux romans, *Le Diable au corps* (*The Devil in the Flesh*) et *Le Bal du comte d'Orgel*. [avant-coureurs = qui le précèdent]

6. [se passe = *run its course*]

7. [maux = pluriel de « mal »]

8. Émile de GIRARDIN (1806–1881) : publiciste et homme politique, il fonda en 1836 *La Presse,* premier journal à prix modique, accessible à tous. [tel = *such* ; convenir = admettre ; irréprochable : d'après le préfixe et le suffixe, dites quel est le sens de ce mot.]

3. Volonté

La volonté a plusieurs aspects ; elle peut se traduire par un ordre, une interdiction, une prière, un désir. Ce sont des verbes comme **vouloir, désirer, exiger** (*require*)**, souhaiter, avoir envie, défendre, interdire, empêcher**.

- Elle **a envie** que sa sœur **sorte** avant elle de la pièce.
- Claire ne **veut** pas que Solange **réussisse** mieux qu'elle.

8. « Je veux qu'à votre gré vous puisiez dans ma caisse. » (HUGO)[9]
9. « Je vous prie seulement que ce soit le plus tôt qu'il vous sera possible. » (PASCAL)[10]
10. « Faisons que notre postérité soit meilleure et plus heureuse que nous. » (ABOUT)[11]
11. « Tu diras ce que tu voudras, mais tu n'empêcheras pas que ce ne soit aujourd'hui dimanche. » (MUSSET)[12]

4. Émotion

Le verbe de la principale peut exprimer un sentiment (joie, douleur, surprise, crainte, regret, etc.), contenu dans des verbes et expressions comme **je suis heureux que, je suis désolé que** ; **j'ai peur que, j'ai honte que** ; **je m'étonne que, je regrette que, je crains que**.

- Nous **sommes tristes** que tu t'en **ailles** demain.
- Je **suis surpris** qu'il **puisse** faire son travail ici.

12. « Je crois vraiment qu'elle a peur que je me noie ! » (VALLÈS)[13]
13. « Je m'étonne que vous l'ignoriez. » (BOYLESVE)[14]

À noter

Dans tous ces emplois, le verbe de la principale est en caractères gras pour vous rappeler que c'est son sens qui commande le subjonctif dans la subordonnée. Pour plus de précisions sur ces emplois, voir Appendice grammatical, p. 306.

---

9. [à votre gré = selon votre volonté ; puisiez = preniez ; caisse*]

10. [je vous prie = *I beg*]

11. Edmont ABOUT (1828–1885) : journaliste et écrivain, auteur de romans avec des thèmes souvent suggérés par les progrès de la science (*Le Roi des montagnes,* 1857 ; *L'Homme à l'oreille cassée* [*The Man with the Broken Ear*], 1862). [Faisons que = *Let us act in such a way that*]

12. [tu n'empêcheras pas que ce ne soit aujourd'hui dimanche = c'est aujourd'hui dimanche, tu n'empêcheras pas cela]

13. [se noyer*]

14. René BOYLESVE (1867–1926) : romancier (*La Leçon d'amour dans un parc,* 1902).

☝ Mise en pratique

Mettez les verbes entre parenthèses au subjonctif présent.

1. Vous souhaitez que vos enfants _____ (grandir), mais pas trop vite !
2. Il est nécessaire qu'il _____ (écrire) cette lettre.
3. Vous ne pensez pas que nous _____ (pouvoir) réussir dans notre mission.
4. Il désire que nous _____ (être) satisfaits de lui.
5. Sa mère interdit que nous _____ (aller) voir ce film.
6. Je regrette tellement qu'il ne _____ (vouloir) pas venir avec nous !

⅍ II. POINTS DE DÉPART POUR LA LECTURE

⚲ Biographie : Jean Genet (1910–1986)

Orphelin, élevé par l'assistance publique, Jean Genet fut à l'âge de dix ans injustement accusé de vol et envoyé dans une maison de correction.

Ce fut le début de longues années d'errance (*wandering*) et de délinquance. Il s'engagea dans la Légion étrangère (1930), déserta (1932), fut emprisonné à plusieurs reprises. Il évita de peu la relégation en colonie pénitentiaire (*penal*) grâce à l'intervention d'écrivains célèbres (Jean Cocteau, Jean-Paul Sartre) appréciant les œuvres qu'il avait déjà publiées. Il aurait pu en effet n'être qu'un révolté hargneux (*peevish*), obsédé par d'étranges fantasmes, si cette révolte ne s'était défoulée (*unwound*) par le moyen de l'écriture.

Ce que la société appelle le mal devint la matière première de sa création littéraire, qui célèbre « le sang, le sperme et les larmes » . Il publia plusieurs romans situés dans le milieu des criminels et en partie autobiographiques. En 1947, le grand acteur et metteur en scène Louis Jouvet mit en scène *Les Bonnes*. Après un silence, Genet revint au théâtre avec *Le Balcon* (1956), *Les Nègres* (1959) et *Les Paravents* (1961). Puis il se consacra à un engagement politique radical, soutint les Black Panthers en 1970, défendit la cause des Palestiniens et celle de la Fraction Armée Rouge, groupe révolutionnaire allemand.

Dans son théâtre, encore plus révolutionnaire que celui de Beckett, Genet nous montre un univers qui n'est ni réel ni irréel ; c'est « l'envers du monde » qu'il veut nous révéler à toute force. (Il demandait à son metteur en scène préféré, Roger Blin, de maintenir de la lumière dans la salle, pour que le public ne puisse pas se cacher.)

Son théâtre transcende la révolte elle-même et métamorphose les pires horreurs en un spectacle envoûtant (*captivating*), car sa langue est fortement teintée de poésie et il conçoit ses pièces, qui ont un côté infernal, comme de véritables liturgies. Jean Genet est capable de dépeindre un sadisme compliqué avec une certaine innocence, et ses œuvres les plus violentes laissent une très grande place à l'émotion.

🔺 Perspective historique et climat culturel

Sur le plan international, 1947 est l'année de la signature de la paix avec les anciens alliés de l'Allemagne nazie. Les Britanniques empêchent les passagers juifs du bateau *Exodus* d'entrer en Palestine ; l'ONU propose un plan de partition du pays. L'Inde obtient son indépendance, et la guerre est ouverte entre musulmans et hindous. Les indépendantistes de Madagascar sont interdits. En Indochine, la rupture de la France avec Hô Chi Minh est définitive. Aux États-Unis, Marshall est nommé Secrétaire d'État, la CIA est créée et Hawaï est désormais sous la bannière étoilée. Élisabeth d'Angleterre épouse Philippe d'Édimbourg.

En France, on recense 40,5 millions d'habitants. Les communistes sont exclus du gouvernement et il y a une grande vague de grèves (*strikes*). Le grand film de l'année est *La Bataille de l'eau lourde*, film de guerre de Jean Dréville et Titus Vibe Muller. C'est une année d'ouverture pour le chanteur Yves Montand. C'est aussi la fin des restrictions concernant les textiles, et les grands couturiers reprennent leurs activités : Christian Dior rallonge la jupe à mi-mollet (*to mid-calf*).

Où en est le théâtre français en 1947 ? L'après-guerre avait vu le triomphe au théâtre de Sartre et de Camus, auteurs marqués par des problèmes de conscience et de morale, écrivant des pièces d'une forme assez classique. Les pièces de Jean Anouilh (voir Index des auteurs et citation nᵒ 2, p. 154) étaient un peu en dehors du temps.

D'un autre côté, l'univers théâtral c'était aussi celui d'Antonin Artaud, écrivain, comédien, théoricien du théâtre aux idées très radicales. Sorti de l'asile psychiatrique où il était interné depuis neuf ans, il donna le 13 janvier 1947 une conférence hallucinée restée célèbre, où il critiqua avec violence la société, les religions, les psychiatres.

Enfin, en 1947, le théâtre français commençait à se décentraliser par rapport à la capitale, avec, notamment, le premier festival théâtral dans la ville méridionale d'Avignon. (Ce festival est extrêmement vivant jusqu'à aujourd'hui.) La grande figure des débuts est le metteur en scène Jean Vilar, qui devient à Paris le directeur du Théâtre national populaire ; Avignon sera le laboratoire du TNP.

📖 Le contexte de l'œuvre

Le sujet de la pièce a été inspiré par un fait divers (*news item*) sordide – le meurtre sanglant de deux femmes par deux sœurs – mais elle va bien au-delà de cette anecdote.

Deux sœurs, Claire et Solange, sont « bonnes » chez Madame et Monsieur. Leurs sentiments à l'égard de leurs maîtres sont complexes : il s'y mêle de la haine, de la fascination et de l'envie. En l'absence de Madame, elles jouent entre elles des scènes où l'une prend le rôle de la maîtresse et l'autre celui de la servante. Elles ont franchi un pas de plus en dénonçant de façon calomnieuse Monsieur à la police ; il a été arrêté. Mais, coup de théâtre (*dramatic turn of events*), durant la pièce Monsieur va être libéré. Pour s'en sortir, les deux sœurs auront le projet de tuer Madame. En fait, c'est l'une des deux sœurs qui va empoisonner l'autre. Le texte que vous allez lire est le début de la pièce.

☺☺☹ **Votre préparation personnelle**

1. Avez-vous fait l'expérience de jouer à des jeux de rôle ? Est-ce que le scénario (les péripéties et le dénouement, *ending*) du jeu était fixé d'avance ou le jeu laissait-il une large place à l'improvisation ? Y a-t-il un rôle que vous aimiez jouer en particulier ? Qu'est-ce qui vous plaît ou vous déplaît dans les jeux de rôle ?

2. Qu'est-ce que les jeux de rôle ont pour vous en commun avec le théâtre ? Qu'est-ce qu'ils ont de différent ?

3. Avez-vous parfois conscience de jouer alternativement plusieurs rôles dans votre vie : celui de « fils ou fille de », « sœur ou frère de », « étudiant », « ami », ou encore de « bon ». . . ou de « méchant » ? Avez-vous l'impression que chacun de ces rôles comporte des règles ? Avez-vous le sentiment que vous êtes une seule et même personne à travers tous ces rôles ?

Indications pour la lecture

Dans le texte, les noms des personnages figurent simplement comme « Claire » et « Solange ». Dans les questions, pour faciliter la compréhension, il est dit « Claire » et « Solange » quand les bonnes parlent en leur propre nom, « Claire-Madame » quand Claire joue le rôle de Madame et « Solange-Claire » quand Solange joue le rôle de Claire.

Il est conseillé de lire une première fois les questions 1, 2, 3 de Comprendre et de les garder présentes à l'esprit pendant votre lecture. (Si vous le voulez, vous pouvez prendre quelques notes au fur et à mesure de votre lecture.)

III. TEXTE

La chambre de Madame. Meubles Louis XV. **Dentelles.** *Au fond, une*	*lace*
fenêtre ouverte sur la façade de **l'immeuble.** *En face. À droite, le lit. À*	*building*
gauche, une porte et une **commode.** *Des fleurs* **à profusion.** *C'est le soir.*	*chest of drawers /* en abondance

CLAIRE (*debout, en* **combinaison**, *tournant le dos à la* **coiffeuse**. *Son*	*slip / dressing table*
5 *geste – le bras tendu – et le ton, seront d'un tragique exaspéré*). Et ces	
gants ! Ces éternels gants ! Je t'ai dit assez souvent de les laisser à la	
cuisine. C'est avec ça, sans doute, que tu espères séduire le **laitier.**	*milkman*
Non, non, ne mens pas, c'est inutile. **Pends**-les au-dessus de **l'évier.**	*hang / sink*
Quand comprendras-tu que cette chambre ne doit pas être	
10 souillée ? Tout, mais tout ! ce qui vient de la cuisine est **crachat.**	*spit*
Sors. Et remporte tes crachats ! Mais cesse ! (*Pendant cette tirade,*	
Solange jouait avec une paire de gants en **caoutchouc**, *observant ses*	*rubber*
mains gantées, tantôt en bouquet, tantôt **en éventail**.) **Ne te gêne**	*like a fan / make yourself at home*
pas, fais ta biche. Et surtout, ne te presse pas, nous avons tout le	*/ preen like a peacock*
15 temps. Sors ! (*Solange change soudain d'attitude et sort humblement,*	
tenant du bout des doigts les gants de caoutchouc. Claire s'assied à la	

Jean Genet disait à propos des actrices qui allaient jouer Les Bonnes *: « Il ne faut pas qu'elles soient jolies, que leur beauté soit donnée aux spectateurs dès le lever du rideau. »*

coiffeuse. Elle respire les fleurs, caresse les objets de toilette, brosse ses cheveux, arrange son visage.) Préparez ma robe. Vite, le temps presse. Vous n'êtes pas là ? (*Elle se retourne.*) Claire ! Claire ! (*Entre*
20   *Solange.*)

SOLANGE. Que Madame m'excuse, je préparais le tilleul (*elle prononce* tillol) de Madame.

CLAIRE. Disposez mes toilettes. La robe blanche **pailletée**. L'éventail,   *spangled*
les émeraudes.

25   SOLANGE. Bien, Madame. Tous les bijoux de Madame ?

CLAIRE. Sortez-les. Je veux choisir. Et naturellement les souliers ver-
nis. Ceux que vous **convoitez** depuis des années. (*Solange prend*   *have been coveting*
dans l'armoire quelques **écrins** *qu'elle ouvre et dispose sur le lit.*)   *jewel cases*
Pour votre noce sans doute. Avouez qu'il vous a séduite ! Que vous

30   êtes **grosse** ! avouez-le ! (*Solange* **s'accroupit** *sur le tapis, et,*   *pregnant / squats*
crachant dessus, cire des **escarpins** *vernis.*) Je vous ai dit, Claire,   *pumps*
d'éviter les crachats. Qu'ils dorment en vous, ma fille, qu'ils y
croupissent. Ah ! ah ! (*Elle rit nerveusement.*) Que le promeneur   *stagnate*
égaré s'y noie. Ah ! ah ! vous êtes hideuse, ma belle. Penchez-vous   *lost*

35   davantage et **vous regardez** dans mes souliers. (*Elle tend son pied*   *look at yourself*
que Solange examine.) Pensez-vous qu'il me soit agréable de **me**

savoir le pied enveloppé par les **voiles** de votre salive ? Par la brume de vos **marécages** ?

to know that my foot is / mists
swamps

SOLANGE (*à genoux et très humble*). Je désire que Madame soit belle.

40 CLAIRE. Je le serai. (*Elle s'arrange dans la glace.*) Vous me détestez, n'est-ce pas ? Vous m'écrasez sous vos **prévenances**, sous votre humilité, sous les glaïeuls et le **réséda**. (*Elle se lève et d'un ton plus bas.*) On **s'encombre** inutilement. Il y a trop de fleurs. C'est mortel. (*Elle se mire encore*). Je serai belle. Plus que vous ne le serez jamais.

mindfulness
medicinal plant
clutter up the place

45 Car, ce n'est pas avec ce corps et cette face que vous séduirez Mario. Ce jeune laitier ridicule nous **méprise**, et s'il vous a fait un **gosse**. . .

despises / kid

SOLANGE. Oh ! mais, jamais je n'ai. . . .

CLAIRE. Taisez-vous, idiote ! Ma robe !

SOLANGE (*Elle cherche dans l'armoire, écartant quelques robes*). La

50 robe rouge. Madame mettra la robe rouge.

CLAIRE. J'ai dit la blanche, à paillettes.

SOLANGE (*dure*). Je regrette. Madame portera ce soir la robe de **velours** écarlate.

velvet

CLAIRE (*naïvement*). Ah ? Pourquoi ?

55 SOLANGE (*froidement*). Il m'est impossible d'oublier la poitrine de Madame sous le drapé de velours. Quand Madame soupire et parle à Monsieur de mon **dévouement** ! Une toilette noire servirait mieux votre **veuvage**.

devotedness
widowhood

CLAIRE. Comment ?

60 SOLANGE. Dois-je préciser ?

CLAIRE. Ah ! Tu veux parler. . . Parfait. Menace-moi. Insulte ta maîtresse. Solange, tu veux parler, n'est-ce pas, des malheurs de Monsieur. **Sotte**. Ce n'est pas l'instant de le rappeler, mais de cette indication je vais tirer un parti magnifique. Tu souris ? Tu en

fool

65 doutes ?

[. . . . .]

[*Claire fait allusion au fait qu'elle a elle-même dénoncé Monsieur à la police et que celui-ci est actuellement au bagne. Solange-Claire aide Claire-Madame à mettre la robe rouge.*]

70 CLAIRE. Écartez-vous, **frôleuse** ! (*Elle donne à Solange sur la* **tempe** *un coup de* **talon** *Louis XV. Solange accroupie* **vacille** *et recule.*)

fondler / temple
heel / sways

SOLANGE. Voleuse, moi ? Oh !

CLAIRE. Je dis frôleuse. Si vous tenez à **pleurnicher**, que ce soit dans votre **mansarde**. Je n'accepte ici, dans ma chambre, que des larmes

whine
garret

75 nobles. Le bas de ma robe, certain jour en sera **constellé**, mais de larmes précieuses. **Disposez la traîne, traînée !**

starred
arrange my train, you clod!

SOLANGE. Madame **s'emporte** !

loses her temper

CLAIRE. Dans ses bras parfumés, le diable m'emporte. Il me soulève, je pars. . . . (*Elle frappe le sol du talon.*). . . . et je reste. Le collier ?

80   Mais dépêche-toi, nous n'aurons pas le temps. Si la robe est trop longue, fais un **ourlet** avec des **épingles de nourrice**. (*Solange se relève et va pour prendre le collier dans un écrin, mais Claire la devance et s'empare du bijou. Ses doigts ayant frôlé ceux de Solange, Claire recule.*) Tenez vos mains loin des miennes, votre contact est *hem / safety pins*

85   **immonde**. Dépêchez-vous.   *vile*

SOLANGE. Il ne faut pas exagérer. Vos yeux s'allument. Vous **atteignez la rive**.   *reach the edge*

CLAIRE. Vous dites ?

SOLANGE. Les limites. Les bornes. Madame. Il faut garder vos dis-

90   tances.

CLAIRE. Quel langage, ma fille. Claire. Tu te venges, n'est-ce pas ? Tu sens approcher l'instant où tu quittes ton rôle. . . .

SOLANGE. Madame me comprend **à merveille**. Madame **me devine**.   *wonderfully / reads me*

CLAIRE. Tu sens approcher l'instant où tu ne seras plus la bonne. Tu

95   vas te venger. Tu t'apprêtes ? Tu **aiguises** tes ongles ? La haine te réveille ? Claire n'oublie pas. Claire, tu m'écoutes ? Mais Claire, tu ne m'écoutes pas ?   *sharpen*

SOLANGE (*distraite*). Je vous écoute.

CLAIRE (*elle hurle*). C'est grace à moi que tu es, et tu **me nargues** ! Tu   *scoff at me*

100   ne peux savoir comme il est pénible d'être Madame, Claire, d'être le prétexte à vos **simagrées** ! Il me suffirait de si peu et tu n'existerais plus. Mais je suis bonne, mais je suis belle et je te défie.   *affectations*

[. . . . .]

SOLANGE. (*Elle crache sur la robe rouge.*) Je vous hais !

105   CLAIRE (**suffoquée**). Oh ! oh ! mais. . . .   *choking*

SOLANGE (**marchant sur** *elle*). Oui Madame, ma belle Madame.   *advancing toward*
Vous croyez que tout vous sera permis jusqu'au bout ? Vous croyez pouvoir **dérober** la beauté du ciel et **m'en priver** ? Choisir vos parfums, vos poudres, vos rouges à ongles, la soie, le velours, la den-   *steal / deprive me of it*

110   telle et m'en priver ? Et me prendre le laitier ? **Avouez** ! **Avouez le laitier** ! Sa jeunesse, sa fraîcheur vous troublent, n'est-ce pas ? Avouez le laitier. Car **Solange vous emmerde** !   *admit [that you took] the milkman [away from me]*
(°)S. says: "To hell with you"

CLAIRE (**affolée**). Claire ! Claire !   *panic-stricken*

SOLANGE. Hein ?

115   CLAIRE (*dans un murmure*). Claire, Solange, Claire.

SOLANGE. Ah ! oui. Claire. Claire vous emmerde ! Claire est là, plus Claire que jamais. Lumineuse ! (*Elle **gifle** Claire.*)   *slaps*

CLAIRE. Oh ! Oh ! Claire. . . vous. . . oh !

[. . . . .]

120   (*Soudain, un réveil-matin sonne. Solange s'arrête. Les deux actrices se rapprochent, **émues**, et écoutent, pressées l'une contre l'autre.*)   *moved*

SOLANGE. Déjà ?

CLAIRE. Dépêchons-nous. Madame va rentrer. (*Elle commence à dégrafer sa robe.*) Aide-moi. C'est déjà fini, et tu n'as pas pu aller *unfasten*

125   jusqu'au bout.

SOLANGE (*l'aidant. D'un ton triste*). C'est chaque fois pareil. Et par ta faute. Tu n'es jamais prête assez vite. Je ne peux pas **t'achever**. *finish you off*

CLAIRE. Ce qui nous prend du temps, c'est les préparatifs. Remarque. . .

130 SOLANGE (*elle lui enlève la robe*). Surveille la fenêtre.

CLAIRE. Remarque que nous avons **de la marge**. J'ai remonté le réveil *a little time left* de façon qu'on puisse tout ranger. (*Elle se laisse avec **lassitude** grande fatigue tomber sur le fauteuil.*)

SOLANGE. Il fait **lourd**, ce soir. Il a fait lourd toute la journée. *sultry*

135 CLAIRE. Oui.

SOLANGE. Et cela nous tue, Claire.

CLAIRE. Oui.

SOLANGE. C'est l'heure.

CLAIRE. Oui. (*Elle se lève avec lassitude.*) Je vais préparer la **tisane**. *infusion*

140 SOLANGE. Surveille la fenêtre.

CLAIRE. On a le temps. (*Elle s'essuie le visage.*)

SOLANGE. Tu te regardes encore. . . Claire, **mon petit**. . . CLAIRE. Je *my little one* suis lasse.

SOLANGE (*dure*). Surveille la fenêtre. Grâce à ta **maladresse**, rien ne *clumsiness*

145   serait à sa place. Et il faut que je nettoie la robe de Madame. (*Elle regarde sa sœur.*) Qu'est-ce que tu as ? Tu peux te ressembler, maintenant. Reprends ton visage. Allons, Claire, **redeviens** ma sœur. . . *deviens à nouveau*

 ## IV. VIVRE LE TEXTE

Parlons-en !

Comment les rôles que jouent Solange et Claire influencent-ils leur vie en général et leur relation en particulier ?

Comprendre

1. À quel moment précis Claire prend-elle le rôle de Madame et Solange celui de Claire ? À quoi le voyez-vous ?

2. Repérez tous les moments dans la scène où Claire-Madame et Solange-Claire sortent de leur rôle pour redevenir simplement Claire et Solange, et regardez à chaque fois s'il y a une raison apparente à cela.

3. Trouvez au moins un moment dans la scène où il y a une certaine confusion dans les rôles (le personnage parle à la fois comme lui-même et comme le personnage dont il joue le rôle).

4. Qui est « il » dans : « Avouez qu'il vous a séduite ! » (l. 29) ?

5. Pourquoi Solange-Claire veut-elle que Claire-Madame mette la robe rouge plutôt que la blanche ?

6. Pourquoi Claire doit-elle dire naïvement « Ah ? Pourquoi ? » (l. 54) ?

7. À quoi Solange-Claire fait-elle allusion quand elle dit : « Une toilette noire servirait mieux votre veuvage » (l. 58) ?

8. Que veut dire Claire-Madame par « Ce n'est pas l'instant. . . un parti magnifique » (ll. 63–64) ?

9. Comment interprétez-vous « Claire n'oublie pas » (l. 96) ? « C'est grâce à moi que tu es » (l. 99) ?

10. Quels sont les deux sens possibles de « vos » dans « vos simagrées » (l. 101) ? Y en a-t-il un des deux qui vous paraisse plus vraisemblable ?

11. Rajoutez des mots pour faire comprendre ce que veut dire « Claire, Solange, Claire » (l. 115).

12. Pourquoi Claire et Solange ont-elles mis le réveil à sonner ?

13. Quels peuvent être les préparatifs dont parle Claire (l. 128) ?

14. Quand a-t-on déjà entendu parler de la tisane (l. 139) ?

15. Que veut dire Claire par « Tu peux te ressembler » (l. 146) ?

▦ Analyser

1. Faites, d'après cette scène, une liste des éléments (actes, gestes, paroles, objets, mise en scène) dont vous pouvez deviner qu'ils reviennent à chaque fois que Claire et Solange jouent à leur jeu de rôle.

2. En ce qui concerne les objets, aidez-vous de la photo p. 218 pour faire cette liste.

3. Quels objets dans cette scène vous paraissent avoir une valeur particulièrement symbolique ?

4. Pouvez-vous citer des passages qui montrent l'ambiguïté des sentiments qu'ont Claire et Solange pour Madame ?

5. Quel est l'effet produit par la sonnerie du réveil-matin ?

6. Relevez des exemples de jeux sur les mots (par exemple : des mots qui ont des sonorités semblables et des sens différents, des expressions parallèles où le même mot est employé dans des sens différents, etc.). À votre avis, à quoi correspondent ces jeux dans l'esprit de Jean Genet ?

7. Jean Genet a écrit : « L'Homme, la Femme, l'attitude ou la parole qui, dans la vie, apparaissent comme abjects (*vile*), au théâtre doivent émerveiller (*fill with wonder*) toujours, étonner, toujours, par leur élégance et leur force d'évidence. » Montrez comment le texte que vous avez lu peut illustrer cette pensée.

☻ Réfléchir sur l'identité

1. Décrivez le personnage de Madame tel qu'il est joué par Claire.

2. Décrivez le personnage de la bonne tel qu'il est joué par Solange.

3. D'après cette scène, comment nous apparaissent Claire et Solange quand elles ne jouent pas leurs rôles ? Comment est la relation entre elles ?

Une domestique aux environs de 1925. Comment sommes-nous marqués par nos rôles sociaux ?

4. Comment à votre avis le fait que Claire et Solange jouent à ce jeu de façon répétitive peut influer sur leur identité véritable ?

5. Dans « Comment jouer *Les Bonnes* » (voir Approfondir), Jean Genet a précisé qu'il n'a pas voulu du tout exprimer dans sa pièce une revendication sociale. À votre avis, quelle importance peut avoir en ce cas le fait que les personnages sont des « bonnes » ?

6. Cette scène vous inspire-t-elle des réflexions générales sur l'identité ?

7. Regardez la photo ci-dessus. Vous semble-t-il que cette femme est marquée de façon évidente par son statut social ? Citez des détails précis pour justifier votre réponse.

Élargir la discussion

1. Choisissez l'une des citations de Découvertes et donnez votre opinion dessus.

2. Décrivez une personne que vous connaissez et dont le comportement change à travers les différents rôles qu'elle joue dans sa vie privée et publique (rôles familiaux, professionnels, etc.). Pensez-vous que cette personne est incohérente ? qu'elle n'est pas sincère dans l'un de ses rôles ? que l'ensemble de sa vie s'équilibre à travers la diversité des rôles qu'elle joue ?

3. Des quatre extraits théâtraux que vous avez étudiés dans les chapitres 8 à 11, dites lequel vous avez le plus apprécié et pourquoi.

4. Évoquez une expérience personnelle forte que vous avez eue liée au théâtre – comme spectateur ou comme acteur.

V. AUX ALENTOURS

Découvertes

De Jean Genet

14. SOLANGE. « Mais Madame est bonne.

   CLAIRE. – Oui, il est facile d'être bonne et souriante quand on est riche et belle. Mais être bonne quand on est bonne. . . »[15]

15. « Si nous opposons la vie à la scène, c'est que nous pressentons que la scène est un lieu voisin de la mort, où toutes les libertés sont possibles. » [16]

16. « Créer n'est pas un jeu quelque peu frivole. Le créateur s'est engagé dans une aventure effrayante qui est d'assumer soi-même jusqu'au bout les périls risqués par ses créatures. » [17]

Les rôles de théâtre ou de cinéma. . .

17. « Mon cœur est une penderie dans laquelle tous les costumes de mes personnages sont accrochés. » (SIGNORET)[18]

18. « La vraie séduction de l'acteur, c'est faire admettre au public qu'il est vraiment le personnage. » (GIRAUDEAU)[19]

19. « Ce qui compte, c'est d'être ému *comme* les personnages ; ne pas être ému *par* les personnages. La sentimentalité est à rayer du vocabulaire de l'acteur. » (MOREAU)[20]

20. « Comme il faut travailler pour être naturel ! » (JOUVET)[21]

---

15. [souriante : voir sourire*]

16. [pressentons = *sense* ; voisin = proche de]

17. [jeu* ; quelque peu = *a little* ; s'est engagé = *has become involved in* ; effrayant = *frightening* ; jusqu'au bout = jusqu'à la fin ; périls = dangers ; ses créatures = les personnages qu'il a créés]

18. Simone SIGNORET (1921–1985) : actrice de théâtre et de cinéma d'une très grande présence, elle a toujours soigneusement choisi ses rôles. Elle mena aussi une action militante aux côtés de son mari, le chanteur Yves Montand. [penderie = *wardrobe* ; accrochés : devinez le sens de ce mot d'après le contexte.]

19. Bernard GIRAUDEAU (né en 1947) : acteur-réalisateur, qui voit sa vie comme « un film d'aventures » ; continuant à jouer malgré son cancer, il incarne un certain type de séducteur dans le cinéma français.

20. Jeanne MOREAU (née en 1928) : remarquable comédienne, elle a été l'égérie (= l'inspiratrice) de la Nouvelle Vague et a joué le rôle de Catherine dans *Jules et Jim* (voir p. 96). Elle continue d'être très estimée. [rayer = *scratch out*]

21. Louis JOUVET (1887–1951) : acteur, il a laissé un souvenir inoubliable aussi bien au théâtre qu'au cinéma. Il fut aussi metteur en scène et marqua de nombreux comédiens et comédiennes par l'exigence de son travail et son respect du texte. [comme = combien]

21. « Il ne faut pas donner au comédien un rôle où il est soi, mais lui donner le goût et la possibilité d'être quelqu'un d'autre. » (BOBER)[22]

22. « L'acteur est un artiste et non pas un critique. Son but n'est pas de faire comprendre un texte, mais de faire vivre un personnage. » (CLAUDEL)[23]

23. « Le mauvais comédien indispose. Le bon tranquillise. Le grand inquiète. » (PERROS)[24]

. . . et ceux de la vie

24. « Le masque est si charmant que j'ai peur du visage. » (MUSSET)[25]

25. « Les masques à la longue collent à la peau. L'hypocrisie finit par être de bonne foi. » (GONCOURT)[26]

26. « La vie serait une comédie bien agréable, si l'on n'y jouait pas un rôle. » (DIDEROT)

27. « On n'est pas toujours maître de jouer le rôle qu'on eût aimé, et l'habit ne nous vient pas toujours au temps où nous le porterions le mieux. » (VIGNY)[27]

28. « Un jour, le Mardi gras par exemple, les hommes devraient retirer leur masque des autres jours. » (AVELINE)[28]

29. « En vieillissant, il faut bien s'apercevoir qu'il y a un masque sur presque toutes choses, mais on s'indigne moins de cette apparence menteuse, et on s'accoutume à se contenter de ce qu'on voit. » (DELACROIX)[29]

30. « Le jeu n'a pas d'autre sens que lui-même. » (CAILLOIS)[30]

---

22. Robert BOBER (né en 1931 à Berlin) : réalisateur pour la télévision depuis 1967, auteur de plus de cent films documentaires, il a écrit un roman, *Berg et Beck* (1999), et a reçu en 1991 le grand prix de la Société des auteurs multimédia pour l'ensemble de son œuvre. [goût*]

23. [but*]

24. [grand = *great* ; inquiète = rend inquiet]

25. [visage*]

26. Edmond de GONCOURT (1822–1896) et son frère Jules (1830–1870) sont deux romanciers qui cultivèrent ensemble une « écriture artiste » . Ils écrivirent aussi ensemble leur *Journal*. Edmond créa par testament l'Académie Goncourt, qui récompense chaque année le « meilleur volume d'imagination en prose. » (C'est l'un des plus importants prix littéraires français.) [à la longue = *in the long run* ; finit par être = est à la fin]

27. Alfred de VIGNY (1797–1863) : d'une vieille famille noble, il fut militaire avant de devenir écrivain – poète (*Les Destinées*), romancier et dramaturge – et aussi homme politique. [eût aimé = aurait aimé ; l'habit = le vêtement]

28. Claude AVELINE (1901–1992) : écrivain d'origine russe, aux talents variés, auteur notamment d'une série policière (*La Double Mort de Frédéric Belot* [*The double death of Frederic Belot*]). [Mardi gras = le dernier jour du carnaval, qui précède le Carême (*fasting*) ; ce jour-là, l'Église catholique autorise encore les fidèles à consommer de la viande ; retirer*. En quoi cet exemple, choisi apparemment au hasard, est-il intéressant ?]

29. [vieillir = devenir vieux ; menteuse = *false*]

30. Roger CAILLOIS (1913–1978) : essayiste qui a particulièrement réfléchi sur la création artistique et littéraire ainsi que sur les mythes sociaux (*L'Homme et le Sacré*, 1939 ; *Les Jeux et les Hommes*, 1958).

31. « Je dis que l'effet principal du jeu, et qui le met au rang des institutions les plus précieuses, c'est qu'il force les hommes à se regarder. » (MAISTRE)[31]

32. « Le jeu paraît, au premier abord, le moins utile de nos gestes, mais il en devient le plus utile dès que nous constatons qu'il multiplie notre ferveur à vivre et nous fait oublier la mort. » (FAURE)[32]

33. « L'intérêt parle toutes sortes de langues, et joue toutes sortes de personnages, même celui de désintéressé. » (LA ROCHEFOUCAULD)[33]

34. « Il faut de l'héroïsme pour remplir le rôle mesquin que chaque jour nous propose. » (DESMARCHAIS)[34]

♣ Le Détective

Voici encore quelques abréviations courantes dans *Le Petit Robert* :

Par ext. = Par extension
Spécialt. = Spécialement
Par anal. = Par analogie

RITUEL *Adj.* ♦ 1° Qui constitue un rite. (. . .) ♦ *Fig.* Réglé comme par un rite. – *Par ext.* Habituel et précis.

RIVE *n. f.* ♦ 1° Portion de terre qui borde un cours d'eau important. – Spécialt. *Habiter Rive gauche :* dans l'un des quartiers de la rive gauche de la Seine, à Paris.

ROBE *n. f.* I. Vêtement qui entoure le corps – II. *Par anal.* ♦ 1° Se dit de l'enveloppe de certains fruits et légumes.

Cherchez dans *Le Petit Robert* le mot **rôle**.

1. À quel domaine appartient le sens premier du nom « rôle » ?
2. Trouvez, à l'intérieur de ce sens premier, un emploi du mot dans le monde de la marine.
3. Que signifie l'expression « à tour de rôle » ?
4. Quand est entré dans la langue française le sens théâtral du nom « rôle » ? Ce sens est-il courant ?
5. Donnez un synonyme (= un mot qui a le même sens) du nom « rôle » dans le sens théâtral.

---

31. Joseph de MAISTRE (1753–1821) : homme politique, écrivain et philosophe, adversaire résolu de la Révolution. [À votre avis « se regarder » a-t-il ici un sens réciproque ou réfléchi ?]

32. Élie FAURE (1873–1982) : essayiste et historien d'art, humaniste et pédagogue. [au premier abord = *at first glance* ; geste = *gesture* ; il en devient le plus utile = il devient le plus utile de nos gestes ; à vivre = pour vivre ; dès* que ; il nous fait oublier* = il fait que nous oublions]

33. [désintéressé = *without personal interest*]

34. [mesquin = *mean*]

6. Que signifie l'expression « avoir le beau rôle » ?

7. Quels sont les deux autres principaux sens du mot « rôle » ?

Aller ailleurs

La « quatrième de couverture »

Vous êtes dans une librairie et vous êtes prêt(e) à vous laisser tenter par l'achat d'un livre. Vous allez d'abord remarquer le dessus de la couverture : le titre, la typographie, l'illustration... Si vous êtes suffisamment attiré(e), vous allez prendre le livre en main, et alors, probablement, le retourner et regarder le dos de la couverture, ce que l'on appelle, dans le langage de l'édition, la « quatrième de couverture ».

Allez-vous être assez capté(e) pour lire ce qu'il y a d'écrit ? S'il s'agit d'un livre populaire, vous vous laisserez porter uniquement par la force de séduction de la présentation. S'il s'agit d'un livre d'étude, vous avez intérêt à développer une lecture rapide et critique pour apprécier cette présentation de façon pertinente. Ce livre a-t-il à vous offrir des informations précieuses ou un point de vue nouveau pour vous ?

Voici la « quatrième de couverture » d'un livre sur Jean Genet. D'après sa présentation, ce livre semble-t-il révéler un aspect de l'auteur qui n'a pas été mis en valeur dans ce chapitre ?

Genet a disparu derrière son image. L'assistance, les maisons de correction, la Légion étrangère, les travestis espagnols, les bals nazis, la prison, Pigalle... De son passé (étincelant, trop connu et enveloppé de mystère) on ne connaît que des mythes, véhiculés par Sartre et Cocteau. Ce livre révèle un Genet inconnu : à la place du délinquant brutalement devenu écrivain en prison, voici un homme d'érudition, un lecteur acharné (Baudelaire, Dostoïevski, Rimbaud, Mallarmé, Proust, Cocteau, Sartre) qui écrit depuis toujours. Sa vie, contrairement à ce que suggèrent ses romans à thème autobiographique (*Miracle de la rose, Notre-Dame-des-Fleurs, Journal du voleur*...) fut déterminée par l'écriture, et non l'inverse. En esquissant le portrait d'un des grands écrivains du XXe siècle, Jean-Bernard Moraly a voulu bousculer quelques idées reçues.[35]

Approfondir

Dans un texte intitulé « Comment jouer *Les Bonnes* », Jean Genet a écrit :

C'est un conte... Il faut à la fois y croire et refuser d'y croire, mais afin qu'on y puisse croire, il faut que les actrices ne jouent pas selon un mode réaliste. [...]

Sans pouvoir dire au juste ce qu'est le théâtre, je sais ce que je lui refuse d'être : la description des gestes quotidiens vus de l'extérieur. Je vais au théâtre afin de me voir, sur la scène

---

35. Jean-Bernard Moraly, *Jean Genet : La vie écrite,* Paris, La Différence, 1988. [derrière* ; assistance = aide pour les enfants abandonnés ; étranger* ; étincelant = *sparkling* ; d'érudition = érudit, *scholar* ; acharné* ; esquisser = *sketch* ; bousculer = *shake up*]

(restitué en un seul personnage multiple et sous forme de conte), tel que je ne saurais – ou n'oserais – me voir ou me rêver, et tel pourtant que je sais être [...]

Lors de la création de cette pièce, un critique théâtral faisait remarquer que les bonnes véritables ne parlent pas comme celles de ma pièce : qu'en savez-vous ? Je prétends le contraire, car si j'étais bonne, je parlerais comme elles. Certains soirs.

Car les bonnes ne parlent ainsi que certains soirs : il faut les surprendre, soit dans leur solitude soit dans celle de chacun de nous.[36]

Cherchez comment ces notes peuvent expliquer l'originalité du théâtre de Genet telle qu'on peut la percevoir dans la scène que vous avez étudiée.

✎ C'est à vous !

Développez le thème « Si je pouvais devenir qui je veux, je serais. . . »

✍ Devinette

Je vais de maison en maison,
Parfois large, parfois étroit,
Qu'il fasse chaud, **qu'il fasse froid**,   = quand il fait. . . ou quand il fait. . .
Jour et nuit, en toute saison.
Mais déplorez mon triste sort
Car je reste toujours dehors,
Qui suis-je ?[†]

🖥 VI. RECHERCHES SUR INTERNET

🕵 Le Détective

1. Donnez le titre d'un long poème que Genet écrivit lorsqu'il était en prison.
2. Donnez le titre d'une œuvre autobiographique de Genet parue en 1949.
3. Donnez le titre d'une œuvre de Jean-Paul Sartre consacrée à Genet.

🏛 Aller ailleurs

1. Quel est le thème de la pièce *Les Nègres* (1959) de Jean Genet ? Quel lien pouvez-vous trouver entre ce thème et la vie de l'auteur ?

---

36. [afin qu'on y puisse = pour qu'on puisse y ; n'oserais = *wouldn't dare*) ; je sais être = je sais que je suis]

† Jacques Charpentreau, *Les Cent plus belles devinettes*, Paris, Gallimard, 1983, n° 80. (Réponse : le chemin)

2. De quoi Genet fait-il une satire violente dans la pièce *Les Paravents* (1961) ? À quel événement historique la pièce se rattache-t-elle ? Que représentent les paravents ?

3. Au XVIIIe siècle, Denis Diderot a écrit *Le Paradoxe sur le Comédien*.[37] En quoi consiste ce paradoxe d'après l'auteur ? Parmi les citations nᵒˢ 17 à 23 dans ce chapitre, trouvez-en au moins une qui exprime une idée semblable.

 Actualité

Cherchez un livre paru ces dernières années sur Jean Genet. Quel type d'informations ou de point de vue apporte-t-il sur cet auteur ?

---

37. L'œuvre a été écrite entre 1769 et 1784, publiée en 1830. Sur Diderot, revoir citation nᵒ 26 et Index des auteurs.

SECTION V • L'ESSAI

L'essai est un ouvrage où l'auteur présente ses *réflexions personnelles sur un su-jet, sans prétendre le traiter exhaustivement*. Les essayistes ayant des origines intellectuelles diverses, leur analyse peut avoir un caractère philosophique, historique, sociologique, politique, etc., et parfois conjuguer plusieurs points de vue.

Le lecteur devra donc se demander :

- quelle est l'orientation générale de l'essai : philosophique, scientifique, historique, etc., ou même transdisciplinaire (associant plusieurs approches) ;
- si l'auteur est déjà connu pour ses théories, ses prises de position. Si oui, ce livre-ci va-t-il marquer un renforcement des publications précédentes de l'auteur, ou au contraire, un changement de direction, ou même une remise en question ?
- si le livre fait partie d'un courant de pensée déjà bien affirmé, ou s'il s'agit d'une proposition très novatrice.

♦ L'essai représente dans tous les cas un effort de réflexion théorique, construite et argumentée. « L'essai donne un état du réel structuré par un raisonnement tandis que le roman est mouvant, il rend (= montre) ce que la vie a de contradictoire, d'incohérent, de changeant » a écrit Daniel Pennac en 1995.

Le but principal de l'essayiste est de *convaincre ses lecteurs* que sa manière de voir les choses est bien fondée, intéressante, qu'elle a des conséquences importantes dans tel ou tel domaine. Pour cela, il utilise toutes sortes de moyens. Pour être convaincant, l'auteur devra, par toutes sortes de procédés

- faire suivre au lecteur le déroulement de sa recherche et l'intérêt qu'elle offre
- démontrer la validité de ses conclusions.

Le lecteur, de son côté, aura intérêt à *être attentif à tous ces procédés*. Parfois, l'on est séduit superficiellement par le brillant d'une pensée, mais on découvre ensuite que l'on n'est pas convaincu en profondeur. Parfois, au contraire, après avoir eu des difficultés à pénétrer la pensée de l'essayiste, après avoir cru que l'on n'était pas vraiment concerné par son exposé, on se rend compte que l'on avait beaucoup à apprendre du livre, mais peut-être indirectement, dans des domaines variés.

♦ Le premier essayiste français fut Michel de Montaigne (1533–1592), dont vous avez rencontré de nombreuses citations dans ce livre (voir Index des auteurs).

Pour vous faire comprendre les fondements de la modernité dans la vie intellectuelle française, nous avons choisi trois auteurs :

- Simone de Beauvoir, qui donna aux revendications féministes leurs bases théoriques ;
- Jean-Paul Sartre, chef de file de l'existentialisme, une doctrine philosophique qui engendre une morale de la responsabilité et de l'engagement ;
- Claude Lévi-Strauss, grand théoricien français du structuralisme, qui est avant tout une méthode d'analyse.

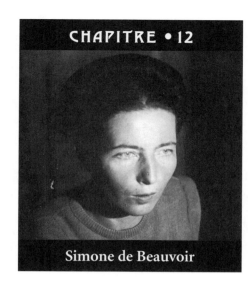

CHAPITRE • 12

Simone de Beauvoir

Le Deuxième Sexe

⌐ Mot-clé : *être femme*

« Entre les sexes naîtront de nouvelles re-
lations charnelles et affectives dont nous
n'avons pas idée. » (Simone de Beauvoir)

I. POUR MIEUX LIRE LE TEXTE : LES PILIERS DE LA LANGUE

Stratégies de lecture : la construction de l'argumentation

Dans cette section sur l'essai, vous allez rencontrer des textes où les auteurs présentent leurs idées, leurs opinions, de manière à convaincre les lecteurs avec des arguments. Il est utile de repérer les outils qui servent à appuyer (*uphold*) des argumentations. Pour présenter :

- une explication : **car, en effet** (*in fact*)
- une conséquence : **c'est pourquoi ; donc** (*therefore*) ; **par conséquent**
- une opposition : **pourtant, cependant, néanmoins ; au contraire**
- une idée nouvelle ou complémentaire : **or** (*now*) ; **d'ailleurs** (*besides*), **du reste**
- une argumentation chronologique ou des arguments organisés selon une certaine hiérarchie : **d'abord. . . ensuite. . . enfin**
- des idées parallèles : **de même que. . . de même ; d'un côté. . . de l'autre ; non seulement. . . mais encore**
- une conviction : **assurément ; le fait est que**
- une concession : **il est vrai que**

Mise en pratique

Revoyez les mots et expressions ci-dessus. Lisez également la liste du vocabulaire actif qui figure dans *Un brin de causette*.

À présent, parcourez (*browse through*) l'extrait du *Deuxième Sexe* présenté dans ce chapitre, en vous servant de la technique du balayage visuel (p. 81). Repérez et notez tous les mots et expressions que l'auteur utilise pour consolider son argumentation. Gardez la liste que vous aurez faite, afin d'apprécier ensuite davantage la manière dont la pensée de Simone de Beauvoir est construite.

✿ Un brin de causette : l'avocat du diable

Vocabulaire actif : la discussion

En plus des expressions et mots cités dans Stratégies de lecture, on pourra utiliser, par exemple : un argument (*reasoning, thesis*) ; soutenir (*support*), convenir, admettre, objecter, contester que ; protester ; défendre, accuser ; certain, contestable, difficile à croire ; il est vrai que ; on me dira que. . .

Au Vatican, quand on propose de canoniser (= déclarer sainte) une personne, l'avocat du diable est chargé de contester ses mérites, de peur qu'on n'accorde cette sanctification trop facilement.

Au figuré, cette expression désigne une personne qui se fait l'avocat(e) d'une cause peu défendable. Cependant, bien des gens disent qu'il est utile d'avoir dans un groupe un « avocat du diable » quand on est en train de construire un projet ou de préparer une action commune : cela permet de fortifier le projet en éliminant des initiatives dangereuses ou en prévoyant des précautions à prendre.

Par petits groupes discutez entre vous là-dessus : les avocats du diable ont-ils à votre avis un rôle utile à jouer dans la communauté ?

✗ Éléments de grammaire : le subjonctif (suite)

Dans le chapitre 11, nous avons vu des propositions subordonnées dont le verbe était au subjonctif à cause de la *signification du verbe de la proposition principale*. (Pour mémoriser le sens de ces verbes, nous avons utilisé le mot anglais *dove*. D = Doute, O = Opinion, V = Volonté, E = Émotion.) Toutes les subordonnées étaient introduites par la conjonction **que**.

Principale	*Conjonction*	*Subordonnée*
verbe ou expression verbale avec un sens de doute, opinion, volonté ou émotion (D.O.V.E.)	**que**	SUBJONCTIF

Dans ce chapitre, nous verrons des emplois où le sens du verbe de la proposition principale n'importe pas. S'il y a un subjonctif dans la subordonnée, c'est *à cause du sens de la conjonction*.

Principale	*Conjonction*	*Subordonée*
verbe avec n'importe quel sens	voir les paragraphes ci-dessous (1 à 9)	SUBJONCTIF

Les conjonctions qui introduisent des subordonnées au subjonctif peuvent être regroupées selon leur signification : (1) le temps, (2) le but, (3) la crainte, (4) un but + conséquence, (5) condition, (6) opposition ou concession, (7) restriction, (8) négation, (9) expressions usuelles avec **pour autant que**. Dans les exemples ci-dessous, vous remarquerez que ce sont *les conjonctions qui sont mises en caractères gras*, et non pas les verbes des propositions principales comme au chapitre 11. C'est ici leur sens qui détermine la présence du subjonctif dans les subordonnées.

1. Temps : **avant que, jusqu'à ce que, en attendant que**
   • Ils resteront **jusqu'à ce que** nous **revenions**.

1. « Je verrai cet instant jusqu'à ce que je meure. » (HUGO)[1]
2. « Je cueille modestement des fleurs en attendant qu'il me vienne de l'esprit. » (MUSSET)[2]
3. « En attendant qu'elle unisse, rien ne divise comme la vérité. » (ROSTAND)[3]

2. But : **pour que, afin que**
- Les femmes se battent **pour qu'**on **reconnaisse** leurs droits.
- « Lève-toi, **que** (= **afin que**) je t'embrasse. » (p. 178, l. 18)

4. « Je ne suis pas d'accord avec ce que vous dites, mais je me battrai pour que vous ayez le droit de le dire. » (VOLTAIRE)[4]
5. « [La chatte] s'écarte, creuse le ventre avant de se lever, pour que son fils ne s'éveille pas. » (COLETTE)[5]
6. « Pour qu'un homme puisse vivre délicieusement, il faut que cent autres travaillent sans relâche. » (MONTESQUIEU)[6]

3. Crainte : **de peur que, de crainte que**
- Nous ne sommes pas sortis, **de peur qu'**il ne **pleuve**.

7. « Il était comme un homme qui retient son souffle et craint de respirer, de peur que l'illusion ne cesse. » (ROLLAND)[7]

4. But + conséquence : **de sorte que, au point que, de façon à ce que** ; **assez...pour que, trop...pour que**, etc.
- Je préparerai tout à l'avance, **de sorte que** (*in such a way that*) ce **soit** prêt.
- Il parle assez lentement **pour qu'**on le **comprenne**.

La conséquence est considérée non pas comme un fait réel, mais un but à atteindre.[8]

---

1. [De quel verbe vient *meure* ?]
2. [qu'il me vienne = qu'il vienne à moi ; esprit = *wit*]
3. Cette phrase est tirée de *Inquiétudes d'un biologiste* (1967). [elle = la vérité]
4. Sur l'implication de Voltaire, voir p. 92 n. 12 [se battre*]
5. Colette (p. 30, n. 13) a beaucoup écrit sur les animaux, qu'elle savait merveilleusement observer. [ventre = *abdomen*]
6. [relâche = arrêt]
7. Romain ROLLAND (1866–1944) : écrivain qui professa un humanisme axé à la fois sur un idéal patriotique et sur l'internationalisme. Il écrivit deux cycles romanesques dont les héros sont très vivants et pleins d'un amour universel (*Jean-Christophe* et *L'Âme enchantée*).
8. Si la conséquence exprime *un résultat pur et simple,* un fait réel, on emploie *l'indicatif,* et non le subjonctif : « Il agit *de telle manière* que chacun **est** content. » [Il n'agit pas spécialement *pour que* chacun *soit* content ; c'est simplement la conséquence de son comportement naturel.]

8. « Le souverain peut resserrer le Gouvernement entre les mains d'un petit nombre, en sorte qu'il y ait plus de simples citoyens que de magistrats. » (ROUSSEAU)[9]

9. « Pour que la sensitive donne toute sa mesure, pour que cette artiste devienne une virtuose, il faut l'élever dans la serre. » (DUHAMEL)[10]

5. Condition : **pourvu que, à condition que, que**
   • Il est de bonne humeur, **pourvu que** (*provided that*) personne ne **vienne** le déranger.
   • « **Qu'**on (*in case*) **donne** à la femme des responsabilités, elle sait les assumer. » (texte de Simone de Beauvoir)

10. « La France est un pays qui adore changer de gouvernement à condition que ce soit toujours le même. » (BALZAC)[11]

11. « Il est bon de suivre sa pente, pourvu que ce soit en montant. » (GIDE)[12]

12. « La littérature mène à tout pourvu qu'on ne s'en serve pas. » (THÉRIAULT)[13]

6. Opposition, concession : **bien que, quoique** (*although*) ; **quoi que** (*whatever*), **qui que** (*whoever*), **où que** (*wherever*)
   • **Quoiqu'**il ne **fasse** aucun effort, il réussit toujours à ses examens.
   • **Quoi qu'**ils **disent**, restez calmes.

13. « Au fond, la solitude, bien qu'elle soit douloureuse, est encore préférable à la destruction appliquée de l'un par l'autre. » (OUELLETTE)[14]

14. « Quoi que vous disiez, je ne vous croirai plus. » (TROYAT)

---

9. [resserrer = *condense* ; citoyen*]

10. Georges DUHAMEL (1884–1966) : cet écrivain « réaliste de l'âme » souhaitait instaurer le « règne du cœur » en morale, en politique et en philosophie. C'est ce qu'il exprima dans deux grands cycles romanesques (*Vie et aventures de Salavin* et *Chronique des Pasquier*), [la sensitive = variété de mimosa dont les feuilles se rétractent quand on les touche ; donne toute sa mesure = se développe pleinement ; élever = *bring up* ; serre = *greenhouse*]

11. Pour prolonger cette pensée, on peut rappeler qu'après le départ du général de Gaulle de la présidence de la République, en 1969, son futur successeur, Georges Pompidou, adopta pour slogan de sa campagne électorale « le changement dans la continuité. »

12. [pente = *inclination*] Qu'y a-t-il d'inattendu dans cette phrase ?

13. [mène à tout = *leads to everything*] Quel est le paradoxe de cette pensée ? On dit de même en français ironiquement à propos de toutes sortes de situations : *cela mène à tout à condition d'en sortir.*

14. Fernand OUELLETTE (né en 1930) : poète, romancier et essayiste canadien. [au fond = *in essence* ; encore = *still* ; appliquée = *assiduous*]

15. « Les jeunes gens prennent tout au sérieux bien qu'ils ne sachent pas donner leur sérieux à ce qu'ils prennent. » (JACOB)[15]

7. Restriction : **à moins que** (*unless*)
   • Il ne viendra pas, **à moins que** nous ne **venions** avec lui.
8. Négation : **sans que**
   • Nous ne partirons pas **sans que** vous le **sachiez** (*without your knowing*).

16. « Sans qu'il s'en doute, je le contemple par-dessus mon journal. » (DERÈME)[16]
17. « Je ne puis descendre dans une auberge ou à l'étranger que je n'y sois immédiatement assiégé. » (CHATEAUBRIAND)[17]
18. « On dit bien vrai, la mauvaise fortune / Ne vient jamais qu'elle n'en apporte une / Ou deux, ou trois, avecques elle, Sire. » (MAROT)[18]

9. Expressions usuelles avec *pour autant que*
   • **pour autant qu'il m'en souvienne** (*as well as I can remember*)
   • **pour autant que je sache** (*as far as I know*)

Ⴤ Mise en pratique

A. Mettez les verbes entre parenthèses au subjonctif.
   1. J'ai bien peur que tu n'en _____ (finir) jamais, avec tout ce que tu as à faire !
   2. Ils ont tout fait pour qu'on ne _____ (avoir) pas envie de rester avec eux.
   3. En attendant qu'elle _____ (partir), je me suis remis à ma lecture.
   4. Il apprendra bien cette mauvaise nouvelle sans que je lui _____ (écrire).
   5. Bien des gens sont très malheureux sans qu'on le _____ (savoir).
   6. Nous dormirons cette nuit, à moins que les voisins ne _____ (faire) trop de bruit.
   7. J'irai chez toi à condition que mes parents _____ (vouloir) me laisser sortir ce soir.
   8. Où que tu _____ (aller), je te suivrai.

---

15. Le contexte de cette phrase est le suivant : « Après l'adolescence, on peut connaître des joies, on ne connaît plus des ivresses (= états d'ivresse, *intoxication*). (Les jeunes gens. . . ce qu'ils prennent.) À la vérité, ils y mettent seulement des émotions disproportionnées. » [au sérieux = sérieusement]
16. Tristan DERÈME (1889–1941) : écrivain qui fit partie d'un groupe de poètes à la fois sensibles et pleins d'humour, qui se disaient « fantaisistes ». Leur devise (*motto*) était le refus d'un lyrisme exalté et la recherche d'une expression maîtrisée (*mastered*) et modeste.
17. [puis = peux ; descendre dans un hôtel = aller dans un hôtel ; auberge = *inn* ; à l'étranger = *abroad* ; que je n'y sois = sans que je n'y sois (usage littéraire) ; assiégé = *besieged*]
18. Ces vers sont adressés à François 1er, roi de France de 1515 à 1547, dont le poète demande l'aide. [Ne vient jamais qu'elle n'en apporte une = (sans) qu'elle n'en apporte ; avecques = avec]

B. Mettez les verbes entre parenthèses à l'indicatif ou au subjonctif selon les cas.

1. Il voudrait que vous _____ (venir) chez lui.

2. Il est temps que vous _____ (apprendre) la vérité : le mystère _____ (durer) trop longtemps.

3. Je sais que vous _____ (savoir) parler français, mais il faut aussi que vous _____ (connaître) la littérature française.

4. Il m'a dit qu'il _____ (lire) le journal trois jours avant.

5. J'ai envie que vous me _____ (lire) la lettre que vous _____ (recevoir).

6. Ils souhaitent que nous leur _____ (répondre) tout de suite, mais je sais que nous ne _____ (pouvoir) pas le faire.

7. Afin que sa mère _____ (être) tranquille, Suzie promet qu'elle _____ (rentrer) avant minuit.

8. Il ne faut surtout pas que vous _____ (être) malade : je sais que vous _____ (prendre) toutes les précautions nécessaires.

⅀ II. POINTS DE DÉPART POUR LA LECTURE

⚲ Biographie : Simone de Beauvoir (1908–1986)

Née à Paris, dans une famille bourgeoise catholique, Simone de Beauvoir devint d'abord professeur de philosophie contre la volonté de ses parents et rompit (*broke*) avec son milieu. Elle préserva farouchement (*fiercely*) son indépendance pendant toute sa vie. Elle eut pendant plus de cinquante ans avec Sartre une relation amoureuse et intellectuelle complexe, qui devint légendaire. Elle eut aussi une relation profonde avec l'écrivain américain Nelson Algren.

Elle écrivit d'abord des romans, puis des écrits autobiographiques, où l'on retrouve la lucidité et la rigueur de la philosophe, ainsi que des essais, dont *Le Deuxième Sexe* (1949) est le plus célèbre. Jusqu'à sa mort, elle se donna sans compter pour soutenir des initiatives féministes.

⚲ Perspective historique et climat culturel

En 1949, en Chine, Mao-Zedong proclame la République populaire. Aux États-Unis, Joseph Mc-Carthy, sénateur depuis deux ans, prépare sa campagne acharnée contre les citoyens suspects de communisme. L'OTAN (*NATO*) est créé. Mais avant de devenir militaire, la Guerre froide est économique : pour contrer le plan Marshall, l'URSS crée le Conseil d'assistance économique mutuelle (COMECON), qui regroupe l'URSS, la Bulgarie, la Hongrie, la Pologne, la Roumanie et la Tchécoslovaquie.

Le Conseil de l'Europe est créé. L'Allemagne est officiellement séparée en deux : l'Allemagne de l'Ouest, et celle de l'Est.

En Grèce, la guerre civile se termine par la défaite des communistes. Des conventions sont signées à Genève sur le droit humanitaire dans les conflits armés.

En France, le rationnement alimentaire qui avait été imposé pendant la guerre prend fin. On diffuse le premier journal télévisé. Deux revues spécialisées sont créées : *Le Film français*, premier hebdomadaire des professionnels, et *L'Avant-Scène du théâtre*. Eugène Ionesco (p. 150) publie *La Cantatrice chauve*, Jean Cocteau dirige le film *Orphée*, tiré de sa pièce de théâtre, Picasso dessine *La Colombe*. En Suisse, Richard Strauss compose ses quatre derniers *Lieder*. En Angleterre, George Orwell publie *1984*.

Aux États-Unis, Henry Miller, devenu l'instigateur d'une révolution sexuelle avec *Le Monde du sexe* (1940), fait paraître le premier volume de sa trilogie *Sexus, Plexus, Nexus*. En 1948 est parue la première partie du rapport Kinsey, sur la sexualité masculine. (La seconde, sur la sexualité féminine, paraîtra en 1953.)

En 1949, les femmes françaises ont le droit de vote depuis cinq ans ; il y a entre 4 et 5% de femmes députées ou sénateurs. Depuis les années 1930, les gouvernements successifs ont favorisé une politique de forte natalité. Le *Baby boom*, très vigoureux en France, a renforcé l'idéal de la femme au foyer, mère et éducatrice d'une famille qu'on espère nombreuse, figure quasi mythique. Il faudra attendre vingt-six ans jusqu'à la loi permettant l'avortement (*abortion*), que fera passer Simone Veil (voir photo p. 240).[19]

📖 Le contexte de l'œuvre

Le Deuxième Sexe est construit en deux parties : « Les Faits et les Mythes » et « L'Expérience vécue ». L'œuvre a choqué beaucoup de personnes à sa parution, ce que Simone de Beauvoir avait prévu. En octobre 1949, peu de temps avant la parution du deuxième volume, son « second enfant » comme elle disait, elle écrivit : « Sûrement, je ne vais pas tarder à me faire couvrir d'insultes » (*it won't be long before* they bury me with insults).

Ces réactions fortes sont compréhensibles pour l'époque (voir le dernier paragraphe de Perspective historique). En effet, l'auteur fait l'éloge de l'amour libre, prend la défense de l'avortement et assimile, du point de vue féminin, mariage et prostitution.

Pourtant, ces idées audacieuses sont soutenues par une analyse rigoureuse et documentée, qui ne tombe pas dans le piège des simplifications du féminisme, de la psychanalyse ou de l'analyse marxiste. En 1953, le livre connut un succès considérable aux États-Unis (un million d'exemplaires vendus). Cette œuvre a donné un essor (*impetus*) décisif et durable au féminisme en France.

☺☺☺ Votre préparation personnelle

1. Faites le point sur ce que vous savez de la condition respective de la femme et de l'homme dans le monde actuel. Où vous situez-vous dans ce tableau général ? Quels sont vos souhaits pour l'avenir des rapports entre hommes et femmes ?
2. Quand vous n'êtes pas d'accord avec un fait social, ressentez-vous l'impulsion de faire ce que vous pouvez pour que cela change ? Le faites-vous ?

---

19. Simone Veil (née Jacob, en 1927) : déportée à Auschwitz durant la Seconde Guerre mondiale, elle fut la première femme secrétaire générale de la magistrature en 1970. Quand elle fut ministre de la Santé (1974–1979), elle fit voter, déterminée malgré son isolement au milieu de discussions très vives, la loi autorisant l'interruption volontaire de grossesse (1975). Elle a été la première à présider le Parlement européen, de 1979 à 1982 ; elle continue d'être une grande figure européenne (*www.info-europe.fr/europe.web/seb.dir/seb03.dir/veil/veil.htm*).

« Affranchir la femme, c'est refuser de l'enfermer dans les rapports qu'elle soutient avec l'homme, mais non les nier. » (Simone de Beauvoir)

III. TEXTE

On me dira que toutes ces considérations sont bien utopiques puisqu'il faudrait pour « refaire la femme » que déjà la société **en ait fait** *réellement* l'égale de l'homme. [. . .]

  En tout cas, objecteront certains, si un tel monde est possible, il
5 n'est pas désirable. Quand la femme sera « la même » que son mâle, la
vie perdra son « **sel poignant** ». Cet argument non plus n'est pas nouveau : ceux qui ont intérêt à perpétuer le présent versent toujours des
larmes sur le mirifique passé qui va disparaître **sans accorder un
sourire** au jeune avenir. [. . .]

10 **Je conviens** que c'est être un barbare que de **ne pas apprécier** le
charme féminin. Quand elle s'exhibe dans sa splendeur, la « femme
charmante » est un objet bien [. . .] exaltant. [. . .]

  Le fait est que **ce sacrifice** paraît aux hommes singulièrement
lourd ; **il en est peu pour souhaiter du fond du** cœur que la femme
15 **achève de s'accomplir** ; ceux qui la méprisent ne voient pas ce qu'**ils
auraient à y gagner**, ceux qui la chérissent voient trop ce qu'ils ont
à y perdre ; et il est vrai que l'évolution actuelle ne menace pas seulement le charme féminin : **en se mettant à exister pour soi**, la femme
abdiquera la fonction de double et de médiatrice **qui lui vaut** dans

Marginal glosses:

would have made her

excitement

without a smiling glance

j'admets / not to appreciate

le sacrifice du charme féminin
il y a peu d'hommes qui
souhaitent / from the bottom of /
might succeed in coming into her
own / they would have to gain
from it / by beginning to exist for
herself / grâce à laquelle elle a

20 l'univers masculin sa place privilégiée ; pour l'homme, pris entre le silence de la nature et la présence exigeante d'autres libertés, un être **qui** *tel qu'il soit*
soit à la fois son semblable et une chose passive **apparaît comme** un *seems like*
grand trésor ; la figure sous laquelle il perçoit sa compagne **peut bien** *the way in which he perceives /*
être mythique, les expériences dont elle est la source ou le prétexte *might be*
25 **n'en sont pas moins réelles**[. . .] *are none the less real for it*

    Assurément **il est** certaines manières de vivre l'aventure sexuelle *il existe*
qui seront perdues dans le monde de demain ; mais cela ne signifie
pas que l'amour, le bonheur, la poésie, le rêve en seront bannis. [. . .]

    Rien ne me paraît plus contestable que le slogan qui voue le monde
30 nouveau à l'uniformité, donc à l'ennui. [. . .] D'abord, **il demeurera** *there will remain*
toujours entre l'homme et la femme certaines différences ; son éro-
tisme, donc son monde sexuel, ayant une figure singulière **ne saurait** *would not fail to engender*
manquer d'engendrer chez elle une sensualité, une sensibilité sin- *en elle*
gulière ; ses rapports à son corps, au corps mâle, à l'enfant ne seront
35 jamais identiques à ceux que l'homme soutient avec son corps, avec le
corps féminin et avec l'enfant. [. . .] **D'autre part**, ce sont les institu- *On the other hand*
tions qui créent la monotonie : jeunes et jolies, les esclaves du **sérail** *harem*
sont toujours les mêmes entre les bras du sultan. [. . .]

    Affranchir la femme, **c'est refuser de l'enfermer dans les rapports** *libérer / is to refuse to imprison*
40 **qu'elle soutient** avec l'homme, mais non les nier ; **qu'elle** se pose *her in the relations she maintains*
pour soi, elle n'en continuera pas moins à exister *aussi* pour lui : **se re-** */ si elle*
connaissant mutuellement **comme sujet, chacun** demeurera cepen- *recognizing each other . . . as*
dant pour l'autre un *autre* ; la réciprocité de leurs relations ne sup- *subjects /= l'homme et la*
primera pas les miracles qu'engendre la division des êtres humains en *femme)*
45 deux catégories séparées : le désir, la possession, l'amour, le rêve,
l'aventure ; et les mots qui nous émeuvent : donner, conquérir, s'unir,
garderont leur sens ; **c'est** au contraire **quand** sera aboli l'esclavage *it's when . . .*
d'une moitié de l'humanité et tout le système d'hypocrisie qu'il im-
plique **que la « section » de l'humanité révèlera** son authentique *that the division of mankind will*
50 signification et que le couple humain trouvera sa vraie figure. *reveal*

IV. VIVRE LE TEXTE

🔊 Parlons-en !

Quel est, d'après Simone de Beauvoir, le plus grand défi lancé à la femme et à l'homme modernes
s'ils veulent « grandir » dans leur relation ?

Comprendre

1. En quel sens peut-on dire que « c'est être barbare que de ne pas apprécier le charme féminin »
(l. 11) ?

2. Pourquoi ceux qui méprisent la femme pensent-ils n'avoir rien à gagner à un changement social ? Qu'est-ce que ceux qui la chérissent pensent avoir à y perdre ?

3. D'après la suite du texte, expliquez ce qu'est la « fonction de double et de médiatrice » de la femme (l. 19) ?

4. Comment comprenez-vous « entre le silence de la nature et la présence exigeante d'autres libertés » (l. 21) ?

5. Quel est ici le sens du mot « mythique » ?

6. Quelle différence peut-il y avoir entre « la source et le prétexte » ?

7. Pourquoi le charme féminin sera-t-il menacé si la femme se met à exister pour elle-même (l. 18) ?

8. Quelle institution est évoquée dans la phrase « Jeunes et jolies. . . bras du sultan » (l. 38) ?

9. Donnez votre avis sur les énumérations suivantes « le désir, la possession, l'amour, le rêve, l'aventure » (l. 45) et « donner, conquérir, s'unir » (l. 46).

10. Quelle est la nouveauté impliquée par « se reconnaissant mutuellement comme sujet » (l. 42) ?

11. En quoi « l'esclavage d'une moitié de l'humanité » implique-t-il tout un « système d'hypocrisie » (l. 48) ?

12. D'après l'ensemble du texte, pouvez-vous résumer en une ou deux phrases ce que Simone de Beauvoir souhaite pour l'avenir de la femme et des relations entre les deux sexes ?

⊞ Analyser

1. Citez des passages de ce texte où l'auteur nous propose :
   a. une analyse assez neutre de faits sociaux
   b. l'opinion personnelle d'une femme passionnée.

2. Reprenez la chanson de Pauline Julien, « Les Femmes » (p. 78), écrite vingt-cinq ans après *Le Deuxième Sexe*. Préparez une colonne pour chacun des deux textes et notez dedans les phrases et expressions qui vous paraissent parallèles. Comparez la manière dont les idées sont présentées dans l'essai et dans la chanson. Quel effet ces deux modes d'expression différents produisent-ils sur vous ?

👽 Réfléchir sur l'identité

1. Quelle différence y a-t-il, du point de vue de l'identité, entre « être l'égale de l'homme » (l. 3) et « la même que son mâle » (l. 5) ?

2. Quel est l'impact de la phrase « la figure. . . réelles » (ll. 23–25) sur la question de l'identité ?

3. Simone de Beauvoir considère la possession comme l'un des miracles de la rencontre entre les sexes (l. 45) ; conquérir est, dit-elle, un des mots qui nous émeuvent (l. 46). Quelle conclusion pouvez-vous en tirer sur sa vision de l'identité de la femme ?

4. Pourquoi les esclaves du sérail « sont toujours les mêmes entre les bras du sultan » (l. 38) ?

5. Dans le texte intégral du *Deuxième Sexe*, Simone de Beauvoir donne deux exemples de groupes s'identifiant à un système existant qui leur est favorable et refusant d'envisager des changements dans l'avenir :
   – les grands propriétaires de plantations dans le Sud des États-Unis avant l'abolition de l'esclavage ;

– l'entourage du pape au Vatican, alors que l'on castrait de jeunes garçons avant leur puberté, pour qu'ils puissent chanter avec des « voix d'anges » à la chapelle Sixtine.

Qu'y avait-il de valorisant pour chacun de ces groupes à s'identifier au système dont ils étaient les maîtres ?

6. Repensez au passage de *Huis clos* que nous avons lu au chapitre 8, et notamment à la conclusion : « L'enfer, c'est les Autres. » En quoi peut-on dire que Simone de Beauvoir partage la position de Sartre ?

Élargir la discussion

1. Observez la photo du couple en train de danser (p. 244).
   a. Décrivez d'abord cette photo de la manière à la fois la plus neutre et la plus précise possible (les objets, les vêtements, tout ce qui permet de la situer et de la dater ; la position des personnages, la direction de leur regard, etc.).
   b. Faites ensuite vos commentaires personnels sur ce que cette photo vous inspire.
   c. Finalement, écrivez une phrase qui pourrait être la légende (*caption*) de cette photo, et que vous mettrez en titre de votre composition.
2. Comment pensez-vous que la condition de la femme va évoluer au XXIᵉ siècle ?
3. Dans quelle mesure, selon vous, le monde nouveau est-il voué à l'uniformité et à l'ennui ?
4. Qu'est-ce qui a pu évoluer dans le rapport de la femme à son corps depuis l'époque de Simone de Beauvoir jusqu'à nos jours (avec la pilule contraceptive, la fécondation in vitro, les « mères porteuses »...) ?
5. Choisissez une personnalité publique qui vous paraisse avoir une grande influence sur notre époque et dites en quoi consiste cette influence.
6. Choisissez l'une des citations de Découvertes et donnez votre opinion là-dessus.

 V. AUX ALENTOURS

 Découvertes

Pensées de Simone de Beauvoir

19. « C'est par le travail que la femme a en grande partie franchi la distance qui la séparait du mâle ; c'est le travail qui peut seul lui garantir une liberté concrète. »
20. « Elle est l'inessentiel en face de l'essentiel. Il est le Sujet, il est l'Absolu ; elle est l'Autre. »[20]
21. « Se vouloir libre, c'est vouloir les autres libres. »[21]

---

20. [inessentiel : quel est le sens de ce mot, d'après le préfixe ?]
21. [se vouloir libre = vouloir être libre ; vouloir les autres libres = vouloir que les autres soient libres]

À quoi rêvent ces trois personnes ?

22. « Ma liberté exige pour s'accomplir de déboucher sur un avenir ouvert : ce sont les autres hommes qui m'ouvrent l'avenir. »[22]

23. « C'est dans la connaissance des conditions authentiques de notre vie qu'il nous faut puiser la force de vivre et des raisons d'agir. »[23]

24. « Il n'est pas de manière plus odieuse de punir un homme que de le contraindre à des actes auxquels on refuse leur sens : ainsi quand on fait indéfiniment vider et remplir un même fossé, quand on fait tourner en rond des soldats punis, ou qu'on force un écolier à copier des lignes. »[24]

---

22. [déboucher sur = *set out upon*]

23. [puiser = *draw from*]

24. [odieux = *hateful* ; fossé = *ditch*]

Des hommes parlent des femmes

25. « Les femmes ont raison de se rebeller contre les lois parce que nous les avons faites sans elles. » (MONTAIGNE)[25]

26. « L'admission des femmes à l'égalité parfaite serait la marque la plus sûre de la civilisation, et elle doublerait les forces intellectuelles du genre humain. » (STENDHAL)

27. « Quand sera brisé l'infini servage de la femme, quand elle vivra pour elle et par elle, elle sera poète, elle aussi ! » (RIMBAUD)[26]

28. « Le jour où la femme aura tous les droits, elle perdra tous ses privilèges. » (WOLINSKI)

29. « L'homme n'est peut-être que le monstre de la femme, ou la femme le monstre de l'homme. » (DIDEROT)

30. « L'avenir de l'homme est la femme. » (ARAGON)

Le point de vue d'une féministe d'aujourd'hui : Élisabeth BADINTER[27]

31. « Les femmes devraient militer pour qu'on leur accorde comme aux hommes le droit à la laideur. »[28]

32. « Malgré les revendications différentialistes actuelles, nous allons avec constance vers un modèle de ressemblance. Tous les hommes ne sont pas ambitieux, toutes les femmes ne sont pas des battantes. À peu de chose près, l'un est l'autre. »[29]

33. « La ressemblance n'est pas propice à la domination de l'Un sur l'Autre. Au contraire, elle incite plutôt à la paix des sexes. »[30]

34. « À ce jour, une seule différence subsiste, mais essentielle : ce sont les femmes qui portent les enfants et jamais les hommes. »[31]

---

25. [raison*]

26. [servage = *serfdom*]

27. Élisabeth BADINTER (née en 1944) : enseignante en philosophie, elle a écrit plusieurs livres de tendance féministe, en général placés dans une perspective historique, dont plusieurs ont été traduits en anglais (*Mother Love : Myth and reality,* 1980 ; *XY : On masculine identity,* 1987). Les citations données sont tirées de *L'Un est l'autre : des relations entre hommes et femmes,* 1986). À la mort de Simone de Beauvoir (avril 1986), Élisabeth Badinter lui a rendu un vibrant hommage dans un article très remarqué intitulé « Femmes, vous lui devez tout ! ». Comme celle qui l'a inspirée, Élisabeth Badinter est très engagée dans des combats humanistes. C'est la fille du grand publiciste Marcel Bleustein-Blanchet (voir *Rage to Persuade : Memoirs of a French Advertising Man*) et l'épouse de Robert Badinter (voir p. 196, n. 13).

28. [accorde = donne]

29. [malgré*; revendications différentialistes = revendications pour le droit à la différence (entre hommes et femmes) ; battantes = lutteuses = *battle-ready* ; la paix des sexes = entre les hommes et les femmes]

30. [propice = favorable]

31. [à ce jour = aujourd'hui]

♟ Le Détective

Cherchez dans *Le Petit Robert* la notice du mot « femme ».

1. Quels sont les trois sens principaux de ce nom ? D'après la longueur des paragraphes, quel est le plus répandu parmi ces trois sens ?
2. Dans le sens I, relevez les trois premières définitions.
3. À quelles dates sont entrées dans la langue française les expressions « femme de chambre » et « femme de ménage » ? Pouvez-vous deviner pourquoi ces expressions se sont répandues à des époques différentes (hypothèse intelligente !) ?
4. Donnez une expression synonyme de « prendre femme ».

🏛 Aller ailleurs

La citation ci-dessous est extraite d'un livre sur la sociologie du couple. En quoi, cette étude, qui est orientée différemment de celle de Simone de Beauvoir, peut-elle apporter sur un certain plan un prolongement à la réflexion de l'auteur du *Deuxième Sexe* ? L'analyse qui est faite ici des jeunes couples français peut-elle se comparer à ce que vous connaissez autour de vous ?

> Le mariage de type ancien marquait une rupture brutale entre le temps de la jeunesse, dans la famille d'origine, et l'entrée dans la vie adulte. Au contraire, les jeunes dans leur majorité entrent désormais progressivement en couple. La vie à deux commence dès la première rencontre, qui fixe déjà un cadre d'échanges. C'est souvent la régularisation des rapports sexuels qui pousse à la cohabitation. Mais l'établissement de cette dernière est lui-même progressif : l'un ou l'autre passe du statut de visiteur occasionnel à celui d'invité permanent, puis de partenaire à part entière. Accumulant petites décisions et structuration d'une organisation collective naissante, le couple s'installe peu à peu sans même prendre conscience de ce fait. L'important dans les esprits est le lien interpersonnel, sa qualité, son authenticité, la satisfaction retirée par chacun de ce que l'autre lui apporte et du système dans lequel peu à peu il s'intègre, les choix d'organisation à prendre dans le présent. L'avenir est absent du point de vue conjugal : peu de projets précis à long terme, une volonté très faible de définir l'évolution future de leurs rapports.[32]

📖 Approfondir

Voici un passage extrait de *La Femme rompue*, une nouvelle publiée par Simone de Beauvoir en 1968. C'est le monologue d'une femme parmi d'autres, dans un monde d'hommes.

> Un homme avait perdu son ombre. Je ne sais plus ce qui lui arrivait, mais c'était terrible. Moi j'ai perdu mon image. Je ne la regardais pas souvent ; mais à l'arrière-plan elle était là, telle que Maurice l'avait peinte pour moi. Une femme directe, vraie, « authentique », sans mesquinerie

---

32. Jean-Claude Kaufman, *Sociologie du couple,* Paris, PUF (collection Que sais-je ? n° 2787), 1995, p. 60.
  [jeunesse* ; désormais = *henceforth* ; cette dernière = la cohabitation ; à part entière = complet ; naissante = à son commencement ; esprits = *minds* ; long terme = *long run*]

ni compromission mais compréhensive, indulgente, sensible, profonde, attentive aux choses et aux gens, passionnément donnée aux êtres qu'elle aime et créant pour eux du bonheur. Une belle vie, sereine et pleine, « harmonieuse ». Il fait noir, je ne me vois plus. Et que voient les autres ? Peut-être quelque chose de hideux.[33]

Quelles idées retrouvez-vous ici

– communes au texte étudié dans ce chapitre ?

– communes aux idées de Sartre étudiées dans le chapitre 8 ? Présentez vos conclusions de la manière la plus vivante possible, de façon à mettre en parallèle les théories du *Deuxième Sexe* avec ce texte de fiction.

VI. RECHERCHES SUR INTERNET

Le Détective

1. Citez trois romans de Simone de Beauvoir. Quel en est le thème ?
2. Citez trois textes autobiographiques de Simone de Beauvoir. Quelle période ou quel aspect de sa vie racontent-ils ?
3. Où en est-on de la féminisation des noms de métiers, de fonctions, de grades ou de titres dans les pays francophones ?

Aller ailleurs

Cherchez des informations sur les relations de Simone de Beauvoir avec Jean-Paul Sartre et Nelson Algren. Pensez-vous que Simone de Beauvoir a vécu ces relations conformément aux idées qu'elle exprime dans le texte du chapitre ?

Approfondir

Recherchez et exposez (= expliquez) les grandes étapes qu'a connues le féminisme au XXe siècle.

Actualité

Cherchez des événements d'actualité concernant la condition des femmes et présentez-les à la classe de la manière la plus vivante possible.

---

33. [ne. . . plus* ; arrière-plan = *background* ; mesquinerie = *meanness* ; il fait noir : construction impersonnelle, comme « il fait froid »]

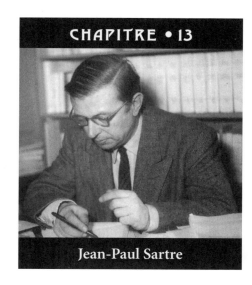

CHAPITRE • 13

Jean-Paul Sartre

Questions sur l'existentialisme

⚷ Mot-clé : *être*

« L'homme est d'abord et ensuite seulement il est ceci ou cela. » (Jean-Paul Sartre)

🏛 I. POUR MIEUX LIRE LE TEXTE : LES PILIERS DE LA LANGUE

🎴 Stratégies de lecture : la construction de la phrase

La rencontre avec la pensée argumentée est une bonne occasion de revoir ce que nous avons appris de la construction de la phrase. Celle-ci peut comporter :

   1. Une seule proposition, dite *indépendante* (revoir p. 194, n. 7)

> 1. « L'avènement du cyberespace a eu pour principale conséquence d'abaisser le seuil de patience de l'humain postmoderne à un dixième de seconde. » (DION)[1]

   2. Plusieurs propositions, simplement juxtaposées (= à côté l'une de l'autre)

> 2. « Va, cours, vole. . . » (CORNEILLE)[2]

   3. Des propositions reliées par des outils grammaticaux

      a. des *pronoms relatifs*

> 3. « On s'accoutume à bien parler en lisant souvent ceux qui ont bien écrit. » (VOLTAIRE)

---

1. Jean DION : chroniqueur québécois ; cette citation est extraite du journal *Le Devoir,* du 11 mai 2000.
2. [courir* ; voler*]

b. des *conjonctions*

Avec les conjonctions, les propositions peuvent être
 – coordonnées
Les propositions sont sur le même plan, d'égale importance et reliées par des conjonctions de coordination[3]

 – hiérarchisées
Une proposition est considérée comme *principale*, l'autre (ou les autres) sont *subordonnées*. Vous connaissez déjà de nombreuses conjonctions de subordination : revoyez, par exemple, celles que nous avons rencontrées pp. 234–237.

4. « Je pense, donc je suis. » (DESCARTES)[4]
5. « Mon verre n'est pas grand, mais je bois dans mon verre. » (MUSSET)
6. « Y a-t-il ET dans l'acte, ou bien OU ? » (BEAUMARCHAIS)[5]
7. « Dès qu'une politique est au pouvoir, elle montre ses faiblesses. » (LACOUTURE)[6]
8. « Il suffit que quelqu'un veuille vraiment quelque chose pour que cela se produise. » (WERBER)[7]

On appelle *période* une phrase comportant des éléments variés et souvent nombreux assemblés harmonieusement. L'usage de périodes a longtemps caractérisé le style des orateurs éloquents. En voici un exemple, extrait d'un discours de Jean JAURÈS (1859–1914), homme politique et écrivain. Adressées à des jeunes gens, ces paroles, qui datent de 1892, peuvent vous inspirer, même aujourd'hui. . .

---

3. Il existe sept conjonctions de coordination : **mais**, **ou**, **et**, **donc**, **or**, **ni**, **car**, que l'on peut retenir à l'aide de cette phrase : « Mais où est donc Ornicar ? » – à condition de noter qu'ici « ou » porte un accent car c'est un adverbe de lieu (= *Where* ?)
4. René DESCARTES (1596–1650) : philosophe et savant, auteur notamment du *Discours de la méthode,* dont cette phrase est tirée. Il y expose une méthode pour conduire sa raison pas à pas (*step by step*), dans la découverte de la vérité, et pour reconstruire les principes de la science. À remarquer : cette affirmation a été faite à l'origine en latin, langue qui était à ce moment-là encore vivante dans les communications internationales. Le « cartésianisme » a profondément marqué le développement de la pensée française à partir du XVIIe siècle.
5. [acte = ici *deed, record*] Il s'agit d'un extrait du *Mariage de Figaro* (voir Index des auteurs, Beaumarchais). Figaro a signé un papier pour reconnaître qu'il doit de l'argent à Marceline. Mais on ne sait pas s'il est écrit dans cet acte officiel qu'il rendra l'argent ET il l'épousera, ou bien qu'il rendra l'argent OU il l'épousera. Figaro, qui en aime une autre, essaie de prouver qu'il est écrit « OU » et non « ET ». Quand le greffier (*clerk*) Double-Main vérifie il découvre que, justement à cet endroit, il y a. . . une tache d'encre (*ink blot*) !
6. Jean LACOUTURE (né en 1921) : grand journaliste, auteur de nombreux livres sur l'histoire contemporaine, il a aussi dirigé plusieurs films sur la guerre d'Indochine. [faible* ; quel est le sens du suffixe *-esse* ?]
7. [Il suffit* que]

Il faut que vous appreniez à dire « moi», non par les témérités de
l'indiscipline et de l'**orgueil**, mais par la force de la vie intérieure. Il
faut que, par un **surcroît** d'efforts et par l'exaltation de toutes vos passions nobles, vous amassiez en votre âme des trésors inviolables. Il

5 faut **que vous vous arrachiez** parfois à tous les soucis extérieurs, à
toutes les nécessités extérieures, aux examens de **métier**, à la société
elle-même, pour en retrouver en profondeur la pleine liberté ; il faut,
lorsque vous lisez les belles pages des grands écrivains et des grands
poètes, que **vous vous pénétriez à fond de** leur inspiration et du détail

10 même de leur **mécanisme** ; **qu'ainsi** leur beauté entre en vous **par
tous les sens** et s'établisse dans toutes vos facultés ; que leur musique
divine soit en vous, qu'elle soit vous-même ; **qu'elle se confonde avec**
les pulsations les plus larges et les vibrations les plus délicates de votre
être, et qu'à travers la société **quelle qu'elle soit**, vous portiez toujours

15 en vous l'accompagnement sublime des chants immortels.

pride

increase, surge

that you extricate yourself (from)
profession

you must allow yourself to absorb
to the depths / technique / so
that / through all your senses
that it blends with

whatever it might be

Mettez-vous par deux pour discuter de cette citation.

Un brin de causette : mes droits et mes devoirs

Vocabulaire actif : droits et devoirs

autorisation	engagement	légal(ement)
permission	(se plier à une) discipline	moral (ement)
liberté(s)	respecter / être respecté	il faut que
possibilité	demander	il est normal que
opportunité	revendiquer (*lay claim to*)	il est évident que
(assumer une) responsabilité	accepter	il n'est pas admissible que
obligation	obéir (à)	
contrainte [cognate]	devoir	

Les humains, par groupes nationaux ou internationaux, formulent de plus en plus de « déclara-
tions de droits ». Le texte de Sartre qui est dans ce chapitre nous invite à définir nos devoirs autant
que nos droits.

Après vous être mis par groupes de trois, vous discuterez de la façon dont vous concevez les
droits et les devoirs des étudiants. Vous remarquerez particulièrement sur quels points vous êtes
d'accord entre vous et sur quels autres vous avez des opinions différentes.

Éléments de grammaire (1) : la voix passive

1. Les formes :
Pour les verbes qui ont une voix passive (voir plus bas, Le sens), on trouve les formes en prenant :

> AUXILIAIRE **être** + PARTICIPE PASSÉ PASSIF
> (accordé au sujet)

	ACTIF	*PASSIF*
Indicatif présent	j'aime	je **suis aimé**
Indicatif imparfait	tu démolissais	tu **étais démoli(e)**
Indicatif futur	il choisira	il **sera choisi**
Indicatif passé simple	elle aperçut	elle **fut aperçue**
Indicatif passé composé	nous avons vu	nous **avons été vu(e)s**
Indicatif plus-que-parfait	vous aviez porté	vous **aviez été porté(e)s**
Indicatif futur antérieur	ils auront pris	ils **auront été pris**
Impératif	conduis !	**sois conduit(e)** !
Conditionnel présent	je comprendrais	je **serais compris(e)**
Conditionnel passé	tu aurais amené	tu **aurais été amené(e)**
Subjonctif présent	que je regarde	que **je sois regardé(e)**
Infinitif présent	connaître	**être connu(e)(s)**
Infinitif passé	avoir fait	**avoir été fait**
Participe présent	lisant	**étant lu(e)(s)**
Participe passé	ayant vendu	**(ayant été) vendu(e)(s)**

2. Le sens

La voix passive indique que *le sujet subit l'action*. Elle existe seulement pour les *verbes transitifs*, c'est-à-dire qui peuvent avoir à l'actif un complément d'objet :[8] à l'actif, c'est le sujet qui agit et le complément d'objet qui subit l'action.

Dans une phrase au passif, selon les cas :

   a. La personne qui fait l'action est nommée : c'est le *complément d'agent*, qui vient le plus souvent après **par** (ou **de**).

   • Marie **a été invitée** par Pierre (= actif : Pierre a invité Marie)

> 9. « Les fortes sottises sont souvent faites, comme les grosses cordes, d'une multitude de brins. »(HUGO)[9]

   b. La personne qui fait l'action n'est pas nommée :

---

8. Les verbes qui sont dans le tableau sont tous transitifs. Vous pouvez ajouter aux formes actives qui sont dans la colonne de gauche: quelqu'un ou quelque chose. En revanche, des verbes comme « marcher » , « partir », « rester » , « mourir » n'ont pas d'objets qui subissent l'action ; ils sont intransitifs et n'ont pas de forme passive.

9. [sottise = *stupidity* ; corde = *rope* ; brin – d'où connaissez-vous déjà ce mot ?]

• Des milliers de visiteurs **sont attendus** à l'exposition.

(= actif : On (indéfini) attend des milliers de visiteurs.)

• Sa fille va **être opérée** très bientôt.

(= actif : On va opérer sa fille.)

10. « Connaître ce qui était caché, c'est la griserie, l'honneur et la perte de l'homme. » (COLETTE)[10]

11. « Quand les Andes furent explorées, Mermoz confia ce tronçon à son camarade Guillaumet. » (SAINT-EXUPÉRY)[11]

12. « Il faut donc que le roi soit chassé. » (MICHELET)[12]

13. « C'est un affreux malheur de n'être pas aimé quand on aime. Mais c'en est un bien plus grand d'être aimé avec passion quand on n'aime plus. » (CONSTANT)[13]

14. « Quand elles se mirent à table, le roi témoigna une joie qui parut vouloir être imitée. » (SAINT-SIMON)[14]

15. « Il est bien vrai que les gens gagnent à être connus. Ils y gagnent en mystère. » (PAULHAN)[15]

⅄ Mise en pratique

A. Mettez les phrases suivantes à la forme passive.

1. Beaucoup de téléspectateurs regardent cette émission.
2. Beaucoup de téléspectateurs avaient regardé cette émission.
3. Le réalisateur veut que beaucoup de téléspectateurs regardent cette émission.
4. Selon Homère, Pâris enleva la belle Hélène.
5. Qui présentera le journal télévisé ce soir ?

B. Mettez les phrases suivantes à la forme active.

1. Ils avaient été bouleversés par cette nouvelle.
2. Ce tableau aurait été peint par Delacroix.

---

10. [griserie = *intoxication* ; perte = *loss*]

11. [tronçon = *segment*]

12. [chassé = *expelled*]

13. Benjamin CONSTANT (1767–1830) : homme politique et écrivain qui a surtout marqué par son roman *Adolphe* (1816), analyse psychologique pénétrante de la fin d'une liaison amoureuse. [affreux = horrible ; c'en est un = c'est un malheur]

14. Louis de SAINT-SIMON (1675–1755) : auteur de célèbres *Mémoires* (1691–1709) au style imagé et original, qui donnent un tableau très vivant de la fin du règne de Louis XIV. (Une traduction a été publiée en 2000, *Memoirs.*) [une joie qui parut vouloir être imitée = il sembla qu'on voulait imiter la joie du roi]

15. Jean PAULHAN (1884–1968) : romancier et surtout essayiste, auteur d'études sur le langage, l'écriture. [gagnent en mystère = *benefit in terms of mystery*]

3. Nous avons été déçus par ce film.

4. Une comète vient d'être observée par les astronomes.

5. J'ai peur que vous ne soyez retardés par le mauvais temps.

C. Mettez les phrases suivantes à la forme passive sur le modèle.

Ex. : On recherche ce terroriste depuis plusieurs mois.

⇨ Ce terroriste est recherché. . .

1. Quand ouvrira-t-on ce château au public ?

2. On a découvert une cause possible de cette maladie.

3. Dans cette école, on n'admet pas les élèves de moins de seize ans.

4. On vient de traduire ce beau roman en français.

5. Quand Galilée affirma que la terre était ronde, on le prit pour un fou.

✴ Éléments de grammaire (2) : les verbes pronominaux

Nous avons vu (pp. 55–56) que les verbes pronominaux peuvent avoir un sens réfléchi, réciproque ou subjectif. Ils peuvent aussi avoir un sens passif :

- Cette voiture **se conduit** (= est conduite) très facilement.
- Les verbes transitifs **se construisent** (= sont construits) avec un complément d'objet.

16. « Rien de beau ne peut se résumer. » (VALÉRY)

17. « Tu as tout à apprendre, tout ce qui ne s'apprend pas : la solitude, l'indifférence, la patience, le silence. » (PEREC)

18. « Le génie se sent ; mais il ne s'imite point. » (DIDEROT)[16]

19. « On guérit comme on se console ; on n'a pas dans le cœur de quoi toujours pleurer et toujours aimer. » (LA BRUYÈRE)[17]

20. « Le Roi aurait dit oui et le contrat se ferait demain. » (BOILEAU)[18]

🎿 II. POINTS DE DÉPART POUR LA LECTURE

📖 Le contexte de l'œuvre

Le passage suivant constitue la plus grande partie d'un article paru en décembre 1944 dans le journal *Action*, qui avait été un porte-parole de la Résistance. Les théories de Sartre sur l'existentialisme étaient déjà formées depuis plusieurs années et il répond ici à des critiques dont elles faisaient l'objet. Pénétré des menaces que le nazisme et les atrocités de la Seconde Guerre mondiale faisaient

---

16. [se sent = on le sent ; il ne s'imite point = on ne l'imite pas]

17. [de quoi = assez pour]

18. [aurait dit : affirmation non vérifiée (voir Appendice grammatical, p. 305)]

peser sur l'humanité, l'existentialisme paraissait très pessimiste ; Sartre affirme ici qu'il se veut optimiste, mais rigoureux.

⛑ Perspective historique et climat culturel

L'atmosphère qui règne après la Libération de la France en 1944 permet de révéler Sartre au grand public ; il apparaît comme « l'homme nouveau » de cette époque, un intellectuel d'envergure (*scope*), le chef de file d'une philosophie à la mode : l'existentialisme.

L'existentialisme

L'existentialisme est un courant de pensée composite dont l'un des précurseurs (*forerunners*) est Søren Kierkegaard (1813–1855). En Allemagne, le grand théoricien en est le philosophe Martin Heidegger (1889–1976) et en France Jean-Paul Sartre.

Au centre de la pensée de Sartre, il y un paradoxe étonnant : « On ne fait pas ce que l'on veut, et cependant, on est responsable de ce que l'on est. » Sans doute, nous ne choisissons ni le lieu, ni l'époque, ni le milieu où nous naissons, ni non plus nos traits héréditaires. Et pourtant, l'unique source de la grandeur humaine est la liberté, car nous pouvons choisir notre « manière d'être ». Cette liberté est absolue : ce n'est pas le privilège de quelques-uns, ce n'est pas une conquête, on ne peut pas ne pas être libre. Nous sommes *condamnés à être libres*. Condamnés ? Oui, car la poursuite de la liberté exige en effet de nous tout d'abord de reconnaître que l'univers est absurde, notre existence et nos efforts dénués (*devoid*) de sens, si ce n'est celui que nous voulons bien leur donner. Ce sens ne peut découler que de « la prise de conscience », qui génère une forte angoisse, mais nous permet *le choix*. Le choix, à son tour, nous permettra d'agir, et nous portons toute la responsabilité de cette action. Il n'y a pas d'excuses ! Nous sommes engagés dans chacun de nos actes. Nos actes sont authentiques ; seuls, ils fondent notre identité et nous permettent d'*être*.

Malheureusement, la plupart des humains préfèrent à cette liberté des conduites de routine. Ils s'enferment dans des stéréotypes. Refuser d'une manière ou d'une autre la responsabilité de nos actes nous rend coupables de « mauvaise foi », un mensonge à soi-même qui aliène notre liberté. Si nous nous laissons guider par les « idées reçues », par ce que les autres nous disent, nous ne pouvons accéder à la prise de conscience, ni au choix, ni à l'action. Nous sommes contrôlés et manœuvrés ; en termes existentiels, nous sommes dans un état de *néant* (*nothingness*), sans authenticité et même sans identité. En revanche, Sartre en est convaincu, « la bonne foi » et des relations authentiques sont possibles.

☺☺☹ Votre préparation personnelle

1. Considérez la citation suivante d'Henry de Montherlant (1895–1972) et soyez attentif d'abord à ce qu'elle évoque en vous spontanément. Puis, notez les réflexions plus approfondies qu'elle vous suggère :

> C'est beau la vie. Quand on la retourne et qu'on la voit à fond (= complètement),
> quand on voit ce qui est, il y a de quoi tomber à genoux. Ce qui est ! Ces trois syllabes !
> La vie est certainement quelque chose d'extraordinaire.

2. Observez, au cours d'une journée, de qui ou de quoi vous vous sentez responsable, de qui ou de quoi vous ne vous sentez pas responsable. D'après quels critères établissez-vous la distinction entre vos deux attitudes ?

3. Efforcez-vous d'être particulièrement conscient de vos actes durant toute une journée. Le soir, revenez sur vos actions. De quelles actions êtes-vous satisfait ? Pour lesquelles avez-vous des inquiétudes, des regrets peut-être ? Est-ce qu'elles correspondent toutes à l'idée que vous avez de vous-même ? Dans quels cas avez-vous réfléchi avant d'agir aux résultats possibles ? Y a-t-il des moments où vous vouliez agir mais n'avez pas agi, et si oui, savez-vous pourquoi ?

III. TEXTE

En termes philosophiques, tout objet a une essence et une existence. Une essence, c'est-à-dire un ensemble constant de propriétés ; une existence, c'est-à-dire une certaine présence **effective** dans le monde. *[qui se traduit par des actes réels]* Beaucoup de personnes croient que l'essence vient d'abord et l'exis-
5 tence ensuite : que les petits pois, par exemple, poussent et **s'arrondis-** *[deviennent ronds]* **sent conformément** à l'idée de petits pois et que les cornichons sont *[in conformity with]* cornichons parce qu'ils **participent** à l'essence de cornichon. Cette *[partagent]* idée a son origine dans la pensée religieuse : **par le fait**, celui qui veut *[in fact]* faire une maison, il faut qu'il sache **au juste** quel genre d'objet il va *[exactement]*
10 créer : l'essence précède l'existence ; et pour tous ceux qui croient que Dieu créa les hommes, **il faut bien qu'il l'ait fait en se référant à** l'idée *[sans aucun doute il l'a fait / with* qu'il avait d'eux. Mais **ceux mêmes** qui n'ont pas la foi ont conservé *reference to / même ceux]* cette opinion traditionnelle que l'objet n'existait jamais qu'en conformité avec son essence, et le dix-huitième siècle tout entier a pensé
15 qu'il y avait une essence commune à tous les hommes, **que l'on nom-** *[à laquelle on donnait le nom de]* **mait** *nature humaine.* L'existentialisme **tient**, au contraire, que chez *[pense, considère]* l'homme – et chez l'homme seul – l'existence précède l'essence.

Cela signifie simplement que l'homme est d'abord et qu'ensuite seulement il est **ceci ou cela**. En un mot, l'homme doit **se** créer sa pro- *[this or that / pour lui-même]*
20 pre essence ; c'est en se jetant dans le monde, en y souffrant, en y luttant qu'il se définit peu à peu ; et la définition demeure toujours ouverte ; on ne peut **point** dire ce qu'est cet homme avant sa mort, ni *[pas]* l'humanité **avant qu'elle ait disparu**. Après cela, l'existentialiste est-il *[before it has disappeared]* fasciste, conservateur, communiste ou démocrate ? La question est ab-
25 surde : **à ce degré de généralité**, l'existentialisme n'est **rien du tout** *[avec une question si générale /* **sinon** une certaine manière d'envisager les questions humaines en re- *absolutely nothing but* fusant de donner à l'homme une nature fixée pour toujours. **Il allait** *It was on an equal footing . . .* **de pair**, autrefois, chez Kierkegaard, **avec** la foi religieuse. Aujour- *with* d'hui, l'existentialisme français **tend à s'accompagner** d'une déclara- *tends to be accompanied]*
30 tion d'athéisme, mais cela n'est pas absolument nécessaire. [. . .]

Angoisse et action

Si l'existentialisme définit l'homme par l'action, **il va de soi** que cette philosophie n'est pas un quiétisme.[19] En fait, l'homme ne peut qu'agir ; ses pensées sont des projets et des engagements, ses senti-
35 ments **des entreprises** ; il n'est rien d'autre que sa vie et sa vie n'est rien d'autre que l'**unité** de ses conduites. Mais l'angoisse, dira-t-on ? Si l'homme n'*est* pas, mais *se fait*, et si en se faisant il assume la responsabilité de l'espèce entière, s'il n'y a pas de valeur ni de morale qui soient données a priori, mais si, en chaque cas, nous devons décider
40 seuls, **sans point d'appui**, sans guides, et cependant pour tous, **comment pourrions-nous ne pas** nous sentir anxieux lorsqu'il nous faut agir ? Chacun de nos actes **met en jeu** le sens du monde et la place de l'homme dans l'univers ; par chacun d'eux, **quand bien même nous ne le voudrions pas**, nous constituons une échelle de valeurs uni-
45 verselles et l'on voudrait que nous ne soyons pas **saisis de crainte** devant une responsabilité si entière ? [. . .]

Je dirai donc que l'angoisse, loin d'être un obstacle à l'action, **en est la condition même** et qu'**elle ne fait qu'un** avec le sens de cette écrasante responsabilité de tous devant ce qui fait notre tourment et notre
50 grandeur. Quant au désespoir, il faut **s'entendre** : il est vrai que l'homme aurait tort d'*espérer*. Mais **qu'est-ce à dire**, sinon que l'espoir est la pire entrave à l'action. Faut-il espérer que la guerre se terminera toute seule et sans nous, que les nazis **nous tendront la main** ? [. . . .] Si nous espérons tout cela, **nous n'avons plus qu'à** attendre en nous
55 croisant les bras. L'homme ne peut vouloir que s'il a d'abord compris qu'il ne peut compter sur rien d'autre que sur lui-même, qu'il est seul, délaissé sur la terre au milieu de ses responsabilités infinies, sans aide ni secours, sans autre but que celui qu'il se donnera à lui-même, sans autre destin que celui qu'il se forgera sur cette terre. Cette certitude,
60 cette connaissance intuitive de sa situation, voilà ce que nous nommons désespoir : ce n'est pas un bel égarement romantique, on le voit, mais la conscience sèche et lucide de la condition humaine. **De même que** l'angoisse ne se distingue pas du sens des responsabilités, le désespoir ne fait qu'un avec la volonté ; avec le désespoir commence le véri-
65 table optimisme : celui de l'homme qui n'attend rien, qui sait qu'il n'a aucun droit, et que rien ne lui est dû, qui **se réjouit de compter sur soi seul** et d'agir seul pour le bien de tous. [. . .]

it goes without saying

[sont] des entreprises
somme totale

without anything to fall back on
nous devons
activates, deploys
even if that is not our intention

seized with fear

is the very prerequisite for it
it simply makes a whole

se mettre d'accord
what does it mean

will offer us their hand
we have only to

In the same way that

*is happy to depend upon himself
alone*

---

19. Le quiétisme (du mot quiétude = repos) est une doctrine mystique chrétienne dans laquelle l'âme est indifférente aux œuvres (c'est-à-dire à l'action) et même à son propre salut.

Liberté

Lorsque nous disons qu'un **chômeur** est libre, nous ne voulons pas ⟶ *unemployed worker*
70 dire qu'il peut faire ce qui lui plaît et se transformer à l'instant en un
bourgeois riche et paisible. *Il est libre parce qu'il peut toujours choisir
d'accepter son sort avec résignation ou de **se révolter** contre lui.* Et sans ⟶ *to rebel*
doute **ne parviendra-t-il pas** à éviter la misère : mais, du sein de cette ⟶ *he won't manage to*
misère qui **l'englue**, il peut choisir de lutter contre toutes les formes ⟶ *traps him*
75 de la misère en son nom et en celui de tous les autres : il peut choisir
d'être l'homme qui refuse que la misère soit le lot des hommes. [. . .]

La pureté n'est pas si facile

Je me méfie des gens qui réclament que la littérature les exalte **en** ⟶ *by making a display of*
faisant étalage de grands sentiments, qui souhaitent que le théâtre ⟶ *great emotion*
80 *leur donne le spectacle* de l'héroïsme et de la pureté. **Au fond**, ils ont ⟶ *at heart*
envie qu'on leur persuade qu'il est aisé de faire le bien. Eh bien ! non :
ce n'est pas aisé. [. . .]
   En ai-je assez dit pour faire comprendre que *l'existentialisme n'est
pas une délectation morose, mais une philosophie humaniste de l'action,*
85 *de l'effort, du combat, de la solidarité* ? [. . .] Puissiez-vous le comprendre et en ressentir un peu de salutaire angoisse.

IV. VIVRE LE TEXTE

Comprendre

Répondez aux questions suivantes en utilisant vos propres mots plutôt qu'en citant le texte littéral.

1. Pourquoi l'idée que « l'essence précède l'existence » a-t-elle son origine dans la réligion ?
2. Expliquez en quoi le point de vue existentialiste sur l'homme est différent de celui du XVIIIᵉ siècle.
3. Comment l'homme parvient-il à « se créer sa propre essence » ?
4. Pourquoi ne peut-on dire ce qu'est tel ou tel homme avant sa mort ?
5. Après avoir relu les lignes 18–23 (« Cela signifie. . . disparu »), dites pourquoi il va de soi que l'existentialisme n'est pas qu'un quiétisme.
6. « En fait l'homme ne peut qu'agir. » Trouvez dans le texte de *Huis clos*, ll. 10–24 (p. 161), une phrase qui exprime la même idée.
7. En quoi est-il angoissant de penser que l'homme se fait plutôt qu'il n'est ?
8. En quoi l'angoisse est-elle « la condition même de l'action » ?
9. Qu'est-ce qui fait « notre tourment et notre grandeur » ?
10. Pourquoi, selon Sartre, l'homme aurait-il « tort d'espérer » ? (Précisez le sens qu'il donne au verbe « espérer ».)

« Être libre, ce n'est pas seulement se débarrasser de ses chaînes ; c'est vivre d'une façon qui respecte et renforce la liberté des autres. » Telle est la conclusion de l'autobiographie de Nelson Mandela, parue en 1994.

11. Expliquez pourquoi « le désespoir ne fait qu'un avec la volonté ».

12. En quoi consiste la liberté de l'homme selon Sartre ?

Analyser

1. Comparez ce texte aux passages de *Huis clos* lus dans le chapitre 8. Quels sont les avantages et les limites de chaque texte pour qui veut comprendre en profondeur la pensée de Sartre ?

2. Comparez les deux passages « En termes philosophiques. . . l'existence précède l'essence » et « Je dirai donc que l'angoisse. . . d'agir seul pour le bien de tous. » Définissez la différence de ton entre ces deux passage et cherchez quelle en est la raison. Que cherche à faire Sartre dans chaque passage : définir des notions philosophiques ? persuader ? rassurer ? avertir ? Voyez-vous des contrastes d'expression correspondant aux intentions de Sartre entre ces deux passages ?

3. A présent, comparez le second passage de Sartre (« Je dirai donc. . . d'agir seul pour le bien de tous») avec la citation de Jean Jaurès qui se trouve dans Stratégies de lecture. Pouvez-vous trouver certains procédés de style communs aux deux textes ?

4. En prenant l'exemple du sujet de *Huis clos*, montrez les résultats du choix de Sartre quand il refuse une littérature qui fait étalage de grands sentiments.

🗣 Réfléchir sur l'identité

1. Avec *Huis clos*, vous avez déjà eu l'occasion de voir que pour Sartre, ce sont les actes qui fondent l'identité (revoir notamment : p. 164, Réfléchir sur l'identité, n°s 2 et 4). Pour illustrer à nouveau cette idée de Sartre, choisissez un personnage apparu dans un autre texte que vous avez étudié (ch. 2, 4, 5, 10 ou 11). Montrez comment l'identité de ce personnage se définit à partir de ses actes.

2. Montrez, à partir des passages d'*En attendant Godot* que vous avez lus, comment Beckett met en scène le néant plutôt que l'être.

🦁 Élargir la discussion

1. Quelqu'un a dit : « On ne peut pas se sentir responsable tant qu'on se sent coupable ». Après avoir expliqué la différence entre le sentiment de responsabilité et celui de culpabilité, dites votre opinion personnelle sur cette phrase.

2. Exposez des convictions que vous avez dans le domaine de la philosophie, de la religion, de la politique ou de la morale. Savez-vous d'où proviennent ces convictions : de votre éducation, de vos découvertes personnelles, d'un système de pensée auquel vous avez adhéré ?

3. Face aux perspectives du monde moderne, certaines personnes peuvent être décrites comme des « optimistes béats » (*overly satisfied*), d'autres des « défaitistes résignés », d'autres encore des « lucides combatifs » (*clear-sighted and combative*). Faites le portrait-type (*general description of the personality type*) de trois personnes correspondant à ces catégories.

4. Depuis quelques décennies le parti politique écologiste a gagné beaucoup d'adhérents. Le point de vue écologiste implique la responsabilité par rapport à l'exploitation de la nature. Pouvez-vous discuter de cette attitude ?

5. Choisissez une citation dans la rubrique Découvertes et donnez votre opinion dessus.

 V. AUX ALENTOURS

📖 Découvertes

Pensées de Sartre

> 21. « Il suffit qu'un seul homme en haïsse un autre pour que la haine gagne de proche en proche l'humanité entière. »[20]
> 22. « Quand les riches se font la guerre, ce sont les pauvres qui meurent. »[21]
> 23. « À moitié victime, à moitié complice, comme tout le monde. »[22]

---

20. [haïr = *hate* ; de proche en proche = *from one (neighboring) person to the next*]
21. [se font la guerre (les uns aux autres)]
22. [moitié*]

24. « Chaque homme doit inventer son chemin.»

25. « Un intellectuel, pour moi, c'est cela : quelqu'un qui est fidèle à un ensemble politique et social, mais qui ne cesse de le contester. »[23]

26. « L'important n'est pas ce qu'on fait de nous, mais ce que nous faisons nous-mêmes de ce qu'on a fait de nous. »

27. « L'homme est à inventer chaque jour. »[24]

28. « L'homme n'est point la somme de ce qu'il a, mais la totalité de ce qu'il n'a pas encore, de ce qu'il pourrait avoir. »[25]

29. « On ne fait pas ce qu'on veut et cependant, on est responsable de ce qu'on est. »

30. « La vie, c'est une panique dans un théâtre en feu. »

31. « Le désordre est le meilleur serviteur de l'ordre établi. »

32. On raconte qu'en arrivant à New-York, après la publication de « Questions sur l'existentialisme », Jean-Paul Sartre fut entouré par une troupe de journalistes qui lui demandèrent avec passion : « Alors ? Qu'est-ce que c'est exactement, l'existentialisme ? Expliquez-vous en trois mots. »Et Sartre aurait répondu avec humour : « C'est le moyen d'assurer mon existence ! »[26]

Sur les thèmes abordés dans le texte

33. « Peut-être, qu'on *n'est* pas pour soi-même à la manière d'une chose. Peut-être même qu'on n'est pas du tout : toujours en question, toujours en sursis, peut-être doit-on perpétuellement se faire. » (BAUDELAIRE)[27]

34. « La société de consommation a privilégié l'avoir au détriment de l'être. » (DELORS)[28]

35. « Le seul fait d'exister est un véritable bonheur. » (CENDRARS)[29]

36. « Il faut regarder le néant / En face pour savoir en triompher. » (ARAGON)

37. « L'Homme n'est plus seulement "un être qui sait", mais un être "qui sait qu'il sait". » (TEILHARD DE CHARDIN)[30]

38. « L'enfer c'est de s'apercevoir qu'on n'existe pas et de ne pas y consentir. » (WEIL)[31]

---

23. [cesser = arrêter]

24. [à inventer = doit être inventé]

25. [ne . . . point = ne . . . pas]

26. [aurait répondu : voir *aurait dit,* n. 18]

27. [sursis = *respite*]

28. [l'avoir = le fait d'avoir, de posséder]

29. [bonheur*]

30. Pierre TEILHARD DE CHARDIN (1881–1955) : jésuite, philosophe et paléontologue qui s'est efforcé de concilier les enseignements de la science moderne (l'évolutionnisme notamment) avec les dogmes chrétiens. Il a laissé de nombreux écrits.

31. Sur Simone Weil, voir ch, 8, p. 157, cit. 16 et, n. 14. [s'apercevoir*]

39. « On aime être ce qu'on n'est pas. » (COHEN)[32]

40. « Tous nous serions transformés si nous avions le courage d'être ce que nous sommes. » (YOURCENAR)

41. « Souvent, les mots prennent le pas sur les actes et même les supplantent comme s'il suffisait d'écrire pour changer la vie. » (BEN JELLOUN)[33]

42. « Nous sommes responsables d'à peu près tous les maux dont nous souffrons. » (GIDE)[34]

43. « Participer à la Science, c'est posséder une large part de responsabilité quant au devenir social de ses contemporains. » (JACQUARD)[35]

44. « Chacun est responsable de tous. Chacun est seul responsable. Chacun est seul responsable de tous. » (SAINT-EXUPÉRY)

45. « Devenir adulte, c'est reconnaître, sans trop souffrir, que le "Père Noël" n'existe pas. » (REEVES)

46. « Le désespoir, c'est quand l'intelligence prend la souffrance à son compte. » (PERROS)[36]

♟ Le Détective

Identifier les ressources dont on dispose et les exploiter au mieux

D'ordinaire la question se pose ainsi : d'un côté, je cherche tel renseignement, d'un autre, je dispose de source(s) d'informations qui pourraient avoir un lien avec ma question. Je consulte donc les différentes sections, paragraphes ou rubriques des dictionnaires, encyclopédies, livres et documents à ma disposition pour voir si j'y trouverai le renseignement que je cherche. Cela peut faire intervenir la mémoire (je me souviens que j'ai vu tel document à tel endroit), mais c'est surtout la logique qui me permet d'arriver au résultat.

Pour vous permettre de pratiquer ce type de raisonnement, vous allez faire l'exercice en prenant pour unique source d'informations ce livre. Selon les questions, vous allez vous demander à quel endroit du livre vous avez des chances de trouver la réponse, puis voir si elle y est ou non.

Répondez aux questions suivantes en précisant comment vous avez trouvé la réponse. (Attention : dans certains cas, on ne peut pas donner la réponse à partir du livre !)

1. En quelle année est née Pauline Julien ?
2. L'épisode de *Terre des Hommes* que nous avons lu s'est passé en quelle année ?

---

32. Albert COHEN (1895–1981) : écrivain suisse d'expression française, auteur de romans à la fois épiques et comiques qui évoquent le monde des juifs de Céphalonie en Grèce. (*Solal*, 1930 ; *Mangeclous*, 1938). *Belle du Seigneur* (1968, traduit en anglais en 1998) est l'évocation lyrique et caricaturale d'un amour-passion. *Le Livre de ma mère* (1954) (*Book of My Mother*) est un portrait poignant.

33. [prendre le pas sur = *take precedence over*]

34. [à peu près = presque]

35. [quant à = en ce qui concerne ; au devenir social de ses contemporains = à ce que ses contemporains vont devenir socialement]

36. [à son compte = sur elle, comme si elle lui appartenait]

3. Citez une œuvre de Michel Tournier publiée en 1967.

4. Quel est le sens du mot « aiguille » ?

5. Quels auteurs du XVIe siècle ont été cités dans ce livre ?

6. Où trouver le passé simple des verbes auxiliaires *être* et *avoir* ?

7. L'année 1946 vit le début de quel grand festival cinématographique ?

8. Où avons-nous rencontré le proverbe : « Avec des "si" on mettrait Paris en bouteille » ?

9. Quel texte que nous avons étudié a été publié en 1930 ?

10. Quel pays a eu son indépendance en 1963 ?

11. « Madame Irma » est le surnom donné en France aux voyantes. Où trouver des renseignements là-dessus ?

12. Quel est le prénom de la styliste française qui a lancé le parfum Chanel n° 5 ?

13. Quel est l'auteur qui a écrit *Le Passe-muraille*, ce roman qui raconte l'histoire d'un homme capable de traverser les murs ?

Aller ailleurs

Voici une citation extraite de la conclusion d'un livre sur Sartre. Après la lecture et l'étude des deux textes de Sartre qui sont dans ce livre, cette citation éveille-t-elle pour vous un écho ?

Deux pulsions opposées se côtoient chez Sartre et s'érigent petit à petit en mythes personnels. L'une de ces pulsions, celle qui dirige le militant, est hostile aux mots. Si ceux-ci constituent un mal inévitable et nécessaire, le militant accepte de s'en servir dans le but d'en sortir. [. . . .] Les mots ne sont qu'une voie vers une réalité « extérieure » et matérielle qui appelle notre concours. Mais cette pulsion [. . . .] est greffée sur une autre qu'elle refoule. Celle-ci, qui relève de l'enfance de Sartre, oriente le petit garçon de bonne heure vers les mots qu'il contemple comme les supports magiques d'un monde infiniment plus attirant que celui qui l'entoure.[37]

Approfondir

Dans la nouvelle de Sartre *L'Enfance d'un chef* (1939), Lucien Fleurier a reçu une éducation et une préparation typiques en vue d'assumer les responsabilités d'un chef dans la société française. Voici un exemple de ses réflexions :

Première maxime, se dit Lucien, ne pas chercher à voir en soi ; il n'y a pas d'erreur plus dangereuse. Le vrai Lucien [. . .], il fallait le chercher dans les yeux des autres, [. . .] dans l'attente pleine d'espoir de tous ces êtres qui grandissaient et mûrissaient pour lui, de ces jeunes

---

37. John IRELAND, *Sartre : Un art déloyal : théâtralité et engagement,* Paris, Jean-Michel Place, 1994, p. 221. [s'érigent petit à petit en = se construisent et deviennent des ; d'en sortir = de sortir des mots ; une voie = une route ; notre concours = notre aide agissante ; greffée = *grafted* ; refoule = *drives back* ; relève de = a son origine dans]

apprentis qui deviendraient *ses* ouvriers. [. . .] Lucien avait presque peur, il se sentait presque trop grand pour lui. [. . .]

Il murmura « J'AI DES DROITS ! » Des droits ! [. . .]Bien avant sa naissance, sa place était marquée au soleil [. . .] S'il était venu au monde, c'était pour occuper cette place.[38]

Décrivez une personne qui ressemble à ce modèle : ses attitudes, son style de vie.

🖉 C'est à vous !

Développez le thème : « Selon moi, le propre de la condition humaine, c'est. . . »

✌ Devinette

La devinette suivante est une énigme célèbre. Trouvez-en la clef ! « Quel est l'animal qui, durant sa vie, marche d'abord à quatre pattes, puis à deux pattes, et enfin à trois pattes ? »[†]

Si vous connaissiez déjà cette énigme, saviez-vous aussi son origine ?[††]

🖥 VI. RECHERCHES SUR INTERNET

♟ Le Détective

1. Il existe désormais à Paris une place Sartre-Beauvoir. Quand a-t-elle été inaugurée ? Où se trouve-t-elle exactement et pourquoi ?
2. Jean-Paul Sartre et Simone de Beauvoir ont logé des années à l'hôtel Mistral, 24 rue Cels. Au-dessus de la porte d'entrée de cet hôtel il y a encore deux citations du « couple mythique ». Que dit celle de Sartre ?

🚗 Aller ailleurs

1. Dans le poème « La Nuit de mai » (1835), la Muse dit au poète Alfred de Musset :

Les plus désespérés sont les chants les plus beaux,
Et j'en sais d'immortels qui sont de purs sanglots.[39]

Cherchez tout d'abord dans quelles circonstances biographiques ce poème a été écrit. Puis, essayez de comprendre en quoi ces vers expriment un « bel égarement romantique » (l. 61) et en quoi ce désespoir est différent de celui dont parle Sartre.

---

38. [peur*; ouvrier = *worker* ; sentir* ; naissance*]
39. [= Les chants désespérés sont les chants les plus beaux, et je connais des chants immortels. . . ; sanglot = *sob*]

[††](Cette énigme est celle que le Sphinx pose à Oedipe dans la mythologie grec)
[†](Réponse: l'homme)

2. En vous aidant d'informations puisées dans un ou plusieurs sites Internet, cherchez des exemples dans la vie de Sartre qui pourraient illustrer cette phrase de Henri Bergson (1859–1941) : « Il faut agir en homme de pensée et penser en homme d'action. »

3. À l'époque de « Questions sur l'existentialisme », Sartre fréquentait beaucoup le quartier de Saint-Germain-des-Prés à Paris. Cherchez le plus de renseignements possible sur la vie intense de ce quartier à ce moment-là et sur les personnalités (écrivains, penseurs, artistes) qui l'ont marqué.

4. Allez sur le site de la Bibliothèque Nationale de France, dans l'exposition virtuelle Brouillons d'écrivains. Pour Sartre, l'exposition fait remarquer que son écriture était différente selon le genre qu'il pratiquait. Regardez ces deux manières d'écrire et expliquez en quoi elles diffèrent.

Actualité

Allez sur le site de Radio France Internationale. Lisez le dernier bulletin des nouvelles en français facile, en vous aidant du lexique du site. Puis écoutez les nouvelles dans la version orale.

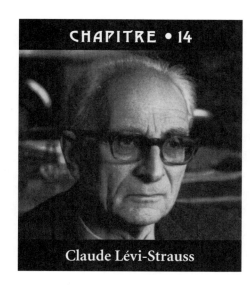

CHAPITRE • 14

Claude Lévi-Strauss

Structure d'un sonnet de Baudelaire

🗝 Mot-clé : *structure*

« Les Chats – *un des rares poèmes que je sais par cœur – a commencé à me trotter dans la tête.* » (*Claude Lévi-Strauss*)

🏛 I. POUR MIEUX LIRE LE TEXTE : LES PILIERS DE LA LANGUE

📷 Stratégies de lecture (1) : construction de l'ensemble du texte

L'essai fait partie des textes où l'on présente une idée directrice que l'on justifie avec des arguments qui doivent être construits selon un plan habile, qui aidera à convaincre le lecteur. Voici deux sortes de plans possible : le plan analytique et le plan dialectique.

Le plan analytique

Ce plan permet d'analyser les différents aspects d'une situation, d'un phénomène. S'il s'agit d'une question problématique, on va considérer les causes, les manifestations qui en résultent, avant de proposer d'éventuelles solutions.

Ce type de plan peut se présenter sous des formes variées. Nous prendrons ici un exemple dans le domaine du *journalisme*. Les articles de journaux de réflexion français sont construits de manière assez différente de ceux des États-Unis. Voici deux exemples typiques tirés le même jour (4 juillet 2001) de la première page du journal *Le Monde* et du *Herald Tribune*.[1]

Dans *Le Monde* :

MILOSEVIC PLAIDE « NON COUPABLE »
L'ancien président yougoslave a comparu, pour la première fois, sans avocat, devant le Tribunal de La Haye ♦ Accusé de « crimes de guerre » et de « crimes contre l'humanité », il

---

1. L'article du *Monde* se poursuivait sur la page 2, qui comportait plusieurs autres articles sur des sujets connexes (le Tribunal de la Haye, les partisans de l'ancien président serbe). L'article du *Herald Tribune,* lui, se poursuivait nettement plus loin dans le journal – sur la page 5 seulement – et n'était pas complété par des sujets associés. Il provenait du New York Times Service, et il était signé par Roger Cohen et Marlise Simons.)

juge « illégale » la justice internationale ♦ Le TPI considère que Slobodan Milosevic plaide « non coupable »

Premier chef d'État à être jugé par la justice internationale, l'ex-président yougoslave Slobodan Milosevic a comparu, mardi 3 juillet, en milieu de matinée, devant le Tribunal pénal international de La Haye. Costume sombre, cravate rayée, il a été présenté à 10 heures GMT devant la troisième chambre du TPI, présidée par un magistrat britannique, Richard May. Celui-ci a proposé à M. Milosevic de lui lire l'acte d'accusation porté contre lui et qui concerne son rôle lors du conflit du Kosovo, pour la période comprise entre janvier et juin 1999. Visage fermé, le prévenu a refusé de répondre, lançant au juge May, en anglais, un sec : « C'est votre problème ». Il a encore refusé de plaider coupable, contestant toute légitimité et toute légalité au TPI : « Vous cherchez à vous justifier pour les actes de violence commis par l'OTAN contre la Serbie », a-t-il dit.

Un peu plus loin, toujours page 1 : « Le juge a expliqué qu'il considère que M. Milosevic plaide "non coupable". » Sur cette page, il y avait une caricature, qui montrait Milosevic portant un tablier de boucher ensanglanté (= plein de sang), tenant un hachoir (*chopping knife*) à la main et disant : « Non coupable ».

Dans le *Herald Tribune* :

"I CONSIDER THIS TRIBUNAL A FALSE TRIBUNAL"
A Defiant Milosevic Assails Court and Won't Enter Plea

THE HAGUE – Slobodan Milosevic, who plunged the Balkans into the worst European violence since World War II, appeared Tuesday before an international tribunal that has accused him of crimes against humanity and dismissed the court with disdain as an "illegal organ."

Jutting chin raised, thin lips fixed in a contemptuous smirk, small eyes glinting, Mr. Milosevic sat flanked by two guards before seven empty chairs intended for his lawyers. The former Serbian leader chose to appear without counsel and deliver his own rebuttal: "I consider this tribunal a false tribunal and indictments false indictments."

Mr. Milosevic's isolation on Tuesday, 12 years after the wave of Serbian nationalist sentiment he had ignited swept him to power, lent added drama to the courtroom confrontation as he sat facing a black-robed prosecution team led by Carla Del Ponte. The battle between the West and its longtime Balkan nemesis was stripped to its essentials.

Il y avait sur la même page une photo correspondant sensiblement à la description de Milosevic donnée dans l'article, avec un garde au second plan.

Quelles différences importantes pouvez-vous constater entre les deux journaux quant à la façon de présenter les informations ? Quels sont, selon vous, les avantages et les inconvénients de chacune de ces méthodes ?

Le plan dialectique

C'est un type de plan dont on peut se servir lorsque l'on veut *confronter des points de vue opposés.*

Ce sont les philosophes grecs antiques qui sont à l'origine de la dialectique, mot qui signifie « art de discuter ». Plus spécifiquement, dans la lignée de Parménide (VIᵉ–Vᵉ siècles av. J.C.), le philosophe allemand Georg Hegel (1770–1831) a développé une conception dialectique de l'Histoire, à partir de laquelle on peut apprendre à construire sa réflexion selon le modèle suivant :

1. La *thèse* développe les arguments et les exemples en faveur d'une opinion énoncée.
2. L'*antithèse* représente l'argumentation adverse.
3. La *synthèse* rapproche les deux points de vue opposés, en cherchant à aboutir à un élargissement de la réflexion, une unité ou une catégorie supérieure.

Voici par exemple un commentaire de la pensée : « L'art n'a ni patrie ni frontières. »[2]

Thèse

Le patrimoine artistique et l'héritage du passé appartiennent à tous les pays. Il ne semble plus, aujourd'hui, y avoir d'obstacles à la diffusion des idées, des créations artistiques, et l'artiste de n'importe quel pays en est conscient.

Antithèse

L'art est le reflet d'une culture, d'une mémoire d'un peuple, il en est l'expression la plus élaborée. Actuellement, le créateur veut être le porte-parole de sa patrie, de sa région. On assiste à la renaissance des langues régionales, à la revalorisation des traditions, du folklore. L'art peut devenir un moyen d'affirmer son identité, de revendiquer son indépendance.

Synthèse

L'expression d'une culture et la vocation à l'universel ne sont pas des termes antagonistes ; en approfondissant la singularité d'une culture, on arrive à l'universel.

Stratégies de lecture (2) : la rhétorique

La rhétorique est l'art de mettre en valeur la parole, aussi bien à l'oral qu'à l'écrit. On appelle *figures de style* des procédés particuliers qui favorisent cette mise en valeur. Plusieurs d'entre elles sont nommées dans le texte de ce chapitre. Pourtant, malgré leurs noms savants, les figures de style ne sont pas réservées à l'usage littéraire ; on les emploie assez souvent dans la langue de tous les jours, sans même s'en rendre compte. Voici dix figures de style parmi les plus fréquentes.

Effets liés à l'image

1. La *métaphore*, nous l'avons vu (p. 41) est l'emploi d'un terme concret pour faire mieux comprendre une qualité abstraite.

1. « Madame, sous vos pieds un homme est là [. . .] / Qui souffre, ver de terre amoureux d'une étoile. » (HUGO)[3]

---

2. Cet exemple est emprunté au site Internet *www.wfu.edu/~barronei/plandialectique.htm*
3. [ver de terre = *worm* ; étoile*]

2. « Une heure n'est pas qu'une heure, c'est un vase rempli de parfums, de sons, de projets, de climats. » (PROUST)

3. « Madeleine, c'est mon Amérique à moi. » (BREL)

4. « Quand elle le vit, elle ressentit ce coup de couteau au cœur que les personnes qui n'ont jamais été sidérées par l'amour prennent pour une métaphore. » (HERMANT)[4]

Certaines métaphores modernes sont passées dans le langage courant :

• **le gel** des salaires.

2. La *métonymie* désigne une réalité par une autre qui lui est unie par une relation nécessaire et logique ou qui lui est fréquemment associée : **un Balzac** (= un livre de Balzac) ; **une bonne bouteille** (= une bouteille de bon vin) ; **un Bordeaux** (= un vin de la région de Bordeaux) ; **un chèvre** (= un fromage de chèvre) ; **une Renault 5** (= une voiture de la marque « Renault ») ; **la Maison Blanche** ; **Paris** (= les habitants de Paris) ; **une petite laine** (= un tricot léger).

Certains emplois métonymiques deviennent figés (*fixed*), comme les mots désignant des objets auxquels on a donné le nom de leur inventeur ou de la personne qui a préconisé leur emploi. Par exemple : **la guillotine,** dont l'emploi fut recommandé par le docteur Guillotin, et **la poubelle,** qui fut imposée en 1884 par le préfet de la Seine, Poubelle.

3. La *synecdoque* (= inclusion) prend la partie pour désigner le tout, la matière pour l'objet, une qualité pour une chose ou une personne : **un toit** (une maison) ; **la voile** (= le bateau) ; **un vison** (= un manteau de vison, *mink*) ; **du liquide** (= de l'argent liquide) ; **les casques bleus** (= les soldats de l'ONU portant des casques bleus).

5. « Votre œil me fait un bel été dans mon âme. » (RONSARD)

Expressions détournées (indirect)

4. L'*euphémisme* est une expression voilée (*veiled*), destinée à atténuer le caractère désagréable de certains mots et jugements : **s'en aller** = mourir.

6. « Moyen : le pire de ce qui est bon ; le meilleur de ce qui est mauvais. Un euphémisme pour médiocre. » (BAZIN)[5]

7. « Prudence n'est que l'euphémisme de peur. » (RENARD)

---

4. Abel HERMANT (1862–1950) : romancier, essayiste, journaliste. Que représente le « coup de couteau » ? [ressentir = sentir ; sidérées = *struck, dazed*]

5. Hervé BAZIN (1911–1996) : romancier au ton acide (*La Mort du petit cheval,* 1950 ; *Qui j'ose aimer,* 1956), il présida longtemps l'Académie Goncourt (p. 225, n. 26).

8. « L'euphémisme, ça doit être sa raison d'être, adoucit les relations humaines. » (DION)[6]

5. La *périphrase* remplace un mot précis par une expression plus générale et plus développée : **l'astre du jour** (= le soleil) ; **la pucelle** (*virgin*) **d'Orléans** (= Jeanne d'Arc).

9. Le papillon : « lendemain de chenille en tenue de bal. » (SAINT-POL ROUX)[7]

6. L'*antiphrase* consiste à dire exactement le contraire de ce que l'on veut exprimer. L'ironie se fonde sur cette figure : **C'est du joli** ! (= C'est bien laid matériellement ou moralement).

Effets d'intensité

7. L'*hyperbole* est une exagération dans les mots employés. Une chose étonnante est **incroyable, invraisemblable**. Une robe laide est **horrible, abominable**. L'hyperbole est fréquente dans la conversation, moins dans la bonne littérature, où elle deviendrait vite fatigante et dévaluerait en fait les éléments qu'elle est supposée mettre en valeur.

8. La *litote* est le contraire de l'hyperbole : elle dit peu pour suggérer beaucoup. C'est l'équivalent de la notion anglo-saxonne d'*understatement*.

• Vous arrivez **légèrement en retard** (= le repas est déjà terminé) !

La litote est souvent une phrase négative :

• Ce n'est **pas drôle** (= C'est très ennuyeux ou C'est de très mauvais goût)

Mise en relief

9. Le *chiasme* place en ordre inverse des groupes de mots mis en parallèle dans la phrase :

A + B // B' + A'

• Il est **très riche en qualités, en défauts très pauvre.**

10. « . . . valse mélancolique et langoureux vertige. » (BAUDELAIRE)
11. « Elle y pensait trois jours, trois nuits elle en rêvait. » (HUGO)
12. « Nous troublons la vie par le soin de la mort et la mort par le soin de la vie. » (MONTAIGNE)[8]

---

6. [(°)ça = cela ; adoucit = *softens*]
7. Paul Roux, dit SAINT-POL ROUX (1861–1940) : écrivain symboliste, précurseur du surréalisme. [lendemain* ; chenille = *caterpillar* ; tenue = *vêtements* ; bal = *ball*]
8. [soin = préoccupation]

10. L'*ellipse* supprime des mots ou des éléments de la phrase, procédé qui met davantage en relief ce qui est exprimé.

  • Isidore aimait Thérèse, **elle non** (= elle n'aimait pas Isidore).
  • **chacun son tour** (= chacun doit agir à son tour)

13. « Après moi, le déluge. »[9]
14. « Après la pluie, le beau temps. » (proverbe)[10]
15. « Noël au balcon, Pâques aux tisons. » (proverbe)[11]

☿ Mise en pratique

Dites avec vos propres mots ce que signifient les phrases suivantes :

1. « C'est une pluie de deuil, terrible et désolée, / Ce n'est même plus l'orage / De fer d'acier de sang. » (Jacques PRÉVERT, p. 69–70, ll. 49–51)
2. « Qui peut tout doit tout craindre. » (Pierre CORNEILLE)
3. « Et rose elle a vécu ce que vivent les roses, / L'espace d'un matin. » (François de MALHERBE, 1555–1628)
4. « Je t'aimais inconstant, qu'aurais-je fait fidèle ? » (Jean RACINE)
5. « Il y a des lieux où il faut appeler Paris Paris, et des lieux où il la faut appeler [= il faut l'appeler] capitale du royaume. » (Blaise PASCAL) Retrouvez une autre périphrase pour désigner Paris (p. 6).
6. « Un verre, ça va ; trois verres, bonjour les dégâts (*ravages*) » (slogan d'une campagne pour prévenir les accidents de la route).
7. La Hollande, l'autre pays du fromage.

💬 Un brin de causette (1) : mon œuvre

Vocabulaire actif : la création

créer
création
(se) construire

---

9. Cette phrase a été faussement attribuée à Louis XV, qui régna de 1715 à 1774. L'intention était de stigmatiser son apathie face aux problèmes que connaissait la France, notamment sur le plan économique. Si on ne connaît pas l'origine certaine de cette expression, elle est encore en usage pour caractériser l'attitude des gens qui refusent toute responsabilité par rapport à l'avenir.
10. [Après la pluie, (viendra) le beau temps.]
11. [= Quand il fait assez chaud pour qu'on puisse passer Noël au balcon, à Pâques, il fait froid, et on est près de la cheminée (tisons = *embers*)]

construction
fabriquer
élaborer
développer
développement
équilibrer
structurer
affiner (*refine*)
améliorer
ordonner
organiser
consolider

Après vous être mis par deux, vous vous parlerez d'une œuvre accomplie par chacun de vous. Cette œuvre peut être matérielle ou morale : il peut s'agir, par exemple, de la réalisation d'un projet concret, de la manière dont vous avez aidé d'autres personnes, dont vous avez développé vos connaissances en étudiant, ou dont vous vous êtes construit(e) vous-même à travers une épreuve (*trying experience*) particulière.

Un brin de causette (2) : le bilan

Avant ce brin de causette, vous aurez relu individuellement, dans l'Introduction (p. xvii–xviii), la section qui présente les objectifs méthodologiques de ce manuel.

Vous vous demanderez si, à la fin de ce cours, vous pensez que ce livre est un bon outil (*tool*) pour atteindre ces objectifs : (1) pour vous personnellement ; (2) pour l'ensemble du groupe, tel que vous le percevez.

En classe, mettez-vous par petits groupes ; une personne sera le (la) secrétaire du groupe. Dites-vous les uns aux autres vos opinions. Repérez les points sur lesquels tout le monde est à peu près d'accord : le secrétaire notera ces points.

II. POINTS DE DÉPART POUR LA LECTURE

Biographie : Claude Lévi-Strauss (né en 1908)

Claude Lévi-Strauss naquit à Bruxelles de parents français, aisés (*well-to-do*) et artistes. Après des études de droit, puis de philosophie, et deux ans d'enseignement en France, il fut nommé professeur de sociologie à l'université de São Paulo, au Brésil. De 1935 à 1939, il organisa et dirigea plusieurs missions ethnographiques dans le Mato Grosso et en Amazonie, chez les Indiens Nambikwara, Bororo et Caduveo.

De retour en France à la veille de la Deuxième Guerre mondiale, il fut mobilisé en 1939–1940, jusqu'à la défaite de la France. Ensuite, nommé professeur dans un lycée, il fut révoqué en tant que juif à cause des lois raciales, mais réussit à s'enfuir aux États-Unis en 1941. Il y avait été invité par la New School for Social Research, une université établie à New-York pour accueillir les savants réfugiés d'Europe. Là, il fréquenta des écrivains et artistes surréalistes (p. 58), eux aussi en exil. Surtout, il fut alors influencé de façon décisive par Roman Jakobson (1896–1982), un chercheur russe d'une personnalité très ouverte, qui s'intéressait autant à l'anthropologie qu'à la poésie et à la théorie de la communication.

Lévi-Strauss fonda avec plusieurs autres savants l'École libre des hautes études, institution qui fut réinstallée en France après la guerre. (Elle s'appelle actuellement l'École des Hautes Études en Sciences Sociales, EHESS.) Il entama (*undertook*) dès 1941 une réflexion théorique sur les systèmes matrimoniaux, dont il fit le sujet de sa thèse, *Les structures élémentaires de la parenté* (1949). Il voit dans la prohibition de l'inceste le moyen positif d'assurer la communication et l'échange des femmes entre les groupes, et le critère de passage de la nature à la culture.

De retour en France en 1948, il devint célèbre avec la publication de *Tristes Tropiques* (1955), récit de son séjour en Amazonie, qui commence par la phrase provocatrice : « Je hais les voyages et les explorateurs ». Dans *La Pensée sauvage* (1962), il montra que la mentalité que l'on disait « prélogique » (= précédant la logique) est en fait guidée par une logique rigoureuse. Enfin et surtout, dans les quatre volumes de la série *Mythologiques* (1964–1971), il étudia à travers un millier de mythes la structure des sociétés qui les avaient élaborées.

Désormais célébrité internationale, il connut une carrière chargée d'honneurs jusqu'à sa mise à la retraite en 1982 – qui ne marqua pas la fin de ses activités, puisqu'en 1993, il publia encore *Regarder, écouter, lire*, réflexion sur l'art occidental.

Même s'il n'a jamais cru au mythe du « bon sauvage », Lévi-Strauss a beaucoup contribué à transformer la conception que l'on avait en Europe des « autres peuples ». Avec sa vision pessimiste de l'évolution actuelle de l'humanité, il a donné un sens nouveau aux notions de « race », « culture » et « progrès ». Considéré, malgré sa discrétion, comme l'un des grands penseurs français modernes, il s'est consacré dans son œuvre tout entière à rechercher une interprétation théorique du fonctionnement de l'esprit humain dans ses activités les plus diverses. Le cœur de cette recherche est la notion de structure, qui a donné le nom de « structuralisme ».

Le structuralisme

Plutôt qu'une « école philosophique », le structuralisme est un courant de pensée qui a touché tous les domaines des sciences humaines du début des années 1960 aux années 1980.

La *structure* n'est pas dans les choses elles-mêmes, mais c'est un modèle qui permet de les comprendre. Elle est constituée par un ensemble d'éléments dont chacun n'a de signification que par ses relations avec les autres. La modification d'un seul élément entraîne une modification de l'ensemble. Les structures, donc, existent quasi- (*almost*) indépendamment de la réalité historique, et en même temps, elles régissent le monde. L'ambition structuraliste consiste à découvrir, en deçà des phénomènes (sociaux et autres) dont on a conscience, des schémas implicites, invariants, obéissant à une logique rigoureuse et entrant dans des combinaisons complexes.

Le structuralisme tire son origine des travaux du Suisse Ferdinand de SAUSSURE (1857–1913),

« *Le monde n'a peut être pas de sens,*
mais il a des structures, et tout est là. »
(Jean-Claude Clari)

qui développa le concept de *linguistique*[12] en montrant que toute langue constitue un système re-
posant sur des relations d'équivalence ou d'opposition. Les idées de Saussure firent leur chemin
lentement mais sûrement au cours du XXe siècle. Une autre influence très importante fut celle du
« cercle de Prague », un groupe fondé en 1926 par de jeunes chercheurs que passionnait l'analyse de
la poésie. Parmi eux, il y avait Roman JAKOBSON, dont Lévi-Strauss suivit les cours à New-York.

---

12. (La linguistique moderne, dont la formulation est très abstraite, a pour objet de décrire « de l'intérieur » le
fonctionnement du langage en général. La grammaire, dont l'origine remonte à l'Antiquité, définit, elle, les
règles qui régissent (= gouvernent) concrètement l'usage correct d'une langue donnée. Cette correction est
nécessaire pour que l'on puisse se comprendre les uns les autres !)

Quant à la linguistique américaine, c'est avec Edward SAPIR (1884–1939) et Leonard BLOOMFIELD (1887–1949) qu'elle prit ses caractéristiques propres.

La *critique littéraire* aussi a utilisé l'analyse structurale. Par exemple, selon Roland BARTHES (1915–1980), dans le théâtre de Racine,[13] les rapports amoureux entre les personnages fonctionnent comme des rapports d'autorité :

A a tout pouvoir sur B
A aime B, qui ne l'aime pas.

Lévi-Strauss a joué un rôle décisif en appliquant la révolution amenée par l'approche structurale à l'*anthropologie*.[14] Il partit du fait que l'inceste est universellement interdit, mais avec des modalités extrêmement variées selon les groupes sociaux humains. Il entreprit alors de montrer que les relations de parenté sont régies par des lois d'association et de dissociation comparables à celles qui régissent les rapports entre les sons au sein d'une langue.

La structure des *mythes* se révèle notamment grâce aux répétitions qu'ils contiennent et qui les caractérisent, comme la littérature orale. Ces répétitions forment comme des couches (*layers*) successives. Le mythe « grandit » au fur et à mesure qu'on le raconte, mais la structure du mythe ne grandit pas. L'analyse structurale considère d'une part, à l'intérieur d'un même mythe, l'ordre de succession de ses événements (plan horizontal), d'autre part, entre des mythes différents, les types de relation qu'ils ont (plan vertical). Il ne faut pas s'attendre à trouver dans les mythes des informations sur l'ordre du monde, l'origine de l'homme ou sa destinée, mais plutôt sur « certains modes d'opération de l'esprit humain, si constants au cours des siècles, et si généralement répandus sur d'immenses espaces, qu'on peut les tenir pour fondamentaux et chercher à les retrouver dans d'autres sociétés ».

Le psychanalyste français Jacques LACAN (1901–1981) interpréta Freud sous l'angle du structuralisme afin de dégager la *psychanalyse* du risque qu'elle courait selon lui de se tranformer en simple variante de la psychiatrie. Selon Lacan, « l'inconscient est structuré comme un langage ».

Bien que l'impact direct du structuralisme soit actuellement moins sensible qu'il ne le fut, ce courant de pensée a laissé des empreintes (*imprints*) importantes. Même les penseurs qui ont contesté ses bases lui sont redevables (*indebted*) d'une certaine manière.

Parmi ces penseurs « post-structuralistes », l'une des figures importantes est celle de Jacques DERRIDA, né en 1930 en Algérie, qui partage depuis 1970 son temps entre la France et les États-Unis. Derrida participe à une entreprise de « déconstruction » de la métaphysique occidentale, initiée par le philosophe allemand Heidegger (1889–1976), et doute de la possibilité d'expliquer par une théorie la communication littéraire.

---

13. Jean Racine (1639–1699) et Pierre Corneille (1606–1684), plusieurs fois cités dans ce chapitre, sont les plus grands auteurs de tragédie du théâtre classique français.
14. L'anthropologie sociale étudie les institutions et les techniques existantes dans les diverses sociétés de la planète. L'ethnologie – branche de l'anthropologie – est l'étude descriptive des divers groupes humains.

La méthode de l'analyse structurale

À travers la diversité des approches structurales, le « noyau dur » (*core*) de la méthode est tout de même repérable.

Son objectif

1. L'analyse structurale est avant tout un outil pour mieux comprendre le monde.

Ses procédures

2. Elle porte *sur un « corpus », ensemble de matériaux choisi par le chercheur* qui va examiner ces fragments pour trouver leur fonctionnement, et parfois leurs contradictions.

3. Elle insiste *sur le système au lieu du contenu*. Ainsi, dans le schéma proposé par Barthes sur Racine, l'important est la relation entre A et B, entités abstraites, plutôt que les sentiments des personnages que représentent A et B.

4. Elle considère le corpus tel qu'il est à un moment donné et n'essaie pas de comprendre l'évolution qu'il a pu connaître dans le temps. On dit que le structuralisme préfère l'étude *synchronique* (du grec *syn*, avec et *chronos*, temps : = en ce moment) à l'étude *diachronique* (de *dia*, à travers : = historique). Par exemple, si on analyse le texte d'un auteur, on ne va pas regarder comment il a traité le même thème, ou exploité le même genre littéraire au cours de sa vie.

5. *La recherche structurale se fait par un tâtonnement (exploration)* qui peut être très long. Voici une image qui peut en donner l'idée : « Imaginons que l'on cherche à reconstruire un puzzle sans disposer du modèle, de l'image qu'il représente. On se trouve face à une multitude de pièces éparses. [. . .] C'est par un travail patient de comparaison, de confrontation des pièces entre elles que le puzzle se reconstitue et que l'image se reforme. »[15]

6. Les analyses structurales ont fréquemment un *aspect mathématique*. Ainsi, Lévi-Strauss explique la structure du système matrimonial mis en place spontanément par des peuplades de Bornéo, en Indonésie, en faisant appel à des formules mathématiques dérivées de l'algèbre de Boole.[16]

7. Ces analyses comportent souvent aussi des *oppositions binaires*. Par exemple, dans *Le cru et le cuit* (*The Raw and the Cooked*, 1964) Lévi-Strauss montre comment ce qui est cru est associé à la nature, ce qui est cuit à la culture.

Ses résultats

8. *En comparaison avec la longueur de la recherche*, le résultat de l'analyse structurale peut parfois paraître bref, se résumant (pour l'essentiel) en quelques mots, comme l'équation sur Racine.

---

15. A. Piret, J. Nizet, E. Bourgeois, *L'analyse structurale : une méthode d'analyse de contenu pour les sciences humaines*, Bruxelles, De Boeck Université, 1996, p. 7.

16. George Boole (1815–1865), mathématicien et logicien anglais, remarquable autodidacte, donna la première définition de la mémoire des ordinateurs.

9. Comme la structure est implicite et inconsciente, sa définition peut paraître *différente de l'aspect extérieur du corpus.* Dans le domaine littéraire, les significations d'une œuvre mises en lumière par le structuraliste peuvent différer de son sens visible, apparent. Les structures sociales réelles divergent souvent des explications que les sociétés elles-mêmes se donnent des phénomènes analysés.

📖 Le contexte de l'œuvre

En 1961, Lévi-Strauss fonda la revue *L'Homme,* première plate-forme offerte aux travaux des anthropologues français. L'année suivante, il y publia une analyse structurale d'un poème de Charles Baudelaire (1821–1867), « Les Chats ». Il s'agit d'un « commentaire à quatre mains », signé avec le linguiste Roman Jakobson (voir plus haut). Cette analyse est l'une des plus célèbres du structuralisme littéraire. Vous en avez ici quelques extraits, précédés du poème de Baudelaire.

Il s'agit d'un sonnet, forme poétique qui remonte (*goes back to*) au XVIᵉ siècle. Le sonnet est composé en vers dits « alexandrins », de douze syllabes, organisés en deux groupes de quatre vers (quatrains) et deux groupes de trois vers (tercets).

🗻 Perspective historique et climat culturel

Le texte de Lévi-Strauss date de la même année que *L'Après-midi de Monsieur Andesmas* de Marguerite Duras (voir p. 139).

☺☹☺ Votre préparation personnelle

1. Trouvez les points communs entre deux personnes apparemment très différentes par leur âge, leur origine, leur milieu social, leur mode de vie.
2. Repensez à plusieurs situations où vous avez eu à faire des choix lourds de conséquences, à prendre des décisions très importantes. Pouvez-vous trouver des points communs entre les enjeux (*stakes*) que ces situations diverses représentaient pour vous, la personnalité des protagonistes impliqués, les difficultés rencontrées, la position que vous avez adoptée ?
3. Réfléchissez à la manière dont vous avez réfléchi aux questions 1 et 2.

📑 III. TEXTE

Les Chats

Les amoureux fervents et les savants austères
Aiment également, **dans leur mûre saison,**   *in their maturity*
Les chats puissants et doux, orgueil de la maison,
Qui comme eux sont **frileux** et comme eux sédentaires.   *sensitive to the cold*

5   Amis de la science et de la volupté
    Ils cherchent le silence et l'horreur des ténèbres ;
    L'**Érèbe** les **eût pris** pour ses coursiers **funèbres**,   *Hades / would have taken /*
    S'ils pouvaient au servage incliner leur fierté.   *funereal*

    Ils prennent en **songeant** les nobles attitudes   *dreaming*
10   Des grands sphinx allongés **au fond des solitudes**,   *in the depths of solitude*
    Qui semblent s'endormir dans un rêve sans fin ;

    Leurs reins féconds sont pleins d'**étincelles** magiques,   *sparks*
    Et des **parcelles** d'or, ainsi qu'un sable fin,   *bits*
    Étoilent vaguement leurs **prunelles** mystiques.   *bespangle / pupils (of the eye)*
15   Charles Baudelaire, *Les Fleurs du mal*

    1. L'ensemble des deux quatrains **s'oppose à** l'ensemble des deux ter-   *stands in opposition to*
    cets, en ce sens que ces derniers éliminent le point de vue de l'ob-
    servateur (*amoureux, savants*, puissance de *l'Érèbe*), et situent l'être
    des chats en dehors de toutes limites spatiales et temporelles.
20   2. Le premier quatrain introduisait ces limites **spatio-temporelles**   *of time and space*
    (*maison, saison*) ; le premier tercet les abolit (*au fond des solitudes,*
    rêve sans fin).
    3. Le second quatrain définit les chats **en fonction des ténèbres** où ils   *in relation to the shadows*
    se placent, le second tercet en fonction de la lumière qu'ils irradient
25   (*étincelles, étoiles*).

    Enfin, une troisième division se surajoute à la précédente, en re-
groupant, cette fois dans un chiasme, d'une part le quatrain initial et
le tercet final, et d'autre part les strophes internes : second quatrain et
premier tercet : dans le premier groupe, les propositions indépen-
30 dantes **assignent aux chats la fonction de complément**,[17] tandis que   *assign to the cats a function as*
les deux autres strophes, dès leur début, assignent aux chats la fonc-   *objects*
tion de **sujet**.   *as subjects*
    Or, ces phénomènes de distribution formelle ont un fondement
sémantique.[18] Le point de départ du premier quatrain est fourni par
35 le **voisinage**, dans la même maison, des chats avec les savants ou les   *proximity*
amoureux. Une double ressemblance **découle de cette contiguïté**   *derives from this closeness*

---

17. « La fonction de complément » et « la fonction de sujet » sont des notions grammaticales. (Sur le complément
d'objet, revoir p. 10, n. 22.) **Les chats** sont complément d'objet de **aiment** et **leurs prunelles mystiques** est
complément d'objet de **étoilent**. De l'autre côté, **ils** (= les chats) est sujet de **cherchent** et de **prennent**.

18. La sémantique est l'étude du langage considéré du point de vue du sens, par opposition, par exemple, à la
phonétique, qui étudie le langage du point de vue des sons.

(*comme eux, comme eux*). Dans le tercet final aussi, une relation de contiguïté évolue jusqu'à la ressemblance : mais, tandis que dans le premier quatrain, le rapport métonymique des habitants félins et hu-
40 mains de la maison **fonde leur rapport métaphorique**, dans le dernier tercet, cette situation se trouve, en quelque sorte, intériorisée : **le rapport de contiguïté** relève de la synecdoque plutôt que de la métonymie propre. Les parties du corps du chat (*reins, prunelles*) pré-parent une évocation métaphorique du chat astral et cosmique, **qui**
45 **s'accompagne du passage de** la précision à l'imprécision (*également –*
vaguement).

> *serves as a basis for their*
> *metaphorical relationship / the*
> *closeness of the relationship*
>
> *which are accompanied by the*
> *transition from*

 IV. VIVRE LE TEXTE

Comprendre

Répondez aux questions suivantes en utilisant vos propres mots.

Sur le poème

1. Expliquez le vers 4.
2. Quels mots du premier quatrain sont repris par « science » et « volupté » ?
3. Pourquoi, selon le poète, les chats n'auraient-ils jamais pu être les messagers des Enfers ?
4. Dites concrètement quelles sont les « solitudes » où sont allongés les grands sphinx.
5. À quelles qualités des chats, sur le plan physique et spirituel, le poète fait-il allusion dans le dernier tercet ?

Sur le commentaire

6. Qui sont les observateurs dans les deux premiers quatrains ?
7. Redites, avec vos propres mots, « situent l'être des chats en dehors de toutes limites spatiales et temporelles ».
8. Expliquez, à l'aide des exemples donnés (*maison, saison, au fond des solitudes, rêve sans fin*) ce que veulent dire « introduisait ces limites spatio-temporelles » et « les abolit ».
9. À quoi sont liées les ténèbres dans le deuxième quatrain ?
10. De quel verbe « les chats » sont-ils compléments dans le premier quatrain ? Dans le second tercet ce n'est pas l'expression « les chats » qui est complément, mais une expression qui les représente : quelle est-elle ? Dans le deuxième quatrain et le premier tercet, quel est le mot sujet qui représente les chats ?
11. Donnez la formule qui présente le chiasme en désignant par A la fonction complément dans les quatrains, par B la fonction sujet dans les quatrains, par A' la fonction complément dans les tercets, par B' la fonction sujet dans les tercets,

(Pour répondre, revoyez Stratégies de lecture (2), p. 271, n° 9.)

12. Citez des passages des paragraphes précédents qui présentent ces phénomènes de distribution formelle. Expliquez leur fondement sémantique.

13. Que signifie « une relation de contiguïté évolue jusqu'à la ressemblance » ?

14. Qui sont les habitants félins et humains de la maison ? Où est la métonymie dans le premier quatrain ? Où est la métaphore ?

15. Qu'est-ce qui relève de la synecdoque dans le dernier tercet ?

⊞ Analyser

Sur le poème

1. Modifiez l'ordre des mots dans le vers 4 de façon à ce qu'apparaisse dedans un chiasme. Quelle formule préférez-vous (avec ou sans chiasme) ? Pouvez-vous dire pourquoi ?

2. Relevez dans le texte toutes les expressions qui caractérisent les chats. Ces expressions sont très variées sur le plan grammatical (il y a des adjectifs, des noms, des phrases entières où les chats sont sujet, complément. . .). En quoi le texte serait-il différent si l'on avait simplement une série d'adjectifs qualificatifs (comme « fervents » et « austères » pour les humains) ? Quel est donc l'effet produit par cette variété d'expressions ?

Sur le commentaire

3. Montrez comment le mot « Or » (l. 33) marque un point tournant dans le commentaire du poème. (Revoyez la question 11 dans Comprendre.)

☻ Réfléchir sur l'identité

1. Les personnes qui font l'analyse structurale d'un texte littéraire accordent-elles une importance à l'identité de l'auteur qu'elles étudient ?

2. À quelle forme de structure relationnelle sont condamnés les personnages de *Huis clos* ? (Un indice : pensez au nombre des personnages.) En appelant les personnages A, B, C, dites les schémas possibles des situations où ils sont susceptibles d'être engagés, au niveau de conscience où ils en sont. À quelle condition ces schémas pourraient-ils être modifiés et amener de meilleures relations ?

◀)) Parlons-en !

À partir du début de bilan sur le cours qui a été commencé dans Un brin de causette (2), p. 273, il s'agit de mettre en commun les opinions dans l'ensemble du groupe. Le but est de préparer le plan d'une lettre qui pourra être adressée aux auteurs du livre pour témoigner de son évaluation générale par la classe.

Une personne de chaque petit groupe formé pour Un brin de causette lit ce qui a été écrit par le ou la « secrétaire » de son groupe.

Une fois que l'on a entendu tous les comptes rendus, on fait des propositions en vue d'un plan pour organiser ces réflexions.

🐾 Élargir la discussion

1. Comparez les comportements d'une personne que vous connaissez bien dans les différents rôles sociaux qu'elle est amenée à jouer (dans la famille, au travail, en politique. . .). Retrouvez-vous les mêmes caractéristiques dans tous ces rôles ? Si vous constatez des oppositions entre ces rôles, pensez-vous qu'elles peuvent s'expliquer en se référant à des caractéristiques plus générales de cette personne ?

2. « L'ensemble des coutumes d'un peuple est toujours marqué par un style ; elles forment des systèmes », écrit Lévi-Strauss dans *Tristes Tropiques*. Qu'est-ce qui caractérise selon vous le style américain ?

3. Que pensez-vous, pour l'avenir de la planète, du principe « Il est nécessaire de penser globalement et d'agir localement » ? (Ce principe a été formulé par René Dubos, et recommandé notamment au sommet mondial de Rio, en 1992.)

4. Quelles conséquences pensez-vous qu'aurait le clonage (*cloning*) appliqué à l'homme pour des buts autres que thérapeutiques ? Quels sentiments et quelles réflexions évoque en vous cette perspective ?

 V. AUX ALENTOURS

🪨 Découvertes

Pensées de Lévi-Strauss

16. « Le barbare, c'est d'abord l'homme qui croit à la barbarie. »
17. « Peut-être découvrirons-nous un jour que la même logique est à l'œuvre dans la pensée mythique et dans la pensée scientifique, et que l'homme a toujours pensé aussi bien. »[19]
18. « Le savant n'est pas l'homme qui fournit les vraies réponses ; c'est celui qui pose les vraies questions. »
19. « Si les mythes sont devenus des objets, c'est bien parce que les objets sont eux aussi mythiques. »
20. « La civilisation mondiale ne saurait être autre chose que la coalition, à l'échelle mondiale, de cultures préservant chacune son originalité. »[20]

---

19. [à l'œuvre = *at work*]
20. [ne saurait = ne pourrait]

Aspects de la structure

21. « L'essai donne un état du réel structuré par un raisonnement tandis que le roman est mouvant, il rend ce que la vie a de contradictoire, d'incohérent, de changeant. » (PENNAC)[21]

22. « Le langage structure tout de la relation inter-humaine. » (LACAN)[22]

23. « Une société se définit par la langue qui la structure et qui donne une signification aux informations qu'on y échange. » (ATTALI)

24. « On peut comparer le monde à un bloc de cristal aux facettes innombrables. Selon sa structure et sa position, chacun de nous voit certaines facettes. Tout ce qui peut nous passionner, c'est de découvrir un nouveau tranchant, un nouvel espace. » (GIACOMETTI)[23]

25. « Le monde n'a peut être pas de sens, mais il a des structures, et tout est là. » (CLARI)[24]

26. « Ce n'est pas la technique qui représente le vrai danger pour la civilisation, c'est l'inertie des structures. » (ARMAND)[25]

27. « Comme la biologie n'a rien à dire sur les structures sociales, on peut lui faire dire n'importe quoi. » (GROS et JACOB)[26]

28. « L'homme est de toutes les espèces, celle où l'individu met le plus de temps à se construire : quinze ans pour achever une construction du cerveau, et qui restera toute la vie l'objet de réaménagements permanents. » (VINCENT)[27]

♟ Le Détective

1. Le chapitre 3 du livre est très long parce qu'on y a réuni tous les poèmes étudiés. Pourquoi n'a-t-on pas pu présenter ces œuvres en deux chapitres ? Pour répondre, vous devez regarder le

---

21. Daniel PENNAC (né en 1944, au Maroc) : écrivain et longtemps enseignant, a écrit de nombreux livres pour les enfants (*The Fairy Gunmother,* 1999), et d'autres aussi : *Comme un roman* (*Better Than Life*), 1992, est un essai sur la lecture pour les enfants. [rend = montre]

22. Jacques LACAN (1901–1981) : médecin et psychanalyste ; voir p. 276.

23. Alberto GIACOMETTI (1901–1966) : sculpteur et peintre suisse, qui vécut en France à partir de 1921. Ses personnages sont filiformes (*threadlike*) et tourmentés. [tranchant = *edge*]

24. Jean-Claude CLARI : romancier canadien. Cette citation est tirée de *Le Mot chimère a deux sens* (1973). [tout est là = c'est cela le plus important]

25. Louis ARMAND (1905–1971) : ingénieur des mines, haut fonctionnaire et économiste. Cette citation est tirée de *Plaidoyer pour l'avenir* (1961).

26. François GROS (né en 1925) et François JACOB (né en 1920) sont tous deux biochimistes et généticiens. François Gros a écrit notamment *La Civilisation du gène* (1989), livre traduit en anglais. Cette citation est extraite de *Sciences de la vie et société* (1979). François Jacob a obtenu avec deux autres savants le prix Nobel de médecine et de physiologie en 1965. En plus de ses travaux scientifiques, il a écrit une autobiographie, *La Statue intérieure* (1987), dont la traduction a eu du succès aux États-Unis.

27. Jean-Didier VINCENT (né en 1935) : neurobiologiste réputé pour qui la science n'est pas l'ennemie des aspects ludiques de la vie : les passions, l'art, les plaisirs des sens (*La Chair et le diable* et *Qu'est-ce que l'homme ?* en 2000). Avez-vous remarqué la litote dans cette présentation ?

paragraphe « Indications pour la lecture » (p. 47) et voir aussi dans quels textes figurent les éléments de grammaire étudiés dans ce chapitre.

2. Retrouvez quels écrivains, auteurs de textes étudiés dans ce livre, cachent les périphrases suivantes (un auteur peut être cité deux fois) :

   a. le « père » du *Petit Prince*
   b. le théoricien du structuralisme
   c. la chanteuse québécoise passionnée
   d. l'enfant abandonné devenu écrivain rebelle
   e. le poète martiniquais
   f. le créateur du mot « surréalisme »
   g. l'homme qui a refusé le prix Nobel de littérature
   h. le réalisateur de Radio-Canada
   i. la romancière et scénariste
   j. le compagnon de Simone de Beauvoir
   k. le chef de file du Nouveau Roman
   l. l'écrivain irlandais, Français d'adoption.

3. Que signifient les expressions suivantes ?

   a. une mauvaise langue
   b. mettre la voile
   c. payer en liquide.

4. « La Veuve » (*widow*) est un euphémisme qui était utilisé autrefois pour désigner un objet cité p. 270 : lequel ?

5. Au contraire de l'euphémisme, que peut vouloir dire l'expression « la douloureuse », que l'on emploie avec humour en relation avec l'argent ?

6. Du point de vue administratif, la France métropolitaine est actuellement divisée en 95 départements, répartis en 22 régions, dont les noms proviennent pour la plupart des anciennes provinces de France. Trouvez dans la carte de France, à la fin du livre :

   a. les départements qui constituent la région de l'Auvergne
   b. la ville principale (chef-lieu) du département du Lot, dans la région Midi-Pyrénées.

Aller ailleurs

1. Cherchez dans *Le Petit Robert* ce qu'est une situation cornélienne. Proposez des schémas qui illustrent cette situation en les formulant à l'aide de lettres (ex. : A aime B).

2. Cherchez dans un dictionnaire littéraire un résumé de la pièce *Le Cid* (1636) de Pierre Corneille. Expliquez (toujours à l'aide de lettres) en quoi l'intrigue de cette pièce est un dilemme cornélien typique.

3. Vers la fin de la pièce (acte V, scène 5), Chimène dit à Rodrigue : « Va, je ne te hais point. »

Quelle figure de style l'auteur a-t-il employée ? Quel est le vrai sens de cette phrase ? Pourquoi cette figure de style est-elle particulièrement forte ici ?

4. Choisissez un tableau, une sculpture, un monument, la photographie aérienne d'un ensemble urbain ou toute autre figure complexe. Étudiez la forme que vous avez choisie jusqu'à ce que vous y perceviez une structure. Préparez-vous à présenter à la classe vos explications en même temps qu'une reproduction de la forme choisie.

5. Choisissez un livre que vous connaissez bien qui développe une thèse (en histoire, psychologie, sociologie. . .). Réfléchissez à la manière dont le livre est construit en examinant :

a. la définition du sujet du livre, dans l'introduction ;
b. l'articulation du développement à travers les différentes parties du livre ;
c. la position personnelle de l'auteur dans la conclusion.

Préparez-vous à présenter ce livre à la classe en expliquant pourquoi, d'après vous, il est bien ou mal construit.

6. Dites ce que vous inspire la citation suivante, qui concerne la notion d'échanges entre des cultures différentes :

a. en tenant compte des réflexions que nous avons eues sur l'identité tout au long du livre, et aussi sur la structure, au cours de ce chapitre ;
b. en prenant des exemples de ce que peut être « l'Autre » pour les individus ou les groupes sociaux que vous connaissez.

> Dans la « bonne vieille Europe » d'autrefois, « l'interculturel » était très simple. Il y avait les « autres » que l'on côtoyait quotidiennement (Juifs, Protestants, Catholiques), que l'on tolérait souvent, et que l'on tuait parfois, selon les cas, mais qui vivaient à côté plutôt qu'au centre de leurs sociétés respectives. Il y avait aussi « l'Autre » de l'autre côté de la montagne ou du fleuve, la nation voisine avec laquelle on pouvait faire du commerce ou la guerre, une présence constante mais lointaine qui pouvait enrichir culturellement de manière occasionnelle. Et puis, il y avait « l'Autre » absolu, celui qui peuplait des terres si distantes qu'il devenait une créature mythique (l'Indien, le Chinois, le Persan). Les catégories étaient étanches ainsi que les certitudes.
>
> De nos jours, ces trois types « d'Autres », bien catalogués, ont disparu. Ils ont été remplacés par des êtres en chair et en os bien réels qui envahissent notre quotidien et qui menacent ceux qui ne sont pas nantis d'un esprit de tolérance et d'ouverture.[28]

---

28. Diana PINTO, « Forces et faiblesses de l'interculturel » dans *L'Interculturel: Réflexion pluridisciplinaire,* Études littéraires maghrébines n° 6, Paris , L'harmattan, 1995. [côtoyer = être à côté de ; quotidiennement = tous les jours ; tuer* ; lointain = distant ; chair = *flesh* ; os = *bone* ; étanche = impénétrable ; nantis = *equipped with*]

Approfondir

Note : dans ce dernier chapitre, nous laissons, pour la rubrique Approfondir, les étudiants chercher eux-mêmes le vocabulaire nécessaire.

Dans sa préface, à la troisième édition des *Fleurs du mal,* en 1869, Théophile Gautier écrivit :

Baudelaire lui-même était un chat voluptueux, câlin, aux façons veloutées, à l'allure mystérieuse, plein de force dans sa fine souplesse, fixant sur les choses et les hommes un regard d'une lueur inquiétante, libre, volontaire, difficile à retenir, mais sans aucune perfidie, et fidèlement attaché à ceux vers qui l'avait une fois porté son indépendante sympathie.

Relisez le poème « Les Chats » en ayant cette phrase en mémoire. Est-ce que cela éclaire pour vous d'un jour (= lumière) nouveau la création de Baudelaire ?

Vous pouvez

a. considérer l'impression globale qui se dégage du commentaire de Théophile Gautier ;

b. mettre en parallèle de façon précise des expressions de cette phrase qui vous paraissent particulièrement suggestives avec des passages du poème qu'elles peuvent éventuellement éclairer.

Préparez-vous à exposer vos conclusions à la classe.

✎ C'est à vous !

1. Décrivez la photo de ce chat de la façon la plus objective et neutre possible.

2. Lisez les « informations » que l'on vous donne sur cette photo.

Mélusine, puisque c'est son nom, a pris d'autorité celui d'une fée bienfaisante. Avec le sens aigu du discernement qui la caractérise, elle a choisi, d'instinct, le voisinage de quelques œuvres d'art qui vont bien, pense-t-elle, à son poil lustré : une pile de livres contenant de belles choses architecturales – tout en haut d'une étagère, elle sait ce qu'est l'équilibre –, ainsi qu'un dessin qu'elle affectionne et contre lequel elle se frotte, coquette, pour rendre sa robe plus brillante encore.

L'Homme seul a été chassé du Paradis. Pas Mélusine.[29]

3. Regardez à nouveau la photo en ayant bien à l'esprit le texte que vous venez de lire. À présent, décrivez la photo en laissant venir ce qui vous vient à l'esprit personnellement.

✌ Devinette

Complétez la structure ternaire (= en trois parties) du dicton (*saying*) populaire suivant par des mots rimant avec **chagrin, souci,** et **espoir** :

Araignée du. . . , chagrin   *spider*

Araignée du. . . , souci

Araignée du. . . , espoir.[†]

---

29. Le texte ainsi que la photo sont de Robert BARDAVID (voir p. xxvii et Crédits). [d'autorité = en exerçant son autorité ; celui d'une = le nom d'une ; fée = *fairy* ; aigu = *acute* ; voisinage = *neighborhood* ; poil = *fur* ; lustré = *glossy* ; étagère = *shelf* ; dessin = *drawing* ; se frotte = *rubs herself* ; rendre = *make* ; robe = poil]

† (Réponse : matin, midi, soir)

VI. RECHERCHES SUR INTERNET

Le Détective

1. On parle en France, en abrégé, de (A) l'Élysée (B) Matignon (C) le quai d'Orsay. Ce sont trois lieux du pouvoir public : (a) le siège, et donc le pouvoir, du premier ministre et du gouvernement ; (b) le ministère des Affaires étrangères ; (c) le pouvoir présidentiel. Reliez les lieux au pouvoir qu'ils représentent. Cherchez aussi sur chaque site consulté une information ou une image qui vous paraisse intéressante à présenter à la classe.

2. Deux bras ont suffi
   Pour faire à ma vie
   Un grand collier d'air.
   Ces vers sont pris dans un poème de Louis Aragon dédié à une femme. Quelle est cette femme, elle aussi écrivain ?

3. À la France métropolitaine s'ajoutent les Départements d'outremer et les Territoires d'outremer (DOM-TOM), restes de l'empire colonial français. Quelle est la différence de statut entre les DOM et les TOM ? Choisissez un territoire et cherchez
   a. à quand la présence française y remonte
   b. quand le territoire a reçu le statut administratif qu'il a actuellement.

4. Choisissez un pays francophone. Regardez où il est situé sur la carte de façon à pouvoir l'expliquer ensuite le plus précisément à la classe. Quelle est la langue officielle de ce pays ?

Aller ailleurs

Retrouvez le contexte de l'affirmation du philosophe Descartes : « Je pense, donc je suis » (voir p. 250, n. 4).

Approfondir

Travail par équipes, pour lequel vous pourrez faire une synthèse entre les informations trouvées sur Internet et dans des livres.

1. Choisissez ensemble une région de la France métropolitaine ou un territoire des DOM-TOM.

2. Ensuite, vous distribuerez entre vous le travail pour la recherche, afin de trouver le plus de renseignements possibles sur cette région ou ce territoire (géographie, climat, histoire, population, activités économiques, principaux sites touristiques, événements religieux ou culturels annuels – fêtes, festivals, compétitions – spécialités artisanales ou gastronomiques. . .). Rassemblez des documents variés, incluant si possible des photos, des cartes, des enregistrements musicaux. . .

3. Ensemble à nouveau, demandez-vous si pour mieux comprendre tel ou tel aspect de cette région vous avez dû
   • la mettre dans la perspective d'un cadre plus large (par exemple : dire qu'elle se trouve dans la région des Alpes, que son climat est méditerranéen, qu'elle fait partie des Antilles)

• considérer à l'intérieur de cette région des unités plus petites (comme des reliefs différents selon les endroits, des parties qui ont connu une histoire différente selon l'époque où elles sont devenues françaises).

4. Préparez-vous à présenter le résultat de vos recherches devant la classe en vous répartissant à nouveau le travail.

Actualité

Actuellement, se multiplient en France les « cafés philosophiques », où se tiennent des débats sur des sujets très variés. Exposez le programme d'un café philosophique parisien pour cette semaine.

Selon Beaumarchais, « Tout finit par des chansons ». Alors, voici, une chanson de Charles Trenet.[1]

UNE NOIX

Une noix
Qu'y a-t-il à l'intérieur d'une noix ?
Qu'est-ce qu'on y voit
Quand elle est fermée ?
On y voit la nuit en **rond**
Et les plaines et les monts
Les rivières et les vallons
On y voit
Toute une armée
De soldats **bardés** de fer
Qui joyeux partent pour la guerre
Et fuyant l'**orage** des bois
On voit les chevaux du roi
Près de la rivière

Une noix
Qu'y a-t-il à l'intérieur d'une noix ?
Qu'est-ce qu'on y voit
Quand elle est fermée ?
On y voit mille soleils
Tous à tes yeux bleus **pareils**
On y voit briller la mer
Et **dans l'espace** d'un **éclair**
Un **voilier** noir
Qui **chavire**
On y voit les écoliers
Qui dévorent leurs **tabliers**
Des abbés à bicyclette
Le Quatorze Juillet en fête
Et ta robe au vent du soir
On y voit des **reposoirs**

Une noix
Qu'y a-t-il à l'intérieur d'une noix ?
Qu'est-ce qu'on y voit ?
Quand elle est ouverte
On n'a pas le temps **d'y voir**
On la croque et puis bonsoir
On n'a pas le temps d'y voir
On la croque et puis bonsoir
Les découvertes.[2]

Auteur, compositeur et interprète de chansons, Charles TRENET (1913–2001) avait un talent qui touchait au génie. Il renouvela complètement la chanson française dans les années avant la Deuxième Guerre mondiale et ouvrit la voie à une chanson poétique de qualité. De très nombreux auteurs et interprètes de chansons ont reconnu leur dette envers celui qu'on appelait le « Fou chan-

---

1. La chanson « *Une Noix* » date de 1951.
2. [noix* ; en rond = comme un cercle ; bardés = *armored* ; fer* ; fuir* ; orage = *storm* ; bois* ; pareils = semblables ; dans l'espace de = dans le temps de ; éclair = *lightning* ; voilier = *sailboat* ; chavirer = *capsize* ; tablier = *smock* ; reposoir = *wayside altar* ; s'apprêter = devenir prêt* ; d'y voir = de voir dedans ; qu'est-ce que l'on fête le 14 juillet ?]

tant » : « Sans lui nous serions tous caissiers », a dit par exemple Jacques Brel parmi les nombreux hommages que Trenet a reçus.

Formé au music-hall et au cabaret, il sut intégrer le jazz dans ses mélodies, et surtout son rythme. En 1942, Salvador Dali disait aux Américains : « Ne continuez pas à pleurer votre Gershwin, la France a le sien. » Il restait pourtant dans la lignée de la mélodie de la chanson. C'était un baryton léger, capable de donner de la voix quand il le fallait, mais aussi, à d'autres moments, de devenir aussi confidentiel qu'un chanteur de charme.

Ses premiers poèmes furent publiés quand il avait treize ans et 900 de ses chansons environ sont déposées à la Société des Auteurs. Sensible au surréalisme, profondément marqué par Prévert, ami de Max Jacob, il devint un poète populaire, à la fois fantaisiste et classique. Ses textes ont une grande diversité d'inspiration et de ton, de « l'amour-toujours » au loufoque, de l'ironie à la tendresse, et aussi la mélancolie. Intemporelles, indémodables, ses chansons ne contiennent aucune allusion sociale. Il aimait à se définir comme un « grand enfant » ce qui faisait oublier ou pardonner des aspects plus sombres de sa personnalité.

Sans doute, sa carrière connut un déclin pendant la période « yé-yé » (les années 1960), mais il sut trouver un nouveau souffle, et, à 85 ans, sortit un disque intitulé *Les Poètes descendent dans la rue*. Quelques mois plus tard, il remonta sur scène avec une voix encore jeune et chaleureuse.

Charles Trenet aimait beaucoup les États-Unis qui le lui ont bien rendu. Sa chanson *La Mer* a obtenu un immense succès en anglais (*Beyond the Sea*) – comme dans dix-huit autres langues.[3]

---

3. [Sur Charles Trenet : touchait à = était proche de ; caissiers = *cashiers* ; donner de la voix = chanter fort ; chanteur de charme = *crooner* ; loufoque = *crank*] Sur Beaumarchais, Brel et Jacob, voir Index des auteurs.

Dans ce monde moderne au rythme trépidant, avec sa pléthore de distractions – le bombardement des média, les agressions de la publicité et le leurre des valeurs matérielles – nous risquons fort de nous sentir contraints de sacrifier ce qui est devenu un luxe : la découverte et l'exploration.

Dans le tourbillon de ce monde, nous risquons également de perdre de vue notre identité réelle, le sens de qui nous sommes vraiment. Sous ces pressions, nous courons le danger, selon l'expression de Saint-Exupéry, de « tomber en panne au milieu du Sahara », ou, même pire, comme la noix de la chanson de Trenet, de « craquer » définitivement, d'être nous-mêmes croqués. Et alors, « bonsoir les découvertes ».

Cependant, comme la plupart des grands auteurs présentés dans ce livre nous l'ont montré, une alternative nous est offerte, porteuse de bien d'autres possibilités, qui tracent la voie vers de nouvelles routes variées, ouvertes et prometteuses.

Nous espérons que ce livre inspirera ceux qui l'utiliseront, qu'il les guidera sur ces routes ouvertes, et qu'il aiguisera leur appétit pour l'exploration, la réflexion et les découvertes renouvelées encore et encore.

Annexes

Appendice grammatical

L'AUXILIAIRE DU PLUS-QUE-PARFAIT (CHAPITRE 2)

C'est le même que celui du passé composé pour un verbe donné. Ordinairement, c'est le verbe **avoir**. On emploie l'auxiliaire **être** pour

a. les *verbes pronominaux* (voir Vocabulaire actif : la réciprocité, p. 26)
   • Ils **s'étaient ennuyés** à la fête.

b. des verbes qui expriment *un mouvement* (**aller, partir, descendre**)
   • nous **étions allés** ; elles **étaient parties**

c. quelques verbes qui expriment un changement d'état (**devenir, naître, mourir**).

Pour mémoriser les verbes les plus courants qui se conjuguent avec l'auxiliaire **être**, vous pouvez vous souvenir de l'honorable MRS. DR. VANDERTRAMPP : Monter, Rester, Sortir; Descendre, Retourner; Venir, Arriver, Naître, Devenir, Entrer, Rentrer, Tomber, Revenir, Aller, Mourir, Partir, Passer.

⚗ Mise en pratique

Mettez les verbes entre parenthèses au plus-que-parfait, avec l'auxiliaire **avoir** ou **être** selon les cas.

1. Vous demandez pourquoi on a perdu l'appareil ? C'est que l'aviateur _____ (atterrir) en catastrophe.
2. Quand elle _____ (descendre) du premier étage, elle venait nous parler dans la rue.
3. Ils ne pouvaient pas s'accorder parce qu'ils _____ (se rencontrer) dans de mauvaises conditions.
4. Comme il _____ (être) malade pendant bien longtemps, quand nous l'avons revu, il était tout pâle.

LE PLUS-QUE-PARFAIT DANS LE DISCOURS INDIRECT

Qu'appelle-t-on discours indirect ? Pour rapporter les paroles de quelqu'un, on peut le faire par une citation directe. On peut aussi employer des constructions indirectes, comme **je dis que, je réponds que, je raconte que**, etc.

• Je te dis : « Ils ont fait un beau voyage. » (discours direct)
• Je te dis qu'ils ont fait un beau voyage. (discours indirect)

– Que se passe-t-il si le moment où l'on parle, raconte, écrit, est au passé ?

Rien de particulier si l'on est dans le discours direct : la citation est alors rapportée telle quelle (*as it is*) dans tous les cas.

> • Je t'ai dit : « Ils ont fait un beau voyage. » (discours direct)

Mais dans le style indirect, le temps du verbe de la citation dépend du verbe qui présente cette citation. Quand on rapporte une action au passé, si le verbe qui présente l'action est au présent, celui de l'action est au passé composé :

> • Il nous écrit qu'il a fait un beau voyage.
>   (présent) (passé composé)

Si le verbe qui présente la citation est au *passé*, celui de la citation est au *plus-que-parfait* :

> • Je t'ai dit (passé) qu'ils **avaient fait** un beau voyage.

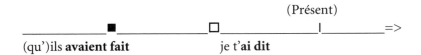

(qu')ils **avaient fait**   je t'**ai dit**   (Présent)

⍦ Mise en pratique

Transformez les phrases selon le modèle suivant.

> Ex. : Il nous a écrit: « J'ai réussi à mon examen. »
>   ⇨ Il nous a écrit qu'il **avait réussi** à son examen.

1. Elles ont dit : « Nous avons été très malades. »
2. L'accusé n'arrêtait pas de répéter : « Je n'ai pas commis ce meurtre. »
3. Tu as affirmé : « Je n'ai jamais souri à cette femme. » Menteur !
4. Vous nous avez écrit : « Nous nous sommes bien amusés ! »

ON (CHAPITRE 2)

Nous avons vu plusieurs emplois du pronom **on**. Il faut ajouter que beaucoup de gens disent souvent **on** au lieu de **je**, c'est-à-dire *qu'ils donnent automatiquement une valeur générale à leur opinion, leur expérience particulière.* « **On** ne peut pas vivre ainsi » signifie alors en réalité : « *Je ne peux pas vivre ainsi : c'est intolérable pour moi.* »

⍦ Mise en pratique : réfléchir sur la langue

A. Imaginez que vous avez été à une fête qui ne s'est pas bien passée pour vous – vous n'avez pas aimé l'atmosphère, ou bien il vous est arrivé quelque chose de désagréable. Vous rencontrez le lendemain une personne présente à cette fête, qui vous dit : « On s'est vraiment bien amusés ! »

Que ressentez-vous (*you feel*) à ce moment-là ? Que dites-vous à cette personne ?

B. Paul Morand (1888–1976) a écrit à propos de **on** : « On, langue de serpent et pied de biche, monstre mystérieux. On, trou rond, sombre et menaçant, comme la bouche d'un pistolet braqué. »[1] Que veut dire l'auteur, à votre avis ? Comment toute cette réflexion sur l'emploi du mot on est-elle liée à la question de l'identité ?

LE PARTICIPE (CHAPITRE 3)

1. Voici les noms complets des formes que nous avons rencontrées :

participe présent (actif)	**aimANT** (invariable) (*loving*, à un certain moment)
gérondif	**en aimANT** (invariable) (*while, by loving* ; à un certain moment)
adjectif verbal	**aimANT** (**-s**, **-e**, **-es**) (*loving :* qualité durable)
participe passé	**aimÉ** (**-s**, **-e**, **-es**) (*loved*)

Actif et passif

L'actif et le passif sont des *voix* (*voices*) différentes du verbe. Le verbe *actif* exprime ce que le sujet fait :

• Mon grand-père a construit cette maison en 1930.
(**Mon grand-père** est sujet d'un verbe actif : c'est lui qui a construit la maison.)

Le verbe *passif* exprime ce qui arrive au sujet :

• Cette vieille maison a été construite (*was built*) par mon grand-père.
(**Cette vieille maison** est sujet d'un verbe passif; c'est *mon grand-père* qui l'a construite.)

Le participe passé

Cette forme, qui correspond à l'anglais *verbe* + **-ed**, peut avoir un sens passif ou actif.

a. *sens passif* quand il est employé *sans auxiliaire* (comme dans ce chapitre) :
• La maison **construite** (*built*) par mon grand-père était petite.

dans toute *la voix passive*, comme « je **suis aimé** » (*I am loved*):
• Ces maisons **sont construites** (*are built*) par de bons ouvriers.

---

1. [serpent* ; biche = doe ; trou* ; sombre et menaçant = *dark and threatening* ; bouche* ; pistolet braqué = *aimed revolver*]

Nous reverrons toute la voix passive (voir tableau ch. 13, p. 252).

b. *sens actif* dans les *formes composées du passé* :
• Mon père a construit (*has built*) sa maison sur la colline.

(Parmi les formes composées du passé, vous avez déjà rencontré le passé et le plus-que-parfait. Nous en verrons d'autres plus tard.)

2. La forme *verbe* + -**ant** peut exprimer des nuances diverses.

• **Marchant** toujours très vite, il ne voit pas ce qui l'entoure.
(*Since he walks*)

• **En rentrant**, elles trouvaient le repas prêt.
(*When they came back*)

• Elle a gagné de l'argent **en travaillant**.
(*by working*)

• **En courant**, nous risquons de tomber.
(*By running*)

'Y' Mise en pratique

Pour préciser les nuances exprimées par le participe présent et le gérondif, remplacez dans les phrases suivantes les formes en italiques selon les modèles donnés.

Ex. : *Étant* malade, il n'a pas pu étudier.
Étant = Comme il était

Ex. : *En partant* à l'heure, tu arriveras à temps.
En partant = Si tu pars (dans le futur)

1. Il regardait la télévision *en mâchant* du chewing-gum.
2. *Étudiant* à l'université, il n'avait pas le temps de penser à nous.
3. Je vous dis qu'il réussira *en étudiant* du matin au soir.
4. *En sortant* tous les soirs, elle ne peut pas réussir dans ses études.

LES VERBES PRONOMINAUX (CHAPITRE 3)

Quand les verbes pronominaux ont un sens réciproque ou réfléchi, leur pronom (**me, te, se, nous, vous**) est complément d'objet (« il se regarde » : se = la personne qu'il regarde).

Le cas est différent pour les verbes pronominaux avec un *sens subjectif*. Le pronom est ici comme un reflet, une extension du sujet, plutôt que complément d'objet. C'est le cas pour deux types de verbes :

1. les verbes *toujours pronominaux* : **se souvenir, se repentir**. (Il n'existe pas de verbe « souvenir », « repentir ».)

2. des verbes qui existent dans un emploi non pronominal, mais avec un sens différent :

apercevoir = to *catch a glimpse of*	**amuser** = to *entertain*
s'apercevoir = *to realize*	**s'amuser** = *to enjoy oneself*

Pour être certain de bien comprendre le sens d'un verbe pronominal, vous devez vous demander :

    a. si son pronom reflète le sujet ou s'il est complément d'objet du verbe

    b. s'il est objet, s'agit-il d'une action réciproque (entre deux personnes, deux choses) ou réfléchie (sur soi-même) ?

ⵖ Mise en pratique

Dans les citations suivantes, qui sont tirées du chapitre 2 et de celui-ci, dites quel est le sens du verbe pronominal.

    1. « Riguelle s'était posé d'abord » (p. 32, ligne 2).
    2. « Nous nous racontions des souvenirs » (l. 23).
    3. « Nous nous étions enfin rencontrés » (l. 30).
    4. « On s'élargit par la découverte d'autres consciences » (l. 34).
    5. « On s'amuse bien » p. 63, vers 10).
    6. « Rappelle-toi, Barbara » (p. 68, v. 1).
    7. « Tu t'es jetée dans ses bras » (v. 22).
    8. « Je dis tu à tous ceux qui s'aiment » (v. 27).
    9. « On s'est reconnus » (p. 75, v. 9).
    10. « Je me suis réveillé » (v. 23).
    11. « Pourquoi se séparer ? » (v. 39).
    12. « Les femmes se font toujours un p'tit peu plus jeunes » (p. 78, l. 11).

LE PARTICIPE (CHAPITRE 4)

1. Pour les verbes conjugués avec **avoir** comme auxiliaire, la forme correspondant en anglais à *verbe* + *-ed* (*aimé, fini* ; revoir la section p. 299 sur le participe passé) ne change pas, même s'il se rapporte à un nom ou un pronom féminin ou pluriel.

    • **Ayant changé** de robe, *elles* se sentaient plus à l'aise.

2. Pour les verbes où il faut l'auxiliaire **être**, le participe s'accorde (*agrees*) avec le nom ou le pronom auquel il se rapporte (*to which it refers*) :

    • **Étant descendus** de leur petit nuage, **ils** ont découvert la réalité.
    (**descendus** s'accorde avec **ils**)

LES SENS DU CONDITIONNEL PRÉSENT (CHAPITRE 9)

Nous avons dit que le conditionnel est un mode (voir p. 304 Les modes en français : panorama). Au temps présent, le conditionnel exprime d'une manière générale ce qui est différent de la réalité que nous connaissons. On le rencontre non seulement dans des phrases avec *si*, mais encore dans des propositions[2] indépendantes ou principales.

1. Irréel du présent

Quand le fait est imaginé par rapport au présent, il apparaît comme irréel (= non réél, avec le préfixe **in-** !), c'est-à-dire qu'il est *contraire à la réalité actuelle*.

- Je **voudrais** bien être millionnaire [mais je ne le suis pas. . .] !
- Je vois bien que tu ne m'écoutes pas : tu **ferais** mieux de m'écouter (en ce moment) !
- **Si** nous **devions** l'attendre toute la journée (heureusement, nous ne sommes pas obligés de le faire), nous **serions** en colère.

2. Potentiel

Quand le fait est imaginé par rapport à l'avenir, il peut apparaître comme encore possible : c'est le potentiel.

- Je **voudrais** être millionnaire, et – qui sait ? – peut-être je le serai un jour !
- J'ai quelque chose d'important à te dire : tu **ferais** mieux de m'écouter [quand je te parlerai] !
- **Si** nous **devions** l'attendre toute la journée (et peut-être serons-nous obligés de le faire), nous **serions** en colère.

3. Désir ou ordre atténués

Nous avons vu que le conditionnel présent sert aussi à exprimer une demande polie (*polite request*). D'une façon plus générale, on dira qu'il s'agit de l'affirmation atténuée d'un désir ou d'un ordre.

- Je vous **prierais** de fermer la porte.
- J'**aimerais** tant voir enfin Godot !

4. Affirmation sans garantie d'authenticité

On utilise souvent dans ce sens le conditionnel dans la presse écrite ou parlée quand on n'est pas sûr d'une information. C'est une manière de dire qu'*un événement a peut-être lieu en ce moment*.

---

2. Nous avons vu la définition des *propositions* (*clauses* : p. 122, n. 9). On distingue des propositions indépendantes, principales et subordonnées. Exemples :

- *Il parle, je l'écoute.* Deux propositions *indépendantes*.
- *Il parle quand il veut. Il parle* = proposition *principale* ; *quand il veut* = proposition subordonnée.

• Selon des informateurs anonymes, on nous dit que des combats meurtriers **auraient lieu** (*might take place*) *à l'heure actuelle* dans l'île tout entière. (Mais nous n'avons pas confirmation de cela.)

5. Futur dans le passé

Nous avons vu (p. 175) que dans le discours indirect, le conditionnel présent désigne un événement futur par rapport à un autre, qui est, lui, passé.

À noter

1. Sur le style indirect

La phrase qui est mise au discours indirect peut être une affirmation ou une interrogation.

 a. L'affirmation est introduite par **que (je dis, j'explique, je raconte. . . que)**.
  • Je dis : « Je viendrai. » => Je dis que je viendrai.

 b. L'interrogation est introduite par
  quand, **où**, **pourquoi**, etc. (réponse détaillée).

   • Tu demandes : « Quand viendras-tu ? »
   Tu demandes quand je viendrai.

  si (réponse par « oui » ou « non »).

   • Vous me demandez : « Viendras-tu ? »
   Vous me demandez si je viendrai.

2. Sur le futur dans le passé

On retrouve ces deux possibilités (d'une affirmation ou d'une interrogation) s'il s'agit d'un futur dans le passé :

 a. Je disais **que** je viendrais.
 b. Tu demandais **quand** je viendrais.
  – Vous me demandez **si** je viendrai.

ⓨ Mise en pratique

Complétez les phrases suivantes par des verbes au conditionnel présent et dites quel est le sens de ce mode dans la phrase (irréel, potentiel, affirmation d'un ordre ou d'un désir atténué, affirmation sans garantie, futur dans le passé).

 1. Je ne suis pas doué (*gifted*) pour la musique, quel dommage ! Je _____ (avoir) tant de plaisir à jouer d'un instrument !
 2. Cet endroit est magnifique; nous _____ (pouvoir) aller nous promener sans attendre Godot.
 3. Ils n'ont qu'un enfant ; ils en _____ (désirer) un autre.

4. Le cyclone qui vient de s'abattre sur la Floride _____ (faire), paraît-il, beaucoup de dégâts (*damage*).

5. Vous avez l'air bien fatigué ; _____ (aimer) vous reposer ?

6. Il a demandé quand nous _____ (pouvoir) passer le voir.

7. Pardon, Monsieur, _____ (vouloir) m'aider à changer la roue de ma voiture ?

LES MODES EN FRANÇAIS : PANORAMA (CHAPITRE 9)

Le mode exprime une certaine nuance de l'action.

1. Il existe des *modes personnels* dont la forme change selon la personne.[3]

    a. *L'indicatif* sert presque toujours à « indiquer » une action que l'on présente comme réelle, certaine. Vous connaissez à présent ses formes au présent et au futur – futur simple et antérieur (pp. 154–156) ; vous connaissez aussi la plupart de ses formes au passé – imparfait (p. 48), passé simple (pp. 91–92), passé composé (p. 106), plus-que-parfait (p. 27).

    b. *L'impératif* sert à donner des ordres (p. 53).

    c. Nous étudierons le *subjonctif* dans le chapitre 10.

    d. Il existe aussi un *conditionnel* passé, que nous verrons au chapitre 11.

2. Il existe aussi des *modes impersonnels,* dont la forme est invariable.[4] Ce sont *l'infinitif, le participe, le gérondif.*

    a. *L'infinitif* exprime seulement l'action. Il existe au présent et au passé. (Revoir p. 107 pour l'infinitif passé.)

    b. *Le participe* et *le gérondif* expriment des nuances que nous avons étudiées. Le participe existe au présent et au passé (p. 50 et p. 95).

LES SENS DU CONDITIONNEL PASSÉ (CHAPITRE 10)

1. Irréel du passé

Nous avons appris que le conditionnel présent peut exprimer un irréel du présent (Appendice grammatical, p. 302).

---

3. Dans *les modes personnels,* la terminaison indique qui fait l'action (= sujet).

   Certaines terminaisons sont communes à plusieurs formes. Exemples:

      dans *aim-ons,* la terminaison nous dit que c'est forcément **nous** qui *aimons.*

      dans *aim-ais,* la terminaison ne nous dit pas si c'est **je** ou **tu** le sujet de *aimais.*

4. Dans les modes impersonnels, la terminaison (-**ant**, -**re**, -**er**, etc.) exprime seulement l'action en elle-même.

De même, le conditionnel passé présente *un événement qui n'a pas eu lieu*, car sa réalisation dépendait d'une condition qui n'a pas été réalisée dans le passé.[5]

- Si tu étais venu, nous nous **serions** bien **amusés**.
  [mais tu n'es pas venu, et nous ne nous sommes pas amusés]
- J'aurais bien aimé vivre au XVIIIᵉ siècle ! [mais je suis né au XXᵉ. . .]
- « Il serait resté seul sur une île peuplée de chèvres et de perroquets, sans ce nègre. » [= s'il n'y avait pas eu ce nègre] (p. 109, l. 18)

2. Affirmation sans garantie d'un événement passé

Nous avons vu que le conditionnel présent rapporte une affirmation sans garantie qui concerne le présent (revoir Appendice grammtical, p. 302, nᵒ 4). De même, le conditionnel passé sert à dire qu'*un événement a peut-être eu lieu dans le passé*.

- L'accident d'*hier* **aurait fait** (*might have done*) plus de vingt morts.

⏻ Mise en pratique

Complétez les phrases suivantes avec le verbe entre parenthèses mis au conditionnel passé.

1. Heureusement que tu n'étais pas là ! En voyant ce spectacle, tu _____ (pleurer).
2. Elle _____ (pouvoir) venir pour nous aider, mais elle était trop occupée par ses propres affaires.
3. En écoutant plus attentivement, tu _____ (entendre) explications ; mais, comme d'habitude tu avais la tête dans les nuages (*clouds*).
4. D'après les premières estimations, il y _____ (avoir) plus de 2 500 victimes à la suite du séisme.

LE SUBJONCTIF (CHAPITRE 10)

Le *mode* subjonctif comporte, comme *temps*,[6] un présent et trois temps du passé. Dans ce manuel, nous étudions seulement *le subjonctif présent*.

Autre emploi du subjonctif présent *dans les propositions indépendantes* (en plus des sens vus p. 196): **Pourvu que**. . . **ne pas** + *une crainte*.[7]

- Pourvu qu'il **ne vienne pas** !

---

5. Par définition, *le conditionnel passé ne peut pas avoir de sens potentiel*, à la différence du conditionnel présent (revoir p. 302, nᵒ 2).

6. Rappel : vous connaissez *sept temps* du *mode indicatif* : (1) *présent*
   au passé : (2) *imparfait*, (3) *passé simple*, (4) *passé composé*, (5) *plus-que-parfait*
   au futur : (6) *futur simple*, (7) *futur antérieur*.

7. Nous avons vu **pourvu que** + un *désir/ souhait*, p. 236. La crainte est un désir négatif.

♈ Mise en pratique

Transformez les phrases suivantes selon le modèle donné, pour introduire un subjonctif exprimant *la crainte*.

Ex. Elle ne **mentira** pas.
⇨ **Pourvu qu'**elle ne **mente** pas !

1. Il ne viendra pas.
2. Vous ne vous mettrez pas en colère.
3. Je ne boirai pas trop.
4. Tu ne seras pas malheureux.
5. Nous ne leur ferons pas de mal.

PRÉCISIONS SUR LES EMPLOIS DU SUBJONCTIF (CHAPITRE 11)

Les verbes exprimant *la crainte* sont généralement suivis de **que ne. . .** ou **que ne. . . pas** selon les cas.

je crains	= je souhaite
qu'une chose **n'**arrive	que cette chose n'arrive pas
qu'une chose **n'**arrive **pas**	que cette chose arrive

• Je crains **qu'**il **ne** vienne trop tard. (= Pourvu qu'il vienne à temps !)
• Je crains **qu'**il **ne** vienne **PAS** demain. (= Pourvu qu'il vienne demain !)

INDICATIF ET SUBJONCTIF (CHAPITRE 11)

On emploie l'indicatif – et non le subjonctif – dans deux cas :

1. Quand on exprime la *certitude* et la *probabilité* dans des tournures impersonnelles comme **il est certain, sûr, clair, vrai, évident, probable, vraisemblable. . . que.**

   • Il est certain qu'il **viendra.**

2. Quand on emploie **espérer** dans des phrases affirmatives.

   • Ils espèrent que nous **viendrons.**

Mais dans les phrases *négatives et interrogatives* on emploie le *subjonctif* :

   • Espères-tu que je **vienne** ?
   • Il *n'*espère *pas* que nous **venions.**

Y Mise en pratique

A. Mettez les verbes entre parenthèses au subjonctif présent.

1. Tous les parents souhaitent que leurs enfants _____ (grandir).
2. Il est douteux que cet étudiant _____ (être reçu) à ses examens.
3. Ils souhaitent que vous _____ (aller) voir ce film.
4. Il est nécessaire qu'il _____ (écrire) cette lettre.
5. J'ai peur qu'elle ne _____ (vouloir) pas le recevoir.

B. Mettez les verbes entre parenthèses à la forme qui convient selon les cas (indicatif ou subjonctif).

1. Je crois que vous _____ (avoir) raison : cette pièce aura du succès !
2. Je crains qu'il ne _____ (avoir) raison : cette pièce n'aura aucun succès !
3. Nous savons que vous ne _____ (pouvoir) pas venir ce soir avec nous au théâtre.
4. Nous regrettons que vous ne _____ (pouvoir) pas venir avec nous au théâtre ce soir.
5. Si vous ne voulez pas participer, il vaut mieux que vous me le _____ (dire) tout de suite.
6. J'espère qu'il _____ (faire) ce travail de son mieux et très vite.
7. Demandez-lui qu'il _____ (faire) ce travail de son mieux.

C. Remplacez le verbe de la principale par un verbe qui exige le subjonctif dans la subordonnée (au lieu de l'indicatif) et changez le verbe de la subordonnée.

Ex.   *Il est probable* qu'il *pleuvra*.
    ⇨ *Il est douteux* qu'il *pleuve*.

1. J'espère que vous le recevrez bien.
2. Il est certain que vous lirez ce livre un jour.
3. Nous savons qu'il refusera.
4. Il est vraisemblable que vous réussirez.
5. Elle pense que Pierre fait bien la cuisine.

Lexique

Ce lexique n'est pas un dictionnaire : il donne pour les mots usuels qui figurent dans les textes étudiés le sens qu'ils ont dans leur contexte, en précisant parfois d'autres sens très courants et des constructions qui font partie du vocabulaire de base.

♦ Les expressions françaises composées de plusieurs mots figurent presque toujours au premier de ces mots, mais renvoient ensuite au mot principal. Par exemple :

à côté de cf. **côté**   **côté** n. m. *side*
                          – **à côté de** prép. *beside*

♦ Pour les verbes pronominaux, voir le verbe sans le pronom : par exemple, pour « se souvenir », voir « souvenir ».

accouder (s') v. pron. *lean*   **entendre** v. tr. *hear*
                               – **s'entendre** v. pron. *get along*

On n'a pas fait la différence entre *prépositions simples* et *locutions prépositives* – voir p. 136. Ces locutions sont indiquées au premier mot qui figure dedans. (Ex. : Pour trouver **aux dépens de** chercher à **aux**.)

De même, on a présenté les *locutions adverbiales* (**à peine**) comme des adverbes en un seul mot (adv.).

♦ On distingue les verbes intransitifs (v. intr.), qui n'ont pas de complément d'objet, et les verbes transitifs (v. tr.), qui en ont un.

En principe, ce complément d'objet est direct (**prendre**, **manger**). Cependant, certains compléments d'objet sont introduits par une préposition (**penser à**). On dit en français qu'ils sont *transitifs indirects*. Pour simplifier, dans le lexique, nous avons noté de tels verbes *v. tr.* et mentionné la préposition qui vient après :

• **appartenir à** v. tr. *to belong to*

Beaucoup de verbes transitifs peuvent aussi être intransitifs, si on les emploie « absolument », sans préciser le complément d'objet.

• Je mange un gâteau.
• Il faut manger pour vivre et non pas vivre pour manger.

Nous avons noté l'emploi le plus fréquent.

♦ Voici les abréviations utilisées dans le Lexique.

adj.	adjectif
adv.	adverbe
conj.	conjonction

loc.	locution
n. f.	nom féminin
n. m.	nom masculin
pl.	pluriel
prép.	préposition
pron.	pronom
v. intr.	verbe intransitive
v. pron.	verbe pronominal
v. tr.	verbe transitif

A

à coté de. cf. **côté**
à la fois. cf. **fois**
à la recherche de. . . cf. **recherche**
à l'instant adv. *immediately*
à nouveau. cf. **nouveau**
à peine. cf. **peine**
à propos de. cf. **propos**
à travers prép. *across*
abasourdir v. tr. *astound, bewilder, stun*
abolir v. tr. *abolish*
abord n. m. *approach*
– d'abord adv. *first of all*
abriter v. tr. *shelter*
accouder (s') v. pron. *lean*
acharné adj. *stubborn*
acharner (s') v. pron. *stubbornly pursue*
achèvement n. m. *completion*
acier n. m. *steel*
actuel adj. *present*
affaire n. f. *affair*
– les affaires *business*
affiche n. f. *poster*
affranchir v. tr. *free*
agent (de police) n. m. *policeman*
agir v. intr. *act*
– il s'agit de loc. *it's a question of*
aile n. f. *wing*
ailleurs adv. *elsewhere*
– d'ailleurs adv. *besides*
ainsi adv. *thus*
ainsi que conj. *as well as*
air n. m. *atmosphere, manner, way*
– avoir l'air loc. *seem*
aisé adj. *easy*
ajouter v. tr. *add*
allongé adj. *stretched out, extended*
allumer v. tr. *light*
alors adv. *then*
– alors que conj. *while*
alourdir v. tr. *weigh down*
âme n. f. *soul*

amener v. tr. *bring*
amer adj. *bitter*
amitié n. f. *friendship*
amour n. m. *love*
amoureux adj. *in love*
angoisse n. f. *anguish*
apôtre n. m. *apostle*
appartenir à v. intr. *belong to*
apprendre v. tr. & intr. *learn, teach*
après prép. *after*
arbuste n. m. *bush, shrub*
archevêque n. m. *archbishop*
argent n. m. *silver, money*
arrêter v. tr. & pron. *stop*
arrondir v. tr. *make round*
– s'arrondir v. pron. *become round*
assez adv. *enough, rather*
atteindre v. tr. *reach*
attendre v. tr. & intr. *wait (for)*
atterrir v. intr. *land*
attraper v. tr. *catch*
au milieu de. cf. **milieu**
aube n. f. *dawn*
aucun adj. *no*
– pron. *none*
auprès de prép. *near*
aussi adv. *also, too*
aussitôt adv. *immediately, directly*
– aussitôt que conj. *as soon as*
autant adv. *as much*
– autant que loc. *as much as*
auteur n. m. *author*
autour adv. *around*
– autour de prép. *around*
autrefois adv. *in the past*
aux dépens de. cf. **dépens**
avenir n. m. *future*
avertir v. tr. *warn*
aveugle adj. *blind*
avis n. m. *advice, opinion*
avoir. cf. **air, besoin, lieu, peur, raison, tort**
avouer v. tr. & intr. *acknowledge, confess*

B

bague n. f. *ring*
baigner v. tr. & intr. *bathe*
baiser n. m. *kiss*
baisser v. tr. *lower*
bal n. m. *ball*
bannir v. tr. *ban*
barque n. f. *boat*
barrière n. f. *fence*
bas n. m. pl. *stockings*
bas adj. *low*
bateau n. m. *boat*
bâtir v. tr. *build*
battre v. tr. *beat, hit*
bénir v. tr. *bless*
besoin n. m. *need*
– **avoir besoin de** loc. *need*
bêtise n. f. *foolish action*
bien adv. *well, indeed*
blanc adj. *white*
bois n. m. *wood*
bonheur n. m. *happiness*
bord n. m. *edge*
– **au bord de** prép. *on the verge of, by the side of*
bouche n. f. *mouth*
bougie n. f. *candle*
boule n. f. *ball, bowl*
bras n. m. *arm*
bronze n. m. *bronze (metal), sculpture*
brousse n. f. *underbrush, bush, outback*
bruit n. m. *noise*
brûler v. tr. & intr. *burn*
brume n. f. *mist*
buisson n. m. *bush*
bulle n. f. *bubble*
bureau n. m. *desk, office*
but n. m. *goal, objective*

C

cadre n. m. *frame*
café n. m. *coffee, coffeehouse*
caisse n. f. *box, cashbox, register*
camion n. m. *truck*
campagne n. f. *countryside*
canapé n. m. *couch*

caprice n. m. *whim*
carrefour n. m. *intersection, crossroads*
carte n. f. *map*
cas n. m. *case*
cause n. f. *cause, reason*
– **à cause de** prép. *because of*
causer 1. v. tr. *provoke*
– 2. v. intr. *talk, chat*
celui-ci pron. démonstr. *this one*
celui-là pron. démonstr. *that one*
cependant adv. *however*
cerveau n. m. *brain*
cesser intr. & tr. *stop*
– **cesser de (faire qqe chose)** loc. *stop (doing something)*
chacun pron. *each one*
chagrin n. m. *heartache*
chaleur n. f. *heat*
champ n. m. *field*
chanter v. tr. & intr. *sing*
chapeau n. m. *hat*
chef n. m. *leader*
– **chef de file** *pioneering person, « trail blazer », beacon*
chemin n. m. *road, path*
cheminée n. f. *fireplace, chimney*
chérir v. tr. *cherish*
cheville n. f. *ankle*
choisir v. intr. & tr. *choose*
choix n. m. *choice*
chômeur n. m. *person out of a job*
ciel n. m. *sky, heaven*
ciment n. m. *cement*
cinéaste n. m. *filmmaker, director*
circulation n. f. *traffic*
citation n. f. *quotation*
citoyen n. m. *citizen*
cœur n. m. *heart*
colline n. f. *hill*
comment adv. *how*
commode adj. *convenient*
compagnon (compagne) n. *companion*
comporter (se) v. pron. *behave*
compositeur n. m. *composer*
compter v. tr. & intr. *count*
conduite n. f. *conduct, behavior*

connaissance n. f. *knowledge*
consacrer v. tr. *devote*
– **se consacrer à** loc. *devote oneself to*
conseil n. m. *piece of advice*
conte n. m. *short story*
– **conte de fées** loc. *fairy tale*
conteur n. m. *storyteller*
contre prép. *against*
convaincre v. tr. *convince*
corde n. f. *rope*
corps n. m. *body*
costume n. m. *suit, costume*
côte n. f. *rib, slope, coast*
– **côte à côte** loc. *side by side*
côté n. m. *side*
– **à côté de** prép. *beside*
cou n. m. *neck*
coucher (se) v. intr. *lie down, go to bed*
coup n. m. *blow*
coupable adj. *guilty*
coupe-papier n. m. *letter opener*
cour n. f. *yard, courtyard, court (of a prince, of justice, etc.)*
coureur n. m. *runner, racer*
courir v. intr. *run*
course n. f. *run, race*
coursier n. m. *horse, steed ; messenger*
court adj. *short*
couteau n. m. *knife*
coutume n. f. *custom*
créer v. tr. *create*
cri n. m. *cry, shout*
croiser v. tr. *cross, meet, pass*
cueillir v. tr. *gather*
culture n. f. *culture, agriculture*

D

d'abord. cf. **abord**
d'ailleurs. cf. **ailleurs**
dans prép. *in*
davantage adv. *more*
de même. cf. **même**
débattre (se) v. pron. *debate, discuss, argue*
début n. m. *beginning*
déchausser (se) v. pron. *take off one's shoes*

découverte n. f. *discovery*
définir v. tr. *define*
déjà adv. *already*
délaisser v. tr. *abandon*
demain adv. *tomorrow*
demeurer v. intr. *remain*
demi- préfixe *half*
dépêcher (se) v. pron. *hurry*
dépens n. m. pl. *cost, expenses*
– **aux dépens de** prép. *at the expense of*
dépenser v. tr. & intr. *spend*
déplacer v. tr. *move*
depuis prép. *since*
– **depuis que** conj. *since*
dernier adj. *last*
derrière adv. & prép. *behind*
dès prép. *since, as early as*
– **dès que** conj. *as soon as*
désespéré adj. *desperate*
désespoir n. m. *despair*
désormais adv. *from now on*
destin n. m. *destiny, fate*
devant adv. & prép. *before*
devenir v. intr. *become*
deviner v. tr. & intr. *guess*
disparaître v. intr. *disappear*
diviser v. tr. *divide*
doigt n. m. *finger*
douane n. f. *customs*
doucement adv. *softly, sweetly*
douleur n. f. *pain*
doux (douce) adj. *gentle, sweet*
drap n. m. *sheet*
droit n. m. *law, right*
– **avoir le droit de** loc. *have the right to*
– **avoir droit à** loc. *be entitled to*

E

écarté adj. *spread apart*
échelle n. f. *ladder, scale*
éclairer v. tr. *light up*
écorce n. f. *shell, bark, peel*
écraser v. tr. *crush*
écrivain n. m. *writer*
égal adj. *equal*

égard n. m. *respect, consideration, regard*
– **à l'égard de** prép. *in regard to, with reference to*
église n. f. *church*
éloigner v. tr. *move away, remove*
– **s'éloigner** v. pron. *become remote*
embrasser v. tr. *kiss*
emmener v. tr. *take, bring*
émouvoir v. tr. *move*
emportement n. m. *anger*
en fait. cf. **fait**
encore adv. *still, more, yet*
endormir (s') v. pron. *fall asleep*
endroit n. m. *place*
enfance n. f. *childhood*
enfant n. m. *child*
enfer n. m. *hell*
enfin adv. *at last, finally*
enlever v. tr. *carry away (off)*
ennui n. m. *boredom*
ennuyer v. tr. *bore*
– **s'ennuyer** v. pron. *be bored*
enseigne n. f. *sign*
enseigner v. tr. & intr. *teach*
ensemble adv. *together*
ensuite adv. *then, next (in order)*
entendre v. tr. *hear*
– **s'entendre** v. pron. *get along*
entourer v. tr. *surround*
entrave n. f. *shackle, fetter, hindrance*
entreprise n. f. *undertaking*
envers prép. *toward*
envie n. f. *envy, wish, desire*
– **avoir envie de** loc. *want to*
épais adj. *thick*
épaule n. f. *shoulder.* cf. **hausser**
épouser v. tr. *marry*
équipage n. m. *team*
escalier n. m. *stairs*
esclave n. m. *slave*
escroquerie n. f. *swindle*
espèce n. f. *kind, species*
– **espèces** (pl.) *cash*
espoir n. m. *hope*
esprit n. m. *spirit, mind*

état n. m. *state*
étendre v. tr. *spread, stretch, extend*
– **s'étendre** v. pron. *stretch oneself out*
étoile n. f. *star*
étrange adj. *strange*
étranger n. m. *foreigner*
exaltant adj. *inspiring, exalting*
exiger v. tr. *demand*
explication n. f. *explanation*
exprimer v. tr. *express*

F

fâché adj. *angry*
facile adj. *easy*
faible adj. *weak*
faire. cf. **partie, semblant**
fait n. m. *fact*
– **au fait** adv. *by the way*
– **en fait** adv. *in fact*
fauteuil n. m. *armchair*
fer n. m. *iron*
fêter v. tr. *celebrate*
feuille n. f. *leaf*
fierté n. f. *pride*
figure n. f. *face*
filer v. intr. *glide, float*
fin adj. *fine*
fin n. f. *end*
finir v. tr. & intr. *finish, end*
– **finir par** loc. *wind up, end up by*
fleuve n. m. *river*
foi n. f. *faith*
foire n. f. *fair*
fois n. f. *time, instance*
– **à la fois** adv. *at the same time*
fonctionnaire n. m. *civil servant*
fonctionnement n. m. *functioning*
fond n. m. *bottom*
fondateur n. m. *founder*
fondement n. m. *basis, foundation*
formidable adj. *daunting*
fou, folle adj. *crazy*
fouiller v. intr. *rummage*
foule n. f. *crowd*

fourmi n. f. *ant*
frapper v. tr. *hit, strike, knock*
front n. m. *forehead*

G

gagner v. tr. & intr. *win, earn*
gâteau n. m. *cake*
génie n. m. *genius*
genou n. m. *knee*
genre n. m. *kind, sort, gender*
gentil adj. *nice, gentle*
glace n. f. *ice, ice cream, mirror*
gorgée n. f. *swallow, mouthful, sip*
goût n. m. *taste*
grâce à prép. *thanks to*
grandir v. intr. *grow*
grave adj. *serious*
gravité n. f. *seriousness*
grippe n. f. *flu*
grotte n. f. *cave*
guerre n. f. *war*

H

habituer v. tr. *accustom, familiarize*
– **habituer (s')** v. pron. *get used to*
haine n. f. *hatred*
haïr v. tr. *hate*
hâter v. tr. *hasten*
hausser les épaules loc. *shrug one's shoulders*
haut adj. *high*
hauteur n. f. *height*
heureux adj. *happy*
hier adv. *yesterday*
histoire n. f. *story, history*
honte n. f. *shame*
horloge n. f. *clock*

I

impliquer v. tr. *imply, involve*
inavouable adj. *unmentionable*
incliner v. tr. *bend*
indigène adj. *native*
ingrat adj. *ungrateful*
inimitié n. f. *enmity*

inquiétant adj. *worrisome, disturbing*
isolement n. m. *isolation*
ivoire n. f. *ivory*
ivre adj. *drunk*

J

jambe n. f. *leg*
jardin n. m. *garden*
jaune adj. *yellow*
jeter v. tr. *throw*
jeunesse n. f. *youth*
joli adj. *pretty*
jouer v. intr. & tr. *play*
journal n. m. *newspaper ; diary*
juger v. tr. *judge*
jusqu'à prép. *until*
– **jusqu'à ce que** conj. *until*

L

là-bas adv. *over there*
lâche adj. & n. *cowardly, coward*
laisser v. tr. *allow, let*
larme n. f. *tear*
léger adj. *light*
légume n. m. *vegetable*
lendemain n. m. *the next day, the day after*
lent adj. *slow*
lever (se) v. pron. *get up*
lèvre n. f. *lip*
lien n. m. *tie, relationship*
lieu n. m. *place*
– **avoir lieu** loc. *take place*
loin adv. *far*
lorsque conj. *when*
lot n. m. *lot, portion, fate*
lourd adj. *heavy*
lumière n. f. *light*
lumineux adj. *bright*
lutter v. intr. *struggle*

M

maintenant adv. *now*
maire n. m. *mayor*
mais conj. *but*

maison n. f. *house*
mal n. m. *evil*
malade adj. *sick*
malgré prép. *in spite of*
malle n. f. *trunk (travel), box*
malsain adj. *unhealthy*
manière n. f. *way*
manque n. m. *lack*
manquer v. tr. & intr. *lack, miss, fail*
– **il manque quelque chose** *something is lacking*
– **je manque de livres** *I need books*
– **Pierre me manque** *I miss P.*
marchand n. m. *merchant*
marché n. m. *market*
marcher v. intr. *walk ; work well*
matin n. m. *morning*
médiateur (-trice) adj. *mediating*
méfier de (se) v. pron. *distrust*
mélange n. m. *mixture*
mêler v. tr. *mix, blend*
même adv. *even*
– **de même** adv. *in the same way*
menacer v. tr. *threaten*
mener v. tr. *lead*
mentir v. intr. *lie*
mépriser v. tr. *scorn, despise*
mer n. f. *sea*
metteur en scène n. m. *director (dramatic)*
mettre v. tr. *put*
– **se mettre à** v. intr. *start*
mieux adv. *better*
milieu n. m. *middle, environment*
– **au milieu de** prép. *in the middle of*
mirifique adj. *fabulous*
misère n. f. *wretchedness, poverty, misery*
mode n. f. *fashion*
mode n. m. *way*
moins adv. *less*
– **au moins** adv. *at least*
– **moins. . . plus** *the less. . . the more*
moitié n. f. *half*
monnaie n. f. *change*
montre n. f. *watch*
montrer v. tr. *show*
moral n. m. *state of mind*

morale n. f. *ethics, moral philosophy, morality, moral (of a story)*
mourir v. intr. *die*
moustique n. m. *mosquito*
mur n. m. *wall*

n

naissance n. f. *birth*
naître v. intr. *be born*
nappe n. f. *tablecloth*
natal adj. *native*
navire n. m. *boat*
ne adv. *not*
– **ne. . . aucun** *no, not a single*
– **ne. . . jamais** *never*
– **ne. . . personne** *no one*
– **ne. . . plus** *not any more, no longer*
– **ne. . . que** *only*
négociant n. m. *businessman*
net adj. *clean, clear*
– adv. *abruptly, flatly*
nez n. m. *nose*
nier v. tr. *deny*
niveau n. m. *level*
noir adj. *black*
nommer v. tr. *name*
nourriture n. f. *food*
nouveau adj. *new*
– **à, de nouveau** adv. *again*
nul adj. *no*
– **nul** pron. *no one*
– **nulle part** adv. *nowhere*

o

œil (pl. **yeux**) n. m. *eye*
œuvre n. f. *work*
oiseau n. m. *bird*
ombre n. f. *shadow*
ongle n. m. *nail*
or n. m. *gold*
ordure n. f. *filth*
– **ordures** (pl.) *garbage*
oreille n. f. *ear*
orgueil n. m. *pride*
où adv. & pron. *where*

ou (& **ou bien**) conj. *or*
oubli n. m. *oblivion*
oublier v. tr. & intr. *forget*
ours n. m. *bear*

P

paisible adj. *peaceful*
panne n. f. *breakdown*
papillon n. m. *butterfly*
paraître v. intr. *appear*
parcourir v. tr. *run across, travel through, glance through*
parcours n. m. *trajectory*
paresse n. f. *laziness*
parfois adv. *sometimes*
parmi prép. *among*
parole n. f. *word*
partager v. tr. *share*
partie n. f. *part*
– **faire partie de** loc. *be part of, participate in*
partout adv. *everywhere*
pas n. m. *step, pace*
passant n. m. *passer-by*
passer v. tr. *spend (time), pass by*
– **se passer de** v. pron. *forgo*
patron n. m. *boss*
pavillon n. m. *pavilion, lodge, tent*
pays n. m. *country, nation*
pêcheur n. m. *fisherman*
peine n. f. *punishment, sorrow*
– **à peine** adv. *scarcely*
peintre n. m. *painter*
pelouse n. f. *lawn*
pencher (se) v. pron. *lean*
pendant prép. *during*
pendant que conj. *while*
pensée n. f. *thought*
pente n. f. *incline*
perdre v. tr. & intr. *lose*
personnage n. m. *character*
peu à peu adv. *little by little*
peupler v. tr. *inhabit*
peur n. f. *fear*
– **avoir peur** loc. *be afraid*
peut-être adv. *perhaps, maybe*

phrase n. f. *sentence*
pion n. m. *pawn*
pire adj. *worse*
plaisanter v. intr. *joke*
plateau n. m. *platter*
plein adj. *full*
pleurer v. intr. *cry*
– v. tr. *weep for*
pleuvoir (il **pleut**) v. intr. *rain*
pluie n. f. *rain*
plus adv. *more*
– **de plus en plus** loc. *more and more*
– **plus. . . moins** loc. *the more. . . the less*
– **plus. . . plus** loc. *the more. . . the more*
plusieurs adj. & pron. *several*
pluvieux adj. *rainy*
poche n. f. *pocket*
poignée n. f. *handful, handle*
poignet n. m. *wrist*
pois n. m. *pea*
– **petits pois** *green peas*
poison n. m. *poison*
poisson n. m. *fish*
poitrine n. f. *breast, chest*
politesse n. f. *politeness*
pont n. m. *bridge*
porter v. tr. *wear*
pourtant adv. *however, nevertheless*
prénom n. m. *first name*
près de prép. *near*
presque adv. *almost*
prêter v. tr. *lend*
prévoir v. tr. *foresee*
printemps n. m. *spring*
prochain adj. *coming soon ; next*
produit n. m. *product*
profond adj. *deep*
projet n. m. *plan*
promener (se) v. pron. *walk about*
propos n. m. *subject*
– **à propos** loc. *by the way, while we are on the subject*
– **à propos de** prép. *about, concerning*
proposition n. f. *clause*
propre adj. *clean ; own*
publicitaire adj. *advertising*

pudique adj. *modest, prudish*
puis adv. *then, next*
puisque conj. *since*
puissance n. f. *power*
puissant adj. *powerful*

Q

quant à prép. *as for*
quelque part adv. *somewhere*
quelquefois adv. *sometimes*
quelques un(e)s pron. *some of these*
queue n. f. *tail*
quitter v. tr. *leave*
quotidien adj. *daily*

R

racine n. f. *root*
raconter v. tr. *tell, recount*
raison n. f. *reason, right*
– **avoir raison** loc. *be right*
ramasser v. tr. *collect, gather*
rame n. m. *oar*
rampe n. f. *slope, ramp, footlights (theater)*
rappel n. m. *reminder*
rappeler v. tr. *recall*
– **se rappeler** v. pron. *remember*
rapport n. m. *relation, record*
réalisateur (de cinéma) n. m. *director*
recherche n. f. *research*
– **à la recherche de** prép. *in search of*
réciproque adj. *mutual*
récit n. m. *story, tale*
réclamer v. intr. *complain*
– tr. *claim*
recueillir v. tr. *gather*
refuser v. tr. & intr. *refuse*
– **refuser de** (faire quelque chose) *refuse to (do something)*
regagner v. tr. *return to*
regard n. m. *look, glance*
reine n. f. *queen*
relever v. tr. *set up again, find, note*
remorqueur n. m. *tugboat*
remplir v. tr. *fill*
rencontre n. f. *meeting*

rencontrer v. tr. *meet*
renifler v. intr. & tr. *sniff*
renseignement n. m. *piece of information*
reparaître v. intr. *reappear*
repérer v. tr. *locate, identify*
– **se repérer** v. pron. *get one's bearings*
rester v. intr. *stay, remain*
rétablir v. tr. *return to proper order*
retard n. m. *delay*
– **en retard** loc. *late*
retenir v. tr. *detain, delay, reserve*
retirer v. tr. *withdraw, take away*
retraité n. m. *retired person*
réussir v. tr. & intr. *succeed*
rêve n. m. *dream*
rêver v. intr. *dream*
– **rêver de** *dream about*
rideau n. m. *curtain*
rire n. m. & v. intr. *laugh*
roi n. m. *king*
romancier n. m. *novelist*
rouge adj. *red*
roux (rousse) adj. *red, reddish brown*

S

sable n. m. *sand*
saboter v. tr. *sabotage*
sachant part. prés. de **savoir**
sage adj. *wise, well-behaved*
sagesse n. f. *wisdom*
salle n. f. *room*
sang n. m. *blood*
sans prép. *without*
sauf prép. *except*
savant n. m. *learned person, scholar*
seau n. m. *bucket*
sec (sèche) adj. *dry*
secouer v. tr. *shake*
sein n. m. *breast, heart, bosom*
semblable adj. *like, similar*
semblant n. m. *appearance*
– **faire semblant de** loc. *pretend*
semer v. tr. *sow*
sens n. m. *meaning, direction*
sentiment n. m. *feeling*

sentir v. tr. *feel, smell*
– **se sentir** (bien, mal) v. pron. *feel (well, bad)*
sérail n. m. *harem*
serpent n. m. *snake*
serrer v. tr. *grip, squeeze*
servage n. m. *servitude*
serviteur n. m. *servant*
seul adj. *alone*
siècle n. m. *century*
singe n. m. *monkey*
sinon conj. *otherwise*
soigneusement adv. *carefully*
soir n. m. *evening*
sommeil n. m. *sleep*
son n. m. *sound*
sorcellerie n. f. *sorcery, witchcraft*
sorcière n. f. *witch*
sortie n. f. *exit ; outing*
sortir v. intr. *go out, exit*
souhaiter v. tr. *hope for, wish for*
soulever v. tr. *raise*
sourire n. m. & v. intr. *smile*
sous prép. *under*
soutenir v. tr. *support*
souvenir n. m. *memory*
souvenir de (se) v. pron. *remember*
souvent adv. *often*
suite n. f. *following, follow-up*
suivre v. tr. & intr. *follow*
supprimer v. tr. *suppress*
surnom n. m. *nickname*
surtout adv. *especially*
survivre v. intr. *survive*

T

tache n. f. *spot*
taille n. f. *size*
taire (se) v. pron. *be quiet*
tandis que conj. *while, whereas*
tant adv. *so much*
tard adv. *late*
tel adj. *such*
tellement adv. *so (much)*
ténèbres n. f.pl. *shadows*
tenir v. tr. *hold*

tenir (se. . . debout) loc. *stand*
tiède adj. *warm, lukewarm*
timide adj. *shy*
titre n. m. *title*
toison n. f. *fleece*
tombe n. f. *tomb*
tort n. m. *error, detriment*
– **avoir tort** loc. *be wrong*
tôt adv. *early*
tour n. f. *tower*
tour n. m. *trick, turn*
tout adj. & pron. *all*
– **tout à fait** adv. *completely*
– **tout de suite** adv. *right away*
– **tout le monde** loc. *everyone*
traduction n. f. *translation*
traduire v. tr. *translate*
traîner v. tr. *drag*
trait n. m. *line*
transpirer v. intr. *sweat*
traverser v. tr. *cross*
trésor n. m. *treasure*
tromper v. tr. *fool*
– **tromper (se)** v. pron. *be mistaken*
trop adv. *too (much)*
trou n. m. *hole*
tuer v. tr. *kill*

V

valeur n. f. *value*
valoir v. intr. *be worth*
– **il vaut mieux** loc. *it is better (to)*
vainqueur adj. *conquering*
– n. m. *winner*
vanter (se) v. pron. *brag*
veille n. f. *day before*
venger v. tr. *avenge*
– **se venger (de)** v. pron. *take (one's) revenge on*
ver n. m. *worm*
véritable adj. *true*
vernir v. tr. *lacquer*
vers prép. *toward*
vers n. m. *verse*
verser v. tr. *shed, pour*
vert adj. *green*

veuf, veuve n. & adj. *widower, widow*
vieillir v. intr. *grow old*
vierge n. f. & adj. *virgin*
vilain adj. *lowly*
violer v. tr. *rape*
vipère n. f. *snake, viper*
visage n. m. *face*
vitesse n. f. *speed*
vivant adj. *living*
voie n. f. *way*
voisin n. m. *neighbor*
voisinage n. m. *neighborhood, vicinity*

voix n. f. *voice*
vol n. m. *flight, theft*
voler v. intr. *fly*
voler v. tr. *steal*
voleur n. m. *thief*
volonté n. f. *will*
volupté n. f. *voluptuousness, sensual pleasure*
vouer v. tr. *pledge, dedicate*
– voué à l'échec *doomed to failure*
voyou n. m. *thug*
vrai adj. *true*

⧖ *Repères chronologiques*

LISTE DES AUTEURS CITÉS

Voici un panorama de tous les auteurs cités au long du livre, présentés

- par ordre chronologique, selon l'époque où ils ont vécu (vous retrouverez les dates précises dans le livre, en allant consulter l'Index des auteurs) ;
- géographiquement, en distinguant les auteurs nés en France métropolitaine des autres auteurs francophones.

Les auteurs dont les textes forment la base des chapitres sont en lettres capitales.

France

XVe siècle	Charles d'Orléans. Villon.
XVIe s.	Du Bellay. Marot. Montaigne. Ronsard.
XVIIe s.	Boileau. Bossuet. Fénelon. La Bruyère. La Fontaine. La Rochefoucauld. Malebranche. Molière. Pascal. Racine. Rotrou. Sévigné.
XVIIe–XVIIIe s.	Fontenelle. Maintenon. Saint-Simon.
XVIIIe s.	Beaumarchais. Chénier. Condorcet. Diderot. Lamotte. Marivaux. Montesquieu. Restif de la Bretonne. Rivarol. Voltaire.
XVIIIe–XIXe s.	Bonaparte. Chateaubriand. Constant. Fourier. Joubert. Lamartine. Maistre. Rémusat. Stendhal.
XIXe s.	About. Balzac. Bastiat. BAUDELAIRE. Daudet. Delacroix. Dumas. Flaubert. Gautier (T.). Girardin. Goncourt. Hugo. Karr. Leroux. Mac-Mahon. Maupassant. Mérimée. Michelet. Musset. Samain. Sand. Taine. Thiers. Tocqueville. Vallès. Vigny. Zola.
XIXe–XXe s.	Alain. Alain-Fournier. APOLLINAIRE. Arnoux. Bachelard. Bergson. Bernanos. Bloy. Boylesve. Braque. Cendrars. Chanel. Claudel. Cocteau.

Colette. Coubertin. Derème. Donnay. Duhamel. Duvernois. Fargue. Faure. France. Gide. Giraudoux. Guitry. Jacob. Jouvet. Larbaud. Mac Orlan. Noüy. Paulhan. Picabia. Pomiane. Proust. Régnier. Renard. Rolland. Romains. Rostand (E.) Rostand (J.). Saint-Pol Roux. Satie. Schweitzer. Suarès. Teilhard de Chardin. Valéry. Vaudoyer. Willemetz.

XXᵉ s.   Anouilh. Aragon. Aymé. BEAUVOIR. Blondin. Bosco. Bourbon-Busset. Brassens. Caillois. CAMUS. Chaban-Delmas. Chamson. Char. Coluche. Dac. DESNOS. Dolto. Domenach. Dor. Dubos. Duby. DURAS. Éluard. Ferré. Ferron. Gary. GENET. Genevoix. Giono. Hébert. Ionesco. Jankélévitch. Kessel. La Varende. Leclerc. Malraux. Mauriac. Mitterand. Peisson. Perec. Perros. QUENEAU. Radiguet. Robert. ROCHÉ. Rostand (E.). Rostand (J.). Roy. SAINT-EXUPÉRY. Saint-John Perse. Sarraute. SARTRE. Sauvy. Signoret. TRENET. Truffaut. Vialatte. Vian. Weil. Yourcenar.

XXᵉ–XXIᵉ s.   Attali. Augé. Badinter (E.). Badinter (R.). Beigbeder. Bober. Bocuse. Butor. Carbone. Daninos. Devos. Ernaux. Escarpit. Étiemble. Gaudin. J.-J. Gautier. Giraudeau. Giscard d'Estaing. GOUIN. Jacquard. Kundera. Lanzmann. Le Forestier. LÉVI-STRAUSS. Magdane. Moreau. Polac. Quignard. REZVANI. Reeves. ROBBE-GRILLET. Schwartzenberg. TOURNIER. Troyat. Villeneuve. Werber. Wolinski. Yanne.

Francophonie

Mis à part Rousseau (Suisse, XVIIIᵉ s.) et Maeterlinck (Belgique, XIXᵉ-XXᵉ s.), tous ces auteurs francophones sont nés au XXᵉ siècle.

France d'Outre-mer CÉSAIRE.

Europe   Amiel. BECKETT. Bouvier. Brel. Cohen. Maeterlinck. Rousseau. Sternberg.

Canada   Bonenfant. Choquette. Desmarchais. Fournier. Gagnon. GOUIN. Hertel. JULIEN. Leclerc. Maillet. Marchessault. Ouellette. Parizeau. Poupart. Royer. Soucy. Thériault. Tremblay.

Afrique   Ben Jelloun. Diabaté. Kourouma. Senghor.

LISTE CHRONOLOGIQUE DES TEXTES ÉTUDIÉS
SELON LEUR PARUTION

Les dates rappelées ici sont celles de la parution, sauf s'il est ajouté une précision importante pour la compréhension de l'œuvre.

G. APOLLINAIRE « Voyage à Paris » 1914

R. QUENEAU « Un poème, c'est bien peu de chose » 1930

A. DE SAINT-EXUPÉRY *Terre des hommes* 1938 (épisode qui eut lieu en 1927)

J.-P. SARTRE *Huis clos* 1943

R. DESNOS « La fourmi » 1944

J.-P. SARTRE « Questions sur l'existentialisme » 1944

   (article : le livre *L'Existentialisme est un humanisme* est paru en 1949)

J. PRÉVERT « Barbara » 1945

A. CAMUS *Journaux de voyage* 1946 (le texte est paru en 1978)

J. GENET *Les Bonnes* 1947

S. BECKETT *En attendant Godot* 1948–1949

S. DE BEAUVOIR *Le Deuxième Sexe* 1949

A. ROBBE-GRILLET *La Jalousie* 1957

O. M. GOUIN « L'Éléphant neurasthénique » 1957

C. LÉVI-STRAUSS (et R. JAKOBSON) « Structure d'un sonnet de Baudelaire » 1961

S. REZVANI « Le Tourbillon » 1961

H.-P. ROCHÉ et J. GRUAULT *Jules et Jim* 1961

M. DURAS *L'Après-midi de Monsieur Andesmas* 1962

A. CÉSAIRE *Une Tempête* 1968

P. JULIEN « Les Femmes » 1974

M. TOURNIER *La Fin de Robinson Crusoé* 1978

🗁 *Ressources documentaires*

Les listes de documents qui figurent ici sont seulement des points de départ. Vous trouverez des compléments sur le site Internet d'*Identité, Modernité, Texte.*

BIBLIOGRAPHIE

Dans la bibliographie suivante, qui combine des ouvrages en anglais et en français, on a volontairement respecté pour citer les ouvrages les habitudes les plus courantes dans les traditions francophone et américaine, afin de vous accoutumer à leurs différences.

En anglais / In English

General French Literature

Birkett, Jennifer, and James Kearns. *A Guide to French Literature: Early Modern to Postmodern.* New York: St. Martin's Press, 1997.

Borchardt, Georges. *New French Writing.* New York: Criterion Books, 1961.

Brée, Germaine. *Twentieth-Century French Literature, 1920–1970.* Trans. Louise Guiney. Chicago: University of Chicago Press, 1983.

Dolbowl, Sandra W. *Dictionary of Modern French Literature: From the Age of Reason Through Realism.* New York: Greenwood Press, 1986.

Fowlie, Wallace. *Clowns and Angels: Studies in Modern French Literature.* New York: Sheed and Ward, 1943.

———. *Guide to Contemporary French Literature: From Valéry to Sartre.* New York: Meridian Books, 1957.

France, Peter. *The New Oxford Companion to Literature in French.* New York: Oxford University Press, 1995.

Harvey, Sir Paul, and J. E. Heseltine, comp. and ed. *The Oxford Companion to French Literature.* Oxford: Clarendon Press, 1959.

Hatzfeld, Helmut. *Trends and Styles in Twentieth Century French Literature.* Washington, D.C.: Catholic University Press of America, 1966.

Holmes, Diana. *French Women's Writings, 1848–1994.* Atlantic Highlands, N.J.: Athlone, 1996.

Levi, Anthony. *Guide to French Literature.* Chicago: St. James Press, 1992– .

Milligan, Jennifer E. *The Forgotten Generation: French Women Writers of the Inter-War Period.* New York: Berg, 1996.

MLA International Bibliography of Books and Articles on the Modern Languages and Literature. New York: Kraus Reprint, 1964. Also available electronically: Norwood, Mass.: Silverplatter International, and New York: Ovid Technologies.

Popkin, Debra, and Michael Popkin, comp. and ed. *Modern French Literature: A Library of Literary Criticism.* New York: Ungar, 1977.

Robinson, Christopher. *French Literature in the Twentieth Century.* Totowa, N.J.: Barnes and Noble, 1980.

Sartori, Eva Martin, and Dorothy Wynne Zimmerman, ed. *French Women Writers: A Bio-Bibliographical Source Book.* New York: Greenwood Press, 1991.

Todd, Christopher. *A Century of French Best-Sellers (1890–1990).* Lewiston, N.Y.: E. Mellen Press, 1994.

Sources in French-Canadian Literature

Benson, Eugene, and William Toye, gen. ed. *The Oxford Companion to Canadian literature.* 2d ed. New York: Oxford University Press, 1997.

Kandiuk, Mary. *French-Canadian Authors: A Bibliography of Their Works and of English-Language Criticism.* Metuchen, N.J.: Scarecrow Press, 1990.

New, W. H., ed. *Canadian Writers Since 1960.* 2d ser. Detroit: Gale Research, 1987.

———. *Canadian Writers, 1920–1959.* 2d ser. Detroit: Gale Research, 1989.

Shouldice, Larry, ed. and trans. *Contemporary Quebec Criticism.* Toronto: University of Toronto Press, 1979.

Story, Norah. *The Oxford Companion to Canadian History and Literature.* New York: Oxford University Press, 1967.

Toye, William, ed. *The Concise Oxford Companion to Canadian Literature.* New York: Oxford University Press, 2001.

Toye, William, gen. ed. *Supplement to the Oxford Companion to Canadian History and Literature.* Alvine Belisle et al. contribs. New York: Oxford University Press, 1973.

Weiss, Jonathan, and Jane Moss. *French-Canadian Literature.* Washington, D.C.: Association for Canadian Studies in the United States, 1996.

Other Francophone Literature

Fenwick, M. J. *Writers of the Caribbean and Central America: A Bibliography.* New York: Garland, 1992.

Paravisini-Gebert, Lizabeth, and Olga Torres-Seda, comp. *Caribbean Women Novelists: An Annotated Critical Bibliography.* Westport, Conn.: Greenwood Press, 1993.

En français

Ouvrages documentaires

Dictionnaire Le Petit Robert, Paris, Le Robert, 2000.

MICHAUD Guy et KIMMEL Alain, *Le Nouveau Guide France,* Paris, Hachette (Français langue étrangère), 1996.

Sur la littérature française en général

> BEAUMARCHAIS, COUTY et REY, *Dictionnaire des œuvres littéraires de langue française*, 4 volumes, Paris, Bordas, 1994.
>
> DEMOUGIN Jacques (dir.), *Dictionnaire de la littérature française et francophone*, Paris, Larousse, 1987.
>
> *Dictionnaire encyclopédique de la littérature française*, ouvrage collectif, Paris, Laffont, collection « Bouquins », 1999.
>
> HAMON Philippe et ROGER-VASSELIN Denis, *Le Robert des grands écrivains de langue française*, Paris, 2000.

Sur la littérature du XXe siècle

> MITTERAND Henri (dir.), *Dictionnaire des œuvres du XXe siècle : littérature française et francophone*, Paris, Le Robert, 1995.

Sur la littérature francophone

> ANGUELOVA Sonia et al., *Poètes québécois d'aujourd'hui, 1994–1997*, Montréal, Guérin, 1998.
>
> BROSSARD Nicole et GIROUARD Lisette (comp.), *Anthologie de la poésie des femmes au Québec*, Montréal, Éditions du Remue-ménage, 1991.
>
> COMBE Dominique, *Poétiques francophones*, Paris, Hachette, 1995.
>
> DEJEUX Jean, *Dictionnaire des auteurs maghrébins de langue française*, Paris, Karthala, 1984.
>
> FRICKX Robert et MUNO Jean (dir.), *Littérature française de Belgique*, Sherbrooke, Québec, Naaman, 1979.
>
> HAMEL Reginald, HARE John et WYCZYNSKI Paul, *Dictionnaire des auteurs de langue française en Amérique du Nord*, Montréal, Fidès, 1989.
>
> HOULE Ghislaine et LAFONTAINE Jacques, *Écrivains québécois de nouvelle culture*, Montréal, Bibliothèque nationale du Québec, 1975.

DISCOGRAPHIE

> *Anthologie du XXe siècle par la radio* : 6 CD + livre 100 pages et notes en anglais. France Culture, Radio France, INA, Frémeaux & Associés FA 177, *www.fremeaux.com*.
>
> L'anthologie contient notamment les documents suivants :
>
> > 1903 Rencontre avec Apollinaire.
> >
> > 1936 Les suffragettes.
> >
> > 1945 Le vote des femmes.
> >
> > 1947 Édith Piaf aux USA.
> >
> > 1949 Simone de Beauvoir et la sortie du *Deuxième Sexe*.
> >
> > 1957 Camus reçoit le prix Nobel. Queneau et *Zazie dans le métro*.

1964 Interview de Prévert.

1974 Simone Veil : la pilule.

6 Poètes Surréalistes : dont Raymond Queneau 1 CD Réf. 980502 EPM. EPM, 188, boulevard Voltaire 75011 Paris. Fax 33 1 40 24 04 27. *www.epm.fr.*

Jacques PRÉVERT—*100 ans* : coffret de 4 CD groupés par thèmes (1. L'enfance 2. L'amour 3. La musique 4. La liberté) ; textes lus par l'auteur ou chantés par divers interprètes. Grand prix de l'Académie Charles Cros. Radio France, France Inter, Ina. Diffusion : Frémeaux & Associés RF 3001, *www.fremeaux.com.*

Robert DESNOS, *Chantefables et Chantefleurs,* mis en musique et chantés par un groupe d'enfants et plusieurs artistes. Radio France 211751. Diffusion à l'étranger : *www.harmoniamundi.com.*

Marguerite DURAS, La parole des autres ; entretiens radiophoniques, 2 CD et livret de 16 pages, INA. Frémeaux & Associés FA 5024, *www.fremeaux.com/*

Voix de Poètes III : 23 poètes (1950–1980) disent leur texte, dont : Aimé Césaire (« Mot »), Jean Genet (« Quand je rencontre dans la lande »), Raymond Queneau (« L'explication des métaphores ») 211803 HMCD 65 Radio-France 75220 Paris Cedex 16.

Jean GENET, *Le condamné à mort,* chanté par Marc Ogeret, 1 CD, Réf. 980 542 EPM.

Charles BAUDELAIRE, *Les Fleurs du mal* (dont : « Les Chats »), lu par Jacques Roland, 1 cassette audio, Le Livre qui parle B.P.1 24550 Villefranche-du-Périgord France. Fax : 33 5–53–29–99–54.

Claude LÉVI-STRAUSS, Radioscopie : entretien avec Jacques Chancel, 1988 1 CD (1 heure) + livret de 16 pages, France Inter, Radio France, INA RF 3003.

Charles TRENET, Récital du théâtre de l'Étoile. 1952. EMI Music France 854 416 2. Le CD inclut « Une Noix », « La Mer » et « L'Âme des poètes ».

FILMOGRAPHIE

FACSEA

972 Fifth Avenue, New York, NY 10021
Web site: *www.facsea.org*
Phone: 212–439-1429
Rich source for all films, plays, etc.

Films for the Humanities and Sciences

P.O. Box 2053, Princeton, NJ 08543–2053
Web site: www.films.com
Phone: 800–257–5126
Rich source for films, videos, plays, etc.
Various titles:

1. Jean-Paul Sartre: The Road to Freedom
2. Simone de Beauvoir: The Feminist Mandarin

3. Marguerite Duras: Worn Out with Desire. . . to Write

4. Jacques Derrida

5. The Ideas of Chomsky

6. Samuel Beckett: Three Plays (*Eh Joe, Footfalls, Rockaby*)

7. *Waiting for Godot* by Samuel Beckett

8. Antoine de Saint-Exupery et *Le Petit Prince*

9. Jean Genet

10. *Les Bonnes* (French)

11. Sartre par lui-meme (French)

12. Marcel Aymé (La Saga des Martin)

13. Samuel Beckett: Silence to Silence

14. Existentialism (Sartre)

Insight Media

2162 Broadway, New York, NY 10024–0621
Web site: www.insight.media.com
Phone: 212–721–6316 or 800–233–9910
Rich source for films, videos, CD-ROMs.
Various titles:

1. Simone de Beauvoir (French with subtitles)

2. Beckett (*Krapp's Last Tape*)

3. Waiting for Beckett: A Portrait of Samuel Beckett

Facets Multimedia

1517 West Fullerton, Chicago, IL 60614
Web site: *www.facets.org*
Phone: 800–331–6197
Various titles:

1. *Last Year at Marienbad* (French with English subtitles) [Alain Resnais]

2. *Jules and Jim* (French with English subtitles)

3. *François Truffaut*

4. *François Truffaut: Stolen Portraits*

Index

☞ INDEX THÉMATIQUE

Voici le premier d'une série de quatre index. L'index thématique est beaucoup plus volumineux que les trois autres. Nous vous proposons donc de lire par étapes les explications détaillées qui vont suivre :

- « Que contient l'index thématique ? » : cette section va vous faire bien comprendre au départ ce qu'il y a dedans, en quoi il est différent des trois autres index ;
- « Comment sont présentées les références ? » : cette section vous donne toutes les explications techniques nécessaires pour apprendre à consulter cet index ;
- « Comment bénéficier au maximum de l'index thématique ? » : cette section vous sera utile un peu plus tard, pour vous suggérer des manières très variées d'utiliser cet index.

QUE CONTIENT L'INDEX THÉMATIQUE ?

- Cet index vous rappelle de nombreux mots qui figurent dans le livre. Si vous ne connaissez pas le sens de ces mots, vous le trouverez ou dans le lexique, ou à l'intérieur du livre – en vous reportant aux endroits cités – ou encore dans un dictionnaire pour les mots les plus courants, qui ne sont pas traduits dans *Identité, Modernité, Texte.*
- L'index thématique s'intéresse aux sujets d'intérêt général ou littéraire dont traitent les mots. Les termes grammaticaux et les mots liés à l'organisation du livre figurent dans l'index didactique. Par exemple, vous trouverez dans l'index thématique le mot « temps » au sens de *time*, avec toutes sortes d'idées qui lui sont reliées (année, âge, avenir, etc.), mais le mot « temps » au sens de *tense* se trouve dans l'index didactique, avec les temps des verbes étudiés dans le livre (futur, plus-que-parfait, etc.).
- L'index thématique rappelle aussi des noms propres : noms de lieux et de personnes, à l'exception des auteurs d'expression francophone qui sont dans l'index des auteurs.
- On trouvera également des mots qui font partie du titre d'œuvres littéraires, mais les titres dans leur intégralité sont rappelés dans l'index des œuvres. Par exemple, dans l'index des œuvres littéraires on trouvera le titre *Le Petit prince* ; dans l'index thématique on trouvera le mot « prince », avec plusieurs références, dont certaines se rapportent au livre de Saint-Exupéry.
- Même s'il est très volumineux, cet index thématique n'a pas la prétention d'être exhaustif. Ainsi, il n'y a pas dedans les mots les plus rares trouvés dans le livre. Pour certains mots d'usage très fréquent, il y a seulement leurs emplois dans un sens particulier : par exemple, pour le mot « grand », les numéros de pages renvoient au sens de « noble » ou « important ».

COMMENT SONT PRÉSENTÉES LES RÉFÉRENCES ?

- La plupart des entrées sont en caractères ordinaires :

  ex. accepter

  Elles commencent par une majuscule seulement s'il s'agit d'un nom propre :

  ex. Acadie

  ou d'un mot qui a un sens particulier avec une majuscule :

  ex. Histoire (*history*) [souvent distinct d' « histoire » (*story*)]

- Les entrées qui sont des mots clés des chapitres sont en caractères gras :

  ex. **acte**

  Dans ce cas, au lieu de tous les numéros de pages où le mot est présent dans ce chapitre, on trouvera simplement le numéro du chapitre en abrégé ; les autres pages où le mot est présent seront présentées ordinairement :

  ex. **solidarité ch. 2,** 101, 205, 258

- Les entrées en italiques sont
  – des mots ou expressions en anglais :

  ex. *Amnesty International*

  Cependant les mots anglais passés dans l'usage en français ne sont pas en italiques.

  – des mots qui font partie du domaine de la littérature :

  ex. *roman*

  Les mots dont une partie des emplois seulement est littéraire, tandis que le reste correspond à des domaines différents, ne sont pas en italiques :

  ex. rythme

- De nombreuses entrées comportent deux mots, qui appartiennent à la même famille. Le second mot est souvent un peu plus complexe que le premier :

  ex. changer, changement

  Ensuite, si certaines références renvoient à d'autres mots encore de la même famille, elles sont entre parenthèses pour les distinguer des autres :

  ex. désir, désirer 19, 35, 205, 214, 215, (240), 241–242

  (Certaines références renvoient à « désir », d'autres à « désirer », tandis que (240) renvoie au mot « désirable ».)

- Parmi les numéros de pages donnés, certains sont en caractères gras : ils signalent des endroits particulièrement dignes d'être remarqués (*worthy of notice*), choisis pour vous donner envie de découvrir, de savourer et d'intégrer des éléments de littérature et de civilisation francophones :

  > ex. Angleterre 47
  >   – anglais **7,** 109   (Allez-y voir !)

- Les numéros en chiffres romains, qui signalent des références aux pages introductives du livre, renvoient à des mots en anglais :

  > ex. train (xxv) (on parle là de « *railroad tracks* »)

- Quand il y a des subdivisions dans une notice, pour présenter des emplois particuliers du mot, on peut trouver :
  – des traductions du mot en anglais :

  > ex. campagne
  >   – *country*
  >   – *campaign*

  – des équivalents en français :

  > ex. aisé
  >   – = facile

  – des précisions sur l'emploi du mot :

  > ex. jeu
  >   – j. de mots
  >   – j. théâtral

- Les renvois d'un mot à un autre, extrêmement nombreux dans cet index, indiquent parfois des synonymes, mais plus souvent des mots suggérés par des associations d'idées assez larges. Ils figurent après l'abréviation v. = voir :

  > ex. ailleurs **114, 183,** 204 ; v. espace, exotisme

- Le signe / oriente vers des sens opposés à celui du mot :

  > ex. adversaire 226 ; v. combat, relation ; / ami, camarade

- Certains renvois mènent à un autre index, qui figure en italiques, avec la notice concernée entre parenthèses :

  > ex. actrice . . . v. . . . Dietrich, *I. auteurs* (Moreau, Signoret)

  S'il n'y a pas de parenthèses, c'est que le renvoi est au même mot que celui de l'index thématique :

ex. passif 241 ; v. *I. didactique*

Quand l'index thématique renvoie au titre d'une œuvre citée dans le livre, si le mot concerné est le premier du titre, il figure ainsi :

ex. bal. . . ; v. danse, *I. oeuvres*

(Le roman cité est *Bal du comte d'Orgel (Le)*, qui se trouve dans l'index des œuvres.) Quand l'entrée de l'index thématique n'est pas le premier mot du titre, la référence se trouve ici, et non dans l'index des œuvres. Par exemple, on trouvera les références à l'œuvre de Saint-Exupéry, *Le Petit prince*, au mot « prince » ci-dessous, et non dans l'index des œuvres.

- On notera que certaines entrées ne sont pas suivies de nombres de pages. Elles présentent des mots qui ne figurent pas dans le livre, mais qui sont associés à plusieurs autres mots cités dans l'index :

ex. inaction : v. chômeur, grève, immobile, paresse, relâche, repos, rentier, retraité, sommeil ; / action

COMMENT BÉNÉFICIER AU MAXIMUM DE L'INDEX THÉMATIQUE ?

Dès que la présentation de l'index vous sera familière, vous lui trouverez beaucoup d'utilité, et nous espérons aussi que vous le consulterez avec curiosité et plaisir. Voici quelques manières de l'utiliser :

- Vous cherchez un renseignement concret précis : quel auteur a eu le prix Nobel ? ce qu'est l'Académie française ? ce qui est dit du parfum n° 5 de Chanel ? Vous allez à « Nobel », « Académie » et « parfum ».
- Vous voulez traiter un sujet d'Élargir la discussion, ou, plus largement, approfondir un thème abordé dans le chapitre que vous venez d'étudier. Vous cherchez dans l'index un ou plusieurs mots qui sont dans le sujet. Vous vous reportez aux pages citées, où vous trouverez peut-être une citation suggestive, un détail stimulant pour la pensée. Les mots associés à votre mot de départ (v. . . .) vous donnent aussi d'autres idées de développement.
- Quand vous avez fini d'étudier un chapitre, vous voulez voir si vous en avez retenu des points dignes d'être remarqués spécialement. Vous vérifiez entre quelles pages s'étend ce chapitre. Par exemple, le chapitre 2 va de la page 25 à la page 39. Puis vous survolez l'index selon la technique du balayage visuel (p. 81) et vous essayez de repérer les numéros de page en caractères gras compris entre 25 et 39. (Dans ce cas, vous devez en trouver au moins dix.) Dès que vous en trouvez un, vous vérifiez si vous vous souvenez de ce qu'il y avait d'intéressant à propos du mot concerné. Vous pouvez, bien sûr, retourner aussi dans le chapitre lui-même pour le relire !
- Vous voulez voir maintenant si vous avez progressé dans votre intégration des notions littéraires. Vous balayez visuellement l'index thématique pour y trouver les entrées en italiques : ces mots vous sont-ils bien connus ? Pouvez-vous, par exemple, citer tout de suite plusieurs

genres littéraires ? Qu'appelle-t-on « Nouveau Roman » ? Que savez-vous de la rhétorique ? Si vous en avez besoin, vous ne manquez pas d'aller voir dans le livre pour plus de précision.

- Vous avez une heure de libre devant vous et, justement, *Identité, Modernité, Texte* sous la main. Cela vous donne envie de vous promener agréablement dans le livre en suivant votre fantaisie. Vous allez approcher l'index cette fois-ci dans l'attitude de la rêverie (p. 84). Vous le survolez en vous laissant inspirer par les mots tout en gardant un œil sur les nombres en caractères gras. Quand vous en avez envie, vous vous reportez aux endroits indiqués. Vous y restez un moment, occupé à lire ou à relire, à contempler peut-être une photo. Peut-être même serez-vous attiré alors par d'autres choses que celles que vous cherchiez ! Et quand vous le voulez, vous reprenez votre promenade.

- Pendant une discussion passionnée avec un ami, vous vous rappellez soudain globalement un passage du livre qui « apporte de l'eau à votre moulin (*mill*) » (= *suits your purposes*). Dès que vous le pouvez, vous recherchez ce passage grâce à l'index thématique et vous retournez au livre pour vous rafraîchir la mémoire : que dit-on sur la carrière de cet auteur ? Que s'est-il passé en 1948 ? Quels sont les mots exacts de cette citation ? Qu'arrive-t-il au personnage à cet endroit du texte ? Évidemment, à la première occasion, vous transmettez toutes ces précisions à votre ami.

- Vous devez préparer un exposé pour une association dans laquelle vous êtes actif. L'index thématique vous aide à rassembler et articuler les idées ; il vous oriente aussi vers des passages que vous allez pouvoir adapter pour enrichir votre pensée.

Comme l'index lui-même, la liste de ces propositions n'est pas exhaustive. Vous en inventerez certainement d'autres !

☛ Index des auteurs

QUE CONTIENT CET INDEX ?

Les noms qui figurent ici sont ceux des écrivains français et francophones. Les auteurs étrangers mentionnés dans le livre figurent dans l'index thématique, de même que les artistes et les cinéastes français.

COMMENT SONT PRÉSENTÉES LES RÉFÉRENCES ?

- Les noms en caractères gras sont ceux des auteurs dont un texte est étudié en détail (ex. CAMUS). Les noms en lettres capitales ordinaires sont ceux des auteurs dont figure une citation (ex. DANINOS). Les noms en minuscules sont ceux des auteurs simplement mentionnés (ex. Kessel).
- Les dates des auteurs sont entre parenthèses. Pour les auteurs encore en vie, on a noté seulement la date de naissance (ex. ATTALI, Jacques (1943–)), comme c'est l'usage dans les dictionnaires, alors que dans les notes tout au long du livre on a écrit « né en... ».
- Comme dans chaque autre index, les chiffres romains (renvoyant aux premières pages du livre) sont en lettres capitales.

☛ Index des œuvres littéraires

QUE CONTIENT CET INDEX ?

- Cet index contient les titres d'œuvres mentionnées dans le livre, dans les pages ou dans les notes.
- Le mot « littéraire » est pris ici pour distinguer l'écriture de la création cinématographique, mais quelques-unes des œuvres citées se rapprochent plus de l'histoire, la sociologie, ou la vulgarisation scientifique que de la littérature proprement dite.
- Il y a aussi des références à des journaux et des magazines (qui sont notés sous « Presse »).
- Les ouvrages cités dans les Ressources documentaires (pp. 325–330) ne sont pas reportés ici. *Le Petit Robert* est cité dans l'index didactique.

COMMENT LES RÉFÉRENCES SONT-ELLES NOTÉES ?

- Toutes les œuvres citées sont en italiques ; les œuvres étudiées dans le livre sont, de plus, en caractères gras.
- Les titres de poèmes extraits de recueils sont reproduits entre guillemets, comme quand ils apparaissent cités près du titre général du recueil (ex. p. 68 : « Barbara », tiré de *Paroles*). (Quand ils apparaissent isolés, ils sont normalement en italiques ; ex. p. 67 : *Barbara*.)
- Les titres des œuvres non francophones sont notés avec leur traduction en français, suivie de * (ex. *Affinités électives (Les)**), sauf les œuvres anglophones qui sont mentionnées avec leur titre original (ex. *On the Road*).
- Pour les œuvres francophones dont on a cité dans les notes le titre de la traduction anglaise mais pas celui de l'œuvre originale, on donne ici le titre dans les deux langues. Par exemple, p. 205, n. 25, on a cité *The Wooing of Earth*, qui est la traduction de *Courtisons la terre* ; dans l'index la référence à *Wooing . . .* renvoie à *Courtisons la terre*.
- Comme dans chaque autre index, les chiffres romains sont en capitales.
- Lorsque deux numéros de pages sont unis par un tiret, cela signifie que le texte s'étend d'une page à l'autre (ex. : 139–143 = de la page 139 à la page 143).

☛ Index didactique

QUE CONTIENT CET INDEX ?

- Ce dernier index comprend les éléments linguistiques étudiés dans le livre et les titres des différentes rubriques des chapitres.
- Les éléments littéraires (ex. *genre, roman*) ne sont pas ici, mais dans l'index thématique.

COMMENT SONT PRÉSENTÉES LES RÉFÉRENCES ?

- On trouvera en italiques
  – les titres des rubriques (ex. *Aller ailleurs*)
  – les mots grammaticaux (ex. *dont, en*).
- Comme dans chaque autre index, les chiffres romains (renvoyant aux premières pages du livre) sont en lettres capitales.
- Les renvois sont destinés à élargir la compréhension de la langue. Ils sont faits le plus souvent à l'intérieur de cet index (ex. antécédent. . . v. pronom relatif). Cependant, il y a quelques renvois à l'index thématique. Par exemple, on a : nom v. *I. thématique* ; cela signifie que dans l'index didactique on trouvera des indications sur le sens grammatical de « nom », tandis que dans l'index thématique on aura des emplois plus généraux du même mot.
- Certaines entrées ne sont pas suivies de numéros de pages, mais elles renvoient seulement à d'autres entrées. Cela a pour but de vous montrer dans quel contexte plus large vous pouvez comprendre les notions présentées ici. Par exemple, l'entrée « catégories de mots » vous rappelle que les adjectifs, les adverbes, les noms, etc., sont des mots de nature et de fonctionnement différents les uns des autres.

Crédits

TEXTES

Nous remercions les éditions suivantes qui nous ont accordé l'autorisation de reproduire les textes figurant dans ce manuel :

© ÉDITIONS BRETON & CIE
- Charles TRENET, *Une Noix* (p. 290)

© ÉDITIONS EXPERIENCE PUBLISHING
- Pauline JULIEN, *Les Femmes* (pp. 78–79)

© ÉDITIONS GALLIMARD
- Simone de BEAUVOIR, *Le Deuxième sexe* (pp. 240–241)
- Albert CAMUS, *Journaux de voyage* (pp. 13–15)
- Marguerite DURAS, *L'Après-midi de Monsieur Andesmas* (pp. 140–142)
- Jean GENET, *Les Bonnes* (pp. 217–221)
- Jacques PRÉVERT, « Barbara » dans *Paroles* (pp. 68–70)
- Raymond QUENEAU, « Un poème c'est bien peu de chose. . . » dans *L'Instant fatal* (p. 63)
- Antoine de SAINT-EXUPÉRY, *Terre des hommes* (pp. 32–33)
- Jean-Paul SARTRE, *Huis clos* (pp. 160–163)
- Jean-Paul SARTRE, *Questions sur l'existentialisme*, recueilli dans Michel CONTAT et Michel RYBALKA, *Les Écrits de Sartre* (pp. 256–258)
- Michel TOURNIER, « La fin de Robinson Crusoé », dans *Le Coq de bruyère* (pp. 109–112)

© ÉDITIONS GRÜND
- Robert DESNOS, « La Fourmi », dans *Chantefables et Chantefleurs* (p. 65)

© ÉDITIONS DE MINUIT
- Alain ROBBE-GRILLET, *La Jalousie* (pp. 126–127)
- Samuel BECKETT, *En attendant Godot* (pp. 178–183)

© ÉDITIONS DU SEUIL
- François TRUFFAUT et Jean GRUAULT, *Jules et Jim* (pp. 97–98)
- Aimé CÉSAIRE, *Une Tempête* (pp. 200–202)

© ÉDITIONS WARNER CHAPPELL MUSIC
- Serge REZVANI, *Le Tourbillon* (pp. 75–76)

L'Éléphant neurasthénique d'Olliver Mercier GOUIN (p. 72) a été publié aux éditions Beauchemin, Laval (Québec).

« Structure d'un poème de Baudelaire » de Claude LÉVI-STRAUSS et Roman JAKOBSON (pp. 278–280) a paru dans la revue *L'Homme* (1962), II, I, publiée par l'École des Hautes Études des Sciences Sociales.

DOCUMENTS GRAPHIQUES

Nous remercions les agences suivantes qui nous ont accordé l'autorisation de reproduire les documents graphiques figurant dans ce manuel :

ROGER-VIOLLET pp. 3, 25, 31, 45 (G. Apollinaire, R. Desnos, P. Julien, S. Rezvani, R. Queneau), 62, 89, 96, 119, 135, 144, 153, 161, 171, 181, 191, 218, 223, 233, 240, 249

MAGNUM
– Guler Ara p. 45 (J. Prévert)
– Martine Franck p. 105
– Bruce Davidson p. 203
– Philippe Halsman p. 211
– Ian Berry p. 259
– Henri Cartier-Bresson p. 267

AKG p. 199

CAT's pp. 79, 125

NYC & Company p. 14

Stéphane LANGEVIN p. 45 (O. M. Gouin)

Robert BARDAVID
– dessins pp. 60, 115 (montage), 275
– peinture p. 291
– photos pp. 67, 110, 265, 286, 290

La sculpture p. 110 fait partie d'une collection privée.

La partition musicale de *L'Éléphant neurasthénique* (p. 73) est la propriété d'Ollivier Mercier GOUIN.

Les agences de voyage suivantes nous ont gracieusement accordé l'autorisation de reproduire leur logo (p. 115) :

SENSATIONS DU MONDE www.sensationsdumonde.com

NOMADE www.nomade-aventure.com

POUSSIÈRES D'ÉTOILES www.poussieresdetoiles.com/

SAFARI NORDIK www.safarinordikaventure.com/

La photo p. 244 figurait, sans aucune référence précise, dans un catalogue de l'agence « Archive Photos », installée à Paris. Cette agence a été absorbée par la firme GETTY IMAGES, qui, à notre demande, a vainement tenté de retrouver le catalogue et la trace de la photo. Yale University Press a mis de côté une somme destinée à l'acquittement des droits de reproduction dans le cas où l'auteur de la photo serait identifié.